도시재생의 사회학

마을에서 지역으로

도시 재생의 사회학

Local
Renewal
for
People

| 주대관 지음 |

한울
아카데미

차 례

머리말

현장에서 시작한 도시 공부

도시와 도시문제에 대한 나의 관심은 현장에서 시작했다. 이 책은 나의 20여 년간의 현장 경험과 그에 따른 지적 호기심을 정리한 것이다.

1997년 어느 비 오는 여름날, 나는 불 꺼진 탄광도시 태백 철암을 지나면서, 도시는 왜 좁아들고 쇠퇴하는지에 대해 처음으로 의문을 품었다. 1999년에는 그런 의문을 풀어보기 위해 몇몇 건축가들과 함께 철암지역건축도시작업팀이라는 모임을 꾸려 주말마다 왕복 10시간을 오가며, 탄광도시를 조사하고 그곳에 살고 있는 사람들을 만나고, 대안을 논의하고 전시를 했다. 우리는 문화와 교육의 소외 문제를 개선하기 위해 축제를 열기도 하고 방과 후 교육 프로그램을 운영했으며, 판잣집 노인들의 주거 문제를 개선하기 위해 집짓기 프로젝트를 시작했다.

나는 한 사람의 건축가로서 아돌프 로스(Adolf Loos)가 말한 농부 건축가의 집처럼, 광부들이 직접 거주하기 위해 지은 집이 가장 훌륭한 집일 것이라 믿고 있었지만, 광부 건축가의 집은 개집으로 변해 있었다. 주민들과 마음을 열고 소통하면 방법을 찾을 수 있을 거라고 생각했지만, '강한 주민'은 '말길'과 정보를 통제했고, '약한 주민'들은 그들대로 얼마나 오래 살았는지를 겨루고 다퉜다. 나는 현장에서 고민하고 실천하면 좁아들어 가는 광산마을을 살릴 수 있을 거라 생각했고 마을을 살리면 도시를 살릴 수 있을 거라 생각했지만, 그런 일은 거의 불가능하다는 것을 깨달았다. 정치인과 공무원들은 지역의 지속가능성보다는 골짜기 마을을 휩쓸고 지나갈 도로 개설에만 더 열을 올렸으며, 주민들은 자신의 땅이 비싼 값에 수용되기만을 바랐다.

참여정부를 거치면서 나는 건축가로서는 거의 유일하게 농촌마을종합개발사업 평가 자문으로 참여했다. 정부는 미국과의 FTA를 대비하고자 했고, 전문가들은 경쟁력을 잃은 농업 문제를 농촌관광(green tourism)으로 대체하고자 했다. 참여정부는 의욕적으로 주민참여와 상향식 계획을 추진했다. 농촌마을들은 새마을운동의 협동정신으로, 익숙하게 퇴비를 만들고 꽃길을 가꿔 얼마나 자발적으로 노력하는지를 증명해야 했으며, 일본에서 건너온 마을만들기를 학습해야 했다.

하지만 길게는 10km의 지리적 범위를 하나로 묶는 사업은 공동체적 유대가 어느 정도 남아 있는 농촌이라고 해도 무리가 많았다. 주민들은 서로 자기 마을에 가장 큰 시설을 유치하고자 싸우고, 합의하더라도 승복하지 않았다. 곳곳에서 중재와 합의, 서명이 하룻밤을 넘기지 못했다. 마을 대표는 자기 땅을 시가에 내놓기로 약속하지만, 정작 사업이 시행되면 회수하여 비싼 값을 불렀다. 씨족마을에서도 공동체의식은 외지로 흩어진 자식들의 이해관계만큼이나 조각나 있었다.

처음에는 내발성 있는 마을들이 선정되기도 했지만, 너무나 많은 사업이 준비되지 않은 마을에 밀어내기식으로 뿌려졌다. 양적 공급의 증가로 농촌관광이 점점 희소가치를 잃어갔고, 그 프로그램은 획일화되었다. 마을과 마을이 경쟁하고 전국에 빈 시설들이 늘어만 갔다. 그나마 운영이 잘되는 곳은 시기 질투와 모함으로 흔들려 반대파에게 넘어갔고, 애정도 전문성도 없어 운영이 어려워지면 버리고 가버렸다. 운영 실태에 대한 조사는 거의 없었고, 있어도 발표하지 않았다. 그럼에도 사업은 주무 부처와 사업 관리 기관을 위해 그 이름을 바꿔가며 계속 시행되었다. 이미 농촌마을에서조차 공동체적 배려보다는 목소리와 자기 이해가 더 큰 힘을 발휘했다.

2006년 나는 충청남도 서천에 초대되었다. 나는 그곳에서 군청 사거리에 주차장으로 방치된 시장 이전적지에 주목했다. 이전한 시장은 성황리에 영업 중이었고, 이전적지 주변 상인들은 대책위원회를 구성하고 군수를 고발했다. 군청에서도 주민들을 고발했다. 나는 중재역을 자처해 양측을 만나고, 주민들을 대상으로 설문조사를 했다. 이 조사를 통해 나는 주민과 소비자들은 복잡하기만 한 중심지로 아무도 들어오려 하지 않으며, 인접한 군산의 대형마트를 이용한다는 것을 입증했다. 장사가 되지 않는다는 시장 상인도 시장에서 물건을 사지 않는 것은 마찬가지였다. 청소년 대부분은 성장하면 지역을 떠날 것이라고 했다. 대책위 상인들은 시장 재건축을 요구했고, 우리는 설문조사 결과를 가지고 그들을 설득했다. 사업은 '살고싶은도시만들기'에 선정되었고, 여러 부서의 예산이 모아졌으며, 이전적지에는 광장과 청소년 시설과 여성 시설이 들어섰다. 청소년들은 '봄의마을'을 '봄마', 그들 방식으로 줄여서 부르기 시작했다. 그곳은 청소년들의 자랑이 되었고, 서천은 광장을 가진 도시가 되었다.

도시재생의 등장과 질문들

2011년 무상급식 반대에 정치적 명운을 건 오세훈 시장이 물러나고, 그 뒤를 이은 박원순 시장은 주민참여 및 공동체 활성화와 마을만들기를 중요한 정책으로 내걸었다. 주거환경개선사업이 주거환경관리사업으로 바뀌고, 마을의 쇠퇴도를 계산하고 도시재생이 등장했다. 정비사업(재개발) 용역업체들은 도시재생 컨설팅으로 갑자기 업종을 바꾸었지만, 도시재생주민협의체를 재개발조합으로 혼동했다. 서울시 자치구 공무원들은 고작 100억 원을 주고 1조 원짜리 사업을 못하게 한다고 시장을 욕했다. 재개발에 연관되어 있는 시민들은 빨갱이 시장이 와서 재개발을 못하게 한다고 불만을 표출했다. 이후에 나는 주거환경관리사업, 경관(협정)사업, 도시재생사업의 총괄계획가(코디네이터)를 맡아 자문과 관찰을 해왔다.

용산사태가 난 지 얼마 지나지 않은 시기였기 때문에, 상대적 좌파들은 도시재생을 재개발의 대안으로 생각하는 듯했다. 그들은 주민참여, 마을만들기, 사회적경제가 진리인 듯 말했다. 보수의 가치인 공동체가 오히려 좌파에 의해 지지되었다. 너도 나도 공동체를 말했으며, 주민들의 참여의식 부족을 개탄했다. 전문가연 하는 사람들은 주민들의 공동체적 활동을 양육해야 한다고 강조했고, 이를 위한 예비 과정에 참여한 주민들은 자신이 재생사업을 따왔노라고 생색내며 다른 주민들을 차단했다. 예산이 부족한 대도시 지자체는 게리맨더링을 해서라도 쇠퇴도를 맞추어 도시재생사업을 따내고자 했고, 전통적인 관변단체를 동원하는 것이 매우 유리하다는 것도 알아차렸다. 협의체 선거는 마을 내 세력들 간에 동원된 대결의 장이 되었고, 주요한 보직은 득표순으로 나뉘어졌다. 이 과정에서 세입자들은 배제해야 할 이방인으로 간주되었다.

전문가들은 주민참여와 공동체 활성화가 얼마나 중요한지를 강조하고, 장소만 다른 정답으로 열심히 논문을 써댔다. 약삭빠른 전문가들은 전문성을 이유로 활성화 계획과 공동체 용역을 분리해 발주하도록 했고, 골치 아프게 주민을 상대해야 하지만 인건비가 부족한 공동체 용역팀은 인력 부족에 시달려야 했다. 나쁜 주민 간부들은 활동가들을 머슴으로 대우했고, 자신들에게 인건비를 지급할 것을 요구하기도 했다. 몇 번의 교육을 받은 것이 전부인 이들이 현장지원센터에 사회적경제와 문화 분야 활동을 지원하는 활동가로 취직하거나, 도시재생 분야 공무원으로 취직하기도 했다. 지원센터에서는 미달되는 주민 공모 사업을 채우기 위해 사적인 활동을 공동체적인 것으로 포장해도 눈을 감았다.

그사이, 문재인 정부는 도시재생을 도시재생 뉴딜로 확장했다. 생활SOC라는 개념이 도입되었으나 마을규모재생에 적합하지 않았다. 도시재생사업이 다양화하면서 농촌지역까지 확장되었다. 조그만 읍내를 둘로 나누는 '우리동네살리기사업'과, 점적인 정비를 위한 '인정사업'이 도입되었다. 2021년, 10년 만에 서울시로 돌아온 오세훈 시장은 도시재생 1호 창신동(창신·숭인 지역)을 갈아엎겠다는 정책을 발표했다.

현장에서 본 주민들은 선하지 않았으며, 공동선을 추구하는 하나가 아니었다. 그들은 공동의 이익보다는 개인의 이익을 우선했으며, 자신에게 이익이 예상되는 경우에만 방문자에게 협력하고 신주민을 용인했다. 쇠퇴한 마을은 이미 공동체가 아니라, 떠나지 못하고 남겨진 사람들의 볼모였다. 대부분이 소통적 합리성은커녕 도구적 합리성마저 기대하기 어려운 곳이었다.

당연하지만, 현장은 교과서와 달랐으며 주민을 만나는 일은 여전히 참으로 어려웠다. 모두가 주민은 놀라운 존재이며 공동체는 좋은 것이라고 말하지만, 참여하는 주민은 너무 적었고, 오지 않는 주민은 사적 적대감을 숨기며 서로를 평판했다. 열심히 참여하는 주민도 있었지만, 그조차 얼마 가지 않았다. 공동체는 공유 거리를 제공하지 못했고, 그래야 한다는 것을 아는 사람도 없었다. 평생 자신과 가족만을 위해 살아온 이들에게, 그리고 도시화 과정을 자본축적의 기회로 삼아 살아온 사람들에게, '우리'를 위해 일하는 사람들은 뭔가 해먹을 것이 있기 때문에 나오는 사람들일 뿐이었다.

현장에서 드는 의문은 대부분의 전문가들이 내놓은 의견과 반대되는 것이었다. 주민들은 왜 마을의 주인임에도 자신의 마을에 예산을 지원하고 살기 좋게 해준다는 데 참여하지 않을까? 모든 활성화 계획에서 도시재생 지역은 공동체가 살아 있는 마을인 것처럼 말하는데, 주민들은 왜 서로 주도권을 잡으려 하고, 서로 갈등하고 비방하며, 무시하고 배제할까? 도시재생은 기존 주민들이 (정든) 마을을 떠나지 않고 계속 살아갈 수 있다고 말하는데, 왜 도시재생에서 세입자들은 배제되고 젊은이들은 정을 떼게 되는 것일까? 도시재생은 재개발을 대체하는 대안처럼 거론되지만, 왜 가난한 사람들에게는 아무런 도움이 되지 않고 땅주인들에게만 이득이 되는 것일까?

공동체에 가려진 집합적 시민의 가능성

그렇다면 현장이 마을공동체주의자들의 바람과 다르고, 전문가들이 만든 지침과 다른 것은 왜일까? 물론 이러한 질문은 그리 현명한 질문이 아니다. 차이는 늘 존재하기 때문이다. 문제는 공동체적 접근에 대한 맹신과 현장을 고려한 대안에 충분히 민감하지 못하다는 것인데, 공간은 사회적 산물이며 도시재생은 또 다른 공간 생산방식이라는 점에서 본다면, 그것은 도시재생만의 문제가 아니라 현대 한국 사회를 관통하는 인식과 연결된 어떤 것이라고 생각한다. 거기에는 자본주의 현실에 우호적이면서도 공동체주의의 따뜻함을 포기하지 못하는 로맨티시즘, 그리고 근대적 계몽과 현대적 소통을 결합한 퇴행적인 집단주의적 방법론이 주는 편의성에 대한 안주가 깔려 있다고 할 수 있다.

사실 마을공동체주의자들은, 국가공동체조차 개인의 살갗까지 파고 들어와 있는 신자유주의의 공격을 막아주기는커녕 한 패가 된 지 오래인 현실에서, 그리고 우리 모두 이미 자본주의자들이 되어버린 현실에서, 100년 전의 견해와 방법으로 더 나은 세상을 만들 수 있다고 말하는 것처럼 보인다. 그들은 신자유주의를 비판하는 척하면서도 그 형제이며 도시재생에 치명적인 자본주의의 문제에는 침묵하기 때문이다. 이는 자본주의적 현실을 회피하거나 부정하자는 주장이 아니라, 따뜻한 공동체를 꿈꿀수록 자본주의적 축적 기도에 대한 지속적인 감시와 비판과 저항을 게을리 해서는 안 된다는 것을 의미한다. 개발에 대한 기대를 여전히 가지고 있는 선주민과 기획부동산을 타고 들어온 투기자본에 공동체적 연대를 기대하는 것은 얼마나 순진한가.

더구나 그러한 연대에 대한 기대에는 산업사회의 도래로 전통적 공동체가 해체되는 것을 안타까워하는, '공동체는 좋은 것, 이질적인 것은 나쁜 것'이라는 전제가 깔려 있다. 공동체 정신을 통해 산업사회가 야기한 인간성 파괴라는 윤리적 비판과 개인주의를 극복하고 공동체적 행복을 지향하려는 비전이 담겨 있다. 문제는 이러한 지향이 도시재생지역의 계급적 상황으로 야기된 이질성과 다원성 문제를 외면하고 따뜻함과 대안적 생산만을 강조한다는 점이다.

무엇보다 민간의 마을공동체운동과는 달리 도시재생은 공동체를 생산의 주체로 도구화할 뿐만 아니라, 정책사업의 파트너로 삼기 위해 일원적 공동체에 특권을 부여하고 형식화함으로써 주민들의 이해 상충과 다원성을 무시한다. 재생사업에서 주민과 마을은 '반드시' 공동체의 이름으로 하나가 되어야 한다. 그렇지 못하다면, 그들은 윤리적으로 공동체 의식이 부족한 사람들로 간주된다. 사업 추진과 분배가 쉽기 때문이다.

바로 이 지점에서 도시재생의 공동체주의는 퇴행적 집단주의로 전환되며, 반복되는 사업은 문제의식을 가지고 있던 사람들조차 마비시킨다. 일원적 공동체는 강자에 의해 지배되기 쉬우며, 재생마을에서 강자는 기득권을 가진 주민과 자본이다. 하지만 도시재생의 공동체는 이해 상충과 다원성을 흡수할 수 있는 내부 장치를 갖고 있지 못할 뿐만 아니라, 사건이 없는 한 아무런 문제가 되지 않는다. 강자와의 거래가 오히려 쉽기 때문이다. 다원적 참여가 보장되지 않는 도시재생에서 주민참여는 겉으로만 권장되고 속으로는 억압되는 것이며, 계획민주주의나 소통적 계획이론은 단지 허울만 좋은 것일 뿐이다.

성원으로서의 의무만을 강조하는 공동체주의와 빠른 사업 추진을 위해 '하나의 주민'만을 원하는 관료주의, 그리고 이 둘의 교차점에서 만들어지는 집단주의는 관심 있는 사안에 따라 연대하며 집합적으로 실천하고자 하는 건강한 주민들을 쫓아낸다. 우리는 이미 그러한 집합적 다중의 힘을 2016~2017년 촛불집회를 통해 확인했고, 2020~2022년의 팬데믹을 통해 몸으로 겪었다는 것을 상기할 필요가 있다.

공간에서 시간으로

더구나 우리는 전혀 새로운 시대를 눈앞에 두고 있다. 인구는 감소하고 노령화는 심화될 것이며, 일자리는 기계로 대체될 것이다. 고용과 회사의 견고한 벽은 허물어지고, 멀티잡과 여러 개의 투자는 보편화될 것이며, 현실 공간은 디지털 공간으로 확장될 것이다. 무엇보다 산업시대 이래 노동으로 허덕이던 우리는 가까운 미래에 남아도는 시간에 진저리를 치게 될 것이다. 이것은 도시재생이 쇠퇴한 마을의 물리적 개선보다도, 그러한 근미래적 상황이 가져올 공간인식의 변화와 현대도시 전체의 쇠퇴에 대비해야 한다는 것을 말해준다. 그것은 어쩌면 **도시재생이 공간이 아닌 시간을 다루어야 한다는 것**을 의미한다.

그러나 새로운 시간은 우리를 역사의 시대로 되돌리는 시간이 아니라, 모든 개인에게 남아도는 시간과 그 일상이다. 그것은 로봇과 AI에 노동을 박탈당하고, 시간이 남아돌아 시간으로부터 소외되는 인간들의 일상이다. 그것은 난민촌이나 불법 이민자 커뮤니티에서, 은퇴한 사람들에게서 이미 예시되었던 시간이다. 일상을 구성하는 노동, 가정생활, 여가 중에서, 노동의 비중이 과소해지고 여가의 비중만이 과대해지는 것이다. 그리고 이것은 지리학에서 설명하고자 했던 공간의 문제가 사회학의 문제로 전환된다는 의미이다.

그러나 그것은 미셸 마페졸리(Michel Maffesoli)나 앙리 르페브르(Henri Lefebvre)가 발견한 지루하게 반복되지만 강력한 일상 — 해석되어야 할 일상과는 다른 것이다(마페졸리·르페브르, 1994: 23). 미래인들이 더욱 불행한 것은 **연출된 축제는 있지만 모든 일탈이 금지되며, 분노와 파열과 가능성을 담은 반란이 없다는 것**이다. 그것은 도시재생이 헛되게 보장하는 '살기 좋은 마을'이라는 미래가 아니라, 그 시선이 발 아래로 떨어지는 현재에의 관심, 오히려 마을공동체 운동가들이 꿈꾸는 삶의 현장에서의 행복이라는 현재성에 가깝다.

따라서 우리는 사회적 방식의 공간 생산이라는 새로운 비전에도 불구하고, 주민을 헛된 약속에 동원하기 위해 존재하는 것으로 간주하는 관료주의와 계몽주의를 포기해야 하며, 주민들의 불참을 '적극적 수동성'으로 이해해야 한다. 그리고 '중앙 부처의 권력' 이상의 의미가 없는 완고한 지침을 풀어 상대화해야 한다.

기록과 감사로서의 글쓰기

이 책은 현장에서 떠오른 수많은 질문들에 대한 탐구의 과정이다. 그리고 이 책은 도시재생에 관한 책이지만, 공동체 담론과 도시쇠퇴 문제를 관통해 가까운 미래에 닥칠 공간적·사회적 문제들에 대한 환기를 포함한다. 나는 이 책이, 도시재생과 마을만들기를 계기로 제시된 공동체 담론이 정치적·정책적 상황의 변화로 인해 단지 소모되어 사라지지 않도록 보존하는 기록의 역할과 함께 현대사회에 걸맞은 새로운 방향을 모색해 가는 데 작은 밑거름이 되기를 기대한다.

그러나 나는 공동체적 가치의 소중함에 동의하지만, 공동체가 따뜻하고 착하기만 한 것이라는 데는 동의하지 않는다. 나는 '새벽기관차'가 두 눈을 부릅뜬 기관사에 의해 운전된다고 믿지 않으며, 나는 진실을 밝히면 정의가 승리하리라고 믿지 않는다. 나는 부정한 인간 못지않게, 윤리적인 인간이 나쁜 세상을 만든다고 생각한다. 반대로 나는 청년들이 매우 개인주의적이라는 데 동의하지만, 기성세대에 비해 그들은 자신이 싫어하는 것을 남에게 행하는 것을 싫어한다는 것을 알고 있다. 우리에 비해 그들은 타인을 더 많이 배려하고 존중하며, 훨씬 높은 시민의식과 세계시민에 대한 연대의식을 가지고 있고, 필요할 때 더 잘 협력한다는 것을 알고 있다.

1부에 해당하는 1, 2, 3장에서는 도시재생과 공동체에 관한 이론적 논의를 정리하여 도시사회학, 도시계획, 도시재생, 지역계획 관련 전공학생들에게 도움을 주고자 했다. 2부에 해당하는 4, 5, 6장에서는 도시재생의 세부적인 방법론으로서, 상업지재생과 사회적경제 및 문화적 재생에 대해 현장에서 나오는 비판과 대안을 기술했으며, 현행 마을규모재생의 대안으로 제안하는 지역재생 방안이 활성화 계획 수립 전문가, 현장 활동가, 공무원 등에게 도움이 되기를 기대한다.

이 책은 나의 박사학위논문 「공간가치의 사회적 생산과 다원적 공동체: 해방촌을 사례로」(2019)를 바탕으로, 젠트리피케이션(Gentrification)과 관련된 내용을 서구의 연구 성과로 보강하고 지나치게 학술적인 논의와 해방촌의 사례를 덜어내고 전면적으로 다시 구성해 재집필한 것이다.

이 책은 나의 오랜 동료들인 박민수 박사, 허길수 소장, 안화연 박사, 심수림 님의 도움이 없었다면 세상에 나오기 어려웠다. 그들은 시간을 내어 함께 독회하고 거친 주장과 부분적 오류를 꼼꼼하게 지적해 주었다. 또한 초고와 교정본을 꼼꼼하게 읽고 비평해 주신 서울시립대 김성홍 교수님과 학위논문을 지도해 주신 남기범 교수님께도 깊은 감사를 드린다. 끝으로, 나의 공부가 수많은 선배 제현들의 노고를 딛고 있다는 것에 무엇보다 깊은 감사를 드린다.

2022년 12월
낙타 옆에서, 주대관

서론

왜 지역재생인가?

1. 도시재생의 사회학

1) 사회적 재생, 참여하지 않는 주민

도시쇠퇴의 발생

도시재생을 하는 것은 도시가 인위적으로 그 효용을 높여야 할 만큼 쇠퇴했기 때문이다. 선발 산업국가에서 도시의 쇠퇴는 산업의 변화와 밀접히 연관된다. 공장이나 탄광이 문을 닫으면 노동자들은 일자리를 잃어 떠나고, 그들의 (집단) 거주지와 그들을 대상으로 한 상업지는 쇠퇴한다. 물리적 쇠퇴가 시작되면 빈곤층 증가와 소비력 감소에 따라 사회적 쇠퇴가 뒤따른다.

한국에서 도시쇠퇴는 전 도시적 규모의 쇠퇴보다는 국지적 쇠퇴의 경향을 보인다. 서구보다 산업화가 매우 늦었고 높은 인구밀도와 경제성장으로 부동산 가격이 상당히 높게 유지되기 때문이다. 국내에서 쇠퇴지역의 발생은 지속적인 신도시 및 신시가지 개발과 밀접히 연관되며, 원도심의 상대적 쇠퇴가 두드러진다. 쇠퇴 상업지는 신도시와 신시가지로의 상권 이동, 인터넷·홈쇼핑 등의 상업 트렌드 변화, 교통 발달과 밀접해서, 1990년대까지 과잉 확장된 상업 시설의 한계상업지화[1] 형태로 발생하는 경우가 많다. 또한 인구노령화와 상업 트렌드의 변화가 더욱 심화될 것으로 보이고 지방도시에서는 교외 지역의 과잉 개발이 여전히 진행되고 있기 때문에, 원도심

---

1   한계상업지라는 개념은 한계농지에서 착안해 새로 만든 말이다. 한계농지는 토질이 나쁘거나 비탈이 심해 농기계 작업이 어렵고 생산성이 떨어지는 농지를 말하는데, 이러한 농지들은 1960, 1970년대 농업생산을 늘리기 위해 농지와 접한 산기슭부 산지를 확장적으로 개간해 만든 농지가 대부분이기 때문에, 정부에서는 한계농지정비사업을 통해 영농 이외의 목적으로 전환하는 것을 권장하고 있다. 한계농지와 비슷하게, 한계상업지는 1980, 1990년대 소매 경제 호황기에 기존의 상권 주변부가 과도하게 확장되어 만들어졌지만, 다시 쇠퇴하고 있는 상업 시설이다. 이러한 상업 시설은 2000년대를 지나면서 골목상권이 위축되는 과정에서 제일 먼저 타격을 입어 쇠퇴해 공동화되고 있다.

상업지의 추가적인 쇠퇴는 상당 기간 지속될 것으로 보인다.

주거지 쇠퇴는 양상이 다소 다를 것이다. 쇠퇴 정도가 심한 대도시 달동네 대부분은 2000년대 말 이명박 정부의 뉴타운을 거치면서 재개발되었고, 개발하기 어려운 법적 또는 소유권적 제약 조건[2]을 가진 곳만 쇠퇴가 심한 상태로 남아 있다. 그 밖의 재개발 잔여지들은 대부분 재개발 막차를 탔던 곳들로, 건축물 상태가 비교적 양호하고 재산 가치도 높기 때문에 지주들이 기대하는 만큼의 개발 이익을 채워주기 어려운 곳들이다. 건축적으로, 1980년경부터 콘크리트조와 벽돌조 건축물이 보급되었고 노후도 기준이 20년이라는 점에 비추어보면, 도시재생에서의 쇠퇴는 건축물과 도시 기능의 쇠퇴보다는 경제적이며 심리적인 의미로 보아야 한다.

도시재생은 착한 정비 방식인가?

2014년부터 시행된 한국의 도시재생사업이 기존의 재개발·재건축과 비교되는 가장 큰 차이는 건물을 철거하지 않고 리모델링한다는 점이다. 도시재생은 기존 건물을 유지한 상태에서 '리모델링 방식으로 개선하고 주민 역량의 강화와 공동체적 노력을 통해 지역을 활성화'하고자 한다.

이러한 국지적 쇠퇴지역에 대한 그간의 정비정책은 모두가 아는 것처럼 재개발과 재건축이었다. 그리고 재개발·재건축은 기존의 집을 전면적으로 철거하고 고층아파트와 상업 시설을 새로 짓는 것이었다. 게다가 적어도 2010년경까지는 짓기만 하면 팔리는 것이 아파트였다. 그것은 참여하기만 하면 돈을 벌게 해주는 신나는 게임이었으며, 대부분의 중산층이 이를 통해 부를 축적했다. 정부도 예산 한 푼 안 들이고 도로를 확장하고 주택을 건설했다. 전면 철거 방식 재개발·재건축의 가장 큰 폐해는 기존 거주민을 모두 쫓아내는 것이어서, 2009년에는 용산 참사로 불리는 비극적인 사건도 있었다.

---

2 소유권 문제로 남겨진 곳들은 산지를 무단 점유해 주택을 지어 무허가 주택촌이 형성된 곳들인 경우가 많다. 이런 곳들에는 어쩌지 못하고 있는 토지 소유자, 개발을 노린 지상권 매입자, 가난한 세입자 등 3분된 이해관계가 얽혀 있다.

리모델링 방식의 도시재생은 건축물을 철거하지 않으니 기존에 살던 저소득 주민들의 거주가 유지되고 기존의 지역사회가 연속된다는 장점이 있다. 이와 관련하여, 도시재생은 자신들이 마치 그러한 사회적 이익을 의도했고, 그런 이유로 도시재생이 '착한 정비'인 것처럼 선전하는 경향이 있지만 그것은 사실이 아니다. 도시재생이 빈곤층의 계속 거주를 보장한다고 하지만 이는 일시적 연장에 불과하며, 빈곤층과 사회적 약자들의 주거복지를 위해 임대주택 확보와 같은 실질적인 투자를 전혀 하지 않는다는 점에서, **도시재생을 빈곤층을 위한 도시정비정책으로 보는 것은 타당하지 않다.**

도시재생이라는 도시정비 방식 출현의 가장 큰 이유는 부동산 경기 침체에 있다. 도시재생은 자본적 방식으로 도시공간을 생산하는 재개발의 폐해를 개선하는 데 목적이 있는 것이 아니라, **재개발이 어려운 상황에서 그것을 대신할 도시정비정책으로서 출현**했다는 것이다. 도시재생이 착한 정비방식으로 보이는 것은 재개발과는 달리 도시재생에서는 빈곤층의 계속 거주가 가능하다는 점을 진보 진영이 과대평가하고, 그들이 활동 전략으로 삼은 마을공동체운동의 기회로 도시재생을 생각해 지지했던 데 있다. 반면에 토지자본가들은 재개발이 어려운 상황에 대한 책임을 도시재생과 진보 진영에 돌렸다.

사회적 방식의 공간 생산과 참여하지 않는 주민

도시재생은 공간 생산방식의 하나다. 경제적 생산 측면에서, 도시재생은 재개발의 100분의 1에 불과한 국가 예산으로 추진되기 때문에 부족한 경제적 자본을 대신할 또 다른 자본을 필요로 하는데, 그것은 주민들의 실천이라는 **'사회적인 자본'**[3]이다. 도시재생은 주민들의 적극적인 참여와 공동체적 실천으로 일종의 **'공유재'를 생산함으로써, 살기 좋은 마을을 만드는 기획**이다.

---

3 이 책에서는 '사회적인 자본(societal capital)'은 '사회적 자본(social capital)'과 구별해 사용했다. 사회적 자본(또는 사회자본) 개념은 '인간관계나 신뢰와 같은 사회적 연결망이 개인 혹은 집단에게 이익을 주는 무형의 자산이 된다'라는 의미로 고착화된 반면, '사회적인 자본'은 **'다양한 사회적 실천의 경제·사회적 효과'**를 지칭하기 위한 말이다.

물론 어느 정도 주민 동원의 성격이 있지만, 그런 이유로 이러한 기획이 나쁘다고 할 수는 없다. 공간 생산과정 자체를 자본축적의 기제(machine)로 삼아왔던, 기존의 도시공간 생산방식에 대한 대안이 될 수 있기 때문이다. 오히려 경제적 자본이 아닌 시민들의 사회적 실천을 통해 공간의 가치를 생산한다는 것은 분명 대안적 공간 생산방식이라는 점에서 주목된다. 그런 이유로 나는 한국 도시재생을 '**사회적 재생**'으로 규정한다. 사회적 재생은 주로 '**사회적 방식으로 도시공간을 활성화하는 것**'이다. 사회적 방식의 공간 생산은 **시민들의 사회적 실천을 통해 '실천적 공유재'를 생산하는 방식으로 공간의 가치를 높이는 것**이다.

　　그런데 이러한 '사회적 재생'의 성과가 주민들의 적극적 참여에 달려 있지만, **현장에서 참여는 매우 미흡하고 갈등은 너무나 쉽게 목격된다**. 주민참여의 미흡은 사회적 실천의 미흡과 같기 때문에, 도시재생이 대안적 공간 생산 기제가 되지 못한다는 것을 의미한다. 그리고 이는 도시재생 전체의 존립을 위협한다고 볼 수 있다. 그렇다면 주민들은 왜 도시재생에 참여하지 않을까?

　　전문가들이나 공무원들은 주민참여가 미흡한 마을에 대해 민도가 낮아서라든가 공동체의식이 부족해서 그렇다고 단정해 비난하는 경향이 있지만, 행위 동기의 관점에서 볼 때 참여의 미흡은 도시재생이 주민들의 이해에 부합하지 않을 수 있다는 것을 보여준다. 주민들이 도시재생에 참여해 얻을 것이 없다면 참여할 이유가 없기 때문이다.

　　그럼에도 관련 연구들은 주민참여를 늘리기 위한 방편으로 주민 역량 강화 교육과, 주민들을 참여하는 주체로 '양육'하는 단계적 방법론에 대해서만 논의한다. 하지만 이러한 관점은 주민들을 계몽해야 할 대상으로만 간주하는 새마을운동 시대의 관점이며, 참여를 윤리와 의무로만 간주하는 공동체주의적 관점이라고 할 수 있다. 그러나 도시재생이 공간의 생산과 관련된 문제라는 점에서 보면, 참여의 미흡은 여러 가지 형태의 분배 문제와 연관되어 있을 확률이 높다. 이때 분배되는 것은 물질적인 것일 수도 있지만, 명예나 행복의 형태가 될 수도 있으며, 새마을운동에서처럼 생활 편의가 될 수도 있을 것이다.

이와 관련하여, 도시재생은 **공동체적 실천이라는 생산 체계와 '살기 좋은 마을에 산다'는 집단적 분배**로 설계되어 있다. 하지만 재생마을의 60%가 넘는 주민들이 세입자이고, 평균 3.3년이면 이주하는 주민들에게 5년 뒤의 '살기 좋은 마을'이라는 집단적 분배는 참여 동기를 부여할 수 없다. 더구나 도시재생 사이트들은 농촌마을과 같은 공동체적 유대가 있는 공간이 아니라, 이질적이며 이해가 상충하는 개인-주민들이 별다른 소통 없이 단지 매우 밀집해 집합적으로 살아가는 공간이기 때문에 비물질적인 명예나 행복을 구하기도 어렵다. 또한 재생 사이트들은 대부분 얼마 전까지, 응분의 몫에 따른 분배 형태를 가진 재개발이 추진되던 곳이었다. 따라서 상대적으로 젊은 층에 속해 도시재생이 요청하는 실천에 더 적합한 세입자 주민들에게, 도시재생은 쫓아내지 않는다는 점을 제외하고는 실천 동기를 자극할 어떤 것도 제공하지 못한다.

앞에서는 권장하고 뒤에서는 억압하는 참여

이에 더해, 마을에는 공동체적 유대가 없더라도 텃세는 존재하는데, 이는 마을의 빈부를 가리는 문제가 아니다. 특히 재개발 와중에서 찬반과 주도권 싸움으로 대립했고 마을 정치에 익숙한 선주민-건물주들에게 동네가 엄청 좋아진다고, 그래서 집값이 오를 거라는 기대를 주는 도시재생은 마을 공동체의 문제이기 이전에 주도권의 문제가 된다. '그렇게 중요한 일을 감히 집도 없는 세입자나 새파랗게 젊은 애들이 주도하게 할 수는 없다. 그들을 어찌 우리와 똑같은 주민이라 할 것인가'라는 이유로, 도시재생사업 홍보에 나름 기대를 걸고 참여하는 세입자-청년층들은 사실상 선주민-노년층에 의해 차별되고 배제된다. 현장에서 목격되는 **주민참여는 앞에서는 권장하지만 뒤로는 억압하는** 아이러니를 보인다.

이와 같이 주민들의 공동체적 실천을 생산력으로 삼는 도시재생에서 주민참여와 실천이 매우 미흡한 것은, 어제까지 자본 축적을 위해 전운이 감돌던 곳이었으며 투기 자본과 떠돌이 세입자들의 상충하는 이해가 첨예하게 대립하는 재개발 잔여지에 어설프게 주민참여론과 공동체론을 적용한 도시재생의 설계 오류 때문이다. 그것은 전통적인 농촌마을에나 적용 가능한 공동체 개념, 충분한 시민의식이 전제되어야 하는 마을공동체운동이론, 그리고 새마을운동 시대의 계몽주의 및 주민 동원과 대부분의 주민이 관심을 두지 않는 참여민주주의이론을 혼합해 만들어진, 가장 이상적이지만 가장 비현실적인 것이다.

또한 그들은 주민을 '**선하며 계몽될 수 있는 하나의 존재**'로 전제하기 때문에 자본의 실천과 세입 주민의 실천을 구별하지 않으며, 쇠퇴한 상업지에서의 투기적 토지자본의 실천과 개척자-청년-창의계급의 실천을 구별하지 않는다. 그들은 주민들이 이해 상충 관계에 놓여 있다는 것, 선주민과 자본가에 의해 공동체가 지배될 수 있다는 것, 그로 인해 주민들의 사회적 실천이 간단히 수탈될 수 있다는 것을 간과하거나 무시한다. 그리고 이러한 오류는 처음부터 도시재생이 재개발 잔여지를 위한 출구 전략으로서, 마을재생으로 설정된 데 따른 태생적 한계와 밀접하다.

도시재생이 마을이라고 부를 수 있는 공간적 규모로 설계된 것은 국지적인 쇠퇴를 개선하고, 투기 바람의 막차를 타서 자본이 잠긴 채 방치된 재개발 잔여지를 구원하기 위한 것이었다. 도시재생은 연속된 도시에서, 비교적 쇠퇴한 재개발 잔여지를 중심으로 마을 정도의 지극히 작은 일부 지역을 잘라내 사업 대상지로 선정하며, 물리적 쇠퇴도 기준 역시 재개발·재건축과 유사하다. 그러한 점에서 도시재생은 사실상 재개발사업을 이어받고 있으며 머지않아 그것에 의해 다시 대체될 것으로 보인다.

2) 도시를 재생하지 못하는 마을재생

주민, 마을, 공동체에 특권을 부여하다

도시재생은 마을규모의 공간적 범위에 대해 이해관계 주민들을 성원으로 하는 공동체를 구성하게 하고, 배타적인 성원권과 예산권을 부여해 추진하는 사업이다. 여기서 마을규모의 배타적·공간적 범위를 설정한 것, 즉 마을재생 형태로 설계된 것은 도시재생이 재개발이 안 되는 지역을 달래는 정치적·정책적 목적과 밀접하다. 물리적으로만 보면 골목길 환경 개선과 공동이용시설 한두 동을 짓는 것이 고작이지만, 그 공간적 범위는 최대 20만 m^2까지 확장된다.

그런 관점에서 꼼꼼히 들여다보면 도시재생의 가장 중요한 키워드는 **주민, 마을, 공동체**임을 알 수 있다. 이 단어들은 우리가 당연히 가장 좋은 것으로 생각하는 따뜻함과 좋음을 대표하는 것으로서, 그 속에는 시민이 주체인 이상적 참여민주주의, 도시의 이질성과 삭막함을 무너뜨리고 직접민주주의를 구현할 공간적 범위, 연대와 배려와 협력을 통해 자본주의를 극복할 수 있다는 공동체주의의 비전이 담겨 있다.

역사적으로 마을규모를 사업 단위로 하는 정책 사업은 1970년대 새마을사업과 2000년대 농촌마을종합개발사업 선례와 연결된다. 이러한 사업들은 단위마을 또는 몇 개의 마을을 합한 정도의 공간적 범위와 그 주민들을 하나의 주민협의체-공동체로 전제하거나 구성하도록 했다. 이 일원적 주민협의체는 (하나의) 마을공동체로 간주되는데, 대면 공동체가 가능한 정도의 물리적 크기에 해당하므로 주민참여를 독려하고 책임감을 부여하기가 쉽다는 장점이 있다. 또한 주민들에게 배타적 권리를 부여함으로써 그 마을에만 특별한 혜택을 주는 듯이 생색을 내고, 재개발되지 못해 실의에 찬 지주-주민들에게 위로와 희망을 주기에 좋다. 마을규모재생은 개발을 기대하는 자본가에 대한 위로, 계몽적이며 주민 동원적인 새마을운동에 대한 관료주의적 향수, 좌파적 주민 주도 마치즈쿠리의 로망과 자신들의 전문 영역을 유지해야 하는 아카데미즘의 절묘한 혼합물이다.

자립할 수 없는 마을규모재생

마을규모재생의 공간적 범위는 생활권보다는 쇠퇴도를 충족시킬 수 있는지에 따라 조작적으로 구획된다. 마을규모재생은 그 범위 내에서만 계획을 수립하고 예산을 투입할 수 있으며, 그 지리적 범위 내의 거주민과 이해관계인들만이 참여해 의사를 결정한다. 또한 연계사업이라는 이름으로 다른 사업에 대해서도 우선권을 준다. 비교적 활성화된 생활권의 중심 지역은 쇠퇴도를 떨어뜨리기 때문에 제외되고 갑자기 남의 동네로 간주된다.

배타적인 성원으로 구성된 공동체 및 외부와 단절된 계획은 배타적 사고를 양육한다. 마을 개념이 없는 좁은 범위에서 기득권에 의해 걸러진 참여는 마을정치로 변질되기 쉽다. 우리가 믿고 싶어 하는 공동체의 따뜻함은 오직 그 내부자를 위한 것이며, 외부자에 대한 분배의 제한을 통해 얻어지는 것이기 때문이다. 더구나 그러한 공동체에서 의견의 타당성은 동심원적 친소 관계로 판정되고, 나는 우리가 되고 곧 정의가 되기 쉽다.

이렇게 마을재생은 국가가 마을과 주민의 범위를 임의로 구획해 재생사업을 특권화하고, 공동체라는 라벨을 붙이는 방식으로 추진된다. 그리고 그러한 특권화를 통해 주민들에게 특별한 권리에 따르는 참여와 실천 의무를 요구하고, 공동체라는 명분의 집단적 생산·분배 시스템을 구축한다. 공동체라는 라벨링을 통해 사업의 유일한 파트너를 확보하고 통제하는 것이다.

이 특권화된 영역은 계획과정에서 자립 가능하며, 독립된 영토로 인정된다. 마을재생의 공간적 규모는 행정동의 1/10 내외 크기에 불과하다. 이는 주민들의 사회적·경제적 활동이 대부분 외부에서 이루어지기 때문에 인적자원에서나 공동체적 연대에서나 경제활동에서나, 독립적으로는 거의 아무것도 수행할 수 없는 규모다. 그러나 모든 활성화 계획에서 재생지역은 마치 경계부에 높은 담장을 가진 성으로 간주되며, 주민들은 그들만의 공동체 활동과 그들만의 집수리 사회적기업과 그들만의 노인복지 프로그램을 만들도록 강요받는다.

이러한 특권적 마을재생에는 또 다른 치명적인 위험이 도사리고 있다. 우리가 아무런 의심 없이 따뜻한 것으로만 간주해 왔던 도시마을 역시 교환가치의 담지자로서의 토지로 구성된 축적의 산물이며, 동시에 주민을 이해관계자로 하는 분배공동체의 공간적 범위가 되기 때문에, 주민과 마을과 공동체는 그러한 이해를 공유하는 관계인들의 집단주의와 자본주의의 플랫폼이 될 수 있다. 그리고 우리는 주민이 소유권과 하나가 되어 특권화되고, 공동체가 자신들의 이익에 반하는 사람들을 억압하는 기제로 작동되는 수많은 사례를 알고 있다.

지리적 공동체에 덧씌워진 마을공동체론

공동체론에서 볼 때, 마을재생의 주체가 되는 주민공동체는 특정 지리적 범위 내의 모든 사람들을 성원(member)으로 하는 '지리적 공동체'라고 할 수 있다. 주민들은 누구나 공동체의 성원으로서 마을과 공동체에 대해 실천의 의무가 있으며, 실천의 결과를 평등하게 분배받을 권리가 있다. 그런데 지리적 공동체는 지리적 범위 내의 이질적이고 다원적인 '모든' 개인과 집단을 포괄하기 때문에, 다원적 공동체로 전제된다. 다원적 공동체에서 성원들은 서로 다른 가치와 문화와 이해를 가지며, 그로 인한 갈등과 충돌이 상존한다.

그러나 도시재생주민협의체의 활동과 운영은 의도적 공동체 개념을 적용한다. 추상적인 공동체 개념과는 달리, 대부분의 의도적 공동체는 유사한 이해를 가진 자발적 참여의 성원으로 구성되기 때문에 동질적이며 '일원적인 공동체'로 볼 수 있다. 의도적 공동체에서 갈등의 가능성은 처음부터 고려되지 않는다. 가치나 이해를 공유하지 않는 사람들이나 참여와 실천을 하지 않을 사람들은 참여시키지 않으면 되기 때문이다.

도시재생주민협의체-공동체는 그 성격에서는 지리적 공동체로서 다원적 공동체이지만, 그 운영 방식에서는 의도적 공동체 방식을 적용하는 모순을 보인다. 달리 말하면, 도시재생공동체는 재생사업지역 전체 주민들을 위한 사업인 것처럼 홍보하기 때문에 모든 주민을 성원으로 하지만, 실제로는 참여하는 사람들만의 이해에 따라 운영된다는 점에서, 형식과 내용 간에 커다란 괴리가 있다.

더구나 이렇게 불합리할 뿐만 아니라 사회적 실천을 유인하기 어려운 구조에도 불구하고, 도시재생은 참여하지 않는 이들의 이해를 챙길 수 있는 제도를 갖추지 않았다. 약자들의 불참은 권리의 포기로 간주된다. 그들 중에는 생업에 바쁜 사람들뿐만 아니라, 참여하는 사람들 중에 특정인이 싫거나 그런 사람과 부딪치는 것이 싫은 사람들, 기득권을 가진 사람들에 의해 사실상 배제된 사람들이 포함되어 있다. 반대로 적극적으로 참여하는 사람들 중에는 마을에 애정을 가진 사람들뿐만 아니라, 마을을 빙자해 자신의 이익을 챙기려는 사람들, 모든 마을 정치를 장악하려는 사람들, 도시재생 사업을 개발사업으로 생각하는 사람들 등이 포함되어 있다. 그 결과, 부동산을 소유하지 않은 주민들에게 실질적 혜택이 없는 구조에서 자본가나 선주민-기득권자 등, 강자가 지배하는 공동체가 될 가능성이 높다.

도시재생 마을공동체 만들기에서 이러한 형식과 내용의 괴리에 따른 결과는 주민참여 미흡, 강자에 의한 약자 지배, 사회적 재생 실패로 이어진다. 그럼에도 도시재생 당국은 이러한 문제들을 보완하기 위해 고민하기보다는 주민들을 백지 상태의 아이들로 가정하고, 마을공동체는 교육과 양육을 통해 잘 육성할 수 있다고 주장한다.

이러한 괴리는 마을재생의 성패를 가르는 주민의 참여와 실천이 매우 미흡해 마을을 되살리는 데도 기여하기 어려운 결과로 이어지는데, 그러한 마을재생이 쇠퇴한 도시를 재생하고 도시 전체에 기여할 것으로 기대하기는 더더욱 어려울 것이다. 그런 점에서 보면, 마을재생은 도시나 지역을 재생하는 말 그대로의 '도시재생' 사업이 아니다.

도시재생은 도시쇠퇴에 대응해야

물론 주민과 마을과 공동체를 중심으로 사회적 실천을 통해 공간가치를 생산하고자 하는 사회적 재생에 대한 이러한 문제 인식과 비판이 공동체주의나 공동체의 가치를 무시하거나 폄훼하기 위한 근거가 될 수 없다. 반대로, 갈수록 개인화되고 있는 현대 도시사회에서 공동체적 연대라는 가치의 필요는 아무리 강조해도 지나치지 않다. 여기서 비판하는 마을재생은 처음부터 자본가들을 위해 기획된 부동산 대책으로서의 도시재생, 계몽적 새마을운동과 자발적 마을공동체운동 개념을 섞어 주민을 동원하고자 하는 산업시대적이며 집단주의적 마을재생이며, 고작해야 골목길 정비와 공동이용시설 한 동을 짓는 것에 불과한 사업과 예산으로 지역 전체가 천지개벽할 것처럼 선전하고 주민을 번거롭게 하는 마을재생이다.

또한 마을재생 방식의 현행 도시재생에 대한 비판이 도시재생의 필요를 부정하는 것이 될 수도 없다. 다른 시각에서 보면 도시쇠퇴는 새로운 시대로 들어섰음을 알려주는 신호다. 그러므로 도시재생은 자본축적을 위한 기회가 아니라, 새로운 도시로 나아갈 수 있는 기회가 되어야 한다. 우리는 쇠퇴한 주거지나 문을 닫은 전통시장에 주상복합건물을 지을 수도 있지만, 광장과 공원을 만들 수도 있다. 우리는 중산층과 아이들이 신도시로 떠나가고 남겨진 원도심의 과소학교를 민간에 매각할 수도 있지만, 청년들을 위한 주거와 스타트업 공간을 만들 수도 있다. 우리는 터미널이 이전한 곳에 영화관이나 공방을 지을 수도 있지만, 지역 주민 누구나 주인이 되어 이용하는 미디어센터와 문화공동체들을 위한 아지트를 지을 수도 있다.

우리는 도시재생을 통해 산업화와 도시화 과정에서 팽창과 건설에만 급급했던 도시를 구조조정 해야 한다. 주택계급화와 상업 트렌드의 변화로 공동화된 원도심을 어디서 올지 모르는 관광객을 위한 장소가 아니라, 지역의 젊은이들이 떠나지 않고 거주하고 일하는 공간으로 바꿔야 한다. 인간의 노동을 AI와 로봇이 대체하고 사람들의 관계가 점점 비대면화되는 미래사회의 도시 생활에 대비해야 한다. 우리는 도시쇠퇴 문제를 국지적이며 현재적이며 외과적 문제로 보기보다는 도시의 소화 기능과 혈액순환, 면역 체계가 약화된 총체적인 문제로 보아야 하며, 따라서 도시재생은 쇠퇴해 가는 도시를 전반적으로 건강하게 재생하는 기회가 되어야 한다.

3) 현장에서 미래도시를 상상하기

이론과 현장의 괴리

한국 도시재생은 겉과 속이 많이 다르다. 물리적·사회적 리모델링과 삶의 지속을 위한 것처럼 보이지만 재개발 잔여지 문제를 해결하기 위한 방편이고, 사회적 실천을 통한 공간가치 생산을 의도하지만 분배를 고려하지 않고, 따뜻한 공동체를 지향하지만 자본에 의한 지배를 막을 장치를 마련하지 않았으며, 도시를 재생한다고 하지만 마을도 재생하기 어려운 구조다. 도시재생의 이러한 괴리와 불일치는 어디서 비롯된 것일까? 도시재생은 2010년대를 관통해 전국의 도시를 휩쓸고 있는 연쇄적 사건이기 때문에, 거기에는 한국 사회를 움직여 온 많은 이념과 이론, 사회 통념과 행동 양식과 욕망이 들러붙어 있다. 따라서 우리는 도시재생에 적용된 이념과 이론과 개념을 통해 우리가 무엇을 어떻게 생각하고 욕망하고 행동하는지를 성찰할 수 있다.

예컨대 주민참여계획이론에서 주민들은 모두 선하고 합리적이며 마을을 가장 잘 아는 사람들, 서로 존중하고 언제든지 하나가 될 수 있는 존재로 가정된다. 또한 공동체론에서 주민들은 이질적이거나 이해 상충하지 않으며 모두 공동의 이해 관심을 만들어낼 수 있는 자질을 가진 사람들로 간주되며, 세입자들 역시 폴리스의 노예처럼 동네에서 10년, 20년 계속 거주할 주민들로 간주된다. 심지어 건물주·지주들은 상호 면식이 있든 없든 세입자·상인과 공동체의식을 가지고 있기 때문에 집세를 동결하거나 상생협약을 맺어 자신들의 이익을 나눌 줄 아는 선한 존재로 전제된다.

재생마을은 집수리마을기업을 충분히 먹여 살릴 만큼의 일거리를 지속적으로 공급해 줄 것으로 간주되며, 노인들은 몇 주의 교육을 받기만 하면 집수리 전문가가 될 수 있는 것으로 여겨진다. 생산성이 낮고 임대료도 낮아서 그 수익으로는 단 한 명을 고용하기도 어려운 마을기업을 만들어 경영하기만 하면 충분한 수익을 내서 마을에 환원할 수 있는 것처럼 설명된다. 아무런 수익 모델을 만들어내지 못하는 사회적경제 주체가 자본주의를 극복할 수 있다고 홍보하며, 공방만 만들면 예술가와 관광객들이 밀려들 것으로 기대한다. 도시재생에는 왜 이렇게 현장에 맞지 않는 전제와 이론이 난무하는 것일까?

현장과 이론의 단절 때문이다. 도시재생은 도시공학 전공자들에 의해 이루어지지만, 도시공학과 사회학의 교류는 거의 없다. 더구나 따뜻한 공동체는 누구나 잘 알고 있다고 생각하는 보통명사이기 때문에 학문적 개념으로서 엄밀하게 논의해야 할 필요를 느끼지 않는다. 이제 공동체는 사회학의 개념이 아니라 지역계획과 도시재생과 시민운동의 용어가 되었다. 그결과, 도시재생은 '경제하는 공동체'와 '경제공동체'를 구별하지 않으며, 지역계획가들은 '사회적 공동체'라는 정의 불가한 신조어를 만들어 자신을 치장한다.

특히 한국에서 이러한 현상은 이론이 현장에 가지 않기 때문에도 발생한다. 이론은 수입되고 소개되고 강독될 뿐이다. 또한 현장은 도입한 이론의 입증을 위해 존재하기 때문에, 경험적 연구에서도 현장의 특이함은 관심 두지 않는다. 이렇게 이론이 현장에 가지 않고 이론에서 현장성이 무시되는 것은 학문이 일자리가 되고 기술이 되고 권력이 되어버렸기 때문이다. 이러한 학문적 풍토에서 현장은 수입된 이론의 식민지다. 그리고 현장으로부터의 피드백이 없는 이론은 단지 소비되고, 금세 낡은 것이 된다. "현실이란 늘 우리가 던지는 이론의 투망으로부터 벗어나 있기 때문에, 삶의 현장과 그것에 대한 이론적 분석 간의 괴리는 불가피하다"(마페졸리·르페브르, 1994: 38)라는 것을 알고 있다는 바로 그 이유에서, 우리는 어떠한 이론적 도식이나 이데올로기의 전제 없이 현장의 다양성을 먼저 인정해야 한다.

새로고침 없는 수정주의

현장이 이론의 식민지가 되는 경우, 현재와 현장은 이론을 위해 소비될 뿐이며, 우리는 더 이상 미래를 상상할 수 없다. 물론 우리는 더 나은 세상을 위해 200년 전의 사상이나 주의, 100년 전의 입장이나 주장을 선택할 수는 있지만, 그것만으로 지금 이곳의 현실과 현장에 맞는 방법론을 마련할 수는 없다. 어떠한 선례도 그 선례가 위치한 역사적 문맥 속에서 가치가 있는 것이지 '서양의 것이고 우리보다 선진했던 국가의 것이며 많은 성공을 거두었다'는 이유로 우리가 따라야 할 훌륭한 선례가 될 수는 없다.

예컨대 도시재생 공동체주의의 바탕에 깔려 있는 사민주의는 바로 이러한 죽은 이론과 현장의 관계를 잘 보여준다. 수정마르크스주의라고도 불리는 사회민주주의는, 그것이 창시되었던 시대와는 다르게 변한 세상에 맞추어 마르크스주의에 수정을 가했으며, 혁명이 아닌 체제 내 점진적 개혁을 주장한다. 물론 마르크스이론은 그 역사적 탁월함에도 불구하고, 농경시대의 끝에서 만들어졌던 만큼 현대의 문제를 설명하는 데 상당한 한계가 있으며, 그렇게 느꼈던 사람들에게 사회민주주의의 출현은 충분히 안전한 도피처로 보였을 것이다.

그러나 150년 전의 마르크스주의를 수정한 사민주의가 산업시대 초기의 위기감을 반영한 공동체이론과 100년 전의 사회적경제이론과 50년 전의 의사소통행위이론에 대한 **현대적 성찰 없이**, 이 땅, 이 시대의 도시재생에 그대로 적용하는 것 역시 타당하다고 보기 어렵다. 또한 우리는 정치적 자유주의를 비난하는 공동체주의가 경제적 자유주의인 자본주의에 관대하듯이, 공동체를 중시하는 도시재생이 자본주의의 파괴력과 냉혹함에 대해 과소평가하거나 안일하게 대처하고 있음에 놀랄 수밖에 없다. 자본주의와 신자유주의를 구별하는 것과 무관하게, 우리는 도시공간에서 기득권과 사유재산권과 자본이 공동체와 사회적 약자를 위협한다는 사실을 끊임없이 경계해야 한다.

하지만 그들은 사람의 명색을 알지 못하는 투기 자본에게 공동체적 배려를 요청하는 형식적인 행위로써 둥지 내몰림의 문제를 해결할 수 있다고 믿는 듯이 보인다. 그들은 한 세기 전의 집단주의적이며 계몽적인 이론으로서 후기산업도시의 문제를 해결할 수 있다고 믿는 것처럼 보이며, 몇몇이 모여 연대하기만 하면 자본주의를 이길 사회적경제가 가능하다고 믿는 듯이 보이며, 시민의식과 공동체의식이 다른 일본의 마치즈쿠리와 농촌마을 만들기가 도시에서도 쉽게 작동할 것으로 믿는 듯이 보인다.

마르크스이론을 창시했던 시대와는 다르게 변한 세상에 맞추어 사민주의가 마르크스주의에 수정을 가했다면, 그들은 그들의 이념과 이론이 현대사회나 한국 현장에 맞는지도 끊임없이 검증해야 한다. 체제 내 재구성으로 전환했다고 해서 비판과 피드백을 멈추면 안 된다. 현장과의 변증법적 상호작용이 없다면 어떠한 이론이라도 죽은 이론이 될 뿐이다.

그러므로 공동체주의에 대한 비판이 곧 자유주의나 개인주의에 대한 찬양이나 선호가 되는 것도 아니다. 우리는 현장이야말로 이론의 거울이라는 것을 잊어서는 안 된다. 그리고 그 성찰은 '공동체적 질서는 선이다'라는 주장이나 그 의무에 대한 훈육이 아니라, **사실을 드러내는 것이다**. 그 전복을 포기했다고 해서 자본주의가 정당화되지 않기 때문이다. 전복의 희망이 없을수록, 그리고 이곳을 벗어날 수 없다면, 우리는 더욱더 철저하게 자본주의를 비판하고 그 폐해를 줄이려고 노력해야 한다. 그리고 그 비판의 단서는 언제나 현장에 있다.

소비재가 되어버린 학문

현장에 가지 않는 이론은 단지 소비될 뿐이다. 자신의 부를 과시하거나 포장하기 위해 지속적으로 신상 명품을 구매하는 것처럼, 그것은 권위와 유용함을 위해 유행하는 이론에 줄을 대는 것이다. 사회학 언저리에서 그러한 대표적 사례는 2000년대의 사회적자본에 관한 연구들이다. 당시에 많은 연구자들이 자신의 연구 관심을 사회적자본 이론으로 설명하고자 했지만, 당대의 논의가 현재의 사회학 연구에 어떤 자양분이 되었는지 알 수 없다. 도시재생에서의 공동체나 사회적경제, 젠트리피케이션 논의도 크게 다르지 않다. 전문가와 연구자의 역량이 이론과 현장의 차이가 아니라, 성공 사례를 얼마나 많이 알고 있는지로 평가되는 사회는 얼마나 많은 시행착오를 겪어야 하는가?

학문의 역할이 언어처럼 차이를 구별하는 데 있지만, 그들은 외국 이론과 한국 현장의 차이, 전통적인 농촌마을과 쇠퇴한 도시재생 대상 지역의 공동체론적 차이, 몬드라곤(Mondragón) 지방의 지역사회와 신자유주의가 만연한 서울과 과소화된 충남 청양의 차이, 뉴욕의 옥탑방과 달동네 옥탑방의 차이, 서울 서촌 통인시장과 시골 5일 장터의 차이, 중국 장가계(장자제)와 원주 소금산의 차이, 두바이와 새만금의 차이를 구별하지 않는다. 비슷한 것을 줄로 잇는 시험문제처럼, 줄로 이으면 지식이 되고 전문성이 되는 것이다. 창조경제나 커뮤니티 비즈니스(community business)가 얼마나 좋은 것인지, 또는 "그것을 아는가"라고 묻지만, 왜 실패하는지에 대해서는 말하지도 궁금해하지도 않는다.

이렇게 개념과 이론을 소비하기에 급급한 것은 자신들의 세속적 영향력을 유지하기 위함이다. 그리고 이론이 현장에 가지 않는 이유는 현장에 가지 않아도 먹고사는 데 지장이 없기 때문이며, 그들의 영향력을 유지시켜주는 관료주의와의 관계 유지에 지장이 없기 때문이다. 전문가는 현장과 무관한 외국 사례를 많이 아는 사람이고, 현장을 많이 아는 사람은 건방진 용역업자일 뿐이다.

도시재생으로 돌아와, 현장과 괴리된 이론은 경직된 지침에 의해 보호된다. 어떤 정책이라도 완벽할 수 없지만, 그들은 그들이 만든 지침을 모든 상황을 고려한 완벽한 것으로 간주한다. 예컨대 도시재생에서 공동체론은 충분한 사회학적 검토를 거치지 않고, '따뜻한 공동체'에 대한 정서적 인식에 기대고 마을만들기운동의 단편적 성과를 참조해 도입되었을 뿐이지만, 지침

에 써 있다는 이유만으로 완벽한 것으로 인정된다. 도시재생의 사회적경제
는 '연대의 경제'에 대한 상대적 좌파의 이념적 기대를 담고 있을 뿐이지만,
규모의 경제나 운영의 수익성에 대한 분석 없이 도입되어 권장되고 있다.

경직된 지침은 정책의 불완전함을 보완하지 못할 뿐만 아니라 현장 간의
차이를 반영하지 못한다. 이러한 현장적 차이에는 현장 자체의 차이도 있
지만, 지역의 부동산 동향과 그에 대한 지역 주민의 인식, 지역의 전문가 집
단과 공무원의 역량 차이 등, 사업 환경적 차이도 존재한다. 사업 지침이 모
든 재생지역의 차이를 반영하는 것은 불가능할 뿐만 아니라, 그럴 필요도
없다. 지역 여건에 따른 차이를 반영할 수 있는 시스템을 만들고, 도덕적 해
이는 심의를 통해 걸러내면 될 일이다.

또한 경직된 지침은 과정적 개선의 가능성을 차단한다. 사실 사업 준비
초기부터 많은 조사 분석이나 충분한 전문가에 도움을 받으면서, 선정이 불
확실한 활성화계획 수립 용역제안서가 작성되기를 기대하기는 어렵다. 그
럼에도 불구하고 제안서의 내용은 관성이 있기 때문에, 지침을 위반하지 않
고 주민들의 이해와 다르지 않다면 활성화 계획 승인을 받는 데까지 쭉 이
어지게 되며, 변경 없이 승인될수록 좋은 능력으로 인정된다.

경직된 지침은 양방향의 관료주의를 합리화할 뿐이다. 중앙 부처에서는
지방자치단체의 무능력과 도덕적 해이를 빙자해 자신들의 권력을 유지·강
화하고, 지방자치단체 공무원들에게는 현장 여건의 특수성을 반영한 더 나
은 계획 수립을 피하는 핑계가 된다.

지역재생을 통해 미래도시를 상상하자

도시는 자연스런 물리적 노화가 아니라도, 급격한 사회 변화로 인해 사
회문화적 형태의 쇠퇴를 맞이할 수 있다. 예컨대 어떤 도시가 나름 열심히
쾌적하게 관리해 왔다고 해도, 4차 산업혁명과 같은 패러다임적 변화에 적
응한다는 것은 결코 쉬운 일이 아니다. 최근, 후기산업시대의 화두로 언급
되는 언택트(un-tact)나 메타버스(metaverse)와 같은 개념들은 머지않은 미래

에 도시인들의 삶과 사회적 관계가 크게 변할 것임을 예고하고 있다. 인간의 사회적 활동의 상당 부분은 디지털 공간으로 옮겨 갈 뿐만 아니라, 새로움이 일상이 되는 전대미문의 시대를 맞이하게 될 것이다. 어떤 이들은 스마트시티를 떠올릴지도 모르지만, 이것은 과학기술적 발전에 대한 대응이 아니라 그로부터 야기될 미래도시의 사회문제에 대한 것이다.

이와 같은 공간개념의 변화와 사회적 삶의 변화 외에도, 미래사회의 과학기술 발달에 따른 산업과 노동의 변화는 고용 형식의 변화와 절대 노동시간의 감소로 이어질 것으로 예측된다. 노동시간의 감소는 여가 시간의 과다한 잉여를 발생시키고, 개인들에게 경제적·시간적 자기 경영을 더욱더 강요할 것이다.

산업혁명 이후에 노동에서 소외된 우리 인간은 노동을 잃어버림으로써 자기 자신에게서 소외될 수 있다. 물론 능동적인 자들은 노동하는 일상을 작업하는 일상으로 전환하는 데 성공할 수 있겠지만, 대부분의 도시인들은 혼란에 휩싸여 적응하지 못하고 뒤처질 것이다. 도시는 더 이상 공동체와 조직에 운명을 맡기지 않으며 맡길 수도 없는 개인들의 거주지로서, 노동에서 소외된 사람들이 노동을 박탈당하고도 살아갈 수 있도록, 그리고 남아도는 시간을 새롭게 정의하고 건강하게 운영할 수 있도록 그들을 도와야 한다. 그것은 그들이 일상과 그 지루함을 전복하고 스스로에게 반란을 일으키도록 부추기는 일이다.

이러한 전대미문의 도시사회적 삶의 변혁을 산업시대의 도래와 함께 이미 붕괴된 공동체에 대한 향수에 기대는 방식으로 대응하는 것은 얼마나 감상적인가. 기존의 도시재생은 먼 곳의 성공을 좇아 수입된 이론, 시대와 현장을 무시하는 낡은 이념, 공동체적 실천을 요청하는 집단주의, 참여를 독려하지만 약자를 철저히 배제하는 지배적 공동체, 소통적 계획을 표방하지만 너무나 경직된 관료주의, 더 많은 지원만을 외치면서 자본주의의 대안이 될 수 있다고 자신하는 사회적경제로 구성되어 있지 않은가?

우리는 "공동체는 좋은 것이다"라는 명제에 동의하고 인간은 누구나 사회적이며 정치적 존재라는 데 크게 이의를 제기하지 않지만, 필요와 연대를 꼭 마을에서 구해야 한다거나, 우리들만의 이해를 위해 경계를 만들고 타자를 차별해야 하는 데는 동의하지 않는다. 무엇보다 기존의 공동체주의는 참여하지 않는 시민들을 윤리적으로 비난할 뿐, 충돌하는 이해 속에서 서로 다른 행복과 더 많은 자본을 함께 추구해야 하는 도시인들, 더 이상 아무런 공동체의 보호 없이 온전히 개인으로 살아가야 하는 사람들에게 공감하고 위로하는 장치가 없다.

미래도시인들은 비난받아야 할 자유주의자가 아니라 스스로 위로를 구해야 하는 집합적 다중들이다. 미래도시에서 생활세계는 지루한 반복 속에서 의미가 생산되는 과정이 아니라, 그 자체로 즐거운 과정이어야 한다. 그들은 구경꾼과 소비자로 남기를 거부하며, 구경꾼이며 동시에 행위자, 소비자, 생산자가 되고 싶어 한다.

그들에게 취향과 문화는 경제에 버금갈 만큼 중요한 존재의 기반이 될 것이다. 그러므로 도시재생이 해야 할 일은 도시가 그들 미래 시민들에게 스스로 주인이 되어 자신을 문화적·사회적으로 소속시키고 운영할 공간을 만들어갈 수 있도록 돕는 것이다. 그리고 그들이 만들어갈 인간 집단은 **경제하는 공동체가 아니라 문화하는 공동체에 가까운 것들의 집합**이 될 것이다.

도시재생이 재개발 잔여지에 잠긴 투기 자본을 구원하는 마을재생이어서는 안 되는 이유가 이것이다. 도시재생은 쇠퇴한 도시를 미래 시민들이 스스로 상상하는 새로운 일상을 담아낼 수 있는 도시공간으로 바꾸는 지역재생이어야 한다.

2. 책의 구성

이 책은 서론과 결론 외에 여섯 개 장으로 구성했다. 1부에 해당하는 1, 2, 3장에서는 각각 도시재생, 공동체, 주민참여와 관련된 이론과 정책을 살펴보았다. 2부에 해당하는 4, 5, 6장에서는 각각 서구 젠트리피케이션 문헌과 국내 논의의 차이, 상업지재생과 문화적 재생의 문제, 도시재생에서 사회적경제 논의의 문제에 대해 현장적 관점에서 비판적으로 살펴보고 대안을 제시하고자 했다.

1) 도시재생과 공동체

도시재생: 사회적 공간 생산방식의 등장

1장에서는 도시재생은 무엇이고 왜 등장했으며, 어떤 가치 생산방식이 있는지에 관해 논의한다.

도시재생은 재개발과 구별되는 공간 생산방식이다. 경제적 자본을 투자해 전면적인 철거와 신축을 하는 재개발과는 달리 수복형 정비를 채택하고 있어 기존 주민들의 삶의 연속이 가능하다는 이유로 착한 도시정비 방식으로 간주되는 경향이 있지만, 사실은 부동산 경기침체로 인해 재개발이 작동되지 않는 상황에서 재개발 잔여지 문제를 해결하기 위한 방편으로 도입된 성격이 강하다. 이를 위해 도시재생은 재개발 잔여지를 포함한 마을규모의 지리적 범위에 배타적인 특권을 부여하고, 부족한 경제적 자본을 주민참여와 공동체적 실천을 통해 보완하는 방식으로 설계되었음을 밝힌다.

즉 도시재생은 경제적 방식이 아닌 사회적 방식으로 공간가치를 생산하는 체계로 기획되었는데, 이 책에서 '사회적 재생'으로 규정한 이 방식을 사회적 공간론에서의 공간 생산과 어떻게 다른지에 대해 비교한다. 이를 위해 사회학에서의 사회적 행위와 사회적 실천 개념에 대해 알아본 뒤 도시재생이 생산하고자 하는 가치가 '**실천적 공유재**'라는 점을 밝히고, 이러한 공유재 개념이 사회적 공간론의 대안이 될 수 있음을 설명한다.

그러나 실천적 공유재는 주민들의 실천을 통해 생산되는 가치이므로 주민들의 활발한 참여를·통해서만 생산될 것인데, 현장에서 주민들의 참여는 충분하지 못하다. 이를 규명하기 위해, 참여 동기에 영향을 미치는 도시재생의 생산·분배 체계에 대해 살펴볼 것이다. 도시재생은 공동체적 생산과 '살기 좋은 마을' 형태의 공동체적 분배로 설계되며, 이는 2, 3년간 단기 거주하는 평균 60%가 넘는 세입자 주민에게는 분배되기 어려운 가치라는 점에서 주민들에게 참여 동기를 부여하지 못하는 주요한 원인이며, 도시재생의 생산력과 도덕성을 동시에 위협한다고 할 수 있다. 도시재생이 빈곤층의 계속 거주를 가능케 하는 선한 정비방식인 것처럼 보이지만, 작동이 멈춘 자본적 공간 생산에 대한 임시적·대체적 공간 생산 체계의 하나로 기획되었다는 것을 입증한다.

도시재생에 들어온 공동체주의

2장에서는 사회적 재생의 중심적 담론이라고 할 수 있는 주민참여와 공동체론이 도시재생에 들어오게 된 배경에 대해 살펴보고, 그 현장 부합성에 대해 논의한다.

한국 사회에서 공동체라는 말은 좌우 진영을 막론하고 따뜻함의 의미로 사용되는데, 역설적인 것은 공동체주의의 보수성에도 불구하고 진보 진영이 더욱 지지한다는 점이다. 공동체라는 용어에 대한 무비판적 선호는 추상적 공동체와 실체적 공동체, 자발적 공동체와 지리적 공동체, 1차적 공동체와 다원적인 2차적 공동체를 구별하지 않는 경향으로 나타나는데, 그러한 남용이 도시재생에 어떻게 적용되어 오류를 일으키는지에 대해 살펴본다.

특히 공동체라는 말에 대한 선호는 '공동체는 마냥 착하고 좋은 것'이라는 오해를 통해 부정적 외재성을 무시하거나 은폐한다고 비판된다. 이를 검증하기 위해 우리는 동질성과 경계라고 하는 공동체의 구성 요건이 현대 사회의 자연스러운 현상인 이질적이고 다원적인 것과 어떻게 충돌하는지에 대해 살펴보고, 자본주의 도시에서 모든 기초적 공동체가 추구하는 친밀과 행복의 취약함에 대해 논의할 것이다. 특히 쇠퇴한 도시재생마을은 재개발 추진 과정에서의 손바꿈과 갈등, 빈곤층의 이주가 많아서, 이질성과 이해 상충 가능성이 더 높다는 점을 밝히고, 이러한 특징이 사업 추진 과정에서 어떻게 배타성과 공동체적 접근에 어려움으로 작용하는지에 대해 논의한다.

재생마을의 이러한 이질성과 이해 상충은 도시재생사업이 모든 주민을 성원으로 하는 지리적 공동체의 특성을 가진다는 점과 상통하지만, 사업지침상 주민협의체-공동체는 자발적이며 일원적인 마을만들기공동체로 설계되었기 때문에, 형식과 내용의 괴리가 발생한다는 점을 밝힐 것이다. 마을만들기 방식의 공동체는 의도적 공동체로서 원하는 사람들만 참여하는 기초적 공동체인 반면, 지리적 공동체는 국가공동체처럼 이질적인 구성원들로 이루어지는 상위의 공동체, 즉 이해가 상충할 수 있는 다양한 공동체적 집단을 아우르는, '더 큰 공동체'적 특성과 분배공동체적 특성을 가진다는 점에 대해 논의한다. 이렇게 도시재생이 지리적 공동체에 적합하지 않은 마을공동체 개념을 적용한 것은 농촌마을운동과 서울시 도시마을공동체운동 등의 방법을 충분한 비판적 고찰 없이 준용한 때문인 것으로 보인다.

그러나 마을공동체에 대한 환상과 마을만들기 방법론 적용의 오류는 도시재생사업의 추진에 매우 치명적인 것이어서, 그것이 단지 기술적 오류인지, 아니면 공동체주의의 배태된 오류인지에 대한 검토가 필요하다. 특히 농촌마을과는 달리 도시마을에서 공동체를 파괴하는 것은 결국 자본이라는 사실에도 불구하고, 공동체주의가 자본주의에 대해 과도하게 너그러울 뿐만 아니라, 예상되는 자본의 횡포에 대해 아무런 방어 장치를 갖추지 못하고 있다고 비판된다.

마을규모 도시재생에서 주민참여와 공동체 활성화를 억압하는 것은 민도의 낮음이 아니라, 동질적 이해관계인들의 부정적 연대의 결과라고 할 수 있다. 이러한 논의를 통해 도시공동체운동에서 더 필요한 것은 친밀하고 동질적인 연대가 아니라, 이질적이고 다원적인 성원들에 대한 연대와 배려와 협동이라는 것을 밝힐 것이다.

주민참여와 다원적 평등

3장에서는 주민들은 왜 참여하지 않는지, 주민참여 과정에서 참여와 배제의 기제는 무엇인지에 대해 살펴보고 다원적 평등을 구현하는 모델에 대해 논의한다.

우선 주민참여계획과 관련된 소통적 계획의 어려움, 주민의 정체성과 대표성에 대해 살펴보고 주민참여의 문제를 더 많은 참여의 문제가 아닌, '참여하지 못하는 주민'의 관점에서 고찰한다. 그간의 주민참여가 정부의 정책 시행을 위한 정당성 확보를 위해 하나의 통일된 의견을 가진 주민을 전제로 추진되어 왔으며, 그렇지 못한 경우에는 주민들을 도덕적으로 비난하는 형태로 추진되어 왔다고 비판받는다. 하지만 참여하지 못하는 관점에서 보면, 주민들 내부에는 '강한 주민'과 '약한 주민', '참여할 수 없는 주민' 등의 다양한 입장과 역학 관계가 존재하며, 하나의 주민은 사실상 강한 주민으로 대표되는, 정책 추진에 협조적인 주민참여를 의미한다는 것을 밝힐 것이다.

현장에서 주민참여는 다원적 주민들의 문화 다양성을 이해하고 다원적 평등의 보장을 통해 실질적인 성원권(membership)을 보장하는 과정이라고 할 수 있는데, 그러한 가능성을 마이클 왈저(Michael Walzer)의 **복합평등론**을 통해 살펴본다. 또한 분배공동체로서 도시재생주민협의체에서 어떻게 기득권이나 자본을 가진 지배적인 세력에 의해 약자가 배제될 수 있는지에 대해 논의한다. 이를 통해 지리적 공동체에서 분배의 기초인 성원권은 명목상의 성원권뿐만 아니라 실질적 성원권이 더 중요하다는 것을 밝힐 것이다.

마지막으로 다원적 집단에서 다원적 평등을 구현할 수 있는 실질적 방법에 대해 논의한다. 다원적 집단에서 담론적 공공성은 여러 학자들의 이론적 주장에도 불구하고 '하나의 공동선' 형태로 모아지는 것이 사실상 불가능하기 때문에, '다원적이고 이해 상충하는 개인과 집단을 하나의 실체로 통합하고자 하는 시도' 자체를 포기해야 하며, 정의 관념의 적용이 필요함을 주장할 것이다. 이와 관련하여, 다원적 집단에서의 의사결정은 다수결이 아닌 숙의민주주의 개념과, 다원적 정의에 입각해 사안별로 유연한 의사결정 방법을 적용하는 방안을 제안할 것이다. 이와 함께, 도시재생공동체와 같은 다원적 집단에서는 하나의 공동선을 갖기 어렵기 때문에 시민의식을 '더 큰 공동선'의 대안으로 적용할 것을 제안한다.

2) 이론에서 현장으로

2부에 해당하는 4, 5, 6장에서는 상업지재생, 사회적경제, 문화적 재생과 관련된 한국적 특수성에 대해 현장적 관점에서 논의한다.

상업지재생과 젠트리화의 문제

4장에서는 젠트리피케이션의 원인과 관련된 수요·공급 논쟁과 사회적 혼합(social mix) 논의를 한국적 상황에서 어떻게 볼 것인지에 대해 논의한다. 또한 특히 지방 중소도시에서의 한계상업지 재상업화의 적절성과 대안에 대해 논의한다. 마지막으로 자연발생적 젠트리화 지역에 대한 대책으로서 상생협약의 적절성과 효용성에 대해 논의한다.

상업지재생에서 젠트리화와 관련된 문제에 대해 전반적으로 고찰하기 위해 우선 서구 젠트리피케이션 문헌에서의 주요 쟁점에 대해 검토하고, 관련 개념이 한국적 상황에서 어떤 의미가 있는지, 필요하다면 어떠한 대안적 관점과 개념이 중요한지에 대해 검토한다. 특히 젠트리피케이션의 원인에 관한 수요·공급 논쟁이 한국에서는 어떠한 의미가 있는지, 어떤 지점에 주목해야 하는지 검토한다. 이와 관련해 도시재생에서, 한국적 특수성인 아파트에 따른 주택계급화로 인한 중산층의 귀환 없는 자본만의 귀환에 어떻게 대응할 것인지 논의한다. 중산층이 오지 않는 도시재생은 서구 젠트리피케이션 논의에서 중요하게 취급되는 사회적혼합의 문제와 관련해 전혀 다른 양상을 보인다. 즉 도시재생에서 추가적인 사회적혼합은 발생하지 않으며, 오히려 인적자원으로서의 청년·세입자·예술가·신주민 등 새로운 주민들을 실질적인 성원으로 적극 받아들이는 세대혼합(age mix)에 더 노력해야 한다고 주장할 것이다.

다음으로 재상업화 위주의 상업지재생의 타당성에 대해 검토한다. 상업지재생에서 쇠퇴한 (한계) 상업 시설들은 모두 재상업화하거나 관광시장화가 추진되고 있는바, 그 적절성에 대해 검토하고 왜 변화된 환경에 맞는 새로운 기능의 도입을 도모하지 않는지 살펴본다. 또한 그러한 상업지재생의 방향이 어떻게 지역 주민들을 소외시키고 기존의 장소성을 파괴할 수 있는지에 대해 논의하고, 특히 여성화된 소비에 기대는 관광시장화 경향이 한국만의 독특한 젠트리피케이션 경관을 만들어내는 데 대해 논의한다. 또한 상업지 전치의 특수성에 대해 살펴보고, 전치의 대안으로 시행 중인 상생협약의 실효성에 대해 논의한다. 이를 위해 우선 해크워스(J. Hackworth)의 젠트리피케이션 3단계의 시간적 파동 모형을 한국의 상황과 비교해 그 차이점 및 특징을 분석한다. 또한 이를 준용해 자생적 젠트리화 지역에서, 젠트리피케이션 각 단계에서의 전치의 주체[젠트리파이어(gentrifier)]와 객체를 살펴보고, 서구 모델과 어떤 차이가 있는지, 그 원인은 무엇인지에 대해 검토한다.

아울러 상업지 전치 문제에 대한 접근의 적절성을 검토하고, 그것이 주민·소비자·예술가 등 다양한 주체에 의한 사회적 실천을 통해 공간가치를 생산하는 체계인 사회적 재생의 기본 개념과 어떻게 상충하는지에 대해 검토한다. 또한 상업지 전치를 억제하기 위한 대책과 관련해 재생지역 중 일부 상업지의 임대료 억제에 중점을 두는 상생협약이 실효성이 있는 것인지 검토한다. 또한 토지자본(건물주)이 상업자본(상인)의 (피땀 어린) 노력을 착취한다는 단순 대립적이며 온정주의적인 접근이 타당한지, 권리금이 임대료에 합산되어 상품 가격에 반영되는 점은 어떻게 해야 하는지에 대해 검토한다. 논의에 따른 대안으로서, 상업지 전치 문제에서 임대료 안정보다는 실질적으로는 매입을 통한 자산화와 공공(임대) 공간의 확보에 중점을 두어야 함을 주장할 것이다.

경제적 재생으로서의 사회적경제

5장에서는 도시재생에서 경제적 재생의 일환으로 권장되는 사회적경제와 관련된 내용을 논의한다. 이를 위해 사회적경제 논의가 쇠퇴한 도시마을에서 경제적 대안이 될 수 있는지에 대해 논의하고, 도시재생에 적합한 사회적경제의 대안적 방향에 대해 논의한다.

도시재생의 특수성에 비추어 사회적경제에 관한 요구가 적정하며 유용한지에 대해 검토하기 위해, 사회적경제 조직의 유형별 특징 및 권장되는 배경에 대해 알아본다. 또한 사실상 산업시대적인 사회적경제 개념이 탈산업시대에도 적합한 것인지, 세계화의 광풍에서 대중의 삶을 보호해 줄 방패로 작동할 것'이라고 볼 수 있는지, 우리가 적용하는 사회적경제의 논리와 방법이 현대 한국의 경제사회적 상황에 적합한지 물을 것이다. 무엇보다 특히 도시재생에서 사회적경제가 그러한 역할을 해줄 수 있는지, 자립하기에는 턱없이 작은 공간적 규모의, 공동체의식이 전무하다시피 한 도시마을에서 가치 구매에 기반하는 사회적경제의 시도가 유용한 것인지에 대해서는 심층적인 논의가 필요함을 제기할 것이다.

이와 관련해 현장에서의 대안이 무엇인지 살펴본다. 대안으로서는 농촌마을과는 달리 경제하는 공동체적 특성이 없는 도시 주거나 골목상권에서 처음부터 협동조합 형식의 사회적경제를 추진하기보다는 신뢰와 연결망을 확충하려는 노력이 선행되어야 하며, 복지 영역에서는 기존 유사 조직의 활용 방안 검토를 제안한다. 또한 도시재생에서 사회적경제를 도입하고 적용하기 위한 현장적인 실행전략으로, 자원을 집적화하고 연대 개념을 재검토할 것과, 일자리창출보다는 소득 보전 형태를 모색할 것을 제안한다.

마지막으로 도시재생 현장에서 요구되는 국토교통형 사회적기업의 문제점과 대안에 대해 알아보고, 재생지역 사회적경제의 현장적 대안을 정리하고자 한다.

장소마케팅에서 문화순환으로

6장에서는 도시 마케팅에서 문화적 재생의 역할에 대해 알아보고, 후기 산업도시 문화전략으로서의 문화순환에 대해 논의한다.

후기산업도시-현대도시는 제품을 생산하고 소비하던 산업도시와 달리, 문화적 소비를 생산해야 한다. 문화도시가 되어야 하는 것인데, 그것은 문화로써 도시와 장소를 차별화해 마케팅하는 것이라고 할 수 있다. 이러한 문화도시만들기의 과정에서 쇠퇴한 공간 자원의 발생으로 인한 '문화적 재생'은 매우 특별하며 유용한 전기가 될 수 있다. 문화적 재생의 추진을 위해 먼저 후기산업도시에서 문화가 왜 중요한지에 대해 살펴보고, 문화적 재생의 유형과 특징, 문화적 도시재생에서 시설 프로그램의 특징에 대해 살펴본다.

다음으로, 주로 장소마케팅을 위해 시행되는 문화적 재생의 목적과 대상에 대해 논의한다. 이것은 불특정한 관광객을 모으기 위한 문화적 장소 만들기가 정주 인구의 감소, 문화소비자의 부족, 지역 간 경쟁의 상황에서 여전히 유용할 것인지에 관한 논의다. 많은 문화적 재생의 현장에서, 역사적 유산의 장소는 문화 덧씌우기를 통해 아무런 상상력 없이 무조건 예술마을로 만드는 타성적 기획에 대한 비판이다. 이러한 타성은 한국 사회가 보수적 의식에 따른 하위문화에 대한 문화적 관용의 부족과, 급격한 산업화에 따른 고급문화에 대한 문화자본의 부족이 중첩된 것과 밀접하다. 지역재생의 관점에서, 이러한 사실은 지역 쇠퇴가 진행될수록 문화적 재생이 장소마케팅보다는 정주민의 삶의 질에 집중해야 하는 것을 보여준다. 문화적 관용과 문화자본 모두 정주민의 문화적 삶과 관계된 것이기 때문이다. 문화적 재생이 정주민에 더 집중해야 하는 것은 과학기술의 발달로 인해 미래도시인들의 노동시간이 크게 감소해, 노동 소외보다는 잉여 시간에 의한 소외가 더 중요한 문제로 대두될 것으로 예측된다는 점에서도 그러하다. 미래 사회에서 시간적 잉여와 비대면 관계가 증가함에 따라 공간문화도 크게 변화할 것이며, 이는 도시공간과 도시정부의 역할이 취향과 문화적 활동을 어떻게 촉진하고 그 여지를 제공할 것인지에 많은 비중을 두어야 한다는 것을 의미한다.

또한 이러한 변화는 오늘날의 예술과 문화의 개념 변화와도 연결되는 경향으로서 예술가와 시민예술가, 확장된 창의계급에 관한 다양한 논의로 우리를 안내한다. 이는 기존의 문화를 통한 장소마케팅이나 문화 바우처링(vouchering)에 치중한 문화적 재생의 한계에 대한 재검토를 요구하며, 이제 시민들은 단순한 소비자에 머물지 않고 동시에 생산자가 되고자 하며, 도시정부에게 관련된 공간의 제공을 요청한다고 주장된다. 이러한 논의로부터, 시민들의 이러한 문화인식의 변화는 문화의 생산과 소비가 명확히 구별되어 온 문화실천과는 다른 것으로서, 문화적 재생이 주민들의 삶과 문화, 문화의 생산과 소비가 혼합되고 순환될 것을 요구한다는 것을 밝히고, 문화적 재생의 새로운 임무가 이러한 새로운 요구에 맞는 문화시설, 사용자 중심 문화적 재생 모델을 만드는 데 있음을 주장할 것이다.

지역재생으로의 전환

결론에서는 현행 마을규모 도시재생의 한계를 논하고 대안으로서 지역 재생으로 전환하는 실행 방안에 대해 논의한다.

현행 마을재생 형태의 도시재생은 물리적·사회적 환경의 개선 효과도 매우 미미하며, 공동체적·사회경제적 효과도 지속가능하다고 보기 어렵다. 도시재생이 이렇게 쇠퇴한 마을 하나도 제대로 재생하지 못한다면, 그 본래의 목적인 도시 전체의 쇠퇴를 개선하는 데 기여하기는 더더욱 어려울 것이다. 그리고 이러한 결과는 도시재생이 처음부터 재개발 출구 전략으로 기획되었고, 사회적 재생 방법론을 잘못 적용한 결과로 비판된다. 이 책에서는 대안으로서 지역재생으로의 전환을 제안하는데 **그것은 산업시대에 팽**

창만을 거듭해 온 도시를 재구조화하고, 아파트로의 주택계급화에 따른 원도심의 인구통계학적 왜곡을 완화하며, 언택트와 잉여 시간으로 나타날 미래사회에 대비하는 어떤 것으로 설명할 수 있다.

마지막으로, 대안적인 지역재생을 위한 실행 체계와 주민참여방법론에 대해 논의한다. 지역재생의 실행 체계로서, 재생 전략에 있어서의 쇠퇴한 지역에 국한된 면적 활성화 전략에서 지역이나 도시의 구조조정을 위한 지역재생전략계획과 인정사업체제로 전환하고 지역자산화하는 방안을 제안한다. 또한 대안적 주민참여 방법으로서, 기존의 주민 중심의 참여를 사용자 중심의 참여로 전환하고, 공동체적 집단주의에서 집합적 다중에 의한 실천을 촉진하고 지원하는 방향으로 전환할 것을 제안한다.

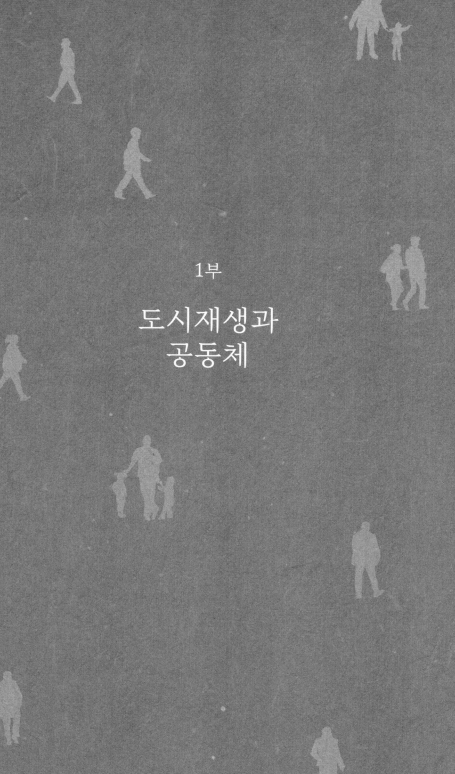

1부

도시재생과
공동체

1장

도시재생

사회적 공간 생산방식의 등장

1. 한국 도시재생의 특징

1) 도시재생은 왜 등장했나?

공간은 그 사회의 생산물이다

도시재생은 재개발이 그런 것처럼 공간 생산방식 중 하나다. 도시공간은 그 사회의 생산물일 뿐만 아니라, "그 생산자이고, 경제적 관계, 사회적 관계의 토대"이기 때문이다(르페브르, 2011: 27). 그것은 그러한 과정과 관계를 생산하는 매체이기도 하다. 역사적인 유적이나 현대의 멋진 도시공간은 계획가와 건축가의 창의적 결과물이지만, 동시에 당대의 권력과 생산력과 제도와 문화에 의해, 지배계급의 욕망과 피지배계급의 동원에 의해 구축되고 유지되어 온 것이다. 또한 현대도시들은 산업화 과정에서 **"근대적 방식으로 생산된 공간으로서 상품화된 시간과 공간 속에 성장하고 존재"**해 왔으며(기든스, 2006: 215~216), 탈산업화라는 현대적 과정 속에서 쇠퇴를 맞이하고 있다.

그러므로 도시공간은 모두 **'사회적**(으로 생산된) **공간'**이 된다. 도시공간은 "사회적 프로세스가 끊임없이 서로 상호작용하는 복잡한 동태적 체계"의 산물인 것이다(하비, 1983: 28). 사회적 공간개념에서 '사회적'이라는 말은 '사람들 간의 관계'와 같은 일반적인 사회학적 의미를 넘어선다. 그것은 그 공간이 속한 사회의 물리적·경제적·사회적·문화적·정치적인 모든 것을 포괄하는 개념이다. 그러므로 사회적 공간은 자연처럼 스스로 그렇게 그곳에 있는 것이 아니며 그 사회에 의해 생산되어 그곳에 있는 것이다.

다른 말로 그것은 "사물(그 자체)이 아니라, 사물들(대상들과 생산물들)이 맺고 있는 관계의 총체"(르페브르, 2011: 148)라고 할 수 있으며, "사회적 행위, 즉 태어나고 죽으며 괴로움을 감내하고 반응하는, 집단적인 동시에 개별적인 주체들의 행위들의 '총합'"이기 때문에, 사회적 공간은 "행위의 장이면서 동시에 행위의 매체"라고 할 수 있다(르페브르, 2011: 80~81, 290). 따라서 사회적 공간에서 사회와 공간의 관계는 변증법적이다. 즉 사회(적 행위)가 공간을 생산하고 공간이 그 사회를 생산한다.

그러한 점에서, **자본주의 도시들은 자본주의 그 자체**라고 할 수 있다. 자본주의의 축적 체제에 의해 사물로서 또 상품으로서 생산되고 증식되어 온 것이며, 축적의 기제(machine)가 주춤한 시기 즉 부동산 경기가 침체된 시기에도, 그리고 쇠퇴한 곳에서조차 그러한 욕망은 땅속의 괴물처럼 꿈틀대며 지각을 흔들어댄다. 자본주의 도시는 부동산을 통한 축적이 최고 능력으로 간주되고, 생산력과 무관한 자본이 더 많은 축적을 찾아 도시 전역을 끊임없이 배회하고 순찰하는 도시, 소유권이 인간의 모든 권리에 우선하는 도시다. 자본주의 도시에서 사회적 공간은 자본주의적 방식에 의해 생산되는 것이며, 자본주의적으로 생산된 사회적 공간은 다시 자본주의적 관계의 토대가 된다. 이는 재개발 아파트 단지가 자본주의적 방식에 의해 생산되고, 자본의 축적을 위한 기제가 되며, 자본주의적 관계의 토대가 되는 것과 같다.

쫓겨나지 않는 수복형 정비

도시재생 이전에 도심 내 공간의 생산은 주로 재개발 방식으로 이루어졌다. 재개발사업은 쇠퇴한 도심지역을 전면적으로 철거하고 좁은 길을 넓히고 새로운 건물이나 아파트를 짓는 방식이었다. 이 과정에서 국가는 아무런 예산도 들이지 않고 민간 자본만으로 도로를 확장하고 주택을 공급하고 부동산 경기를 부양했다. 이를 위해 국가는 투기꾼들이 몰려다니면서 여기저기 땅과 입주권을 사들여 조합원이 되고 불로소득을 축적하는 것을 묵인해 왔다. 국가로서는 예산 한 푼 안 들이고 주거 환경을 개선할 수 있어서 좋고 자본가들은 자본을 크게 축적할 수 있어서 좋은, 누이 좋고 매부 좋은 정책이었다. 그리고 2010년대 초까지 대도시의 무수히 많은 달동네들이 그렇게 철거되고 아파트 단지로 바뀌었다. 그 결과, 낡고 싼 집에 살던 세입자들은 삶터를 잃고 떠나야 했으며, 새로이 조성된 아파트 단지는 중산층 이주민들로 채워졌다. 동네만 천지개벽하는 것이 아니라 사람들도 모두 바뀌곤 했다. 그러한 점에서 재개발은 공간이 사회적으로 생산된다는 마르크스주의적 도시공간론으로써 가장 잘 설명되는 공간 생산방식이다. 도시공간의 생산이 바로 자본축적의 체계와 일치하기 때문이다.

2014년부터 시행된 도시재생사업은 기존 건물을 유지한 상태에서 도로 등 주거 환경을 정비하고 주민편익시설을 짓고, 주택을 리모델링해 정비한다. 또한 도시재생사업은 주민들의 역량을 높이기 위해 도시재생대학을 열고 협동조합을 만들고 주민협의체를 구성해 사업을 결정하고 나중에는 이들이 마을을 경영하도록 한다. 좀 더 전문적인 용어로 말하면, 도시재생사업은 '**물리적 환경을 리모델링 방식으로 개선하고 주민 역량의 강화와 공동체적 노력을 통해 쇠퇴한 도시지역을 활성화**'하고자 한다.[1]

물리적 환경과 관련하여, 재개발이 전면 철거하고 새로 짓는 반면, 도시재생은 개량하는 것을 원칙으로 한다. 비용적 측면에서, 전자가 민간경제 자본이 주도해 도시공간을 새롭게 생산하는 데 반해, 후자는 주로 공공이 상대적으로 매우 적은 공공 재원을 투입해 정비하고 민간의 투자를 유도한다.

전면적 철거를 전제하는 재개발에서 가난한 세입자-주민들은 얼마를 살아왔든지 모두 빈손으로 떠나야 하기 때문에 많은 사회적 갈등을 야기하는 것으로 비판을 받아왔다. 반대로 기존 주택을 철거하지 않는 도시재생은 아무도 이사 가지 않아도 되며, 모두가 자신의 삶터와 따뜻한 공동체를 지

---

1 그 유형 가운데 도시재생은 도시경제기반형과 근린재생형으로 대별되는데('도시재생 활성화 및 지원에 관한 특별법' 2조 6항), 2018년 문재인 정부에서 발표한 도시재생뉴딜사업에서는 주거지와 상업지를 포괄했던 근린재생형을 상업지, 준주거지, 주거지, 소규모 주거지로 세분해 중심시가지형, 일반근린형, 주거지원형, 우리동네살리기형으로 나누었다. 이 중 '일반근린형'과 '중심시가지형'은 기존의 근린재생형을 상업지의 혼합 정도에 따라 세분한 것이며, 주거재생형은 주거지 위주로 구성된 지역에 대해 기존의 '주거환경관리사업'에 해당하는 '주거지지원형'(5~10만 m²)과 기존의 '도시활력증진사업'을 전환한 '우리동네살리기형'(5만 m²)으로 도시재생사업에 편입하고 있다[도시재생 뉴딜 로드맵(2018.3.27: 2, 42)]. 또한 도시재생뉴딜의 또 다른 특징으로는 기존 도시재생에서는 (예산 부족으로) 사실상 불가능했던, 쇠퇴지역에서 도로의 물리적 확폭과 정비가 가능하도록 하고 있다는 점도 두드러진다. 이 책에서 '도시재생'은 산업단지나 항만 등에 적용하는 도시경제기반형을 제외한, 리뉴얼 방식의 재생만을 지칭한다.

그림 1-1 서울시 도시재생 현황

자료: 2025 서울시 도시재생전략계획(2019.7.1), https://news.seoul.go.kr/citybuild/archives/56563.

킬 수 있는 것으로 설명된다. 물리적 환경의 보전을 전제한 도시정비 방식이기 때문에 거주자들의 삶을 보전할 수 있다는 것이다. 그 대신에 도시재생은 주민들에게 마을의 주인으로서 공동체적 노력을 해줄 것을 요청한다.

분명한 것은 도시재생의 이러한 방식은 사업 구역 내의 모든 건물을 철거하고 새로운 건물이나 아파트를 지어오던 기존의 재개발·재건축과 같은 도시정비 방식과는 너무나 다른, 전혀 새로운 도시공간 생산방식이라는 것이다. 재개발이 자본에 의한 공간 생산이라면, 도시재생은 주민들의 사회적인 활동이나 실천을 통해 공간을 생산하고자 하기 때문이다. 그리고 그러한 이유로 도시재생은 재개발의 반명제로 설명되고 사람들에게 그렇게 인식되어 온 것도 사실이다.

도시재생은 왜, 어떻게 등장했나?

사실, 도시재생은 기존 거주민들을 직접 쫓아내지 않는다는 점을 제외한다면, 그 경제적 이익이 매우 적고 절차적으로도 매우 번거로운 정책이다. 국가에는 국가 예산이 들어가서 부담이고, 재산권을 가진 이들에게는 약간의 지가 상승만이 기대될 뿐이며, 특별히 핫한 지역이 아니라면 부동산 투기 자본도 이득 볼 것이 거의 없다. 또한 거주하는 모든 이들을 공동체의 성원으로 간주해 주민들에게 매우 번거로운 참여와 실천을 요구한다.

그렇다면 자본주의 도시에서 국가는 왜 자본축적 체제에 충실한 재개발을 버리고 주민들에게도 자본가들에게도, 정치인들에게도 별로 이득 될 것이 없어 보이는 도시재생이라는, 돈이 안 되는 방식을 채택한 것일까? 부동산 자본가들과 보수정치인들의 주장처럼 진보정치인들이 가난한 세입자들을 위해 재개발을 못 하게 한 것이었을까? 더 순진하게, 오래된 도시경관을 보전하는 것이 가치 있는 일이기 때문이었을까?

우선, 도시재생의 도입은 도시쇠퇴라는 후기산업도시의 보편적 현상에 대한 대안으로 고민되었다고 볼 수 있다. 도시재생사업은 2000년대부터 학계에서 연구하고 정부에서 준비해 온 사업이기 때문이다.[2] 그것은 노무현 정부에서 준비되고 이명박 정부를 건너서 박근혜 정부에서 법제화되고 정책사업화되었다. 그러나 2000년대부터 연구하고 준비했다는 사실이 그 등장 이유를 설명해 주지는 못한다. 기존에 시행되어 오던 재개발도 분명 도시쇠퇴에 대한 대안 중 하나이기 때문이다. 더구나 서구의 젠트리피케이션 논의는 재개발과 수복형 재생(한국형 도시재생)을 포괄한다.

도시재생정책의 도입 이유를 알기 위해서는 2011년 말 개정된 '**도시 및 주**

---

2 '도시재생 활성화 및 지원에 관한 특별법'(이하 도시재생법)과 관련된 연구는 구제금융 사태 직후인 2000년 이후 학계의 관심과 논의가 지속되어 왔으며, 특히 2006년 국토교통부에서는 도시재생을 미래 핵심 성장 동력을 위한 연구개발사업 중 하나로 선정해 많은 연구개발비를 지원하고, 도시재생사업단을 설립해 시범 운영했다. 이와 관련해 도시재생기본방침(이하 '기본방침')은 '주요 선진국도 국내와 비슷한 시점인 1인당 GDP 2~3만 달러, 도시화율 80%대 진입 시기에 도시정책을 도시재생정책 위주로 전환'했음을 근거로 제시하고 있다.

거환경정비법'(이하 도정법)을 살펴볼 필요가 있다. '도정법' 개정안은 그 추진 배경에서 '전면 철거형 재개발이 어려운 지역'에 '수복형 정비'를 추진할 필요가 있으며, 이전의 개발 방식이 "대규모 사업에 따른 사업 기간의 장기화, 전면 철거에 따른 토지 등 소유자 및 세입자 간 갈등 등으로 사업이 지연 중단되기도 한다는 단점이 존재"하며, 이는 "지역 단절, 지역 특성의 상실 등 지역 커뮤니티가 붕괴되는 문제점"을 야기하고, 특히 "정비사업을 통한 기대수익이 낮아지는 상황에서 대규모 전면 철거형 사업의 추진에는 한계가 있을 것"임을 분명히 밝히고 있다. '도정법' 개정안은 그러한 상황, 즉 대규모 전면 철거 방식의 정비사업이 한계에 부딪힌 상황에 대한 대안으로 가로주택정비사업과 주거환경관리사업³을 도입했으며, 이러한 인식은 다음 해의 '도시재생 활성화 및 지원에 관한 특별법'(이하 도시재생특별법)으로 이어진다.

즉 **도시재생사업은 "정비사업(재개발사업)을 통한 기대수익이 낮아져 전면 철거형 사업의 추진에 한계가 발생한 상황"에서 그 대안으로서 도입된 것이다.** 그리고 이러한 사실은 〈그림 1-2〉에서 볼 수 있는 바와 같이 도시재생특별법의 제정이 부동산 지수가 최저점에 있었던 상황에서 이루어졌다는 점에서도 확인된다. 그러한 점에서 보면, '도정법' 개정 배경에서의 '지역 단절, 지역 특성의 상실 등 지역 커뮤니티가 붕괴되는 문제점'과 같은 내용들은 그 도입 배경을 사회적으로 합리화하기 위한 명분으로 언급된 것으로 볼 수 있다.

이와 관련해 이명박 정부는 주로 재개발의 다른 이름인 뉴타운에 집중했으며, 박근혜 정부는 '도시재생특별법'의 제정과 시행에도 불구하고 도시재생사업을 적극적으로 시행하지 않았던 반면,⁴ 박원순 서울시 정부가 도시

---

3   주거환경관리사업은 단독·다세대가 밀집한 지역이나 정비구역이 해제된 곳 등을 대상으로 하며, 기존 정비사업을 추진하던 재개발·재건축 구역도 주민의 50% 이상이 주거환경관리사업의 추진을 원하는 경우 사업 전환이 가능하도록 하고 있다.

4   박근혜 정부에서 중앙정부 선정 도시재생사업은 2014년 13곳, 2016년 33곳 등 46곳에 불과했기 때문이며, 도시재생사업보다는 21세기형 새마을사업으로 불리기도 한 새뜰사업에 더 역점을 두었다고 전해진다. 국가 차원에서는 2017년 문재인 정부 출범(69곳)과 2018년 도시재생뉴딜사업으로 확장되면서 적극적으로 추진되었다고 볼 수 있다(2018년 99곳, 2019년 98곳, 2020년 116곳).

그림 1-2 주택매매가격지수 그래프(서울 아파트 매매 기준)

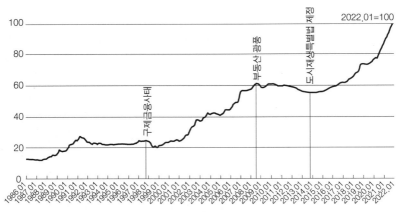

자료: 한국은행 경제통계시스템, http://ecos.bok.or.kr/#searchStat.4.4.1.1.

재생을 가장 적극적으로 받아들였는데 이는 2011년 말 보궐선거를 통해 당
선된 박원순 시장이 마을만들기를 주요 정책으로 채택했고, 도시재생에서
그 실행적 가치를 높이 평가한 결과로 볼 수 있다. 오히려 2013년에 제정된
'도시재생특별법'에서 주민참여와 공동체 활성화가 주요한 방법론으로 채
택된 것은 2000년대를 거치면서 축적된 국가적 경험과 맞물린 것으로 보아
야 한다.

하지만 2013년 '도시재생특별법'이 만들어지고 2014년 도시재생 선도지
역이 처음으로 지정·시행되면서 가장 불만이 많았던 집단은 자본가들이었
다. 특히 서울에서는 "박원순이 재개발을 못하게 하려고 도시재생을 한
다"라고 말하는 사람들이 많았다. 그가 '사람·장소 중심의 주거지재생사업'
을 공약으로 내걸었기 때문이다. 심지어 서울시 어느 자치구의 국장은 "재
개발하면 1조짜리가 될 것을 고작 100억을 주고 사업하라고 한다"라면서
비난하기도 했다. 지난 30여 년간 부동산 투기로 자본을 축적한 이들이나
그들과의 협력을 통해 권력을 누려왔던 이들에게, 도시재생은 재개발을 못
하게 함으로써 자신들의 더 많은 축적을 방해하려는 나쁜 정책으로만 받아

들여졌다.

그러나 2014년 당시 서울에서는 이미, 개발 이익이 높은 달동네는 대부분 소진되었고 덜 쇠퇴한 저층 주택가로 투기 바람이 옮겨 붙은 상황이었기 때문에, 집주인들의 높은 기대에도 불구하고 부동산 자본의 수익률은 이미 매우 낮아진 상태였다.

도시재생은 착한가?

따라서 이러한 여러 가지 상황으로 볼 때, 도시재생이라는 도시정비 방식 출현의 가장 큰 이유는 부동산 경기 침체, 즉 재개발이 더 이상 자본축적의 기제로서 원활히 작동되지 않게 된 이유가 가장 컸다고 보는 것이 더 타당하다. 즉 도시재생은 재개발이라는 자본적 도시공간 생산의 폐해를 개선하기 위한 목적보다는, **재개발이 어려운 상황에서 그것을 대신할 도시정비정책으로서 출현한 것**으로 보아야 할 것이다. 그러한 사실은 재생지역 선정을 위한 쇠퇴도의 판정 기준이 재개발·재건축의 기준을 따르고 있다는 점에서도 입증된다.[5]

물론 한국의 도시재생이 이러한 다소 기형적인 형태를 띨 수밖에 없는 것은, 특히 2000년대 초 서울이 이명박 시장의 당선을 계기로 오히려 더욱 개발지상적인 공간 정치로 돌아섰고, 시민들 역시 개발 신화를 여전히 믿고 기대함으로써, 구제금융 사태 이후에 재개발과 같은 전면 철거 방식을 대체할 리뉴얼 방식의 도시정비에 대해 전문가 집단의 문제 제기와 사회적 합의를 도출할 기회를 잃었던 원인도 크게 작용했다고 볼 수 있다. 또한 재생의

---

5 도시재생지역 지정의 세부기준으로 정한 쇠퇴의 정도는 인구 감소와 사업체 감소, 건축물 노후도를 기준으로 하는데, 이 중 가장 중요한 기준은 건축물 노후도이다. 최근 30년간 30퍼센트 이상 인구가 감소한 지역이라는 인구 기준은 핵가족화와 1인당 주거면적 상승으로 대부분의 지역이 충족되며, 지난 10년간 5% 이상 사업체 수 감소라는 기준은 상업 트렌드의 변화로 역시 대부분 충족하게 된다. 반면에 서울을 기준으로, 준공된 지 20년 이상 된 건축물 비율 50퍼센트 이상이라는 노후도를 맞추기 위해서는 생활권과 무관하게 교묘히 게리맨더링하는 경우도 많다.

그림 1-3 2021년 서울시 오세훈 시장의 보궐선거 당선으로 신이 난 토지자본

자료: 주대관 촬영(2021.11).

규모가 마을단위로 설정된 데는, 공간적·시간적·예산적 범위를 확정해 추진해 왔던 그간의 정부 사업 관행도 크게 작용했을 것으로 보인다.

그러므로 **도시재생은 특별히 착할 것도 없는 도시정비 방식**이다. 도시재생은 처음부터 수익성이 낮아져 개발 기제가 작동하지 않는, 재개발·재건축 잔여지들을 구제하기 위한 출구 전략으로 기획되었으며, 빈곤층의 계속 거주를 보장한다고 하지만 사실상 일시적 연장에 불과하며, 빈곤층과 사회적 약자들의 주거복지에 대한 실질적인 투자가 없기 때문이다.

그리고 이렇게 도시재생은, 재개발이 불가능한 상황에서 그 대용품으로 등장했다는 사실은 언제라도 자본과 권력의 축적을 위한 기도에 의해 폐기될 수 있다는 것을 뜻하는데, 그러한 가능성은 2021년의 서울시장 보궐선거 결과로써 이미 입증되고 있다.

2) 한국 도시재생은 무엇이 다른가?

나라별로 다른 도시재생

도시 관련 제도와 정책은 그 나라만의 고유한 것이든 외국의 사례를 참고하거나 복사한 것이든 그 국가의 정치·경제·사회·문화의 산물이기 때문에, 도시재생 역시 한국 사회의 독특한 산물일 수밖에 없다. 한국에서 도시재생은 재개발과는 구별되는 특수한 도시정비정책이지만, 외국에서는 각 나라의 사회경제적 상황에 따라 변화해 온 도심 정비 관련 제도를 총칭하는 경우도 많다.

선발 산업국들에서 도시재생의 시작은 제2차 세계대전으로 파괴된 도시의 전쟁 잔해 복구에서 시작되어 1970, 1980년대 산업도시의 쇠퇴를 거치면서 본격적으로 추진되어 왔다. 이 중 독일은 1990년 통일로 동독 지역의 재생이라는 특수한 사회적 필요를 맞기도 한다. 일본의 경우는 1980년대까지는 재개발에 주력했으나, 1990년대 버블붕괴 이후에는 쇠퇴한 중소도시의 상업가로 등의 마치즈쿠리적 재생에 주력해 왔다.

한국 도시재생은 마을재생이다

한국 도시재생은 '마을규모의 공간적 크기에 대해 주민참여와 공동체 활성화라는 사회적 방식에 주력하는 것'을 특징으로 한다.

이 중, 마을규모의 도시재생은 서구의 도시재생에서 보이는 도시나 지역 단위의 재생과는 구별되는 공간적 특징이다. 서구에서 도시재생은 주로 과거에는 매우 번창했으나 이제는 산업시설들이 대부분 문을 닫고 떠나가서 지역이나 도시 전체가 공동화된 산업도시들을 대상으로 '도시나 지역을 (통째로) 재생하는 것', 즉 쇠퇴한 산업도시나 산업지역을 전면적으로 구조조정(restructuring)하는 형태로 추진되는 데 반해, 한국 도시재생은 달동네처럼 물리적으로 쇠퇴한 소지역을 대상으로 한다는 것이 다르다.

이러한 마을규모재생은 "쇠퇴하는 도시를 지역 역량의 강화, 새로운 기능의 도

표 1-1 선진국가별 도시재생의 흐름

	1950s	1960s	1970s	1980s	1990s	2000s
미국	도심쇠퇴/공동화 → 전면 철거형 재개발			-성장 관리 -도심 과밀 문제 * 스마트 성장	* 주민참여 * 브라운필드 정비 * 지속가능 커뮤니티 * New Urbanism	* 지역경제 재활성화 * 게이티드 커뮤니티 * 사회적자본론 * 창조도시론
		* 시민참여형 도시계획, 1961(제이콥스, 2010)				
영국	-종합개발지 구제(CDA) -전재 복구/ 주택 개량	지구 개량 개념 확립	-도심 문제 심각 → 분산 정책 재검토	-도시개발공사 -중앙정부 중심 재생	-도시재생 회사 1997~ -지자체 역할 강조	-경제성장(광역도시 권) + 로컬리즘 (2007~) -도시재생과 저렴 주 택 연계
프랑스	-시가지 개발 -전면 재개발 -도시 구조 재편	-유연 재개발 -공적→사적 재개발	-지구 수복형 재개발 -지방분권		* 광연 연계 * 지역 연대 * 가이드라인 정비	* 사회적혼합 * 환경과의 조화 * 도시재생법(2003)
독일	-전재복구/ 사회주택	-전면 재개발 * 연방건설법	수복형 재개발		-지속가능한 도시 지역 개발 -동독 재생	-Soziale Stadt -동독 지역 도시 개 조 프로그램 (빈집 대책 등) -서독 지역 도시 개조 프로그램(예방적) -역사적 시가지 재생
일본	-전재 부흥 -재해 대비 구획정리 사업	-면적 재개발	-주거환경개선형 마치즈쿠리 상업·업무 지 구 재개발	민간 재개발	-지방 중소도시 쇠퇴 → 마치즈쿠리3법 정비	-중소도시 재생 *도시재생법(2002)

자료: 이광국·임정민(2013) 재정리.

입·창출 및 지역 자원의 활용을 통해 경제적·사회적·물리적·환경적으로 활성화시키는 것"이라는 '도시재생법'상의 정의에서 보면, 그 정의에 충실한 것으로 보기 어렵기 때문에 실행전략을 수립하는 과정에서 선택된 것으로 보인다.

한국 도시재생이 이렇게 마을규모재생으로 설계된 데는, 우리 도시들이 일부 탄광촌 지역을 제외하고는 산업화의 기간이 짧아서 도시 전체가 쇠퇴하거나 거대한 회색지대(brown field)가 있는 지역이 거의 없으며, 서울의 구로동이나 독산동과 같은 쇠퇴한 공장 지역들도 높은 부동산 가격을 유지하고 있어서 현행 '도시재생법'상의 도시재생사업을 시행할 필요도, 할 수도 없는 실정이 반영된 것으로 보인다. 지방도시에서의 쇠퇴한 상업지의 경우도 아직까지는 신도시나 신시가지의 개발에 따라 잉여화된 말단부 상업 시설에 국한된다.

또한 마을규모재생은 재개발이 안 되는 지역에 대한 '출구 전략'의 일환으로 설계되었다. 대부분의 재생지역은 쇠퇴도가 비교적 높은 재개발 잔여지를 포함해, 재개발·재건축 지역 지정 기준에 해당하는 쇠퇴 기준을 충족시키는 방식으로, 연속된 도시의 매우 좁은 범위를 생활권과 무관하게 획지해 지정되기 때문이다. 이에 더해, 오지 않는 경제 자본을 대신해, 2000년대를 거치면서 축적된 마을만들기의 경험을 새로운 생산력으로서 주목했던 것으로 볼 수 있다.[6]

그러나 마을규모재생은 소지역의 물리적 사회적 환경을 개선하는 데는 어느 정도 효과가 있을 수 있지만 **재생에 따른 도시 전체에 미치는 효과가 매우 제한적**이라는 한계가 있다. 도시 전체에 대한 재생 전략이 부재한 상태에서의 국지적인 치료에 불과하기 때문이다. 게다가 마을규모재생은 그 범위만으로 웬만한 생활 기반 시설을 도입해 운영하기에도 매우 좁을 뿐만 아니라, 주거지재생에서는 인적 자원이 부족해 충분한 공동체 활성화를 기대하기도 어렵다. 이와 같이 마을규모재생은 도시 정체성 회복(역사문화 및 생활문화), 물리적 환경의 지속가능성(공공 공간 개선), 도시 커뮤니티 형성 및 유지(주거형태의 혼합 및 다양화), 경제적 활력 저하에 대한 대응(도심재개발) 등, 도시나 지역 차원의 통합적·전체적 관점의 접근과 효과를 기대하기 어렵다는

---

6   2000년대를 거치면서 그리고 2010년대 초반에 도시재생을 준비하면서, 당대에는 일본의 마치즈쿠리에 대해 학계와 지방자치단체에서 매우 선진적인 모델로 평가하는 분위기가 확산되어 있었다. 그러나 주민자치에 참조했던 일본의 공민관 제도의 형식적 측면이나, 일본 사회와 한국 사회의 시민성의 차이 등에 대해, 비판적 인식이 부족했던 것으로 평가된다. 또한 일본 농촌의 마치즈쿠리가 최소 마치 단위로 행정조직과 긴밀하게 결합된 경우가 많았으며(대표적으로 아야마치), 도시에서는 경제적·사회적·환경적 요인으로 인해 쇠퇴한 중소도시의 기성 시가지를 행정·커뮤니티·기업 등이 공동으로 보전·회복·개발하는 방식으로 추진했다는 점에서 볼 때, 주거지재생에 주민참여 마을만들기를 적용한 것이 적절한지에 대해서는 논란의 여지가 크다고 하겠다. 김권수(2014: 71) 참조.

문제가 있다(박근철 외, 2011: 19).

그렇다면 사회적 환경을 개선하는가?

한국 도시재생은 물리적 환경의 개선과 함께 사회적 환경의 개선을 목표로 하는 것으로 주장한다. 이와 관련하여 도시재생은 그 기본방침(2.2.1)에서, '쇠퇴지역 주민들의 삶의 질을 개선하고, 주민들의 역량을 강화해 주민참여 및 지역공동체를 (재)활성화하는 것'으로 설명하고 있으며, 문재인 정부의 도시재생뉴딜사업에서는 도시쇠퇴에 대응해 물리적 환경(hardware) 개선과 주민들의 역량(software) 강화를 통해 "지역공동체가 주도해 지속적으로 혁신하는 도시"를 만들어가는 것으로 설명되는데, 이는 '주거복지, 공동체회복 및 사회통합'과 같은 '사회적인 것들(the societal)'을 통해 '일자리창출과 도시 활력 회복'과 같은 경제적인 것들로 확장·연결되고 있다. 그러나 마을규모의 재생에서 경제적 환경의 개선은 거의 불가능하다는 것을 고려할 때, 이러한 복잡하고 원대한 도시재생뉴딜의 목표 역시 사회적 환경의 개선으로 귀착될 수밖에 없다.

그런데 이러한 사회적 환경개선의 개념은 2000년대의 도시재생 연구에서 거의 발견되지 않는 방향으로 영국의 '근린 리뉴얼(Neighbourhood Renewal)' 정책[7]이나 독일의 '사회도시(Soziale Stadt)' 프로그램[8]과 매우 비슷하

---

7 1997년 노동당 정부에 의해 도입된 '근린 리뉴얼' 정책은 사회주택지역과 같은 소외 지역의 인구에 초점을 맞춰, 더 나은 교육, 아동 발달, 취업 교육과 건강을 강조하는, '사람 중심 도시'를 만드는 것으로 설명된다. 그러나 한국 도시재생과 영국의 '근린 리뉴얼'은 그 방법에서는 비슷해 보이지만 재생 환경과 목표는 사뭇 다르다. 그 차이점은 첫째, 영국 등 유럽 국가들과는 달리 한국 (대)도시의 재생 사이트들은 인구 과소화나 주거 수요 부족 문제가 크다고 볼 수 없으며, 둘째, 영국의 '근린'이 주로 노동계급 등 하위계층이 집단적으로 거주하는 공공소유 임대주택(사회주택)이 밀집한 지역인 반면, 한국은 대부분 사유지상의 민간임대주택 등으로 구성되어 여전히 투기의 영향을 받고 있으며, 셋째, 영국의 '근린'이 범죄 등 안전문제와 교육·편의 시설 부족 등 문제를 안고 있다면 한국의 사이트들에서는 그러한 문제들이 심각하다고 보기 어렵다. Cameron(2003: 2376) 참조.

8 독일의 '사회도시' 프로그램은 사회·경제적으로 낙후된 (동독) 지역의 물리적인 환경을 개선하고, 이에 더해 거주민들이 지속적으로 그들의 삶의 질을 자력으로 개선할 수 있도록 사

다. 여기서 '근린 리뉴얼'은 이전의 재개발 방식의 폐해를 개선하기 위해 전향적으로 도입된 정책이라는 점에서 한국의 도시재생과 공통점이 있다.

도시재생에서 사회적 환경개선은 '쇠퇴지역 주민들의 삶의 질을 개선하도록 도와서' '모두가 최소한의 생활수준을 누릴 수 있'도록(기본방침 2.2.1)하는 **'공간복지적 측면'**, '주민들의 역량을 강화해 주민참여 및 지역공동체를 (재)활성화'하는 **'사회적인 것들의 활성화'**, 경제적 개선을 위한 **'사회적경제의 활성화'**(기본방침 3.4.1)로 요약된다.

이 중 주거복지는 재생지역의 선정 요건이 되는 '쇠퇴도'와 밀접하기 때문에 매우 중요한 과제이지만, 사업 시행 과정에서는 매우 제한적으로 시행된다. 민간 주택을 매입해 공공임대주택으로 바꾸는 것과 같은, 적극적이며 실질적인 주거복지는 거의 이루어지지 않기 때문이다.[9] 주거지재생에서 주거복지는 주로 집주인에 대한 '집수리 지원' 중심으로 이루어지기 때문에 세입자들에게는 임대료 상승의 부담으로 이어진다. 따라서 도시재생에서 주거복지는 도시재생에 명분을 제공할 뿐이며, 집수리사업이라는 사회적 경제 측면에서 더 권장되는 경향이 있다. 또한 '사회적경제'는 지역사회에 대한 애착과 사회적 가치에 기반한 소비를 전제해야 하는 반면, 빈곤 주민들조차도 노동력이 있을 경우 대부분 경제활동에 종사하고 있고 대부분의 협동조합이 실질적인 경제적 수익을 내지 못하고 있는 것이 현실이라는 점,

---

회·문화·경제적 바탕을 마련해 주며, 지역공동체를 재활성화하는 것으로 설명된다. '사회도시' 프로그램 역시, 그 설명만으로는 한국 도시재생의 정의나 정책 개념과 가장 흡사해 보이지만, 동독 지역과 한국 대도시는 그 인구 구성과 지역공동체 개념, 쇠퇴의 원인이 매우 다르다는 점을 고려해야 한다. 김현주(2012: 94) 참조.

9   이러한 적극적인 주거복지 관련 사업은 활성화 계획이 아니라 연계사업으로 추진하도록 되어 있는데, 높은 지가의 토지를 확보하는 것이 도시재생 예산으로는 큰 부담이 되기 때문이다. 중요한 것은 그마저도 대부분의 도시재생지역에서 거의 추진하지 못한다. 이는 집주인·선주민들이 자신들과 무관하다고 생각하는 빈곤층을 위해 재생지역 전체에 쓰일 예산을 할애하는 것을 원치 않는다는 점에서, 마을규모재생의 폐해로 볼 수 있다. 여기에 더해, 대부분의 기초자치단체장들은 상대적으로 진보적인 정당 소속일지라도 임대주택 건설을 탐탁지 않게 생각하는 경향이 있다. 지역 이미지가 나빠진다는 이유로 유권자들이 반대하기 때문이다.

그리고 주민들 간의 공동체적 유대가 약하다는 점에서 볼 때 '가치의 공유'를 전제하기 어려운 한계가 있으며, 이는 사회적경제를 통한 경제적 환경의 개선을 어렵게 하는 원인이 된다.

주민참여와 공동체 활성화만 남아

한국 도시재생은 주민참여와 공동체라는 '사회적인 것의 활성화'에 주력한다. 이러한 사회적 방식의 접근은 재개발과 구별되는 가장 큰 특징의 하나로서, 경제 자본의 투입과 생산에 있어서 도시재생이 재개발에 필적할 수 없다는 점과 관계 깊다. 도시재생에 투입되는 경제적 자본(국가 예산)이 재개발의 1/100에 불과하고, 도시재생 이전에는 그 상당 부분이 도시정비 관련 경상예산으로 편성되어 집행되어 왔다는 점에서 볼 때, 차이가 있다면 장소 단위로 예산을 좀 더 집중한다는 것뿐이다. 중요한 것은 부족한 경제적 자본을 대신해 다른 자본을 추가로 투입해야 하는데, 주민참여와 공동체 활동과 같은 '**사회적인 자본**'이 그것이다. 따라서 앞서 논의한 도시재생이 지향하는 포괄적인 사회적 환경개선은 사실상 주민참여 및 공동체 활성화와 동일한 의미라고 할 수 있는데, 이는 마을규모의 재생이기 때문에 가능할 뿐만 아니라, 마을규모재생에서는 필수적인 방법론이라고 할 수 있다.

이 중 주민참여는 '주민참여형 도시계획을 제도화하는 패러다임적 전환의 일환'으로까지 간주되기 때문에, 도시재생의 방법론이면서 동시에 목표가 된다. 도시재생은 그 과정을 계획민주주의 또는 참여민주주의의 장으로 활용해 주민들의 시민성을 높이고 그들을 지역사회의 주체로 육성하는 사업인 것이다. 물론 이러한 건강한 시민성의 제고와 참여민주주의의 지향은 그 자체로 2000년대 들어 나타난 우리 사회의 시대적 요구이지만, 동시에 '주민 역량 강화 및 공동체 활성화'로 가는 유일한 통로라고 할 수 있다. 참여 없는 공동체 활성화는 불가능하기 때문이다.

다음으로, 한국 도시재생에서 공동체 활성화 역시 그 자체로 재생지역의 사회적 환경을 개선하기 위한 도시재생의 방법론이자 목표가 된다. 도시재생이 재개발에 비해 상대적으로 매우 적은 예산을 투입하면서도 재개발의 경제적 효과에 맞먹는 사회적 효과를 창출하기 위해서는 주민들의 (단결된) 공동체적 노력이 반드시 필요하기 때문이다. 즉 **공동체 활성화는 경제 자본에 의한 공간의 생산을 대체하는 사회적인 방식의 생산을 목표로 한다.** 그것은 주민들이 공동체의식을 가지고 참여해 협동하고 실천하기만 한다면 누구나 지금까지 살아온 마을을 떠나지 않을 뿐만 아니라 마을의 주인이 되고 따뜻한 공동체의 일원으로 살아갈 수 있다는 희망 가득한 목표라고 할 수 있다. 그리고 그 결과는 모두가 떠나가야 하는 재개발보다도 훨씬 더 좋은 것으로 홍보되는 '**살기 좋은 마을**'이다.

또한 도시재생에서 공동체 활성화는 '**삶의 질**'을 개선하는 유일한 방법이기도 하다. 도시재생에서 주민들의 '삶의 질'의 문제는 주민들이 "살고 있는 도시의 쇠퇴 문제를 직접 고민하고 해결책을 도출하는 '역량 있는 주민'"(기본방침 5)으로서 **주민공동체에 참여할 때 구현되는 것**이기 때문이다.

마지막으로, 주민참여와 공동체 활성화는 도시재생사업의 계획과 시행과 유지관리를 책임질 주체를 형성시키기 위한 도구적 목적도 있다. 주민들은 자발적 참여에 의해 주민협의체(공동체)를 구성하고 '도시재생계획 수립 과정에서 지역 자원을 새롭게 발굴하고, 독창적이고 특색 있는 아이디어를 제안하며, 사업 시행과 이후 운영·유지관리 단계에서 적극적으로 참여'(기본방침 9)하도록 요구된다.[10]

도시재생은 사회적 재생이다

이와 같이 한국의 도시재생은 마을규모의 공간적 범위에 대해 주민참여나 공동체 활성화와 같은 사회적 방식으로 도시공간 정비를 시도하며, 그 과정에서 주민들의 참여와 실천이 도시공간의 가치를 높이는 (사회적인) 자

---

10 이를 위해 '도시재생활성화계획수립가이드라인'은 주민들의 자발적 참여로 구성되는 주민협의체에 지역 주민의 대표 기구로서의 위상을 부여하고, 사업 시행과 이후 운영 및 유지관리 단계까지 적극적으로 참여할 것으로 요구하며 권한을 부여하고 있다.

본의 형태로 투입된다. 나는 그러한 점에 주목해 한국 도시재생을 '**사회적 재생**'으로 규정한다.

여기서 사회적 재생은 주로 '**주민들의 다양한 사회적 실천과 공동체적 활동의 증진을 통해 도시공간이나 지역사회의 가치를 높이는 것**'으로 정의할 수 있다. 간단히, 사회적 재생이란 주로 '**사회적 방식으로 도시공간을 활성화하는 것**'이다(주대관, 2018: 117~118). 이때의 '사회적 실천과 공동체적 활동'에는 삶의 질 향상을 위한 주민 스스로의 노력, 지역사회에 대한 주민들의 적극적 참여 및 공동체적 활동, 사회적경제나 협력적 경제활동 및 역내 소비의 노력 및 문화적 활동 및 사적인 친목과 여가 활동 등이 모두 포함된다.

결국 사회적 재생의 특성을 가지는 한국 도시재생은 부족한 경제적 자본을 '사회적인 자본(Societal Capital)'으로 대체해 공간을 생산하고자 하는 것이다. 그리고 이때 '사회적인 자본'은 사회적자본(Social Capital)과는 달리 형식화된 요소를 가지는 것이 아니라, 사회적 실천으로 포괄될 수 있는 다양한 수준의 '사회적인 것들'이 활성화하는 상태라고 할 수 있다.

한국 도시재생이 사회적 재생인 것은 오지 않는 경제적 자본을 대신해 '사회적인 자본'을 생산하고 투입해야 하기 때문이다. 주민들이 주인의식을 갖고 반복적이고 집합적으로 사회적 실천을 수행해야 한다. 그렇다면 사회적 실천은 어떻게 '사회적인 자본'으로 전환될 수 있을까?

2. 자본을 대신하는 사회적 실천

공간의 개념은 그와 관련된 인간의 실천을 통해 이해된다. …… 그 답은 인간의 실천 속에 있다. 그러므로 '공간은 무엇인가'라는 질문은 '다양한 인간들의 행위들이 어떻게 공간을 이용하고 특정한 공간개념을 만들어 가는가'라는 질문으로 대체되

어야 한다(하비, 1983: v).[11]

1) 사회 변화의 힘, 사회적 실천

사회적 행위와 상호작용

개인의 행위는 상호작용을 거쳐서 사회적인 행위가 되고 다시 모여서 사회적인 것이 되고 사회문제가 되기도 하고 거대한 사회 전체를 변하게 하는 사회변동의 동력이 된다. 사회학에서 사회적 행위에 관한 논의는 그 자체로 사회학의 역사와 함께하는 주제지만, 정치학이 아닌[12] 사회학에서 사회적 행위에 대한 기대가 그러한 중요성에 상응하는 대우를 받아왔다고 보기는 어려우며, 여기서 논의하고자 하는 것과 같은 생산적 관점에서의 구체적 논의는 더욱 발견하기 어렵다.

산업화와 도시화의 혼란이 당면한 과제였던 고전사회학자들에게 행위의 문제는 집단적·집합적인 '결과'로서만 의미를 가졌으며, 탤컷 파슨스(Talcot Parsons)와 같은 행위이론가들에게 행위는 사회학적 전체를 설명하기 위한 이론적 전제로 제시되었을 뿐이다. 이후, 자본주의 전개에 따라 행위(action)의 문제는 행태(behavior)의 문제로 축소 환원되고, 이데올로기로 양분된 시대에 개인들의 미시적 사회적 행위는 이념과 전체주의에 의해 통제되거나 동원되어야 할 것으로 간주되었으며, 다시 한 세기를 넘기면서 사회가 고도로 복잡해지고 자본주의 체계가 지구 사회 전체를 하나의 체계로 통합해 버리면서, 사회적 행위의 지위는 자본주의를 지탱하는 소비를 받쳐주는 것 정도로 더욱 좁아들었다.

---

11 사회적 행위와 실천에 대한 하비의 이와 같은 입장은 르페브르와 구별되는, 자본주의 비판을 넘어서는 지점이다. 하비는 특히 『반란의 도시』(2014)에서 이러한 대안적 가능성에 주목하는 방향성을 보여주었다.

12 시민들에 의한 혁명이 그 예가 될 것이다.

    사회학에서 사회적 행위에 관한 관심은 크게 ① 사회적 행위와 상호작용
이 이루어지는 방식에 주로 관심을 두는 경우, ② 사회적 행위가 사회집단
이나 사회체계에 미치는 기능적 영향에 관심을 두는 경우, ③ 사회체계의
관점에서 사회적 행위를 바라보는 경우로 대별해 볼 수 있는데, 여기서의
논의는 주로 첫 번째와 두 번째 사이에서 고려된다.

    첫 번째의 관심은 사회적 행위의 역할을 가장 적극적으로 인정하는 것으
로, 이와 관련하여 막스 베버(Max Weber)는 사회적 행위와 상호작용이 이루
어지는 방식에 대해 관심을 두었던 대표적인 고전이론가로 꼽힌다. 그는
사회학은 "사회적 행위를 해석하고, 이를 그 과정과 영향 또는 결과 속에서
이해하는 과학"이라고 정의한다.[13] 베버는 '사회적 행위'를 타자와 관련된,
타자를 지향하는 유의미한 행위로 정의한다(김덕영, 2004: 31). "모든 행위가
사회적 행위는 아니다"라고 했다. 예컨대 '두 자전거의 충돌은 사건이며, 그
로 인한 분쟁이 사회적 행위인 것'이다(베버, 1997: 144). 즉 "타인의 행동에
의미 있게 지향된 개인의 행동만이 사회적인 성격의 것"이라고 할 수 있
다.[14] 베버 사회학의 기본 개념은 '타인과의 상호작용을 통해 일정한 가치와
목적을 실현하려는, 자유의지를 가진 인간'이라는 주제였기 때문이다. 그
는 행위자의 주관적인 의미와 결부된 행동이 타인의 행태와 연관되어 있어
야 할 뿐만 아니라 행위의 전개 과정에서 타인의 행태를 지향하고 있을 때

---

13 베버에게 '행위(handeln, action)'란 '주관적인 의미와 결부된 행동(행태, Verbalten)'이다.
즉 "단수 또는 복수의 행위자들이 자신의 행동에 주관적인 의미를 결부시킬 경우의 인간의
행동"이다. 사람들의 모든 행동들 가운데 '의식적인 과정의 결과인 행동'만을 행위라고 부른
다. 따라서 베버에게 행위는 "(주관적으로) 의미 있는 행위"로, 베버의 이러한 정의는 행위
에 대한 일반적인 정의로 간주된다. 또한 이와는 달리 의미와 결부되지 않은 행동은 '행태'
라고 부르며, 그것은 "주관적으로 생각된 의미와 결부되어 있지 않은 행동거지(Sichverhalten)"
이며, 사고를 거의 필요로 하지 않는, '단지 반사적이기만 한 행동거지'라고 할 수 있다(베버,
1997: 117).

14 베버의 주장은 "상호이해란 동기(motive)들이 사적·개인적일 경우가 아니라 공적·사회적
일 때만이 가능하다는 것이다"(롤스, 2016: 225)라는 것이다. 따라서 베버는 상호이해를 위
해 공적으로 공유된 가치의 중요성에 주목한다.

그림 1-4 사회적 행위, 사회적 실천, 공간적 실천

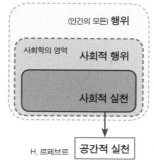

(인간의 모든) **행위**

사회학의 영역 **사회적 행위**

사회적 실천

H. 르페브르 → **공간적 실천**

타인의 행동에 의미 있게 지향된 개인의 행동
앤서니 기든스:
"타인들의 과거, 현재, 또는 예측되는 미래의 행동에 지향된, 모든 종류의 유의미한 인간 행위들을 망라"

'도시공간 및 지역사회와의 직·간접적 관계 속에서 이루어지는 다양한 사회적 행위의 집합적 총합'

사회적 공간의 한 요소 → '사회적 관계의 재생산'
"생산과 재생산, 특화된 장소, 상대적인 응집력을 유지시켜 주는 데 필요한" 것

자료: 저자 작성.

에야 비로소 '사회적 행위'가 된다고 보았다(요아스, 2002: 87).

베버의 이러한 정의는 '주관적으로 의미 있는 인간 행위 이외의 다른 것에 의한 결과를 가지고 사회현상을 설명하려는 시도를 거부하는 것'이라고 볼 수 있는데, 이는 사회의 생성·존속·변화를 가능하게 하는 실제적인 힘이 비인격적 제도나 추상적 메커니즘이 아닌, 바로 '살아 있는 인간들'과 그들 간의 '상호 행위'로 보는 것이어서, 사회적 재생의 관점에서 매우 유용한 시사점을 주고 있다.

이는 '사회계급이나 국가와 같은 집합적 개념의 사용 시에도 그 계급이나 국가 그 자체가 만들어내는 것이 아니라 그곳에 포함된 개인들이 움직인 결과로 본다'는 것을 의미한다는 점에서 마르크스주의의 관점과 비교된다(손더스, 1991: 29~30).[15]

사회적 실천과 공간적 실천

사회적 행위는 주로 도시공간에서 이루어진다. 그러나 사회적 행위란 기

---

15 두 번째의, 개별 행위를 전체 사회의 응집성에 기여하는 방식으로 이해하는 대표적인 고전 사회학자로 에밀 뒤르켐(Émile Durkheim)을 들 수 있다.

든스(2008: 293)의 정의처럼, "타인들의 과거, 현재 또는 예측되는 미래의 행동에 지향된, 모든 종류의 유의미한 인간 행위들을 망라"하는 것이기 때문에 사회적 행위가 공간의 생산에 어떻게 영향을 미치는지 논의하거나 이해하는 것은 간단한 문제가 아니다. 예컨대 자전거가 충돌해 다툼이 벌어지는 것은 사회적 행위에 해당하지만, 우리가 공간의 생산을 논하면서 그러한 다툼이나 그 여지까지 고려해야 한다면 그것은 매우 소모적인 일이 될 것이기 때문이다.

따라서 '사회적 행위'라는 개념보다 좀 더 공적이고 좁혀진 개념인 '사회적 실천'이라는 개념이 유용할 수 있다. 일반적으로 '사회적 실천(social practice)'이라는 말은 '행위자와 지역사회와의 관계 형성'이나 '지역사회에의 참여'의 의미로 사용되기 때문이다(위키피디아 영문판). 공간의 생산과 관련하여 '사회적 실천'이란 '도시공간 및 지역사회와의 직간접적 관계 속에서 이루어지는 다양한 사회적 행위의 집합적 총합'으로 정의할 수 있다.

그리고 이러한 '사회적 실천'의 개념은 르페브르의 '공간적 실천'의 개념과 유사한데, 공간적 실천 개념은 사회적 실천 개념의 공간적 버전에 가깝다. 르페브르는 사회적 공간의 한 요소로서의 '공간적 실천'에 대해 "생산과 재생산, 특화된 장소, 상대적인 응집력을 유지시켜 주는 데 필요한" 것이며 (르페브르, 2011: 80), **공간적 실천**에 나타나는 지배적인 양상은 '**사회적 관계의 재생산**'으로 설명한다(르페브르, 2011: 103). 공간적 실천은 "변증법적 상호작용을 통해 …… 공간을 지배하면서 또 전유하면서, 느리지만 확실하게 공간을 생산한다". 또한 그것은 "장소, 지역적인 것과 총체적인 것의 관계, 이러한 관계의 재현, 행위와 기호, 보편화된 일상적 공간, 상징들로 이루어진 특권적인 공간을 동시에 규정"하는 개념으로 설명된다(르페브르, 2011: 86~87, 420). 그러나 르페브르의 '공간적 실천'의 개념은 그것이 공간상의 실천인지, 사회적 공간 생산을 위한 실천인지, 실천적 공간인지 모호한 것도 사실이다.

우리가 이렇게 사회적 실천에 주목하는 것은 집단적이든 집합적이든 사회적 실천은 그 자체로 사회변동의 힘이 되며, 자본주의와 같은 경제 권력이나 이와 협력하는 정치권력에 대항할 수 있는 유일한 무기이기 때문이다.[16] 그리고 사회적 재생의 관점에서 사회적 실천은 경제적 가치와는 다른, 새로운 가치를 생산하는 생산력이라고 할 수 있다.

2) 사회적 실천은 무엇을 생산하나?

사회적 실천과 공유재

도시공간에서 사회적 실천이 생산하는 가치는 공유재의 성격을 갖는다. 일반적으로 공유재(common goods; commons)는 그 특성상 사유가 불가능한 물이나 대기와 같은 자연환경, 도시나 마을의 광장이나 공원, 유형·무형의 역사와 문화적인 것들과 같이, 그 구성원들이 공동으로 생산하고 소유하고 사용하는 것을 일컫는다. 국방이나 치안 서비스, 자동차를 빈번하게 오가는 도로, 도시 인프라 등의 공공재(public goods)와 함께, 공유재는 누구나 사용할 수 있는 재화들이며 원칙적으로 재화나 서비스에 대한 대가를 지불하지 않더라도 그것을 사용하지 못하게 할 수 없는, 즉 **가격이 존재하지 않는 것**(비배제성)으로 설명된다. 따라서 공유재는 상당한 남용이 있을 경우, 충분

---

16 최근의 공간 활성화를, 사람과 그 행위의 문제에 주목하는 문헌들이 국내에서 발표되기 시작했다는 것은 주목할 만하다. 대표적으로 김수아(2015), 신현준(2015), 이기웅(2015), 신현준·김지윤(2015) 등의 자연발생적 젠트리피케이션 논의들을 들 수 있는데, 이 연구들은 미학적 논리의 뒤편에 대기하고 있는 경제적 논리에 의해 젠트리파이어에 해당하는 창의계급들이 전치되는 과정을 개인적 경험의 집합으로 설명하면서, 이들에 의한 문화적 실천과 장소가 만나는 과정을 보여준다. 그러나 아직은 더 깊은 논의의 필요성도 제기된다. 서촌을 사례 지역으로 한 신현준(2015)의 논의는 젠트리파이어들에만 집중해 지역전체를 삶과 소비 실천의 현장으로 보지 않았다는 비판을 받을 수 있으며, 김수아(2015)의 논의는 젠트리피케이션과 도시재생의 차이를 간과한 채 단지 새로운 개발 논리로 규정하고 있다. 그럼에도 불구하고, 이러한 논의들은 젠트리피케이션이라는 이슈를 통한 도시의 활성화가 이제는 공간의 정체성을 만들어가는 사람들과 그 행위에 주목해야 한다는 점을 발견하고 있다.

한 유지관리가 되지 않는 경우에는 그 가치가 훼손되거나 파괴될 수 있다(경합성의 문제). **공유재는 공기처럼 상품이 아니기 때문에 교환가치는 없지만 사용가치는 있다.**

도시인들이 사회적 실천을 통해 만들어내는 공유재는 사회적이고 문화적이어서, 그것은 어떤 마을에 오랫동안 살아가는 사람들이 만들어낸 마을의 역사나 인심 같은 것이 될 수도 있고, '길거리의 시선' 같은 것이 될 수도 있으며, 광장에서 벌어졌던 민주주의를 위한 투쟁의 기억과 역사가 될 수도 있다. 그것은 도시민들의 사회적·문화적 실천의 결과이기 때문에, 특별히 **'실천적 공유재'**라고 할 수 있다.

실천적 공유재는 도시공간에서의 **"집합적인 공간적 실천에 의해 창출되는 공유재"**로서, 집합적으로 실천되어 생산되고 집합적으로 소유되는 것이다. 따라서 그것은 노동과 생산, 행위와 소비의 산물이다. 그것은 '우리가 창조하는 언어, 우리가 수립하는 사회적 관행, 우리의 관계를 규정하는 사회성의 양태' 같은, 도시인들이 살아가면서 집합적으로 만들어내는 수많은 사회적인 것들을 포함하며(네그리·하트, 2014: 207~208), 집합적으로 만들어낸 '어떤 도시의 분위기와 매력'조차도 포함한다(하비, 2014: 138~139).

실천적 공유재의 특성

실천적 공유재는 사회적 실천이라는 동적·반복적·집합적 행위에 의해 생산되며 그에 따른 다음과 같은 고유한 특성을 가진다.

우선, 실천적 공유재를 만드는 실천은 **다중적**이며 **집합적**이다.[17] 즉 특정인들에 의한 집단적이고 목적적 실천이 될 수도 있지만 그 대부분은 다중의 개별적이며 서로 다른 목적에 의한 집합적 실천의 총합이다. 또한 '집합적'임은 특정 주체나 집단에 의한 일방적 실천이 아니라 다양한 주체에 의한

---

17 '집합적(cluster)'인 것은 집단적(collective)인 것과 흔히 혼용되지만, 여기서는 분명히 구분해 사용하고자 한다. 집합적인 것은 네그리와 하트의 용어로 보면 '다중적(multitude)'인 것에 해당한다.

다원적 실천이라고 할 수 있다. 도시는 영웅적 개인이 아닌 "온갖 유형, 온갖 계급의 사람들이 서로 싫어하고 적대하면서도, 하나로 뒤섞여 끊임없이 변화하고 이동하는 삶을 살아가면서 공유재를 생산하는 장"(하비, 2014: 127)이기 때문이다.

또한 실천적 공유재는 축적될 수 있지만 '**비보유적**'이다. 그것은 운동에너지처럼 그 자체로는 역동적이지만 실천이 정지되면 소멸할 수 있다. 그것은 그 자체로는 질량을 가지지 않으며, 운동할 때만 에너지를 가진다. 그러나 실천적 공유재는 문화의 한 형태이므로 축적될 수 있으며, 그 축적은 오직 **반복**(recurrent)**된 실천**을 통해서만 생산되고 유지될 수 있고, 반복적 실천이 정지된다면 그 가치는 상실될 수 있다. 그러나 반복에 의해 어느 정도의 관성을 갖기는 하지만, '사회 구성체'와 같이 항상 구조의 생산으로 연결된다고 보기는 어렵다. 실천적 공유재의 축적은 더 많은 사람들이 생산에 참여하고 사용할수록 더 많이 이루어지지만, 사적 전유에 의해 위축되고 소진될 수 있다.[18] 그러므로 실천적 공유재에서 '장소에 대한 지나친 고정성이나 영속성은 허용되지 않는다'(Centner, 2008: 196). 그리고 그러한 사실은 그 가치가 누구에 의해 소유되거나 사적으로 전유되지 않음을 의미한다. **그것은 산보다는 강에 가깝다. 강은 지속적으로 흐를 때만 강으로 정의되며 배타적으로 소유되기도 어렵다. 누군가 강을 독점하고 착취한다면 강은 죽어버리게 된다.**

다음으로, 실천적 공유재는 **자율적으로만 생산**된다. 실천적 공유재는 공

---

18 하비가 이 문화적으로 창출된 공유재에 대해 "과도하게 남용하면 질이 떨어지고 평범하고 진부한 것이 된다"라고 한 것은 다음의 근거에 의해, 자본을 포함해 개인의 욕망에 의한 '사적 남용'으로 이해된다. 즉 네그리와 하트가 공유재(common wealth, 공통적인 것)를 ① (천연자원과 같이) 유형적인 것과 ② 여기서 말하는 문화적이고 사회적인 것을 분명히 구분하고 있지만(네그리·하트, 2014: 207~208), 하비의 공유재 개념은 유형적인 것과 무형적인 것이 혼재되어 있다. 그리고 하비의 이러한 태도는 공유재 자체에 대한 관심보다는 독점지대와 관련된 논의에서 보는 바와 같이 자본에 의한 착취에 더 주목하기 때문인 것으로 보인다. 즉 자본의 착취에 주목할 경우, 공유재의 형태는 크게 중요하지 않다는 것이다. 반면에 여기서는 공유재의 생산과 분배 모두를 논의해야 하기 때문에 네그리와 하트가 말한 공통적인 것의 두 번째 형태, 즉 문화적 공유재에 관해서만 논의하고자 한다.

간상의 행위자들의 문화적 다양성과 고유성의 미적 증거를 찾고자 하는 욕구, 즉 도시 거리를 사용하려는 (자발적인) 점유 동기와 그 집합적 실천에 의해 만들어진다고 할 수 있다(Zukin, 2008: 745).[19] 따라서 그러한 실천적 공유재를 생산하는 주체들로서의 집합적 다중은 '사적·자본주의적 권력으로부터도, 그리고 공적·국가 권력으로부터도 자율적이어야' 한다. 이것은 실천적 공유재가 '사회적으로만', 즉 다중의 '소통과 협력을 통해서만 생산될 수 있다'는 것을 의미한다(네그리·하트, 2014: 417~418). 그러나 자본과 국가로부터의 자율이 방치를 의미하는 것은 아니다. 오히려 그것은 스스로의 규범에 의해 조직되고 관리되는 것으로 보아야 한다(네그리·하트, 2014: 10).

마지막으로, 문화적 다양성을 바탕으로 장소적 실천의 형식으로 생산된 실천적 공유재는 특정 장소를 구체적으로 차별화하는 근원이 된다. 공간적 실천이 장소 자체의 어떤 특질에 더해져 장소를 활성화하고 그 장소성을 구체화하고 차별화하는 역할을 하는데, 우리는 그러한 과정을 '**실천적 공유재의 생산과정**'이라고 부를 수 있다. 특정한 장소에 참여하는 사람들은 그 장소의 특질에 대응해 그들의 아비투스(Habitus)[20]에 따른 사회적 실천을 행함으로써 독특한 생산·소비의 경관을 만들어냄으로써 '**소지역성**'을 만들어낸다.

공간의 생산과 가치의 문제

상품의 생산을 위해 사회적으로 필요한 노동이 투여되어야 하는 것처럼, 사회적 방식으로 공간을 새롭게 생산하고자 하는 경우에는 특별한 사회적 실천이 투여되어야 한다. 이렇게 투여된 사회적 실천으로부터 생산되는 실천적 공유재는 도시공간에 새로운 가치를 부여하고 차별화한다. 그러나 **실**

---

19 그러나 이러한 문화적 실천이 아비투스적인 것인지에 대해서는 논란의 여지가 있다. 서구의 많은 젠트리피케이션 문헌에서처럼 도시재생에서의 사회적 실천을 개인적 아비투스에 따른 실천으로만 제한할 경우, 공간이 사회적으로 생산된다는 더 큰 명제의 가능성, 즉 비아비투스적인 수많은 사회적 실천을 포괄할 수 있는 더 큰 가능성을 차단할 수 있기 때문이다.

20 피에르 부르디외(Pierre Bourdieu)의 개념으로, 아비투스는 계급이나 계급 분파의 '관행'을 생산·재생산하는 내면화된 성향의 체계를 뜻한다.

천적 공유재는 가치이지만 가격(교환가치)**을 가질 수 없다.** 바로 공유재이기 때문이며, 교환을 전제하지 않기 때문이다. 또한 상품과는 달리, 실천적 공유재는 비보유적이기 때문에 담지자를 갖지 않는다. 만약 그 담지자가 있다면, 문화에서 민족이 그러하듯이 실천에 참여한 사람들만이 가능하다.

사회적 실천과 그로부터 생산되는 실천적 공유재가 그러한 특성을 가지고 있다는 사실이 그 가치의 존재나 필요를 부정할 이유가 되지는 못한다. 공기나 강물처럼 실천과 공유재의 가치에 가격을 매길 수 없지만, 그것이 없을 때의 사회적 비용으로써 대신 설명할 수 있다. 바람직한 실천이 없다면 살기 좋은 동네와 범죄로 흉흉한 동네를 구별할 수 없고, 고유하게 축적해 온 역사와 문화의 차이를 설명할 수 없다. 예컨대 경찰 병력과 사설 경비요원으로 도시와 개인의 안전을 지켜야 하는 도시와, '거리의 눈'으로 지켜지는 제이콥스(2010)의 거리의 차이를 구별할 수 없다.

이 책의 주제로 돌아가서 우리가 사회적 실천의 가치를 인정하지 않거나 그러한 이유로 사회적 실천에 나서지 않는다면, 무엇보다 사회적 재생이 잠재하고 있는 축적의 도시화에 대항하는 대안적 공간 생산 가능성을 잃게 된다.

3) 공간가치는 토지 가격이 아니다

공간에 대한 새로운 가치 개념의 상정

도시공간을 생산한다는 것은 결국 어떤 가치가 있는 공간으로 만든다는 것, 즉 공간가치를 생산하는 것이다. 그렇다면 공간의 가치란 무엇일까?

가치라는 말에는 사회적 개념과 경제적 개념이 복합되어 있다. 예컨대 그레이버(2009: 26)의 '가치는 인간의 삶에서 궁극적으로 옳고 바람직하며, 타당한 것들을 지시하는 개념'이라는 설명은 '가치'에 대한 사회학적·인류학적 설명이다. 그러나 공간은 사회학적 대상이면서 동시에 경제학적 대상이기 때문에 이러한 가치 개념으로는 정의하기 어렵다. 예컨대 "공간은 사회적 산물이다"라는 말에서 사회적이라는 것은 '그 사회의 산물'이라는 것이기 때문에, 그 사회의 지배적인 생산양식이나 권력의 산물이라는 뜻이 강하다. 물론 자본주의 도시에서 공간은 자본이라는 경제적 힘과 작동 방식에 의해 생산된다. 따라서 공간의 가치에는 '가치 있다고 생각하는 것'이라고 하는 사회학적 가치 개념에 '대상에 대한 욕망의 정도'라는 경제학적 가치 개념이 추가되어야 한다.

그런데 자본주의 경제학에서나 마르크스주의 공간론에서나 똑같이, 공간에 대한 가치론적 관점이 없는 것은 마찬가지다. 단지 토지 가치에 대한 관점이 있을 뿐이다. 지대이론의 관점에서, '지리학자나 사회학자가 사용가치의 측면에 중점을 두고 미시경제학자들이 교환가치의 측면에만 집중'(하비, 1983: 137)하는 차이에도 불구하고, 토지와 관련된 상품론, 즉 지대이론 이외의 가치론은 없다는 점에서는 동일하다.

그러나 도시공간의 가치를 이처럼 토지의 교환가치와 동일한 것으로 간주하는 것은 사회적 실천을 통해 생산되는 실천적 공유재의 가치조차도 (인접한 사유 토지의) 지대에 귀속되는 문제를 야기해, 사회적 재생 자체를 의미없게 만드는 문제가 있다. 사회적 방식의 도시공간 생산에서는, 경제학에서처럼 교환가치와 사용가치를 동일하게 간주해서는 안 된다. 혹자는 자본론을 예로써(마르크스, 2004: 60) 교환가치가 사회적 관계에 의한 개념이므로 사회적인 것을 포함하고 주장할 수 있지만, 교환가치에서의 사회적 관계란 생산과 교환 행위에 국한된다고 볼 수 있는 반면, 여기서의 사회적 실천을 담고 있다고 보기 어렵다.

무엇보다, 가치의 측면에서 사회적 재생은 공간의 사회적 사용가치를 높이되 토지의 교환가치를 높지 않게 유지해야 할 책임이 있으며, 이 두 가치의 격차가 클수록 그 도시공간은 시민들의 사회적 실천이 지속될 확률이 높다고 할 수 있다.

공간가치의 개념적 이해

사회적 재생의 요청이 아니라도, 공간의 가치는 토지의 교환가치와 동일할 수 없다. 지대가 도시공간의 가치를 대표한다면, 우선 시민들의 사회적·문화적 실천의 가치를 설명할 수 없고, 실천을 통해 생산된 공간가치를 사유 토지의 소유가 전유하는 것을 당연히 인정하는 것이 되기 때문이다.[21] 또한 이 경우, 국가의 사회적 실천 요청은 지주의 배를 불려주기 위함이고, 그것을 아는 시민들은 아무도 참여하지 않을 것이며, 실천이 수행되더라도 노동의 소외와 똑같은 행위의 소외, 실천의 소외가 발생한다.

공간을 토지와 구별하고, 공간의 가치를 지대, 즉 토지의 가격과는 구별하기 위해, 우리는 불가피하게 새로운 가치 개념을 도입해야 하는데, 나는 그것을 '**공간가치**(value of space)'라고 부르고자 한다.[22] 공간가치는 "**사회적 실천으로 생산된 도시공간의 사회적 사용가치**"로 정의할 수 있다. 도시공간상에서의 사회적 실천이 공간의 가치를 높이는 역할을 수행한다면, 이때 높아진(생산된) 가치는 **공간의 사용가치**라고 할 수 있다. 또한 경제적 가치가 축적된 노동이라면, 도시공간에서 가치는 '**축적된 실천**'이라고 할 수 있다.

예컨대 축적된 실천(또는 행위)은 공공미술관의 미술품에 비유될 수 있어

---

21 공간가치의 개념은 '동일한 질의 토지에 상이한 자본 투입률에 따라 발생하는 잉여가치의 차이를 반영하고, 자본 투입량에 따라 발생하는 단위 생산량의 차이를 반영'하는 것으로 설명되는 '차액지대 II'와도 구별되는 것으로 보아야 한다. 차액지대 II의 존재는 오히려 토지의 교환가치와 사용가치 간의 차이를 우회적으로 설명해 준다고 볼 수 있다.

22 센트너(Centner, 2008)는 '공간가치'와 유사한 '공간자본(spatial capital)'이라는 용어를 주장한다. 그는 세기의 전환기에 샌프란시스코의 닷컴기업 종사자들이 공간화된 소비 실천을 통해 도시 전체에 배타적인 장소 특권을 형성했음을 고찰하면서, 그들의 배타적인 영토적 실천이 몰지각함을 대표하는 공간자본의 발휘였다고 주장한 바 있다. 그러나 센트너의 공간자본은 '배타적 주장을 표시하는 능력'(Centner, 2008: 194~195) 자체로, 자본이 가져야 하는 축적 과정에 대한 설명과 생산력으로서의 요건을 갖추지 못했다는 점에서 자본으로 보기 어렵다. 자본의 개념을 갈등적으로 파악하고자 한 점을 인정하더라도 그의 공간자본 개념은, 기존의 폭력이나 전제 같은 것들과 다르지 않다고 보면, 개념의 낭비가 될 수 있기 때문이다. 공간자본이 (사회적으로 실천된) 공간적 특권으로 정의된다면, 사회적 자본은 사회적 특권이 되어야 하기 때문에, 경제자본 개념은 물론이고 인적자본이나 문화자본 그리고 사회적 자본 개념과도 대등하거나 구별되는 특이성을 설명할 수 없다.

서, 동일한 가격의 두 개의 미술품이 하나는 미술관 전시실에, 또 하나는 부자의 거실에 걸려 있다고 가정해 보자. 두 작품의 교환가치는 동일하더라도 사회적 사용가치는 매우 다르다고 주장할 수 있으며, 그 차이는 바로 관람객들의 관람이라는 (사회적) 행위의 축적에 의해 발생한다. 이때 각각의 관람 행위는 개인의 즐거움이나 여가 활동의 일환으로 이루어졌기 때문에 서로 별다른 연관성을 가지지 않는 것처럼 보이지만, 미술품의 사용가치를 높이고 미술관과 그 소재한 지역의 공간적 가치를 높인다고 할 수 있다. 그리고 이러한 관점은 "**가치는 행위**(와 실천으)**로부터 창출된다**"라는 그레이버(2009: 120)의 주장과, "**공간의 개념은 그와 관련된 인간의 실천을 통해 이해된다**"라는 하비(1983: v)의 주장과도 상통한다.

특별한 사회적 실천의 중요함

공간가치(V_S)는 실천된 사회적 행위의 총합(ΣV_P)으로 정의된다. 이는 공간의 사회적 사용가치에 해당하는 것으로서 기존의 논의에서 토지 가격(V_L)과 동일한 것으로 간주되어 왔지만, 공간가치론에서는 동일하지 않은 것으로 전제한다. 이때 공간가치와 지대(토지의 교환가치)의 차이는 가치 격차(value gap, ΔV)로 설명할 수 있는데, 이는 사회적 실천에 의해 공간이 활성화되기 전과 후의 공간가치의 차이로 볼 수 있으며, 흔히 지주에 의해 전유되는 (교환)가치라고 할 수 있다.

일상적인 도시공간에서 공간가치는 토지의 가치와 비슷한 어떤 것으로 설명할 수 있다. 도시의 일상에서도 수많은 일상적이며 느린 공간적 실천(P_D)이 일어나며, 이러한 실천은 상당 부분 토지의 가격으로 전유된다고 볼 수 있다.

따라서 공간가치 개념은 '특별한 사회적 실천이 있는 경우'에 특히 유용한 개념이다. 이러한 실천으로는 사회적 실천이 ① 집중적으로 발생하거나 ② 특별한 형태로 발생하거나 급격한 형태로 일어나는 경우, ③ 공간적 실천이 철수되는 경우에 특히 유용한 개념이라고 볼 수 있다.

즉 시간적 차이를 두고 특별한 사회적 실천이 없다면($P_C= 0$) 공간가치는 토지의 교환가치와 비슷할 것($V_L \approx V_S$)이며, 개념적으로 동일하게 간주할 수 있다. 반대로 사회적 실천이 부족한 쇠퇴한 지역에서의 공간가치는 지대보다 낮을 수 있다($V_L > V_S$).[23] 이는 스미스(smith, 1979)의 임대료 격차 (rent gap)가 발생한 상태로 설명할 수 있다.

사회적 공간론을 넘어서

기존의 자본주의 경제학은 물론, 마르크스주의 공간론에서조차 이렇게 공간에 대한 가치의 개념을 사실상 지대와 동일시하는 것은 처음부터 자본주의적 공간 생산방식의 비판만을 위해 설계되었기 때문인 것으로 보인다. 사회적 공간론이 그때(1970년대)까지 국가와 자본 그리고 이에 길들여진 도시계획가들의 짬짜미에 의해 이루어지던 도시공간 생산과정에 대한 규명과 비판에 탁월했던 것은 사실이다. 그렇지만 사회적 공간론의 관심은 대안적 생산방식이 무엇인지, 생산된 공간의 가치를 어떻게 누구에게 귀속시킬 것인지의 문제에 대해서는 말해주지 않는다.

예컨대 르페브르는 "사물의 생산과는 달리, **공간의 생산은 그 조건으로서의 사유재산권과 공간의 지배자인 정치적 국가에 의해 지배되며, 이를 쇠퇴시키지 않는다면 최악의 상황이 도래할 것**"(르페브르, 2011: 576)이라고 주장함으로써 자본과 국가권력에 의해 도시공간의 생산과정이 지배되는 체계와 그러한 체계를 쇠퇴시켜야 하는 당위성을 역설한다. 그리고 '새로운 질서가 나타나기 전까지' 우리는 "하나의 사회를 만들어가는 교육, 행정, 정치, 군사 활동 등의 다양한 활동을 포함해 **보편적인 사회적 실천을 형성**"(르페브르, 2011: 315)함으로써 사회적 공간을 생산하게 되는 것으로 설명한다. 또한 그는, 사회적

---

[23] 공간가치 $V_S = \sum V_P \neq V_L$, 가치 격차 $\Delta V = V_S - V_L$

공간가치 $V_S = V_L + \Delta V$, 가치 격차 $\Delta V = 0 \rightarrow V_S \approx V_L$, $\Delta V = V_C$

$\sum V_P$: 사회적 실천의 가치의 총합

V_L: 토지 가격

ΔV: 가치 격차

V_C: 특별한 실천에 의한 공간가치

공간의 생산은 미래에 "공간의 생산이 생산력의 도약과 일치한다면, 그 결과 궁극적으로 국가 자본주의도 국가 사회주의도 아니면서 공간의 집단(적) 경영, 자연의 사회적 경영, '자연-반자연'의 갈등을 뛰어넘는 새로운 생산양식이 도래"(르페브르, 2011: 175)할 것이라고 주장한다.

이러한 르페브르의 예언서적 언명에서 우리는 "사회적 실천이 사회적 공간을 생산한다"라는 것과 함께 '사회적 실천을 통해서 국가와 자본에 의한 공간의 지배를 쇠퇴시킬 수 있다'는 것, 즉 '사회적 실천이 공간적 대안을 생산할 수 있다'는 것은 이해할 수 있다. 하지만 이 사회적 실천은 단지 '새로운 질서가 나타나기 전까지', 즉 **공간의 생산이 생산력의 도약과 일치**하는 시점까지의 **과도기적 효력**을 의미한다. 무엇보다 그러한 '보편적인 사회적 실천'과 '생산력의 도약'과 '새로운 생산양식'이 무엇인지 구체적으로 알기 어렵다.

이렇게 그들의 관심이 '공간의 생산이 생산력의 도약과 일치하는 새로운 생산양식이 도래할 (혁명적) 미래'에 맞춰져 있다면 도시재생, 즉 사회적 재생에서의 공간 생산은 현재적 실천의 연속이라는 현재에 맞춰져 있다는 어려움이 있다. 더구나 그들이 요청하는 실천은 그 '사회체계'에 의해 착취되고 전유될 것을 전제하지만, (묵묵히 참아내면서) 언제일지 모르는 혁명의 그날까지 막막하게 축적해야 하는 어떤 것이다.

마르크시스트 공간론의 이러한 태도는 그들이 말하는 사회적 실천이 현재를 살아가는 시민들의 실천이 아니라 혁명의 미래와 이상 도시를 향한 실천임을 보여준다. 그것은 먼 미래를 향한 눈을 가진 혁명가가 되어달라는 요청으로서, 마르크스(2004: 236)의 『자본론』과 하비(2001: 274)의 『희망의 공간』에서 요청하는 '계획을 가진 **반란적 건축가**'가 **되라**는 것이다. 하지만 도시재생에서 요청되는 실천은, 반대로 **꿀벌들의 반복적이며 현재적인 실천**이라고 할 수 있는데, 그러한 실천은 그들에게 필요하지만 하찮게 간주될 뿐이다.[24] 따라서 공간가치 개념은 시민들의 현재적 실천에 진정한 가치를 부

---

24 하비가 『희망의 공간』에서 제시하는 '반란적 건축가'는 『자본론』에서 가져온 것이지만 현란

여함으로써 그들이 집합적인 사회적 실천에 나서는 것이 얼마나 가치가 있으며, 그들에게 분배되고 귀속될 수 있는지를 논의하기 위한 것이다.

3. 도시재생에서 분배와 동원

국가와 정치의 궁극적인 목표는 "시민들이 창조한 가치를 전유하는 것이 아니라 가치가 '무엇인지'를 정의하는 것"이다(그레이버, 2009: 202).

1) 집단적으로 생산하고 분배하는 도시재생

참여의무와 행위 동기의 차이

도시재생은 재생지역의 주민들에게 국가가 '그들의 동네'에만 특별히 예산을 투입해 주는 것이므로, 마을에 대한 애정을 가지고 동네 발전을 위해 자발적이며 적극적으로 참여하고 실천할 것을 요구한다.

주민들의 참여와 실천에 대한 이러한 요청에는 두 가지의 미묘한 전제가 개입된다. 하나는 내발적 발전론이[25] 깔고 있는 자조적 주민상이며 또 하나

한 지식의 구사에도 불구하고 실현 가능한 대안이라기보다는 유토피아에 대한 희망이다. 반대로 조직의 일원으로 맡은 바 임무만을 충실히 수행하는 꿀벌에 대한 무시는 노동자에 대한 비유로서 안타깝기만 하다. 하지만 하비(2014)는 네그리와 하트(2014)에게서 영감을 받아 『반란의 도시』에서는 다중적 실천을 대안으로 용인할 뿐만 아니라 적극 추천한다.

25 내발적 발전은 지역의 자연적·인간적·문화적인 특정 자원들이야말로 지속가능한 발전을 위한 핵심이라는 가정에 기초해, 그 차이를 가치화하는 것을 주요 과제로 삼는다. 그러나 농촌도 아닌 도시지역에서 이러한 전략을 바탕으로 한 지역개발 관점으로 도시재생을 꾀하는 것이 적절한지에 대해서는 상당한 논의가 필요하다. 재생지역들이 전 도시적 외부 영향과 별개로 사회경제적 발전을 추구한다는 것은 불가능하기 때문이다.

는 민주국가의 시민으로서의 의무다. 자조적 주민상에서 주민은 새마을운동에서처럼 상황을 개선하기 위해 주체적으로 떨쳐 일어나서 서로 힘을 합쳐야 한다. 그러므로 사업의 추진은 주민들에 의해 상향식으로 이루어져야 한다. 국가는 주민들의 노력을 돕는 존재일 뿐이다. 또한 주민은 민주국가의 시민이 지리적 공동체의 구성원으로서 납세, 국방, 투표의 의무를 이행하는 것처럼 자신이 속한 마을 일에 적극적으로 참여하고 실천해야 한다.

자조적 주민상과 민주적 시민상을 합치면 공동체의 성원상이 만들어진다. 참여와 실천은 공동체의 구성원으로서 당연히 수행해야 할 윤리적 의무이며 참여하지 않는 주민은 권리를 포기한 것으로 간주된다. 따라서 **참여가 미흡한 경우**, 공무원은 물론 전문가라는 사람들조차도 **내발성이 없는 마을, 주인의식이 없는 주민**으로 비난하기까지 한다.

그러나 도시재생의 이러한 성원의 상은 도시재생 당국이나 전문가, 마을공동체주의자들의 시각일 뿐이다. 반대로 주민들의 입장에서 도시재생을 바라보고 그러한 요청을 접하게 된다면, 다음과 같은 질문들을 만나게 될 것이다. **도시재생이 나에게 무슨 이득을 준다는 것인가? 나와 무관한 정부 사업으로 인해 내가 왜 비난받아야 하는가?**

이와 같이, 정책 공급자는 참여를 성원으로서의 의무와 윤리로 간주하는 반면, 정책 소비자로서 주민은 참여를 '이득'이라는 자본주의적이고 개인주의적인 관점에서 바라본다면, 그것은 양자가 동일한 지평에 있지 않음을 의미한다. 전자가 생산의 관점에서 주민참여를 고려하고 있다면, 후자는 분배를 먼저 생각하고 있다. 그리고 주민의 입장에서 분배를 고려하는 것은 모든 행위의 근거를 **자기이해 동기**(self-interest motivation)에 두는 자본주의사회에서 너무나 당연한 것이다.

이것은 하나의 가치 생산·분배의 체계로서, **도시재생이 생산에 상응하는 분배 체계를 가져야 한다**는 것을 의미한다. 그러나 안타깝게도 도시재생은 행위 동기와 밀접한 분배의 문제에 대해서는 구체적으로 아무런 언급을 하지 않는다. 또한 젠트리피케이션 담론을 제외하고는 도시재생에 관한 어떠한 연구도 분배의 문제를 검토하지 않는다. 물론 도시재생의 이러한 분배 개념의 부재는 부재 그 자체라기보다는 공동체적이며 집단적인 분배를 의미한다. '마을이 활성화되면 모두에게 혜택이 돌아간다'고 보는 것이다.

이때의 '모두'는 마을 주민 모두이다. 집합적 개념이 아니라 '하나의 우리'다. 재산을 가진 건물주와 세입자를, 오래 산 선주민과 뜨내기 신주민을, 열심히 참여한 사람과 참여하지 않는/못한 사람을 가리지 않는 평등한 우리다. 도시재생은 공동체라는 집단의 이름으로 참여하고 '마을'이라는 집단의 이름으로 분배받도록 되어 있다.

공동체적 생산과 집단주의적 분배의 괴리

도시재생이 이와 같이, '살기 좋은 마을'이라는 형태의 **집단적 분배만을 약속**하는 것이라면, 그것은 주민들의 사회적 실천으로 생산된 가치를 참여자에게 **응분의 몫으로 분배할 기제가 없는 것**과 같다. 물론 여기서의 응분의 몫이 재개발에서와 같은 양적 개념은 아니며 그럴 필요도 없다. 그들이 생산하거나 생산할 것으로 기대되는 실천적 공유재, 즉 공간가치가 토지자본에 의해 수탈되지 않고 그들이 실천하는 공간에 보유될 것이라는 기대만으로도 충분하다.

그렇지 못하다면, 특히 주민의 60%가 넘는 세입자들에게 분배되는 것은 실천의 의무뿐이며, 결과는 둥지 내몰림이 될 것이다. 그들이 이사 간 뒤에 마을이 살기 좋아진다고 해도 그들과 무관한 일이겠지만, 이사 가기 전에 잘된다면 그들에겐 제 발등을 찍는 일이 될 것이기 때문이다. 반대로 토지자본을 가진 이들에게 실천과 참여는 해도 되고 안 해도 되는 일이다. 자신들에게 유리한 것을 택하기만 하면 되는 특권이다.

도시재생의 집단적 분배 체계와 관련하여 우리가 주목해야 하는 것은 공동체적 생산이나 공동체적 분배의 체계가 곧 집단적 생산/분배를 의미하는 것은 아니라는 것이다. 예컨대 도시재생의 생산/분배 구조는 훨씬 더 공동체적인 방법론을 채택했던 새마을운동이나 농촌마을개발사업보다도 더 집

표 1-2 정책사업별 생산/분배 비교

정책사업별		새마을운동	농촌마을 개발사업	재개발	도시재생
인간		공동체적 인간	반공동체적 인간	개별화된 인간	개별화된 인간
생산	생산력	노동력	노동력/농산물	경제 자본	사회적 노동
	집단	집단 노동	마을기업(농촌관광)	(조합)	공동체적 실천
	개인	품앗이	도농 교류(농산물 판매)	개별 투자	문화 활동
분배	재화	생활 편익	소득	개발 이익	살기 좋은 마을
	공동체	도로 개량 등	마을기업 소득	(조합)	비영리 기업
	개인	주택 개량	노동 소득, 판매 소득	자본축적	지가 상승

단적인 분배 방식이라고 할 수 있다. 새마을운동은 공동체적인 농촌주민들을 대상으로 국가가 물자를 지원하고 주민들이 노동참여하는 방식으로 추진되었는데, 마을(공동체)이나 구성원 모두에게 생활 편익이라는 가치를 분배해 주었다. 또한 참여정부 이후 각종 농림사업들은 1970년대에 비해서는 덜 공동체적인 주민들을 대상으로 농촌관광이라는 마을기업적 생산과 도농 교류라는 생산물 판매를 병행하는 생산 활동을 하고, 적지만 공동시설 운영수익을 마을 전체에 분배(집단 분배)하고, 노동 소득(참여자)과 도농 교류 개별 이익(농가)이 '응분의 몫'과 교환의 형태로 분배되는 구조다. 더구나 적어도 이전의 두 정책 사업들은 집단적 생산과 개인적 생산참여, 공동체적 분배와 '응분의 몫'의 분배를 복합해 그 시대와 주민특성에 맞게 설계되었던 데 반해, 도시재생은 더 개인주의화된 현대적 시민성과는 반대로 더 집단적인 생산/분배 구조를 택하고 있다는 데 문제가 있다.

이와 같이 새마을운동이나 농촌마을개발사업의 선례로부터 알 수 있는 것은 공동체적 분배가 문제가 아니라는 것이다. 도시마을에 비해 공동체적이라고 할 수 있는 농촌마을 대상의 훨씬 더 계몽성이 강한 사업에서도, 공동체적 분배만큼이나 개별적 분배를 고려했기 때문이다. 그리고 개별적인 분배가 공정하고 눈에 보이게 이루어지는 경우, 공동체적 참여가 활발해진다는 것은 수많은 농촌마을사업에서의 경험적 진실이다.

2) 도시재생은 통치 전략인가?

자본에 의한 집합적 실천의 전유

도시재생에서 생산과 분배의 괴리는 사회적 실천으로 생산된 가치의 독점이나 전유에 의해서도 발생할 수 있다. 여기서 가치의 전유는 토지자본이 사회적 재생의 요청으로 생산되는 실천적 공유재와 그에 따른 공간가치를 착취하는 형태로 발생한다. "자본은 지역이나 문화의 독특함으로부터도 잉여를 뽑아내며, 공유재를 통합하고 포섭함으로써 상품화하고 화폐화하는 방법을 찾아낸다"(하비, 2014: 193~194). 이러한 문제에 대한 논의를 위해 우리는 다시 공유재 개념을 살펴볼 필요가 있다.

자본주의 도시에서 공간적 실천이 사유지로 구성된 공간적 범위에서 수행되는 경우 토지자본의 사적 전유에 취약하다. 이러한 사실은 실천적 공유재를 사회적으로 축적해 가는 과정에서 누구의 이익이 우선되어야 하는지를 둘러싸고 여러 가지 문제들이 발생할 수 있다는 사실에 대해 충분히 인지해야 하며(하비, 2014: 187), 필요하다면 사유재산권에 대해 상당한 제한을 두는 조치가 필요하다는 것을 말해준다.

하비(2014)는 『반란의 도시』에서 현대 자본주의 경제에서 자연자원이나 역사적으로 형성된 차별화되고 독특한 여러 가지 공유재를 자본이 상업화하는 것을 '독점지대화'에 비유해 설명한 바 있다. 독점지대화의 핵심은, 지주가 도시 토지에서의 독점적 특성을 이용해 **독점지대를 행사하는 것과 유사한 방식으로, 자본이 자신과 무관한 집합적 공유재를 상업화하거나 사유화함으로써 그 가치를 전유하는 것**으로 설명한다. 이때 독점지대화는 '독특함과 특수함, 진정성과 특별함'에 대한 주장의 형태로 이루어진다. "역사적으로 구성된 문화적 산물과 관습, 특별한 환경적 특징"과 같은 공유재가 대표적으로 가장 좋은 표적이 된다(하비, 2014: 183).[26] 또한 기업가주의를 통한 지역문화

---

[26] 기존의 공유재에 대한 인식이 주로 물리적인 것에 집중되어 있는 데 비해(예: 스탠딩, 2021),

혁신, 전통의 부흥과 창출에 대한 현재의 관심이 독점지대를 추출하고 전유하려는 욕망과 유사하며, 어떤 지역이나 장소가 가지거나 그곳에 축적된 '집합적 상징자본'을 발굴하거나(하비, 2014: 179) 의도적으로 조성하는 것도 여기에 포함된다.

독점지대화가 차별화된 자연자원이나 역사적으로 형성된 공유재에 관한 것이라면, 도시재생에서 실천적 공유재의 전유는 지대의 독점적 지위를 활용한다는 점에서 보다 직접적인 방식으로 발생할 수 있다. 이 방식은 임차인의 노력이나 공유재를 만들고자 하는 다중의 사회적 실천을 임대료 형식이나 사유재산권을 내세운 임대 회수, 매매를 통해 단숨에 수탈하는 것으로서, 개발을 통한 수탈의 방식보다 훨씬 직접적이다. 사회적 재생에서의 공유재 수탈이 새로운 개발보다 더 나쁜 것은 임대 기간 동안 충분한 지대를 수취하고도 추가적으로 착취를 자행한다는 점이다.

이때, 자본에 의한 공유재 수탈 과정에서 독점지대의 유지에 방해가 되는 약자들은 제거된다. 또한 공유재의 수탈에 의해 지역과 마을의 고유한 상상력이 사유화되면, 주민들은 갑자기 낯선 사람들과 낯선 차들의 행렬, 그들이 만들어내는 소음과 쓰레기를 마주해야 한다. 많은 핫한 지역들에서 보았듯이, 이를 본 자본가 중 한 사람이 임대료나 토지 가격을 올리기 시작하면 그의 행위가 지역의 기준을 형성해 그 영향은 일파만파로 지역 전체에 퍼진다.

그리고 실천적 공유재를 생산하는 사회적 실천의 과정을 사회적 노동의 과정으로 본다면, 이러한 자본에 의한 공유재의 전유는 공장에서의 개별 노동자들에 대한 수탈이 도시에서의 집합적이며 사회적 노동의 수탈로 전환된 것이라고 볼 수 있다. 즉 산업사회에서의 고전적인 **노동가치의 착취가 사회적 관계의 착취로 전환되었음을 보여주는 것**으로, 기존 지대 개념에서의 의제

이처럼 문화적인 것에까지 확장하거나 동등 이상으로 중요하게 보는 관점은 비교적 최근에 전개되고 있는 새롭고 중요한 변화이다.

금융자본으로서의 불로소득 문제와는 전혀 다른 차원이다. 특히 그러한 착취는 "대중을 동원해 새로운 도시 공유재를 생산하는 것"을 포함한다(하비, 2014: 184).

또한 그러한 사실은 네그리와 하트(2014: 98)의 명쾌한 분석처럼, "**새로운 자본주의적 메커니즘에서의 새로운 축적 방식이 더 이상 생산적 기능을 가지고 있지 않으며, 단지 지배의 도구로서만 기능**"하게 되었음을 의미한다. 그러한 자본은 공장에서의 그것과도 달라서, 이미 생산력을 잃어버리고 생산을 포기한 자본, 서류상의 숫자로만 가상으로 존재하는 자본이라고 할 수 있다(Smith, 2010: 62).[27]

도시재생에서 이러한 자본에 의한 공유재의 전유나 실천의 수탈이 더 위험한 것은 도시재생에서의 공간가치 생산을 위한 공간적 실천과 그 결과로서의 실천적 공유재는 상품처럼 이미 생산되어 있는 것이 아니라 생산될 것으로 기대되는 가치이기 때문에, 진정성 있는 실천자 혹은 이용자들조차 행위의 실천을 멈추고 실천의 장소를 떠날 수 있으며, 더욱 심하게는 실천이 아예 일어나지 않을 염려가 있다.

국가에 의한 동원과 통치 전략화

생산과 분배의 괴리는 국가에 의해서도 발생할 수 있다. 도시재생에서 요구되는 사회적 실천으로서의 주민참여와 공동체 활성화의 목적은 국가가 시민에게 요청하는 실천의 일종이기 때문에, 실천과 가치 생산의 주체 및 그것을 보유하고 사용하고 향유하는 주체가 다를 경우, 사회적 재생은 국가에 의한 동원으로 전락할 수 있다. 이와 관련하여 국내의 여러 연구들에서 도시재생과 관련된 담론들이 새마을운동의 헤게모니적 담론과 거의

---

27 사적 소유권에 의해 저질러지는 이러한 실천의 전유를 가렛 하딘(Hardin, 1968)의 '공유지의 비극'에 빗대어 본다면, '**공유재의 비극**'이라고 할 수 있다. 공유지의 비극이 공유자들에의한 토지 생산력 남용의 결과라면, '공유재의 비극'은 아무런 실천도 권리도 없는 지주에 의한 **사적 소유권 남용**의 결과다.

동일하다는 것이 입증되었다.[28] 즉 도시재생이나 주민참여가 국가적 입장에서는 여전히 통치 전략의 일환이 될 수 있다는 것인데, 이는 공동체 복원 및 사회적 가치 확산 등의 정책 목표 역시 언제든지 주민 동원을 위한 슬로건으로 전락할 수 있음을 보여준다.

특히 이러한 동원의 문제는 자본주의 도시에서 사유재산권이 배타적 권리로 인정되고 사회적 실천이 주로 사유지를 중심으로 이루어지는 점을 간과한 상황에서, 생산과 분배의 괴리를 줄이려는 노력을 하지 않고 생산될 가치의 총량에만 관심을 두어 정책을 설계하는 경우에 발생하기 쉽다. 이러한 동원의 가능성을 살펴보면 다음과 같다.

첫째, 도시재생사업지역의 선정이 **재개발 출구 전략의 일환**으로 선정되는 경우, 주민들의 실천으로 얻어지는 활성화가 아무런 실천을 하지 않은 부재지주 자본가를 위한 것이 될 수 있다. 도시재생이 아무리 부동산 투자자들과 세입자들을 동시에 달래야 하는 딜레마를 안고 있다고 해도, 부재지주들에게 실천을 요청할 방법이 없고, 참여한 주민들에게 생산될 가치를 분배할 방법도 거의 없기 때문이다. 이렇게 된다면 국가가 주민들에게 사회적 실천과 실천적 공유재의 생산을 요청하는 것은 자본가를 달래기 위한 동원으로 전락하게 된다.

둘째, 도시재생이 물리적으로 쇠퇴한 지역에 지정되지만, 쇠퇴한 지역에 살 수 밖에 없는 세입자 등 **빈곤층에 대한 대책은 전무**하다면 그들의 참여를 위한 독려는 재생사업을 위한 동원이 될 수 있다. 더구나 설령 참여한다고 해도 현행 도시재생제도에서는 그들이 생산하는 가치를 분배받을 방법이

---

28 2000년대 이후 이러한 비판이 늘어나고 있다. 아직 도시재생이 있기도 전인 2000년에 공동체 활성화가 부동산 자본과 이들에 대한 도시 재활성화를 정당화하는 수단에 불과하다는 비판이 제기되기도 했다(최병두, 2000: 516). 최근에는 마을만들기에 관한 지침이 새마을운동의 헤게모니적 담론과 거의 동일하며, 기업가주의'와 '컨설팅'의 모순적인 결합이라고 비판받기도 한다(박주형, 2013: 31~5). 최근 추진된 정책들 역시 새마을운동에서 활용된 통치 전략을 차용하고 답습하지만, 협력적 거버넌스라는 이름의 새로운 통치 메커니즘으로 재탄생한 것일 뿐이라고 비판한다(최조순 외, 2015: 61).

없으며, 오히려 정부의 요란한 선전을 따라 몰려든 자본가들에 의해 상승된 집세만큼, 손해를 입을 확률이 높다. 세입자·거주자들의 사실상의 배제는 도시공간에서 공동체 문제가 따뜻함이나 좋은 삶과 관련된 규범만을 다루고 정의와 같은 정치적 가치들을 다루지 않는(이선미, 2008: 134), 제한된 구성원들의 이익을 추구하는 태생적 보수성과 관계가 깊다. 분명 공동체는 불평등과 배제를 극복하는 긍정적 이상을 공유할 수도 있지만 그 반대의 가능성도 매우 높다(이선미, 2008: 123~124).

셋째, 주민공동체의 응집을 강조하지만 사업 추진의 편의를 위해 **우호적인 집단만을 파트너십으로 할 경우** 사회적 재생은 주민 동원으로 전락될 수 있다. 영국의 사례에서도, 공동체나 공동체적 응집을 강조하는 통치 전략은 사실 신자유주의의 전략이었고, 젠트리피케이션에서도 핵심적 선동자는 항상 국가였다고 비판된다(Davidson, 2008: 2401). 사회적 빈곤이나 불평등과 관련된 것들을 새로운 경쟁, 사회적 응집과 배제, 사회적자본의 이론으로 쟁점 이동시키는 역할만을 하게 될 수 있기 때문이다(Harloe, 2001: 889~897). 또한 이때의 시민참여도 '특수한 장소에서 도구적 목적을 가진 공동체들로부터 집합적 행동을 기대하는 것'인 반면, 사회와 지역적인 것은 미묘하게 탈락될 수 있다(Amin, 2005: 614). 한국과 다른 것은 영국에서는 신자유주의 전통이 사회민주주의와의 결별을 논리로 내세웠다면, 한국에서는 신자유주의가 사회민주주의의 이름 뒤에 숨어 있다는 것뿐이다.

넷째, 특히 상업지재생은 **재상업화와 장소마케팅**을 위해 문화적 재생을 지향하지만 **안정적인 대책이 없이 예술가나 청년 상인들을 전면에 내세우는 경우**, 문화적 재생은 동원으로 전락할 수 있다. 상업지재생은 주로 인구·산업·유통환경의 변화와 신시가지 건설 등으로 인해 원도심 상권이 쇠퇴한 지역에 대해 지정 시행되는데, 이러한 상업지들은 대부분 경제의 팽창기에 과잉 공급된 기존 상권의 말단 지역에 위치한 한계상업지들이다. 이러한 한계상업지들에 대한 재생적 접근은 지역과의 관계 재설정보다는 재상업화의 방향으로만 추진되는데, 이 경우 부족한 활성화에너지를 확보하기 위해 대부분

빈 점포를 일시 임대해 예술가와 청년 상인들을 입주시키는 방식을 취하는 경우가 많다.

이렇게, 도시재생이 사회적 형식을 빌려 시민들의 사회적 실천을 동원하고 공동체를 도구화하는 것은 사회적·경제적 상황과 국가의 속성을 고려할 때 어느 정도 불가피한 측면이 있는 점도 인정된다. 그러나 이러한 동원과 도구화를 관통하는 하나의 핵심적인 요청은 국가가, 시민의 실천으로 생산될 실천적 공유재 및 그 공간가치를 항상 수탈하려고 노리고 있는 자본과 동맹을 맺어서는 안 되며, 그들을 견제하고 그들이 야기하는 문제들을 완화하려고 노력해야 한다는 것이다. 그렇지 않다면 도시재생에서 시민들의 다양한 실천은 위축되고 참여는 철수되고 사회적 재생은 실패할 것이다. 자본이 시장에 대한 국가의 개입은 거부하면서도 국가의 뒤만을 졸졸 따라다니면서 실천될 가치를 수탈하는 것은 국가와 자본이 한 형제일 때 가능한 일이다.

도시재생을 재정의하다

도시재생은 "**쇠퇴한 도시지역의 마을규모의 공간적 범위에 대해, 기존 시설들을 수복형으로 정비하고 공동체를 활성화함으로써 사회적 방식의 공간 생산을 통해 살기 좋은 마을을 만들고자 하는 도시정비정책**"이라고 할 수 있다. 이러한 정의를 재정리하면 다음과 같다.

첫째, 여기서의 '**쇠퇴한 도시지역**'은 대부분, 재개발·재건축되지 못하고 남겨진 '재개발 잔여지', 더 정확하게는 재개발·재건축이 추진되었지만 충분히 쇠퇴하지 않았거나 여러 가지 도시적 규제 등으로 사업화되지 못한 지역들이다. 한국 대도시의 '쇠퇴지역'은 서구와 달리, 산업화의 역사가 짧아서 회색지대가 거의 없고, 쇠퇴한 달동네들이 대부분 2010년대 초까지 재개발·뉴타운을 통해 정비되었기 때문에, 물리적·사회적으로 충분히 쇠퇴한 상태로 보기 어렵다. 그러나 쇠퇴한 달동네의 집들이 1970년대 이전에 지어진 블록조였던 반면, 재개발 잔여지의 20년 이상 된 건축물들은 대부

그림 1-5 도시재생의 구조

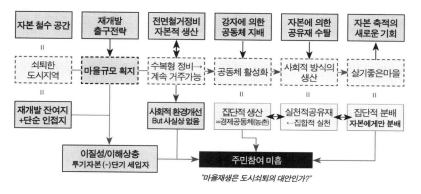

분 1980, 1990년대에 지어진 2~4층의 콘크리트조 건물들이기 때문에, 단열에 취약할 수는 있으나 (재개발이나 재건축을 위해) 철거 신축해야 할 정도는 아니다. 따라서 재개발·재건축을 하든 도시재생을 하든, '쇠퇴도'라는 판정기준은 건축물의 물리적 상태가 아니라 자본의 욕망과 관련된 것으로 보아야 할 것이다.

둘째, 도시재생은 '**마을규모의 공간적 범위**'를 대상으로 시행되는데, 이는 도보 통학이 가능한 초등학교를 중심으로 하는 클래런스 페리(Clarence Perry)의 '근린주구'를 연상시키는 규모로서, 상호 면식이 가능한 범위가 되기 때문에 주민참여와 공동체 활동을 전제한 공간적 범위라고 할 수 있다. 하지만 마을규모는 마을단위라는 의미와는 달라서, 도시재생 유형에 따라 쇠퇴도를 맞추기 위해 생활권과 무관하게 인위적으로 구획되는 양적 범위다. 이들 공간적 범위에는 재개발 잔여지가 포함되는데, 그러한 공간들은 2000년대 말 부동산 광풍이 휩쓸고 간 지역들이어서, 부재지주와 단기 세입자 비율이 높고, 재개발·재건축 추진 과정에서의 갈등이 잠복하고 있는 경우가 많다. 이는 재생 구역에 거주하는 사람들이 매우 이질적이며 이해상충할 가능성이 높고, 공동성을 갖기 어렵다는 것을 의미한다. 반대로, 쇠퇴도를 맞추기 위해서 하나의 생활권이라도 비교적 활성화되어 있는 중심부를 제외하고, 쇠퇴한 변두리만 선정하는 경향도 있어서 활력이 없는 주변부를 중심부와 무관하게 활성화하는 것이 타당하고 가능한지에 대한 비판을 불러일으킨다.[29]

셋째, 물리적 환경을 보존한 상태에서 개량하는 **수복형 정비 방식**은 도시재생의 주요한 특징의 하나로서, 전면 철거 후 신설·신축하는 재개발과 구별된다. 도시재생은 기존 주택을 보존하는 것을 원칙으로 하기 때문에 주민들의 계속 거주가 가능하다는 점에서, 삶터와 따뜻한 공동체를 지킬 수 있는 차별화되고 '선한' 정비방식으로 선전된다. 그러나 재개발 추진지역들에서는 일시적으로 관리형 임대가 늘어나기 때문에, 재개발 잔여지로서의 재생지역은 부재지주와 일시적 세입자의 비율이 높은 특징을 보인다. 하지만 재생사업에서 사회적 환경의 개선이나 취약계층을 위한 주거복지에 대한 직접적인 투자가 거의 없다는 점에서 보면, 수복형 정비가 빈곤층의 삶의 질을 실질적으로 개선하는 것으로 보기는 어려우며, 단지 문제해결을 연기하는 것뿐이라고 할 수 있다.

넷째, 수복형 정비는 부족한 경제 자본의 투입을 대체하고 보완하기 위해, **주민참여와 공동체 활성화라는 사회적 방식의 공간 생산을 도모**한다. 이 책에서는 이러한 이유로 도시재생을 '사회적 재생'으로 규정한 바 있다. 사회적 재생이란 시민들의 사회적 실천을 통해 '실천적 공유재'를 생산하는 방식으로 공간의 가치를 높이는 도시재생전략으로 정의되며, 이는 재개발이나 신도시개발에서의 자본적 개발을 대체하는 대안적 가능성을 지닌다는 점에서, 도시재생의 의의로서 주목된다. 그런데 **우리는 사회적 실천을 통해 공간가치를 생산하는 것뿐 아니라 실천을 지속시키는 데도 노력을 기울여야 한다.** 자본은 실천적 공유재의 착취와 수탈을 노리고 있으며, 둥지 내몰림이 그 대표

---

29 대표적 유형으로 우리동네살리기가 있다. 농촌지역 소도읍이 주로 공모 신청하는 우리동네살리기의 경우, 작은 소도읍의 외곽을 잘라내어 도시재생사업을 실시함으로써 졸아드는 소도시의 원심화를 촉진한다. 이 과정에서, 덜 쇠퇴하지만 중심지 기능을 하는 지역이나 소도읍을 중심으로 생활하는 시외 주민들의 수요는 조사조차 되지 못한다.

적인 결과이기 때문이다. 그러나 도시재생에서 젠트리화에 대한 대책으로 도입하고 있는 상생협약은 그 대안이 될 수 없다. 사람의 명색을 모르는 자본, 얼굴도 본적이 없는 투기 자본에게 공동체적 배려를 요청하는 일이기 때문이다.

다섯째, 도시재생의 공동체 기반 공간가치 생산 체계는 '살기 좋은 마을'이 라는 집단적 분배 기제와 한 쌍이다. 사회적 재생이 공동체를 기반으로 설계된 것은 새마을과 농촌마을사업으로 이어지는 **전시대적인 집단 생산 체계라는 것**을 의미한다. 이는 특히 동네에서 잠시 머물다 가는 세입자-주민들이 생업으로 바쁜 와중에, 잘 알지도 못하는 이웃과 친교를 맺고 공동체적 실천을 해야 한다는 것을 의미한다. 그런데 이러한 요청은 공동체적 네트워크가 가상공간으로까지 확장된 현대 도시사회의 사회적 관계 특성에서 보면 주민들의 참여 동기를 제공하지 못할 수 있다. 즉 도시재생사업이 끝나기도 전에 이사 가야 하는 대부분의 세입자-주민들에게 '살기 좋은 마을'은 일시적 방문자에게 야경의 의무를 져야 한다고 말하는 것과 같다. 또한 도시재생에서 '강한 주민'들은 분배를 독점하기 위해 세입자 등 '약한 주민' 들의 실질적 참여를 억압함으로써 공동체를 지배하는 경우가 많기 때문에, **'살기 좋은 마을'이라는 목표는 '약한 주민'과 젊은 층의 참여와 실천을 동원하기 위한 거짓된 슬로건이나, '기득권 주민과 자본가들에게만 좋은 마을'의 의미로 전락할 수 있다.**

2장

도시재생에 들어온 공동체주의

"근대 이후의 도덕적 일체감이나 궁극적 기준의 상실이
개인의 권리를 중시하고 자율적 개인을 창조한 근대적 프로젝트의
결과인지, 산업화 자본주의화의 결과인지를 먼저 밝혀야 할지 모른다.
또한 정치철학에서 목적론, 덕, 공동체로의 복귀를 위한,
정치를 통한 개선이 가능한 것인지, 아니면 개선의 대상이 정치이기 때문에
시민의 역할은 정치를 끊임없이 감시하는 것은 아닌지 ……"

(김동수, 1994: 283).

1. 공동체와 공동체주의

1) 공동체, 가까운 이웃과 먼 이웃

공동체와 현대사회

한국에서 공동체라고 하는 것에는 그 자체로 찬양의 뜻이 담겨 있다(김미영, 2015: 187). 누구나 공동체에 소속되어야 하고 '공동선'이나 '공동체 정신'을 가져야 한다는 데 이의를 달 수 없을 만큼의 공감대가 형성되어 있다(김의수, 2001: 206). 이러한 인식의 바탕에는 단기간에 이루어진 산업화로 잃어버린 전통과 고향에의 향수가 자리 잡고 있으며, 이에 더해 도시개발의 형태로 나타난 산업사회의 폐해와 이를 뒷받침한 보수적인 국가권력에 대한 불신과 대항의 의미도 있다.

사회학에서 공동체에의 관심은 산업사회나 근대성에 대한 비판에 연결되어 있다. 즉 산업사회가 야기한 인간성 파괴를 회복하기 위해 공동체 정신이 중요하다고 본다(최병두, 2000: 35~37). 여기에는 새롭게 출현한 개인주의 및 근대적 이성이나 자본주의적 계약관계에 대한 회의와 함께, '잃어버린 전통'으로서의 공동체에 대한 향수가 담겨 있다. 그러나 고전 사회학자들은 인간성 파괴와 사회적 혼란의 근원인 산업사회와 자본주의에 대한 근본적인 문제 제기보다는 사회적 치유를 제안했다. 그들에게 공동체가 해체되어 버린 (근대)사회는 나쁜 것이고 공동체는 다시 돌아가야 할 좋은 것이었다.

현실과 이상을 매개하고 개인과 전체를 매개하는 개념으로서의 공동체 담론의 전통은 현대에도 '대안 실천'의 형태로 이어지고 있다. 고전이론에서의 현실이 개체 간의 생존경쟁으로 전통적인 공동체가 해체되어 피폐해진 산업사회였다면, 현대의 현실은 자본이 사람에 우선하는 신자유주의의 후기산업사회라는 점이 달라진 것이고, 고전이론에서 찾고자 했던 이상이 잃어버린 전통이었다면 현대의 이상은 신자유주의와 환경파괴나 경쟁적 교육에 대한 대안적 실천이라는 점이 달라진 것뿐이다(최병두, 2000: 36). 그러한 점에서 보면, 공동체주의가 도시재생에 들어온 것도 이상할 것이 없을 뿐만 아니라, 많은 것을 상징한다.

공동체의 형식과 정의는 매우 다양할 수 있지만 현대적인 의미에서 '공동체'란 **'공유할 어떤 것을 가지며 이를 실천하려 노력하는 사람들의 집단'**으로 정의할 수 있다.[1] 즉 공동체의 핵심은 '서로 무언가를 공유'하는 데 있다고 할 수 있는데(Cohen, 1985: 12), 여기서 '공유할 어떤 것'은 생활이나 거주 자체가 될 수도 있고, '공동의 신념과 가치'가 될 수도 있으며, 이해(interest)가 될 수도 있다. 공동체에서 시간적으로 축적된 가치나 규범이나 관습, 특정 시점의 역경이나 기억과 같은 것들은 그 정체성을 유지하고 결속하는 데 매우 커다란 영향을 미친다(Etzioni ed., 1998: 5).

그러나 이러한 정의는 "공동체는 지리적 영역 내에서 하나 이상의 공동적 유대를 가지고 사회적 상호작용을 하는 사람들로 구성"된다는 힐러리(Hillery, 1955: 111)의 고전적인 정의와는 달리, '지리적 영역', 즉 공간적 개념이 제외된 것이다. 현대의 공동체 개념에서 이와 같이 지리적 범위가 탈락된 것은 현대사회의 사회적 상호작용이 한정된 지리적 범위를 넘어서 이루어진다는 점과 무관하지 않다(민족문화대백과사전). 이는 지리적·공간적 범위를 간과한 것이라기보다는 공동체론에서 공간개념이 사이버공간과 같은 비물리적 공간으로까지 확장된 데 따른 것이며, 따라서 현대에는 지역적 요

---

1   '두산동아 한국어사전'에서 공동체는 "같은 이념이나 목적을 함께 가지고 있는 집단"으로, '네이버국어사전'은 "생활이나 행동 또는 목적 따위를 같이하는 집단"으로, '다음사전'은 "운명이나 생활, 목적 등을 같이하는 두 사람 이상의 조직체"로 정의하고 있다. 모두 '공동의 어떤 것을 가진 집단'을 의미한다는 점에서 매우 비슷하며, 공간적 개념이 빠져 있다. '위키피디아'에서도 "a small or large social unit (a group of people) who have something in common such as norms, religion, values, or identity"이라고 설명하고 있어, 여기서의 정의와 거의 같다. 반면에 '두산백과'는 "자본주의적 생산 사회에 선행하는 사회에서 볼 수 있는 폐쇄성이 강한 지역단체"라고 정의함으로써, 공동체의 역사성과 폐쇄성을 강조한다.

소가 공동체의 존립에 필요조건은 아님을 이해할 수 있다(김동수, 1993: 11).

공동체주의와 자유주의

공동체주의(Communitarianism)는 인간을 사회적·정치적 존재로 규정하고, 개인의 자유나 권리보다 공동선의 우선을 주장하는 정치철학으로, 공동체는 그 '현실 태'라고 할 수 있다. 공동체주의는 개인을 독자적인 존재이기에 앞서 집단의 구성원으로 보며, 인간을 '공동생활의 참여자로서 그리고 시민으로서의 역할과 무관하게 생각할 수 없는' 존재로 본다(Sandel, 1984: 5). 인간은, 근본적으로 특정한 공동체의 구성원으로서 특정한 삶의 방식에 참여함으로써 자기 정체성과 자기 인식이 형성되는 구체적인 인간이 될 수 있으며, 권리의식과 정의 개념을 가질 수 있다고 본다. 따라서 그들에게 공동체는 자유롭고 평등한 시민의 사회보다 더 가치 있는 이상적 형태의 사회적 관계를 의미한다(설한, 2003: 24).

자유주의는 개인의 권리를 궁극적 기준으로 삼고, 선(good)에 대해서는 중립적 입장이다. 반면, 공동체주의자들은 공동선을 기준으로 하고 권리를 갈등의 개념으로 파악하며, 공동체에 참여함으로써만이 권리의식과 정의의 개념을 가질 수 있다고 본다. 인간은 사회적 존재이기 때문에 개인으로 살 수 없고, 따라서 공동의 가치를 세우고 실천해야 한다는 것이다(김동수, 1995: 128~130).

공동체주의는 '참여'를 개인과 공동체를 연결시켜 주는 근본적 유대로 본다(김동수, 1993: 15). 따라서 공동체주의는 개인과 전체를 매개하는 연대와 참여를 통해 소속감의 상실과 결속의 와해와 같은 근대성의 문제들을 극복할 수 있다고 본다(최병두, 2000: 40). 공동체주의는 사회적 맥락과 도덕적 전통에 역점을 두며(김동수 1994: 279), 보편적인 도덕적 가치보다는 개인이 속한 특정 공동체의 가치나 윤리를 더 중시한다는 점에서 보수적인 가치라고 할 수 있다(김지현·손철성, 2009: 105).

공동체주의는 대체로 인류 전체에 대한 사랑과 헌신보다는 특정 공동체에 대한 소속감과 연대성, 사랑, 헌신을 더 중시한다는 점에서 세계시민주의와 양립하기 어렵다고 평가된다. 복수의 (국가)공동체들이 추구하는 가치들이 서로 충돌할 경우에 어떤 공동체의 가치를 더 우선시할지에 대해 말해주지 못하기 때문이다(김지현·손철성, 2009: 93).

그러나 "자유주의가 다양성을 인정하고 기본권을 보장하는 사회를 지지해 온 반면, 공동체주의가 스스로의 전제를 약화시키지 않고 그러한 조건을 보장할 수 있는 방안을 제시하고 있는 것은 아니다"(김동수, 1994: 286~287). 또한 공동체주의는 현대사회의 개인이 다양한 제도적 환경에 놓여 있다는 사실을 인정하지 않는다(김동수, 1994: 294). 공동체주의는 다양한 분파에도 불구하고, 그들의 설명 속에 정작 공동체에 대한 개념적 합의를 제시하지 못한다고 비판되기도 한다(김동수, 1993: 10).

오늘날의 공동체에 관한 관심은 1980년대 들어 자유주의-공동체주의 논쟁으로 촉발되었다. 그러나 이때 공동체주의자들의 관심은 정치적 평등보다는 구성원의 동질성을, 해방과 혁명보다는 공동체 수호라는 지점으로 후퇴한 것이었다. 이들은 개인의 권리라는 보편적 가치를 공격하고, 특정 사회의 가치인 '공동선'의 가치를 정당화하고자 했다. 그 결과로, 이제 '현대공동체주의에서 계급적 접근은 더 이상 유의미하지 않는 것'이며 '구성원들 간의 배타적 이해관계를 실현하는 것'이 주된 관심이다(최병두, 2000: 41).

반대로, 이 공동체주의 논쟁에서 마이클 샌델(Michael Sandel)의 타깃이었으며 자유주의자로 분류되는 존 롤스(John Rawls)에게 공동체의 도덕은 '각각의 지위나 역할에 적합한 방식으로 규정되는 다수의 이상을 포함하는 것'으로 이해된다. 롤스(2003)에게 인간 사회와 공동체는 개인들의 서로 다른 관점과 욕구와 동기가 부딪치는 현장이다. 반면, 공동체주의자 샌델에게 롤스의 입장은 '탈사회적 개인주의'로 비판된다(멀홀·스위프트, 2001: 75).

그러나 개인의 권리와 공동체적 선의 우선성을 떠나서 보면, 경험적으로 롤스가 파악한 인간 사회가 우리가 마주하고 있는 현대 자본주의사회의 현실에 더 부합하는 것이 사실이다. 사회는 각기 자신의 목표와 관심과 선 관넘을 지닌 다수의 사람들로 이루어진 것이기 때문에, 어떤 특정한 선 관념도 전제하지 않는 원칙들이 현실 사회에 존재할 수 있다고 보기 어렵다. "인간이 본래 어떤 존재다"라는 방식의 주장과 무관하게, 실제로 사람들은 누구나 여러 공동체나 결사체에 속해 있고, 공동체와 개인과의 관계가 충돌하는 경우에 어떤 이는 자기이해를 우선하기도 하고 어떤 이는 공동체적 선에 우선해 선택하기도 한다고 보는 것이 현실에 부합한다. 또한 공동체적 선을 선택하는 경우에도 공동체 전체의 이익을 우선적으로 고려할 수도 있지만, 그것이 자신의 장기적·총체적 이익에 도움이 되는 관점에서 선택할 수 있다.

공동체적 실천을 윤리와 의무로서 강조하는 사회적 재생에서 우리의 관심은 정의와 공동선 중에 무엇을 우선해야 하는지가 아니라, 사적 소유권과 자본축적의 기도가 모든 권리에 우선하는 현실, 그로 인해 사회 곳곳에서 수많은 이해들이 충돌하는 현실, 공동체가 개인의 울타리가 되지 못하는 현실, 공동체가 구성원들 간의 배타적 이해관계로 받아들여지는 현실에서 '**공동선과 집단적 분배의 약속이 실효성이 있는가**' 하는 데 있다.

그러므로 우리는 그러한 현실의 문제가 개인의 권리만을 탐하는 시민들의 책임인지, 아니면 그들을 알몸으로 자본주의 현실로 내몬 국가와 자본주의의 책임인지, 또는 요구되는 **공동성의 회복이 계몽적 양육에 의해 가능한 것인지, 아니면 정치를 감시하고 이미 확인한 시민들의 선한 집합적 실천 능력을 요청하는 것이 좋은 것인지**에 대해 논의해야 한다.

꼭 이웃과 공동체를 해야 하나?

한국에서 우리는, 누구나 공동체에 소속되어야 하고 '공동선'이나 '공동체 정신'을 가져야 한다는 데, 그리고 인간이 사회적·정치적 존재라는 데 크게 이의를 제기하지 않는다. 우리는 국가공동체의 일원으로서, '때로는' 개인의 자유나 권리보다 공동선의 우선에 동의할 수 있다. 하지만 마을에서 공동체를 하는 일은 전혀 다른 문제다.

우리는 왜 이렇게 마을에서 필요를 구해야 하고, 도시 전역에 흩어져 있는 친구들보다 마을에서의 유대에 우선해야 하며, 지구촌 반대편의 빈곤층에 대한 관심보다 마을 사람들에 대한 연대와 나와 친밀한 사람들과의 행복을 우선해야 하는가? 우리는 이미 개인과 사회를 매개하는 집단에 속해 있으며, 그 속에서 나름의 연대와 참여를 실천하고 있는데 마을에서조차 또다시 참여하고 실천해야 하는가? 우리는 나와 직접적인 관계는 없지만 마을 바깥의 훨씬 더 넓은 범위의 사람과 사건에 관심을 가지고 있는데, 왜 마을 안에서 공동체라고 규정되는 우리들만의 이해를 위해 경계를 만들고 우리들만의 연대에 충실해야 하는가? 우리는 왜 주변의 선하지 않은 이웃과도 끈끈한 공동체적 연대를 맺어야 하며, 선한 이웃과 서로의 자유와 권리를 존중하면서 느슨한 관계로 살아가면 안 되는가? 우리는 왜 이웃과 **이웃이 아닌 가족**으로 살아야 하는가? 강대기(2001)의 질문처럼, "현대사회에서 공동체는 가능한가?"

마을공동체론자들은 우리가 사회적 존재로서 마을 바깥에, 도시에, 이 땅에, 전 지구에 수많은 친구와 이웃과 네트워크와 소속감을 가지고 있는데, 왜 바로 옆에 있는 사람들만을 우리 편으로 두는 작은 마을공동체에 참여해야 하는지에 대해서 말해주지 않는다. 또한 그들은 오직 값싼 잠자리, 값싼 시작의 공간이 필요할 뿐인 우리들이 왜 마을에서 산업시대의 공제조합과 같은 필요를 가져야 하는지 말해주지 않는다.

인문주의, 혹은 옳음의 공동체주의

그렇다면, 공동체는 어떤 것이기에, 한국 사회는 왜 진영의 좌우를 막론하고 공동체를 그 자체로 따뜻하고 긍정적이라고 여길까? 그것이 만들어내는 경계가 배제와 차별의 원인이 될 수 있음에도 불구하고, **상대적 진보 진영은 왜 이 보수적 가치를 사랑할까?** 마을공동체운동가들이나 대안공동체주의자들은 왜 마을공동체와 협동조합을 말하면서 동시에 지구환경문제나 공정무역이나 난민문제에 대해 말할까? 그들은 왜 공동체를 말하면서 동시에 개인의 자유와 권리를 말하고, 민족의 문제를 말하면서 다원적 가치와 세계 시민으로서의 의무를 말할까? 그러한 사실은 그들이 진정한 공동체주의자가 아님을 뜻한다. 그들이 지향하는 가치는 개인에 대한 공동체의 우선이 아니라 '인간에 대한 존중과 행복'이기 때문이다. 그러한 점에서, 그들은 **공동체주의자라기보다는 인문주의자**(humanist)에 가깝다.

공동체주의는 공동선, 즉 좋음에 우선을 두지만, 인문주의에서 공동체는 옳음이다. 인간에 대한 따뜻한 시선이며 존중이기 때문이다. 이러한 시선으로 공동체를 바라본다면, 현장에서는 매우 중요할 수밖에 없는 것들이 무시될 수 있다. 예컨대 그 공동체가 자발적이고 의도적인 공동체인지, 지리적 공동체 성격의 도시재생공동체인지, 민족공동체나 국가공동체인지, 전 지구촌적인 것인지는 중요하지 않다. 중요한 것은 동시대인 모두에 대한 배려와 연대이기 때문이다.

그런데 옳음의 공동체는 좋음의 공동체와는 다를 수밖에 없다. 좋음의 공동체가 공동선이라는 공유 과정을 통해 구성되는 것이라면, **옳음의 공동체는 '공동체는 좋은 것이다'라는 규정에 의해 옳은 것이 된다.** 이때 규정의 옳고 그름은 인간애라든가 인류애와 같은 보편적인 가치에 따르지만, 분명한 것은 구성원들이 결정하는 것이 아니라 이미 결정되어 있다. 그러한 점에서, 보편적 가치에 기준을 두었다고 해도, 옳음의 공동체는 그 자체로 계몽과 동원의 위험, 실패와 비판을 상정하지 않을 위험을 배태하고 있다.[2] 따라서 옳음의 공동체주의는 규정된 이념과 현장의 차이, 이 현장과 저 현장의 차이를 무시하거나 간과할 염려가 있다.

좋음의 공동체가 공유 과정이라는 상대적 가치에 의존하기 때문에 그 위

---

2 예컨대 김현대·하종란·차형석의 책 『협동조합 참 좋다』(푸른지식, 2012)에서 협동조합에 대한 비판을 찾기는 어렵다. 저자들이 "협동조합은 (무조건) 좋은 것이다"라고 규정했기 때문이다. 따라서 이 책에서 실패로부터의 교훈을 얻는 것은 불가능하며, 실패는 온전히 이 책이 규정한 옳음을 믿은 독자가 감수해야 할 몫이다. 옳음의 공동체에서 우리의 행복은 공동체에 참여하기만 하면 얻을 수 있는 것이고, 옳음의 사회적경제에서 우리는 협동조합을 결성하기만 하면 자본주의를 이길 수 있다.

험성이 공동체의 바깥에 존재하는 반면, 옳음의 공동체는 옳음을 저자가 일방적으로 규정하기 때문에 그 위험성은 오히려 내부화된다. 전자에서의 위험이 공동체 간의 공동선의 다름에서 오는 것이라면, 후자의 위험은 이미 규정된 옳음에 대한 비판 불가의 위험이다. 이러한 옳음의 공동체주의는 세상을 옳음과 옳지 않음으로 양분하고, 옳음과 옳음 간의 동질적 연대만을 지향할 수 있다.

물론 이러한 옳음이 의도적 공동체에 의해 강도 높게 공유되는 경우에, 옳음은 좋음으로 전환될 수도 있다.[3] 친밀과 행복의 공동체가 되는 것이다. 육아공동체, 생태마을공동체, 에너지자립마을 같은 경우가 이에 가깝다. 이러한 공동체에서의 가치는 종교공동체에서와 같은 절대적 가치다. 또한 옳음의 공동체는 실천 자체로서 작동되는데, 실천은 의무이며 기쁨이기 때문에 그 자체로 성공이며 자랑이다.[4]

그렇다면, 재생마을에서 옳음 또는 좋음으로 무장한 소수의 주민들이 열심히 노력한다면 재생마을은 좋음의 공동체로 나아갈 수 있을까? 그것은 매우 어려운 일이 될 것으로 보인다. 왜냐하면 도시재생 당국이나 재생마을공동체가 그러한 사적인 이해를 압도할 만큼 충분히 강력하지도, 그럴 의지도 없기 때문이다.

---

3 이는 "의사소통의 결과로 개인적 선호, 즉 좋음이 민주적 과정 안에서 변해 옳음을 창출할 수 있다"라는 하버마스 전제의 역이다.

4 그러나 입증하지 못하면서 단지 옳음만을 강조하는 것은 도덕적 문제까지 야기할 수 있다. 예컨대 사회적경제 진영에서 그 성과를 입증하지 못하면서, 지속적인 국가의 지원만을 요구하는 것을 들 수 있다. 산업시대에 공제조합이 자본에 대항하는 것이었고, 민주화 이전에 공동체운동이 저항의 의미였음을 고려할 때, 실천만으로 옳음을 인정받으려는 것은 열심히 했으니 높은 학점을 받을 권리가 있다고 주장하는 학생과 유사하다 하겠다.

2) 우리는 어디든 속해 있다

인간이 사회적 동물임을 강조하지 않더라도 대부분의 현대인들은 개인적 모임, 클럽, 동창회에 속해 있고, 학교나 직장, 조합이나 협회, 사회단체 등 다양한 형태의 집단에 속해 있다. 또한 우리는 한 국가의 국민이며, 인류 공동체의 일원이라는 점에서 이미 충분히 많은 공동체나 인간 집단에, 동시에 다층적이고 중첩적으로 속해 있고 활동할 뿐만 아니라, 그러한 집단 내에서 나름대로 공유하는 가치나 이해를 실천함으로써 나름의 행복을 추구한다.

그러한 상황에서 "인간은 사회적이며 공동체적 존재다"라는 공동체주의자들의 사회구성주의적 주장은 너무나 당연해 공동체주의의 옳음을 입증하는 논거가 되기보다는, 또 다른 질문을 낳을 뿐이다. 도시마을 현장에서 수많은 공동체적 집단을 만나지만, 마을과 지역사회와 국가공동체는 왜 하나가 되지 못하고 갈등하고 분열하는가? 이러한 질문은 사회적 재생 과정에서도 항상 부딪치는 것이기 때문에 이에 대한 의문을 조금이라도 풀어보기 위해 우리는 공동체이론의 전반에 대해 다시 살펴볼 필요가 있다.

공동체와 결사체

공동체를 '공유할 어떤 것을 가지며 이를 실천하려 노력하는 사람들의 집단'으로 정의하는 경우, 이러한 정의는 결사체(association)는 물론, 우리가 속한 사회적·경제적·정치적인 모든 인간 집단을 모두 공동체로 불러야 하는 개념의 낭비가 발생한다. 일반적으로 우리는 그 일부만을 공동체로 부르고, 나머지는 결사체나 친목의 영역으로 구분한다.

결사체는 사전적(교육학용어사전)으로 **"일정한 목적을 이루기 위해 인위적으로 만들어진 사회 유형"**으로 정의되는데, 커뮤니티가 공간과 생활을 중시하는 데 반해, 결사체는 인위적·계획적으로 형성된 조직(결합체)성에 더 중점을 둔다(두산백과). 일반적으로 결사체는 취미 단체, 동창회, 전문직 단체, 노동조합, 정당을 포함해 '국가와는 독자로 존재하고' 조직의 주생활이 생계유지를 위한 경제활동과 직접 관련되지 않는 것으로 설명된다(이승훈, 2013: 4). 따라서 결사체를 시민사회로 간주하고 사적 친밀 영역과 공론 영역으로 구분해 공론 영역만을 결사체로 간주하는 방법이 더 적절할 수 있다(이승훈, 2013: 8).[5]

한국에서 개인적 신뢰를 바탕으로 하는 자원적 결사체는 연고집단과 동일시되는 경향이 있으며, 따라서 부정적 평가가 일반적이다(박희봉, 2009). 여기에는 공공적 차원이나 제도적 차원의 결사체의 존재에도 불구하고 '공동체는 공동의 이익을 위한 것, 결사체는 사적인 이익을 위한 것'이라는 이분법 편견이 작용하는 것도 사실이다. 또한 그 구성원들 간의 신뢰에 있어서도, 전자는 공적 신뢰에 기반하고 후자는 사적 신뢰에 기반한다고 보는 경향이 있다.

자원 결사체에 대한 현대적 연구는 주로 사회적자본 이론의 관점에서 다루어졌다. 대표적인 사례로는 부르디외(2003)와 퍼트넘(2006)의 연구를 들 수 있다. 이 중에서 퍼트넘의 연구는 공식적으로 조직된 자원적 조직 내에서 일어나는 대면적인 상호작용이 시민들 속에서 민주적 규범을 만드는 데 필수적이라는 토크빌(1997) 모델을 근거로, 개인적 신뢰의 문제를 민주주의 정치의 단계로 끌어올린 공적을 인정받기도 한다. 이러한 관점은 한국에도 이어져서, 퍼트넘류의 비교사회론적 관점의 자원 결사체에 관한 연구는 주로 거버넌스 능력의 증대 혹은 조직의 능률 향상이라는 도구적 차원에서 이루어져 한국적 상황에서 중요한 신뢰의 종류 등을 고려하지 못하고 있다고 비판되기도 한다(이선미, 2004a: 81).

이와 관련하여, 많은 경우에서 공동체에 관한 논의는 공동체적 집단에 관한 것에 더해 자원적 결사에 따른 사회적 이익을 포괄한다. 예컨대 퍼트넘

---

5   일부 연구자들은 결사체의 덕목으로서 일반 시민의 이익과 공익적 요구를 대표하는 기능과 공적·공공정책적 기능을 꼽는 등, 현대의 시민사회단체와 거의 같은 의미로 정의하기도 한다.

(2009)은『나홀로 볼링』에서 미국의 사회적 커뮤니티 붕괴를 안타까워했지만, 그가 말하는 것들은 공동체에 관한 것이라기보다는, 사회적 응집이나 사회적자본의 제고에 도움이 되는 '결사체나 친밀 활동'에 관한 것으로 이해된다. 또한 롤스(2003: 597)가 말하는 공동체의 두 번째 단계도 공동체가 아니라 결사체라고 할 수 있다. 이와 같은 사실은 1980년대 미국의 공동체에 관한 논쟁이 공동체(적) 집단에 관한 문제라기보다는, 사회 전반에서 시민사회 영역의 활성화와 관련이 있음을 의미한다.

도시마을 현장으로 넘어 오면, 결사체는 크게 시민사회 영역으로 분류할 수 있는 결사체, 또는 공적 기능을 분담하는 시민사회단체, 자신들의 일방적인 주장을 행동에 옮기는 결사체 그리고 이익단체의 성격을 갖는 협회 등으로 세분할 수 있으며, 이 중 개인적 차원의 결사체는 사적 친밀 영역과의 구별이 모호하다. 향우회와 같은 연고에 의한 결사체는 한국적 연고주의를 강화시키는 부정적 외재성(negative externality)을 포함하는 경향이 있다고 비판된다(이재열, 1998). 또한 이러한 개인적 차원의 결사체의 하부에는 단순한 취미 활동이나 사적 친목 도모를 위한 모임까지도 있다. 이렇게 마을공간에는 몇몇이 모이는 친목 모임에서 향우회와 같은 사적 차원의 결사체, 자율방범대와 같은 '관변단체', 사회적 약자들을 돕는 봉사단체, 에너지자립마을과 같은 환경문제를 실천하는 단체 등, 다양한 형태의 수많은 '(공동체적) 집단'이 존재한다. 이때 결사체들 간에는 자원과 영향력의 불평등이 존재할 수밖에 없으며, 재생의 현장에서 극단적인 집단의 적극적 참여와 같은 병폐나 집단이기주의도 흔히 목격된다.

이러한 사실은 오래된 주거지에 대해 일반적으로 말하는 '공동체의 살아 있음'이 향우회를 중심으로 하는 연고집단이거나 마을정치와 연동된 관변단체라면, 이를 아무런 정당화 과정 없이 '협동적 사회적 구조'로 취급해서는 안 된다는 것을 의미한다(이선미, 2004a: 85). 따라서 공동체인지 결사체인지보다는, 어떤 집단이 공유하는 가치나 이해(공동선)가 무엇이며, 그것이 어떤 방식으로 실천되는지가 중요하다.

인간 결사체는 복합적이다

공동체주의자들에 의해 자유주의자로 분류되는 고전 사회학자 베버는 일찍이 공동체의 '이익사회적 속성'의 가능성을 주장한 바 있다. 베버는 집단의 사회적 결합을 크게 '공동체적 결합(Vergemeinshaftung)'과 '이익사회적 결합(Vergesellschaftung)'으로 분류한다.

여기서 **공동체적 결합**은 "사회적 행위의 태도가 …… 참여자의 주관적으로 느껴진 (감성적 또는 전통적인) 공속성에 바탕을 두고 있는 경우의 …… 사회적 관계"로 정의된다. 또한 **이익사회적 결합**은 "사회적 행위의 태도가 (가치/목적) 합리적으로 동기 지어진 이해 조정이나 이해 결합에 바탕을 두고 있는 경우의 …… 사회적 관계"로 설명된다(베버, 1997: 170).

공동체적 집단의 결합 목적과 관련해서 베버가 주목되는 것은 "**대다수의 사회적 관계는 부분적으로는 공동체적이고 또 부분적으로는 이익사회적 결합의 성격을 지니고 있다**"는 점이다(베버, 1997: 172). 이것은 그가 공동체적 집단의 문제를 (행위) 합리성의 문제로 보고 있으며, 특히 가치합리적 측면과 도구합리적 측면의 우열에 대한 판단 없이, 집단마다 양 측면이 혼합되어 나타나는 것, 즉 가치중립적으로 본다는 것을 의미한다.

또한 그러한 혼합적 측면은 참여자 개인의 내면적 동기에서도 마찬가지여서, "이익사회적 결합은 합리적인 협정에 바탕을 두는 것"으로 설명되는 반면, 공동체적 결합은 온갖 종류의 감성적·감정적·전통적 기초에 근거한다고 보았다. 베버의 이러한 입장은 '**공동체는 (무조건) 좋은 것**'이라고 믿는 공동체주의자들의 의견과는 분명 다르다.

이와 관련하여, 퍼트넘(2006) 같은 이는 자원 결사체에 참여하는 사람일수록 일반화된 신뢰가 강하다는 가설을 제시했으며, 한국에서도 연고주의가 사회발전에 긍정적인 영향을 미쳤다고 주장하는 의견이 있지만,[6] '**자원**

---

6   최종렬(2008: 17~18)은 사회적자본과 관련된 최근 한국 사회학계의 논의를 크게, 경제사회학적 논의와 발전사회학적 논의로 구분하고, 양자는 '불신의 제도화와 연결 사회망 사회의 건설 vs 유교적 발전국가와 연고집단의 활용'으로 구분됨을 주장한다. 여기서 후자인 발전

결사체 자체가 (건강한) **시민사회를 보장하는 것은 아니**'며(이선미, 2004a: 92), 오히려 한국적 연고주의와 같은 부정적 측면을 강화할 가능성이 많다고 보는 것이 더 합리적이다(예: 이재열, 1998). 연고주의적 연결망을 포함한 사적 신뢰가 공적 신뢰의 형성에 장애 요인으로 작용해 왔으며(박길성, 2002: 119), 연고집단 참여가 활발한 사람일수록 오히려 정치적으로 보수적인 입장과 지역 차별적 태도를 보인다는 연구도 있기 때문이다(이재열·남은영, 2008: 178). 이 경우의 연고집단을 개인적 차원의 결사체로 본다면, 자원적 결사체는 공공적 차원이나 제도적 차원을 의미한다고 볼 수 있다.

공동체와 지역사회

공동체는 전통적인 의미에서처럼 지리적 범위를 가지는 자연스런 형태로 존재할 수 있다. 이런 경우의 공동체는 마을이나 촌락과 같이 자연스러운 생활권을 일컫는 말로서, '지역사회'와 거의 같은 의미로 이해된다. 한국어 '공동체'에 해당하는 영어 단어는 'community'로서, '지역사회'를 지칭하는 'the community'와는 구별해 사용된다. 하지만 한국에서는 community와 the community를 구별하지 않고 모두 공동체로 번역하는 경향이 있다. 또한 community를 발음 그대로 표기하는 '커뮤니티'는 공동체보다는 훨씬 느슨하게 '지역사회'와 비슷한 뉘앙스로 사용되는 경향이 있다. 지역사회가 명시적인 지리적 범위를 가지지만 더 느슨한 개념인 반면, 공동체에서의 공간적 범위는 지리적 범위라기보다는 '어떤 것을 공유하는 사람들의 범위'라고 볼 수 있다.

이때 '지역사회'라는 말을 공동체의 관점에서 정리하면, '일정한 지리적

사회학적 입장은 특히 일반화된 호혜성과 폐쇄적 공동체에 집중(류석춘·장미혜, 1998)한다고 주장한다. '따뜻한 공동체'라는 말은 이들이 선호하는 말로서, 한마디로 폐쇄적인 연고집단이 만들어내는 따뜻함이다. 반대로 최종렬(2008: 19)은 '공론의 장으로서의 시민사회'를 그 보완책으로 제시하면서 이재열(1998: 90)을 인용해 "시민사회는 열린 관계의 실험의 장"이며, "신뢰와 시민적 협조 규범을 결정하는 것은 결국 결사체를 통한 직접 민주주의의 실험으로부터 출발한다"라고 주장한다.

범위를 갖고 나타나는 공동체' 정도로 정의할 수 있는데(김남선·김만희, 2000: 3~4), 이는 '지역공동체(local community)'의 의미, 즉 '구성원들이 동일한 지역을 생활 터전으로 삼고 있다는 공통분모로 형성되는 공동체'(황익주, 2016: 34)라는 설명에 더 가깝다. 즉 지역사회나 지역공동체는 그 안에서 다양한 개인과 공동체가 사회적 관계를 맺고 상호작용과 공유의 연대성을 가지는 것으로 설명할 수 있다.[7]

지역공동체에서 지리적으로 인접해 생활권이 공유됨으로써 만들어지는 면 대 면의 사회적 상호작용이 중요한 것은 그것이 지역에 대한 애착과 소속감의 근원이기 때문이다. 일반적으로 장소에 대한 애착은 오랫동안 같은 장소에서 거주하면서 상호 교류함으로써 발생되며, 지리적 인접성을 바탕으로 공동의 관심사에 대한 공동의 활동이 더해지는 경우 연대감과 유대감을 형성하고(고은정 외, 2006; 이라영, 2009) 공동의 상징적 이미지를 갖게 되며, 나아가서 하나의 사회조직으로서 자율성과 외부 세계에 대한 방어기제도 갖게 될 수 있다고 본다(전경구, 1998: 108).

3) 의도적 공동체와 공동체운동

추상적 공동체와 실체적 공동체

현대사회에서 공동체는 여러 형식과 층위로 존재하지만, 추상적 공동체와 실체적 공동체로 나누어볼 수 있다. **추상적 공동체**는 운명적으로 엮여 있는 추상적 구성원들에 대해 공동체적 협력·배려·실천을 요청하기 위해 주로 호명된다. 예컨대 '교육공동체'의 경우 교사·학생·학부모는 물론 교육연구자·교육행정가·교육기업 등 교육과 관련된 다양한 주체들을 포괄하기

---

7   그러나 황익주(2016)의 '지역공동체' 개념은 '지역사회' 개념과 거의 같은 의미로 설명하고 있으면서도, 내용적으로는 친밀공동체나 마을만들기공동체와 같이 어느 정도 지리적 범위를 가지는 '자발적·의도적 공동체'로 설명하고 있어 혼란스럽다.

위한 목적으로 불리며, 이를 통해 입장이 서로 다른 주체들 간에 교육이라는 대의를 위해 협력하고 노력해야 함을 강조하는 데 사용된다. 또한 '인류 공동체'나 '지구촌공동체'는 지구 환경보호나 인류애를 강조하고 환기하기 위한 목적으로, '한민족공동체'는 동질성을 강조함으로써 민족애나 민족국가에 대한 애국심을 고양하기 위한 목적으로 호명된다.

실체적 공동체는 추상적 공동체와 달리, 실체적 형식을 가지고 참여와 실천이 이루어지는 기초적 공동체라고 할 수 있다. 실체적 공동체는 그들만의 특정한 공동선을 가지며, 사회는 그러한 개별적 공동선을 가진 공동체적 집단의 집합으로 이루어진다고 볼 수 있다. 즉 사회는 동일한 가치를 공유하는 사람들의 일차적인 공동체가 아니라, 서로 다른 가치를 가진 실체적 공동체의 집합으로 구성되는 **더 상위의 어떤 것**이다. 결국 실체적 공동체를 넘어서는 모든 수준의 공동체는 이론적으로, 개별 공동체들의 서로 다른 공동선을 넘어서는 상위의 '**더 큰 공동선**'을 합의하고 실천할 수 있어야 한다.

이렇게 추상적 공동체와 실체적 공동체의 구별이 필요한 것은 추상적 공동체와 실체적 공동체의 차이, 개별 공동체의 공동선과 상위의 '더 큰 공동체'의 '더 큰 공동선'의 차이에 대한 명쾌한 설명과 이해를 통해서만이('공동체들의 집합으로 이루어지는 사회가 개인들의 집합으로 이루어지는 사회보다 더 좋다'라는 방식이 아니라) 공동체들의 집합으로 이루어진 사회의 문제와 개인들의 집합으로 이루어진 사회의 문제에 대해 그리고 실체적 공동체 활동이나 운동에서의 문제들에 대해 명확하게 이해할 수 있기 때문이다.

'실체적 공동체'는 대안적·필요적 실천을 바탕으로 하는 '**실천공동체**'와, 리더 또는 공급자의 주도 아래 구성원·후원자·소비자들의 참여와 지원으로 이루어지는 '**운동형 공동체**'로 나누어볼 수 있다. '실천공동체'는 대안적 가치를 기반으로 실천과 연대를 통해 대안이나 필요를 모색하는 반쯤 닫혀 있는 집단으로서, 연구공동체, 철학공동체, 창의공동체, 생태공동체, 육아공동체, 마을만들기공동체 등이 이에 해당한다. 또한 '운동형 공동체'는 습관으로 굳어진 개인주의를 뚫고 더불어 살기를 실천함으로써 사회를 변화시키고자 하는 목적을 가지고 있기 때문에 느슨하더라도 더 많은 참여를 중요하게 본다. 공동주거운동, 빈민운동, 생협운동, 작은도서관운동 등이 이에 해당한다고 할 수 있다.

이 밖에도 영농공동체나, 임의 가입 형태지만 좀 더 긴밀하게 조합의 형식을 갖는 경우 사회적협동조합이나 사회적기업 등, '경제하는 공동체'도 있을 것이나, 이들을 공동체로서 볼 것인지의 문제는 이들이 공동체적 결합에 부합하는 가치 공유에 얼마나 엄격한지와 관련된 문제로 보인다.

실천공동체와 운동형 공동체

지역사회가 지역을 생활 터전으로 삼고 살아가며 시간의 축적을 통해 '형성되는' 것과 달리, 현대의 대부분의 실체적 공동체는 구성원들의 의도적 노력을 통해 형성되는 '**의도적**(intentional) **공동체**' 또는 '선택적 공동체'라고 할 수 있다. 의도적 공동체는 '**특정한 가치나 이해를 공유하는 사람들이 자발적 방식으로 공동체를 형성하는 것**'이다.

의도적 공동체를 공간적 관점에서 보면, 배타적인 공간적 범위를 갖는 **지리적 공동체**와, 공간적 범위와 무관하게 뜻이 맞는 사람들이 형성하는 **자발적 공동체**로 나누어볼 수 있는데, 도시의 마을만들기공동체(마을공동체)는 '성미산'이나 '삼각산'과 같은 지명을 갖고 있어도 그 지명이 호명하는 지역의 매우 적은 일부가 '선택적으로' 참여한다는 점에서 자발적 공동체에 속한다. 반대로 도시재생공동체는 (자발적 참여와 무관하게) 재생지역이라는 공간적 범위 내의 모든 사람들을 성원으로 한다는 점에서 지리적 공동체로 봐야 한다. 마을만들기공동체에서 그 활동의 결과는 그 구성원들에게만 영향을 미치며, 지리적 범위 내에 있다고 해도 참여하지 않는 다른 사람들과는 거의 무관하다고 볼 수 있다.

대안적 실천공동체는 자신들의 공동선에 따른 실천에 매진하되 타인에게 이를 강요하지 않음으로써 공존하는 방식을 택하는 경우가 많다. 이들은 매우 제한된 물리적·비물리적 공간 범위 내에서, 생활 전반이나 일부,

특정한 가치와 그 실천 과정을 공유하며, 밀접한 상호작용을 통해 정서적으로도 매우 친밀한 상태를 지향한다(신명호, 2003: 118). 그들이 '코뮌'을 지향하는 사람들이라면 내부적 결속, 공유, 실천을 매우 중시하지만, '타자'와의 소통에는 관심이 덜하게 된다. 따라서 이들이 주장하는 연대는 동질적인 공동체에 한정되며,[8] 그로 인해 상대적으로 절대 소수인 그들의 실천은 돋보이지만 확산되지 못한다. 이들의 특수한 실천은 취재를 통해 알려지고 과대 포장되기도 하며, 그 결과로 공공에 의해 정책화되는 경우도 있으며, 그 경합성과 현장의 차이가 간과된 채 성공을 위한 일반해의 비법으로 전파되는 경우도 발생한다.

이와 같이, 실천공동체와 운동형 공동체는 대안적 가치를 실천함으로써 행복을 추구한다는 실체적 목적에서는 동등하지만, 전자가 자신들만의 엄격한 가치 기준과 실천에 중점을 둠으로써 확장성이 매우 적은 반면, 후자는 타자를 설득하고 포섭해 자신들의 편으로 끌어들임으로써 대안적 가치와 실천을 확장한다. 연대의 관점에서 전자는 이미 동일한 가치를 가지고 있는 개인이나 공동체들과만 연대하는 반면, 후자는 생각이 다른 사람들과 연대하고자 노력한다.[9]

공동성으로서의 '행복'

그렇다면 사람들은 왜 실체적 공동체를 이루어 살아갈까? 사람들은 공동

---

8 물론 반대 의견도 있다. 송재룡(2010: 81)은 현대의 대안공동체운동이 과거와는 달리 주류 사회와 결별하기보다는 현실 주류사회의 제도적·기술적 조건과 적극적으로 소통·교류함으로써 수평적 관계의 확대를 모색하는 '친현세적' 경향을 보인다고 주장한다. 그러나 이러한 견해는 대안공동체(실천공동체)와 대안공동체운동(운동형 공동체)의 차이를 구별하지 않은 데 따른 것으로 판단된다.

9 어린이도서관 공동체에서 시작해 환경과 에너지 운동으로 전환한 서울 성대골마을의 사례는 오히려 공공성이나 시민의식의 문제가 (내적) 친밀 관계의 문제보다는 진정성을 보여주며, 지역에 천착하는 실천의 문제라는 점을 보여준다. 성대골에너지협동조합-공동체는 그 대안적 가치 지향에도 불구하고 매우 보수적인 성대골 시장 상인들과 신협 및 학교를 설득하여 협력하도록 함으로써 높은 성과를 거두고 있다.

체주의자들이 기대하는 것처럼 공동의 가치와 시민의식에 충만해 공동체에 참여할까? 무폐(2007: 66)에 따르면, 공동체에서 그 실체적 공동성, 즉 공유의 목표는 '행복'이나 '복지'로 영어화된 에우다이모니아(εὐδαιμονία)이다. 즉 공동체는 가치와 이해를 공유하는 집단이기 때문에 기본적으로 동질성을 바탕으로 하며, 특히 의도적 공동체에서 구성원들의 동질성은 어떤 상태를 의미하는 것이라기보다는 공유의 목적(또는 대상)을 통해 확인되는 것이다. 이때, 공동체들이 실체적으로는 지향하는 것은 '**행복의 공동체**' 만들기라는 것이다. 일반 대중인 우리는 자기이해와 선관념의 '기원'이 무엇인지, 즉 공동체주의의 문제에 대해 그다지 관심을 두지 않으며(멀홀·스위프트, 2001: 50), 그보다는 우리가 합의하고 실천할 수 있다면 '공동체적 선'(공동선)이 구성원 개인들에게 (어떤) 행복을 주는지에 관심을 둔다는 주장이다. 이러한 주장에 근거하면, 공동체란 '**구성원들이 공유하는 가치나 방법**(수단)**으로 행복이라는 공동의 목적을 위해 실천해 나가는 인간 집단**'이라고 할 수 있다.

> 우리는 기본적으로 '시민의식'과 어떤 가정된 실체적 공동성을 구별해야 한다. 이때 시민의식은 정의의 기준이 자유와 평등의 기준인 자유민주주의 체제의 모든 시민에게 고유하게 요구되는 것들이며, 가정된 실체적 공동성은 에우다이모니아라는 독자적 관점을 만인에게 부과하고자 요청되는 것이다(무폐, 2007: 66).

무폐의 이러한 주장은 경험적 진실에 가깝기 때문에, 공동체이론을 매우 곤란한 상황으로 이끈다. 왜냐하면 여기서 '시민의식'으로 설명되는 개별 실체적 공동체의 공동선이 '행복'이 된다는 것은 **행복의 주관성**에 의해 방법의 차이로 나타날 것이고, 그 차이는 갈등을 야기할 수 있기 때문이다. 예컨대 우리는 돈에서 행복을 구하는 공동체적 집단과 어려운 이들을 돕는 데서 행복을 구하는 집단을 가정해 볼 수 있는데, 이 양자는 행복이라는 공동선이 동일함에도 불구하고 돈과 이타적 실천이라는 방법론적 차이로 인해 함께할 경우에는 갈등의 여지가 매우 높다. 그리고 이것은 개인들이 집단화되었다는 점을 제외한다면, **공동체주의가 비판하는 자유주의의 문제와 동일한 상황**으로 우리를 인도한다.

친밀성은 공공성을 증진하는가?

특히 한국에서 의도적 공동체는 어느 정도의 동질성에서 출발해 고도의 친밀관계로 나아가는 특징이 있다. 그러한 점에서, 정성훈(2013: 324)은 도시(마을)공동체를 친밀관계가 확장된 장으로 설명하고, 이러한 공동체를 '친밀공동체'로 부를 것을 제안하기도 한다.

그는 '공동의 필요와 대안적 가치에 기초한 친밀공동체'의 예로서, 성미산마을, 삼각산 재미난마을, 그리고 자신이 직접 참여하고 있는 교육(육아)공동체를 들고 있다. 이러한 마을공동체들은 친밀관계를 통해 '육아, 교육, 소비 등 참여자들의 절실한 필요에 따른 주제들로 시작하는 모임'을 만들고 더 넓은 범위의 참여자들을 모아내는 것으로 설명된다.

물론 도시 대안공동체운동들이 이러한 친밀관계에 기반하고 있음은 경험적 사실이다. 대표적인 친밀공동체 중 하나인 육아공동체의 경우, 비슷한 아이들이 있는 연령대, 교육에 대한 입장에 따른 비슷한 성향, 서로 시간을 내고 비용을 분담해야 하는 데 따른 비슷한 생활수준 등, 참여하는 구성원들은 상당히 비슷한 조건에서 나오는 상당한 동질성을 가진다. 이들은 그러한 동질성을 바탕으로 사생활까지 터놓고 충분히 친밀하게 지내는 것을 암묵적 규칙으로 하고 있다. 그렇다면 이러한 동질성에 기반한 친밀관계는 공동성을 증진시킬까?

친밀관계가 공동체적 관계의 시발점이 될 수 있다는 것에 동의하지 않는 사람은 아무도 없겠지만, 긍정적인 영향만을 미치는 것인지는 세밀한 논증이 필요하다. 친밀관계란 가치와 이해를 공유할 때 더 깊어진다는 점에서 그 자체로 공유 거리가 되는 특성이 있지만, 근본적으로 사적 관계라는 점에서 사생활의 노출에 따라 관계의 확장에는 한계가 있기 때문이다. 이것은 공동체 관계가 사적 관계와 공적 관계의 혼합물이라고 볼 경우, 친밀관계가 공유의 한 대상이 될 경우, 자칫 사생활 노출에 대한 개인적 감내 수준으로 공동체 충성도가 판정되는 문제를 야기할 수 있다. 그리고 이러한 문제는 친밀관계가 매우 높은 대안공동체들에서는 탈퇴의 원인이 되는 중요한 문제다.[10] 또한 사적 친밀관계는 이미 구성된 공동체에서 성원 간 관계밀도에 차이를 발생시켜 새로운 성원의 진입을 어렵게 하는 장벽으로 작용할 수 있는데, 이러한 문제는 특히 오래된 교회공동체에서 두드러진다(박영국, 2013). 이러한 사실은 친밀성이 하나의 가치와 이해를 공유하는 일원적 공동체에는 도움이 될 수 있지만 다원적 구성의 공동체에서는 오히려 부정적으로 작용하거나 그 확장에 별다른 역할을 하지 못할 수 있다는 것을 의미한다.

예컨대 이주성이 높고 공유 거리가 거의 없는 대도시 지역에서 마을만들기형 공동체들이 대안적 가치를 바탕으로 친밀관계를 더함으로써 공공성으로 나아갈 수 있다는 정성훈의 주장은 더 깊은 논의를 요한다. 그는 이러한 친밀관계가 정치적 공론장에서 주변부로 밀려나기 쉬운 여성, 청소년 등의 주도성도 높여서 '공공성'으로까지 나아갈 수 있게 한다고 주장한다. 그는 아렌트(1996)를 인용해, 친밀관계가 사적 영역의 사람들을 공적 영역으로 나아가게 하는 기폭제가 "될 수도 있다"라고 주장한다.

그가 그러한 사례로 들고 있는 성미산공동체는 거꾸로 그러한 주장의 한계를 입증해 준다. 공공성을 '인간에 대한 따뜻한 시선'이라는 인문주의적 관점에서 보는 경우에는 공동체 이전의 문제이므로 이 책에서 논의할 필요가 없지만, 공동체 관점에서 보아 그것을 공동선의 일종으로 간주하는 경우, 그러한 가치에 대한 동의의 가능성을 인정해야 한다. 즉 친밀성이 공공성의 기폭제가 될 수 있는 것은 공공성을 공동체적 가치로 인정하는 사람들을 성원으로 하는 공동체에서만 가능하다는 것이다.

---

10 이 경우 1차적인 사생활 공개의 공간은 '단톡방', 즉 단체 채팅방이다. 단톡방에서 익숙한 성원들에게는 당연한 수위의 사생활 노출이 신입에게는 매우 충격적일 수 있으며, 사적 의도와 권력관계에 의한 사생활권 침해가 건강한 공동체 관계를 파괴할 수 있다.

대부분의 대안공동체들이 친밀관계로부터 출발하지만, 그들 대부분이 대학을 졸업한 진보적 성향의 구성원이 주축이며, 그들의 대안적 가치 역시 그러한 성향과 무관하지 않은 것도 사실이다. 따라서 이들의 친밀관계가 시민성으로 진화할 가능성보다는, 대안적 가치에 대한 공유와 실천의 과정이 그들의 친밀관계를 더 깊어지게 하는 것으로 봐야 할 것이다. 이는 공동체 과정에서 친밀관계가 중요하지 않다는 것이 아니라, 친밀관계를 바탕으로 하는 공동체 과정과 시민의식과 같은 '더 큰 공동선'의 문제 간에 직접적인 인과관계를 입증하기 어렵다는 것이다.

　　반대로 보통의 저층 주거지 도시마을은 소수의 대안적 마을공동체의 성원들과는 달리 높은 민주적 시민의식을 가진 주민들로만 이루어졌다고 보기는 어려우며, 그렇다고 해서 시민의식이 재생사업의 짧은 기간에 계몽적 교육을 통해 크게 향상될 수 있는 것도 아니다.

　　또한 친밀공동체나 행복공동체가 친밀과 행복을 추구할 시간적·경제적 여유를 가진 사람들에게 적합한 모델이라고 볼 때, 이렇게 주민협의체-공동체에 그러한 개념들을 깔고 있는 마을공동체 모델을 적용하는 경우, 매우 한정된 사람들이 참여해 그들만의 친목과 이해를 추구하는 선택적 공동체가 될 수 있다. 더구나 그러한 친밀과 행복은 기초 공동체에 적합한 반면, 도시재생공동체는 그러한 공동체적 집단들이 모인 2차적인 공동체, 즉 '더 큰 공동체'이기 때문에 서로 다른 공동선을 가진 집단들 간의 이해 상충과 갈등의 가능성이 있다는 점을 인정하고 대안적 방법에 대해 논의해야 한다.

　　이는 친밀관계에 바탕을 둔 마을공동체가 도시재생의 공동체 모델로서 적합하지 않다는 것을 말해준다. 친밀공동체는 뜻하든 뜻하지 않든, 친밀관계에 있지 않은 사람들을 소외시키거나 배제할 수 있기 때문이다. 우리가 선함을 호명하는 순간 호명되지 않는 모든 것의 선함을 부정하는 것처럼 친밀관계도 비슷하다고 볼 수 있다. 이러한 배제의 가능성만으로도 도시공동체가 재생산되기 위해서는 '친밀성'과 '공공성'이라는 두 가지 지향 가치의 긴장 관계가 필요하다는 주장(정성훈, 2013: 336)은 입증이 어려운 명제다.

2. 공동체는 마냥 좋은 것인가?

1) 이익이 클수록 높아지는 담장

동질성과 경계

공동체에서 '공유되는 것'은 가치적 측면과 사실적 측면을 동시에 가진다 (김경일, 1990: 194). 가치적 측면에서 공동체는 공유와 관련한 행위 및 상호작용 이전에, 이해(interest) 및 이념이나 가치가 비슷한 사람들, 즉 동질적 구성원들이 모여서 이루어지는 인간 집단이며, 그러한 동질성은 행위와 상호작용 과정에서 지속적으로 지향되는 것으로 본다.

사실적 측면에서 공동체는 공동의 목표 및 이익, 이를 구현해 나가는 협동적 노력과 상호작용이라는 실천 과정이 있어야 하며, 또한 이 과정의 결과로서 얻어지는 공동의 결속감(공속성, common tie)까지도 요구된다(Hillery, 1955: 779). 이러한 사실적 측면으로부터 우리는 공동체가 고도의 개인적 친밀성, 감정적 깊이, '사회적 응집'과 같은 정서적 측면과 이들을 지속시키고 단단하게 해주는 실천을 동시에 요구한다는 것을 알 수 있다(Nisbet, 1966: 47).

공동체에서 동질성은 공동의 관심을 실천하는 과정에서의 대면적·사회적 상호작용, 협동, 연대의 과정에서 귀속감의 형태로 강화되기 때문에, 이러한 공동체의 가치와 사실의 문제는 서로 분리된 과정이 아니라 복합된 과정으로 이해된다. 이때, 동질성은 공동성의 형태로 가치화되어 특정 공동체를 구별하게 해주는 역할을 하게 된다. 그리고 그러한 구별은 동질성이나 공동성이 확인되는 언저리에서 이루어지게 되며, 우리는 그곳을 일종의 공간적 개념인 **'경계'**로 간주할 수 있다.

이 경계에서 동질적 구성원과 그렇지 않은 사람들, 또는 가치나 목적을 공유하는 사람들과 그렇지 않은 사람들 사이의 구별이 행해진다는 점에서, **경계는 공동체 자체의 속성**이라고 할 수 있다. 앤서니 코헨(Anthony Cohen)은

"공동체는 한 집단이 다른 집단들과 관계를 맺는 동안에 그들 간의 경계를 상징화하는 과정을 통해 발생한다"(Cohen, 1985: 21)라고 주장한다. 경계는 소속감의 형태로 구성원의 상징 작업을 통해 마음속에 만들어지는 것이기도 하지만, 어촌계와 같은 이익사회적 성격이 복합된 '경제하는 공동체'에서처럼, 공동의 이익을 나눌 필요가 있을 경우에는 실재적 형태로 규정되기도 한다.

특히 분배공동체에서 이 경계는 내부 성원들에게 동등한 권리와 안전한 울타리로 작용하지만, 외부자들에게는 배제의 기준이 된다. 따라서 **공동체는 내적 동질성과 경계로 구성**되며, 이를 통해 항상 구별이나 차별, **그에 따른 배제나 배타를 만들어낼 가능성을 안고 있다**고 할 수 있다.

공동체적 결합에서 경계는 공유 형태, 시간축적 형태, 관문 형태 등의 형식으로 존재한다. **공유 형태**는 현대 공동체에서 가장 일반적인 형태의 경계를 형성한다. 이때 공유하는 것은 가치나 이해 그리고 그에 대한 실천이라고 할 수 있다.

축적 형태의 경계는 축적된 시간을 공유하는 형태로 동질성을 형성하는 경우와, 축적된 시간에 역경과 같은 특정한 사건들이 얽혀서 동질성과 경계가 형성되는 경우로 나누어볼 수 있다. **시간 축적형**은 오래된 교회공동체에서 볼 수 있는 것과 같이, 종교적 신앙심과는 별개로 기존 신자-성원들 간에 축적된 시간과 관계가 새로운 신자의 입회와 활동을 어렵게 만드는 보이지 않는 장벽으로 작동한다. 귀농인이 전통적인 농촌마을공동체에 대해 느끼는 어려움도 이러한 경우로서, 실체적 장벽은 없다고 해도 이방인으로 느끼는 것은 불가피한 것이다.

사건과 시간이 복합적으로 축적된 사례는 **어촌계-공동체**에서 발견된다(최종렬·황보명화·정병은, 2008). 이들은 전통적인 농촌공동체처럼 오랜 시간을 함께해 왔을 뿐 아니라, 태풍과 같은 자연재해를 함께 겪어내며 쌓아온 동지애로 동질감을 형성하기 때문에, 성원권은 출향한 자녀대까지도 이어지는 반면 신주민은 동등한 성원이 되기 매우 어렵다.

관문 형태의 동질감과 경계는 연고집단에서 나타나는 것으로, 동창회, 향우회, 씨족, 민족과 같은 형태의 경계가 그것이다. 관문 형태는 과거의 사건에 기준해 멤버의 자격이 결정되며, 관문을 거치지 못한 사람은 영원히 성원이 되지 못하는 대신 자격이 있는 사람은 불참을 선택할 수 있다. 예컨대 전통적인 농촌공동체의 특정 연령집단이 있는 경우, 귀농인은 초중학교를 함께 나온 원주민과 유년기의 경험을 공유하지 못하기 때문에 겉돌게 된다.

이와 같이 시간축적형이나 관문형의 공동체적 집단에서는 함께했던 시간과 스토리가 동질감과 경계를 만들어서 새로운 성원의 진입이 어렵거나 불가능하게 하며 정체성을 고착화한다. 물론 이러한 유형의 집단이 여기서의 관심은 아니지만, 그러한 경계의 유형은 실체적 공동체의 형성 과정에서 친밀관계의 형태로 작동되어 공동체의 정체성과 경계 형성에 영향을 미칠 수 있다.

이 밖에도 연령, 소득수준이나 계급도 동질성과 경계를 만들어 의도적이든 아니든, 배제의 기제로 작동될 수 있다. 마을 현장에서 선주민-노인들은 그들의 보수적 사고방식과 권위 의식 등으로 인해 신주민-청년들을 배제하는 결과를 야기하는 경우가 매우 많다. 반대로 기득권을 가진 사람들일수록 자신이 불리한 상황에 처하는 경우, 위에서 열거한 차별과 배제의 기제를 적극적으로 작동시키는 경향이 있다.

경계의 폐쇄와 열림

공동체에서 경계와 그 배타성은 본질적 속성에 가까우며, 특히 명예 또는 경제적 이해나 자원의 분배와 관련된 경우에 견고한 형태를 띤다. 베버(2009: 150~151)는 특히, 경제적 이해와 관련하여 '(자본주의 사회에서) 모든 (경제하는) 공동체는 경제적 기회를 두고 경쟁하고 특히 동종의 다른 공동체를 경쟁에서 배제하려는 속성이 있다'라고 보았다.

모든 형식의 공동체들에서 매우 빈번히 나타나는 종류의 경제적 제약성은 '경제적 기회'(이익)를 둘러싼 경쟁을 통해 유발된다. …… 공동 경쟁자들의 일부에서 외적으로 확인할 수 있는 특징을 빌미삼아 …… 다른 공동 경쟁자들은 그러한 특징을 지닌 공동 경쟁자들을 공동 경쟁으로부터 배제하려고 노력한다(베버, 2009: 152).

베버는 경쟁이 내부에서 성원들 간에도 이루어지며, 그와 상관없이 "대외적으로는 하나의 '이해당사자 공동체'가 되며, 이러한 이해당사자 공동체가 변해서 하나의 '권리공동체'가 된다"라고 보았다. 베버는 이러한 과정을 **"공동체의 '폐쇄' 과정"**으로 규정하고, **'사회적·경제적 기회를 독점하거나 전유하기 위한'** 목표로, **'전형적으로 반복되는 현상'**이라고 주장한다(베버, 2009: 153).

또한 베버는 이러한 **공동체의 폐쇄 과정이 경제적 기회의 독점과 긴밀한 관계**가 있는 합리적 과정이며, 바로 그 독점 기회를 추진력으로 한다고 보았다. 그것은 "다른 공동 경쟁 지망자들에 맞서 형성되는 경향"이라는 것이다. 그리고 그 폐쇄의 목표는 경제적 기회뿐만 아니라 사회적인 기회에 대해서도 적용된다고 보았다. 이처럼 공동체가 내적으로 폐쇄되어 가는 단계를 그는 **'독점된 사회적 및 경제적 기회가 전유(appropriation)되어 가는 단계'**로 부른다(베버, 2009: 154~156). 그와 같은 독점주의적 경향은 역사적으로 흔히 공동체들의 확산을 억제하는 중요한 역할을 했다고 보았다. '합리적 폐쇄'라고 불리는 이것은 어떤 사회적 관계에서, "목적에서든 성과에서든 연대적 행위에 의해서든 이해 조정에 의해서든, 참여자에게 내적 또는 외적 이해 관심을 만족시킬 수 있는 기회를 열어줄 수 있"을 때 발생한다.

공동체의 폐쇄된 경계는 '공동체의 합리적 목적'에 의해서만 열리게 된다. 이는 사회적 관계의 폐쇄와 개방에도 적용된다.

참여자가 그 사회적 관계를 선전 보급함으로써 그들 자신의 기회의 정도, 종류, 보장, 가치를 개선할 수 있다고 기대한다면 그들은 개방성에 관심을 갖고, 거꾸로 그 사회적 관계를 독점함으로써 그러한 기회 개선을 기대한다면 그들은 대외적 폐쇄에 관심을 갖는다(베버, 2009: 175).

베버의 이러한 주장은 공동체주의자들에게는 불편한 진실이 된다. 더구나 공동체주의자들이 서구 민주제의 기원으로 보는 고대 폴리스정치조차도 시민권의 이점을 누리는 사람들의 범위를 점점 더 폐쇄함으로써 '정치적 세력 팽창을 제한'하려 했음은 잘 알려진 사실이다(베버, 2009: 159~160).

또한 대표적인 우파 사회적자본 이론가인 콜먼(Coleman, 2006: 106)은 연결망의 폐쇄성으로부터 효과적인 규범이 만들어질 수 있다고 보았다. 연결망의 폐쇄는 신뢰를 저버리는 사람을 제재하는 규범을 작동시킬 수 있으며, 이를 통해 신뢰의 연결망을 지킬 수 있기 때문이다. 부르디외(2003)는 공동체와 유사하게 폐쇄성을 외부자 배제의 계급적 관점에서 바라본다.

이와 같이 공동체는 그 공유하는 가치나 목적에 의한 동질성을 바탕으로 하며, 이 동질성은 경계를 만들어내고 그 외부에 대해 폐쇄적인 속성이 있다. 이러한 폐쇄의 속성은 '**고립의식**'[11]으로 설명할 수 있으며, 여기에는 경쟁에서의 승리를 위한 인종차별도 포함된다. **도시마을과 지역은 이러한 공동체의 본질적 특성을 가진 무수한 집단으로 구성되어 있다.**

지리적 공동체의 특성

최근의 공동체에 관한 정의에서 지리적 범위를 명시하지 않는 경우도 많으나, 실체적 공동체 논의에서 지리적 범위는 간단히 삭제할 문제는 아니다. 인간은 물리적 공간 위에 거주할 뿐만 아니라, 물리적 공간의 범위가 넓어지는 경우 실질적인 교류에 상당한 장애가 발생할 수 있으며 그 교류의 성격도 달라질 수 있기 때문이다.

재생마을은 명확한 지리적 범위를 갖기 때문에 도시재생공동체는 지리적 공동체가 된다. 그러나 도시재생공동체는 지형 등의 지리적 요인과 오

---

11 enclave consciousness(울타리 의식)(Plotkin, 1991).

랜 시간 축적된 역사와 문화에 의해서 그 지리적 범위가 경계 지워지는 지역공동체(지역사회)와는 달리, 도시재생 당국에 의해 인위적으로 구획된 곳에 새롭게 세워지는 공동체다.

지리적 공동체는 "**어떤 공동체가 지리적 영역을 가질 뿐만 아니라 그 공동체의 활동이 지리적 영역 내의 모든 사람들에게 영향을 미치는 공동체**"로 정의할 수 있다. 대표적인 지리적 공동체로는 국가공동체를 들 수 있다. 이러한 공동체는 지역사회와 유사하게 특정한 지리적 범위를 갖고 상호작용과 공유의 연대성을 가지기는 하지만, 그 구성원의 가치와 이해가 훨씬 더 다양한 것으로 볼 수 있는데, 여기서는 그 다양성과 이해 상충의 가능성에 주목한다. 지리적 공동체는 국민처럼, 성원들의 의사와 무관하게 성원권을 가진다는 점에서, 자발적 성원들의 참여로 구성되고 지탱되는 친밀공동체나 마을공동체와는 다르다.

이 책에서는 지역공동체 등, 다른 개념과 구분하기 위해 그러한 공동체를 '지리적 공동체' 또는 '영역 공동체(territorial community)'라고 부르고자 한다. 여기서 논의하고자 하는 '지리적 공동체'는 그 지리적 스케일, 지리적 경계 및 영향력을 가진다는 사실에 주목해 그 특성을 논의하기 위해 설정된 개념이기 때문에, 상호작용 및 공유의 연대성의 유무로서 공동체적임의 여부를 판정하기보다는 그 자체로서 공동체적 속성을 가지는 것으로 보고자 한다. 지리적 공동체의 특성을 정리하면 다음과 같다.

먼저, '지리적 공동체'에서 **지리적 스케일**(scale)은 골목길·마을·지역·소도시·대도시와 같은 지리적 범위의 크기와 관련된 문제가 있다. 지리적 범위의 물리적 크기는 공동체론에서 중시하는 사람들 간의 접촉과 상호작용에 영향을 미치기 때문에 넓은 지역일수록 직접적인 친밀관계를 유지하기가 어려워지며, 지리적 스케일이 커짐에 따라 이질성이 증가하고, 특히 공동체의 영역에 정치가 개입할 여지가 커진다고 볼 수 있다. 따라서 우리는 면 대 면의 사회적 상호작용과 친밀관계가 가능한 정도의 지리적 스케일을 가지는 '마을공동체', 그보다 넓은 범위를 갖는 도시재생주민협의체-공동체, 그리고 지역단위의 지역재생을 구별해야 한다.

다음으로, 지리적 경계의 문제는 경계가 어느 정도 닫혀 있는가, 아닌가와 관련된 문제로서, 경계의 닫힘은 1차적으로는 지형적 요인에 의해 영향을 받는 것이지만, 오랜 시간 축적된 역사와 문화에 의해서 또는 경제적 차이 등에 의해서도 영향을 받을 수 있다. 지리적 경계의 문제는 한국의 농촌마을규모의 공동체나 오랜 지방자치의 역사를 가진 유럽의 중소도시에서의 지리적 공동체와, 연속된 도시의 일부를 인위적으로 절취해 만들어지는 도시재생공동체를 구별한다. 또한 어느 정도의 생활권을 범위로 하는 공동체 또는 지역사회, 대부분의 주민들이 외부로 출퇴근하며 경제활동을 하는 수도권 위성도시, 서울의 베드타운 자치구의 그것을 구별한다.

마지막으로 **영향력의 문제**는, 공동체의 활동이나 그 결과가 참여한 사람들에게만 미치는지, 아니면 지리적 범위 내의 모든 사람들에게 미치는지와 관련된 것이다. 이는 생활의 필요나 공유하는 가치 및 이해를 바탕으로 비교적 동질적인 사람들의 자발적 참여로 구성되는 기초적인 자발적 공동체나 결사체와, 그 범위 내의 모든 사람들의 행복을 위해 모든 사람들의 사회적 실천을 요구받는 도시재생주민협의체-공동체를 구별한다.

2) 공동체는 좋은 것, 이질성은 나쁜 것

도시성으로서의 이질성

공동체와 공동체주의는 동질성을 지향한다. 그러나 "**상대적으로 크고 밀집**"한 현대 대도시는 루이스 워스(Louis Wirth)의 주장처럼, "**이질적인 개인들의, 영구적 정주지**"다(Wirth, 1938).

얼핏 평범하고 타당해 보이는 이런 언명에서 주목되는 것은, '도시는 이질적이며, 이질성은 "인종·언어·수입·사회적 지위에서의 차이"와 그로 인한 "격리의 심화"나 "일시적 거주" 때문이지만, 그 근본적인 원인은 과밀에 있다고 보는 점이다. 과밀은 감정적·감성적 유대가 없는 개인들이 가까이서 함께 살고 함께 일함으로써 경쟁과 확장과 상호 착취의 정신을 양육하며, 잦은 이사는 마찰과 짜증을 유발하는 원인이라고 설명한다. 워스의 견해를 한마디로 정리하면, **도시의 과밀과 이질성은 도시성(urbanism), 즉 도시 자체의 특성**이다. 이러한 도시성이 일시적 거주에 따른 "결속적 전통과 정서를 생산하지 못하"도록 하고, 그 결과로 "진정한 이웃이 드물"게 한다는 것이다(Wirth, 1938: 16).

워스에서, 공동체로서의 도시는 명확한 중심은 있지만 그 경계는 없는 지역 기반과, 지역적 인접성을 초월한 노동 분업에 기초한 일련의 **"빈약한 파편화된 관계들로 스스로 해체된 어떤 것"**이었다(Wirth, 1938: 23~24). 따라서 공동체 개념과 근대도시가 만들어내는 사회적 해체(이질성)는 공생관계에 있다(새비지·와드, 1996: 242).

도시성에 대한 이러한 인식은 사실 워스에 그치지 않으며 당대의 도시사회학자들 사이에 만연한 공통된 생각이었다고 할 수 있다. 근대적 공간의 생산과정에서 밀도와 함께 이질성의 문제는 도시화가 너무나 폭발적이었기 때문에 언제나 낮추어야 하는 문제, 즉 골칫거리였으며, 따라서 다시 동질적 공동체로 돌아가기 위해 이질성은 늘 개선해야 할 문제였다. 하지만 그들은 이질성을 개선하기 위해, 그것을 야기하는 현대 사회 자체에 내재한 문제들, 즉 산업 자본주의에 대한 비판보다는 해결책으로서의 공간 분화를 선택했다(최병두, 2000: 46).

공동체는 잃어버린 좋은 것, 혼란한 근대사회는 나쁜 것

이질성은 이렇게 도시사회학적 논의에서 항상 중요한 출발점이었다. 도시구성원들의 사회적 관계를 연구해 온 많은 고전사회학자들에게 이 이질성은 전통적인 공동체사회를 무너뜨린, 근대도시의 사회적 병폐를 가져온 주범으로까지 간주되었다. 또한 근대인들은 이질성을 도시인들이나 그들의 정주지를 경계 짓는 결정인자로 보았기 때문에 그에 따른 공간의 분화나 공간적 차별까지도 정당화했다. 이 과정에서, 민족 게토와 같이, 사실상 경제적 능력과 이주자의 수용 능력에 의해 분화된 공간들이 각각 마치 전통적인 의미의 공동체가 되는 것으로 간주되고 그 패턴을 밝혀내는 것을 (도시)사회학의 소임인 것처럼 생각했다.

이러한 '잃어버린 전통'으로서의 공동체 개념은 고전사회학에서 매우 일반적인 관점이 되었고, 특히 20세기 전반기의 사회학을 이끌었던 시카고학파의 사회학자들에서 대표적으로 발견된다(이선미, 2008: 110~111). 도시사회학의 다른 이름이었던 인간생태학은 도시사회를 공동체와 대립되는 개념으로 설정하고, 생존을 위한 생물의 투쟁에서 발견되는 무의식적 경쟁이 공간적 분화와 자연스러운 평형으로서의 합의와 의식적 협동이라는 새로운 기반을 발전시키는 것으로 보았다. 이러한 기능적 분화를 통해 새로운 결속력이 발전되며, 그러한 (공동체적) 결속은 공통적인 목표, 정서, 가치에 기반을 두는 것으로, 이러한 집합적 의식은 인간의 원시적 본능이라고 주장한다(손더스, 1991: 63~64).

이들의 이론에서 공동체는 비조직적·무의식적 과정으로 인식되고, 공간적으로 분화된 어떤 것으로, 상호 간의 연대나, 행위론적 노력의 과정보다는 생태적인 결과이며, 따라서 사회 전체의 문화적 통합 가능성은 평형이라는 '힘의 균형'으로만 설명된다.

그 결과 당대의 고전사회학에서 밀도는 계급적 도시 팽창과 계급 불평등의 주거 입지, 즉 공간 분화를 만들어내는 근거로 설명되고 합리화된다. 격리된 주거지는 점점 더 폐쇄되고 배타적인 것이 되지만 공동체의 이름으로 장려된다. 유산계급들에게는 자신들만의 주택계급화와 자본축적을 위해, 무산계급을 지지하는 이들에게는 계급투쟁을 위해, 국가에게는 손쉬운 개발과 통제와 도시 성장을 위해, 공간 분화는 적극적으로 지지되었다.

또한 산업도시의 이질성은 혼란으로 간주되고, 아노미(anomie) 상태로 설명된다. **공통의 가치나 도덕 기준을 잃은 혼돈 상태**인 것이다. 산업사회가 야기한 인간성 파괴를 회복하기 위해서 공동체 정신은 강조된다(최병두, 2000:

35~37). 고전 사회학자들은 인간성 파괴와 사회적 혼란의 근원인 산업사회와 자본주의적 생산방식에 대한 근본적인 문제 제기보다는 '잃어버린 전통' — 공동체 개념으로 회귀하는 사회적 치유를 제안했다.

20세기 전반의 도시사회학자들이 대도시의 특성을 이질성과 다원성이라는 관점에서 바라본 것과 도시재생지역의 그것은 매우 비슷하다. 또한 워스 시대의 해법과 도시재생의 해법도 비슷하다. 그것은, 공동체는 좋은 것이고 이질성(과 다원성)은 나쁜 것이라는 인식이다. 다만 다른 것은 도시사회학자들이 생태학적 그림그리기에만 빠져 있었다면, 도시재생은 이질성이 야기하는 이해 상충을 무시하고 행복공동체로 가기 위한 공동체적·윤리적 실천만을 요청하고 있다는 점이다.

쇠퇴한 재생지역의 물리적·사회적 다양성

그런데 도시 자체의 이질적임에 더해, 쇠퇴한 재생지역은 안타깝게도 더더욱 이질적인 공간이다. 대도시의 쇠퇴한 저층 주거지들은 다양한 크기의 토지로 구성되고 그 위에 다양한 주택들이 다양한 형식으로 보유되고 점유되어 있는 곳이기 때문이다. 이러한 물리적 다양성은 사회적 다양성으로 고스란히 투영되어, 다양한 사회관계를 재생산하기 때문에 사회적 약자들의 비율이 높을 수밖에 없다. 그중에서도 주택의 소유 여부는 특정한 유형의 사회관계를 재생산하는 핵심적 기제다.

이러한 상황에서 재생지역의 이질성과 다원성은 도시 전체의 그것보다 훨씬 심할 수밖에 없다. 그리고 그곳은 기능적으로 복잡하게 얽혀 있고, 다양한 사람들의 다양한 이해가 혼합된 땅이어서, 상대적으로 동질적이고 안정된 구성원들 간의 관계를 전제로 하는 공동체 의식과 그 형성이 매우 어려운 곳이다(최병두, 2000: 46). 특히 서울과 같은 대도시에서의 도시재생사업이 어느 정도 쇠퇴했지만 개발되지 못하고 남겨진 재개발 잔여지에 우선 지정되고 있는 점은[12] 오히려 이러한 저층 주거지 현실과 그 주택의 이용 과정이 계급 갈등의 중심적 과정이 될 수 있다는 것을 보여준다(Rex and

Moore, 1967: 273).

사실 그곳에는 더 파편화될 계급도 없다. 집주인들은 아파트로 가지 못한 사람들이거나 외지의 아파트에 거주하는 사람들이고, 세입자들은 물리적·경제적으로 더 갈 곳이 없는 사람들이다. 그나마 집세 싼 동네를 찾아 들어가 모여들면, 쇠퇴했지만 공동체가 활성화된 동네라고 재생 구역으로 지정하고 대대적으로 홍보한다. 생계에 여념 없는 세입자들은 마을을 사랑하지 않는 주민으로 매도되고, 집세가 싸서 들어온 청년들의 자발성은 공모 사업으로 매수된다. 집주인들로 이루어진 지역공동체는 지역개발과 관광마을을 기획하고, 장밋빛 선전으로 모여든 투기 자본들은 지역을 들쑤신다. 집주인들은 신나서 세를 올리지만, 세입자들은 다시 짐을 싸더라도 갈 곳이 없다. 상점들은 곱절로 뛰는 임대료에 문을 닫고 떠난다.

반면에 주거 환경이 열악한 주택에는 오랫동안 거주해 온 저소득층 노인들이 많이 거주하고, 재개발·재건축 지역만을 찾아 이사 다녀야 하는 빈곤층들이 외지 투자자들의 재산관리 형태로 거주하는 경우가 많다. 따라서 쇠퇴하면 쇠퇴한 대로 도시재생지역들은 도시 평균보다 훨씬 더 이질적일 수밖에 없다. 그럼에도 불구하고 도시재생은 그들이 만들어내는 이질성과 다원성, 그 이해 상충을 뒤로하고, '하나의' 주민, 하나의 공동체를 요구한다.

재생마을의 이해 상충과 이미 손상된 공동체

재생지역들 중에는 재개발·재건축의 추진 과정에서 기존 토지주-주민들

---

12 이는 특히 서울에서 주거환경관리사업과 도시재생선도사업이 주로 재개발·뉴타운 해제 지역에 지정된 것과도 연관된다. 2013년 말 '도시재생 특별법' 시행과 2014년 전국 13개 구역에 도시재생선도사업을 지정하기 이전인 2011년 말 '도시및주거환경정비법'(도정법)이 개정되어 주민들이 원할 경우 사업 중단(지구지정 해제 등)은 물론이고 대안정비 방식을 도입할 수 있도록 했으며, 특히 서울시에서는 '도정법' 개정과 같은 시점인 2011년 말 박원순 시정부가 출범하면서, 개정 '도정법'을 기초로 2012년 1월 30일 이른바 뉴타운 출구 전략(이하 1·31대책)으로 불리는 '뉴타운 수습 대책'(정식 명칭은 서울시 뉴타운·정비사업신정책구상)을 발표했다. 조명래(2013) 참조.

은 찬성파와 반대파로 갈리거나, 그 주도권을 잡기 위한 세력들 간의 대립으로 이미 상당한 갈등을 겪은 경우가 많다. 찬성과 반대는 대부분 개인적 이해득실에 따르게 되는데, 도시재생으로 넘겨진 사업성이 낮은 지역일수록 주도권을 잡은 세력들은 소수의 지분으로 외지 투자자들과 손잡고 무리하게 추진한 경우가 많다. 반면에 큰 건물을 소유해 임대수익으로 생활하고 있는 노년층은 오히려 반대파에 속하는 경우가 많다. 재산 가치가 상승된다고는 하나, 상당한 자부담을 수반할 뿐만 아니라 받게 될 비싼 아파트 한 채가 어떤 임대수익을 주는 것이 아니기 때문이다.

구역 지정이 되었더라도 사업 추진이 늦어지다 보면 반대파를 중심으로 해제를 해야 한다는 목소리가 높아지고 대책위원회가 수립되어 유인물을 돌리고 토지주·주민들도 둘로 갈라지게 되지만, 사업 포기를 하려 해도 건설사로부터 가져다 쓴 돈이 많아 이러지도 저러지도 못하게 된다. 그사이에 투기와 손바뀜은 더 많아지고, 건축행위가 제한되어 집들은 손상되고 기존 세입자들은 떠나가고, 어수선함조차 감수해야 하는 더 빈곤한 세입자들이 들어온다.

그러한 지역이 도시재생사업에 선정되는 경우, 기존의 재개발·재건축 추진 과정에서 잠복해 있던 이해관계에 따른 파벌적 갈등은 다시 수면 위로 떠오르게 된다. 재생사업에는 반대파들이 주로 참여하게 되는데, 찬성파들과의 투쟁 과정에서 겪었던 의심과 불신의 트라우마는 도시재생사업에도 그대로 투영되는 경우가 많다. 또한 찬성파들은 그들대로 도시재생사업을 비난하며 호시탐탐 재개발이나 재건축을 다시 추진하고자 '업자들'을 데리고 나타나기도 한다. 이렇게 재개발·재건축 해제 지역의 기존 공동체적 관계들은 이미 상당히 손상되었을 가능성이 높다.

이에 더해, 재개발·재건축은 이해관계에 따라 그 공간적 범위를 설정하기 때문에, 도로변과 같이 지가가 비싸고 기존 건물이 고층인 지역이 제외되거나 접근도로가 달라서 아무런 소통이 없던 지역이 포함되기도 한다. 게다가 그런 해제 지역을 포함해 건축물의 노후도를 맞춰 재생 구역을 인위적으로 구획하는 경우, 하나의 지리적 범위로 구획된 재생지역 내 주민들 사이에 공동체적 유대가 있다고 보기 어렵고 상황이 다른 소지역 간 이해 상충으로, 하나의 공동체는커녕 느슨한 커뮤니티로 꾸려가는 것도 어렵다.

이와 같이 근린재생의 대상이 되는 쇠퇴한 지역들은 재개발 잔여지라는 특수성으로 인해 기존의 사회적 관계들이 상당 부분 해체된 곳일 뿐만 아니라, 개발 추진 과정에서의 갈등, 투기 자본의 이익 추구, 지역에 정박하기 어려운 신주민-세입자-하위계층의 무관심이 복합된 공간이며, 이질적인 성원들이 단지 함께 거주하는 공간, 이미 공동체가 손상되고 해체된 공간이다.[13]

그러한 공간에서, **자본은 이질성과 다원성을 이해관계로 바꾸어 버린다.**

3) 공동체주의는 왜 자본주의에 너그러운가?

공동체와 자본의 공진관계로서의 도시

자본이 절대 권력, 절대 가치가 되어버린 시대에, 사회적 재생은 공동체주의자들이 기대하는 것과 같은 따뜻한 공동체에의 소박한 소망과 실천을 지켜낼 수 있을까? 이것은 우리가 사회적 재생 과정에서 끊임없이 던져야 하는 질문이다. 그리고 이것은 우리가 자본주의사회에 살고 있고 살 수 밖에 없다는 현실을 인정하거나 부정하는 문제가 아니라, 그보다는 자본주의에 굴복하거나 편승하지 않고, 그 부정적 측면을 지속적으로 환기하고 보완하고 극복하고자 노력하며, 그렇게 할 수 있는지에 대한 문제다.

안타깝게도 도시재생은 그 시작에서 재개발 잔여지에 잠겨버린 자본들

---

13 『마을의 귀환』(오마이뉴스 특별취재팀, 2013)의 관점에서 보면, 재생마을 대부분을 이렇게 공동체가 손상되고 해체된 공간으로 보는 것은 현장 상황과 부합하지 않거나 너무 비관적으로 본다고 비판받을 수 있다. 『마을의 귀환』에 취재된 대부분의 마을들은 달동네 마을들이며, 마을(공동체) 활동이 비교적 활발한 곳들이기 때문이다. 그러나 그러한 달동네들은 전국적으로 매우 드문 경우이고, 여러 가지 이유로 재개발되지 못하는 상황이 오래 지속되어 전통마을과 비슷한 속성을 보인다는 점을 고려해야 한다.

의 출구 마련을 위해 기획되고, 그 현장은 주민의 이름을 가진 자본가들에 의해 지배되며, 그 생산된 공간가치 역시 자본에 의한 독점과 수탈을 방지할 의지나 장치가 없다. 그리고 이것은 자본주의도 사람이 하는 노릇이라는 안일한 생각과 대처의 결과다.

따라서 우리는 정치적 자유주의에 대해서는 엄격한 반면, 경제적 자유주의인 자본주의에 대해서는 저항이나 통제의 수단은커녕 너무나 너그럽기만 한 공동체주의, 그리고 사람의 명색을 알지 못하는 자본에게 공동체적 배려까지도 기대하는 공동체주의자들을 경계해야 하며, 그들에게 냉철한 성찰을 요구해야 한다. 만일, 공동체주의가 자본주의에 대적할 장치가 없다면, 마을공동체는 자본의 침탈로부터 비교적 자유로운 자들만의 행복공동체가 될 뿐이며, 자본주의에 의한 침탈이 그들의 공동선을 자본축적으로 바꿔줄 공동체만이 가능하다. 그러므로 우리는 도시마을공동체론자들에게 자본주의라고 하는, 우리 사회를 지배하는 더 큰 틀에 대한 개선이나 통제 없이 개인이나 공동체의 행복이 가능한지를 물어야 한다.

이와 관련하여 우리는 몰렌코프(Mollenkopf, 1989: 94)의 의견에 주목할 필요가 있다. 그는 도시를 본질적으로 두 종류의 관계, 즉 ① 생산과 경제적 축적의 관계와, ② 사회적 상호작용과 공동체 형성의 관계로 설명하고자 한다. 그는 '축적'을 한 사회가 그 사회의 복리수단을 어떻게 창출하고 확대하며 분배하는지와 관계된 어떤 것으로 정의하기 때문에 데이비드 하비와 같은 마르크스주의자들의 그것과는 다르다.

또한 공동체는 신뢰하고 의지할 수 있는 사람들끼리 만든 연대로 정의한다. 그에게 공동체는 선험적으로 존재하는 것이 아니라, 시간이 흐르면서 천천히 형성되는 어떤 것이다. 공동체는 상호의존성, 상호 지원, 비공식적 원조와 같은 비시장적 가치가 중심이지만, 공동체주의자들의 기대와는 달리, 그 구성원들이 '공동체에 의존할 수 있는 이상의 다른 공통의 이해를 선험적으로 공유하지 않으며', 공동체는 '일반적으로 많은 이해와 갈등에 의해 분리되어 있는 것'으로 전제한다(Mollenkopf, 1989: 94~95).

몰렌코프에 따르면, 축적 과정과 공동체 관계는 기저에서부터 상이한 가치에 따라 전개되기 때문에 축적지향적 공동체의식을 조작해 내는 과정은 본질적으로 곤경에 부딪힌다. 물론 공동체적 생활을 경제성장에 우선한다고 생각하는 사람은 있기 마련이며, 점증하는 자본주의의 상호의존적 성격은 이 같은 경향을 강화할 수도 있을 것이다. 그러나 그러한 곤경의 존재 가능성을 부정할수록 정치적 갈등의 위협에 더욱더 빠져들게 되며, 도시가 축적과 공동체의 양자관계에 집중할수록 잠재된 갈등은 더욱 강화된다고 주장된다. 그는 "축적의 과정은 공동체적 관계를 확대하는 데 있어서 기초가 되지만, 시장가치와 공동체적 관계가 갈등하게 되는 비대칭성의 관계를 보여준다"라고 주장한다(Mollenkopf, 1989: 97~99). 공동체는 상호의존성과 같은 비시장적 가치가 중심이지만, 이는 자본의 축적 없이는 존재할 수 없는 어떤 것이다(Mollenkopf, 1989: 14).

여기서 몰렌코프의 의견이 주목되는 것은 그가 도시문제를 선의의 시민들이 공동체의식으로 충만하기만 하면 충분히 행복해질 수 있는 낙관적 입장에서 보지 않으며, 따라서 **공동체는 축적의 기도에 의해 언제든지 파괴될 수 있는 것, 경제적 축적이 늘어날수록 졸아드는 것으로** 이해하고 있다는 점이다. 갈등의 원인이 되는 축적의 욕망은 마르크스주의자들이 주장하는 것처럼 자본가들에게만 있는 것이 아니라, 공동체 구성원들의 내부에도 상존한다. 그리고 이러한 점은 자유주의와 공동체주의 간의 정의에 관한 논쟁을 넘어서, 엄연히 현실에 존재하는 공동체 만들기의 장벽이다. 공동체의 관점에서 중요한 것은 그 갈등이 축적의 욕망과 무관하지 않다는 것이다. 그리고 '계급'은 자신의 이익에 결코 실패하지 않는다.

이러한 그의 자본과 공동체 간의 갈등적 이해는 주민참여와 공동체 활성화를 주축으로 하는 도시재생에 중요한 관점을 제공한다. 도시의 이질성은 워스의 주장과는 달리, 밀도의 문제가 아닐 수 있기 때문이다. **공동체주의의 적은 정치적 자유주의가 아니라 경제적 자유주의, 즉 축적의 도시화 과정에 있다는** 것이다.

자본에 너그러운 공동체주의자들

물론, 일부 인위적 공동체(적 집단)들이 이익사회적 결합으로 구성되어 있어서 그들의 축적에 대한 추구가 다른 공동체(적 집단)와 갈등을 야기한다고 해도, 또는 개별 공동체가 폐쇄적 속성을 가지고 있어서 다른 공동체(적 집단)와의 협력이 어려운 경우들이 있다고 해도, 공동체주의가 꿈꾸는 정치공동체의 꿈은 가능할 수 있다는 주장이 제기될 수도 있다. 그런데 이러한 주장이 성립하기 위해서는 개별 공동체에의 참여와 실천이 행복에의 과정임과 동시에 공동체적 가치를 위협하는 모든 것과 대결하고 투쟁하고 개선하는 과정이 되어야 한다.

그러나 공동체주의는 (정치적) 자유주의에 대해서는 주적으로 비판하면서도, 그 형제들이라고 할 수 있는 경제에서 자본주의, 생산에서 산업주의, 철학에서 계몽주의에 대해서는 매우 관대하다(김미영, 2006: 13). 즉 현대 공동체 담론은 (정치적) 자유주의가 개인의 권리에 우선을 둠으로써 정치의 창조적 여지를 두지 않는다고 비판하면서도, 그 형제인 경제적 자유주의에 대해서는 용인하고 묵인하는 태도를 보인다. 예컨대 샌델(sandel, 1984: 94)은 개인의 권리에 대한 지나친 강조가 "필연적으로 시민들 사이에 적대적인 관계를 조장하게 되며, 시민과 공동체 사이에 도구적인 관계를 만들어내게 된다"거나 "자유주의가 선의 개념을 사유화"한다고 주장하지만, 공동체주의가 어떻게 경제적 자유주의와 대적할 것인지에 대해서는 침묵한다.

자본주의에 대한 이러한 공동체주의자들의 암묵적 또는 선택적 용인은 전 세계의 자본주의화와 신자유주의의 확산에 따른 압박의 결과로 볼 수 있지만, 그 자체가 심각한 자기모순으로 비판될 수 있다. '인간은 사회적·정치적 존재'라고 할 때의 '사회'가 따뜻한 공동체와 동의어가 아니라 자기이해 동기에만 투철한 자본주의적 인간들의 사회라면, 공동체주의자들의 주장은 도덕적 희망 사항에 불과한 것이 되기 때문이다.

더구나 지리적 범위를 가지는 공동체에서, 공동체적 가치의 실현은 결국 높은 '삶의 정착성'에 기반하는 구성원들 간의 '관계의 지속성'을 통해서 이루어진다는 점에서 볼 때(정규호, 2012: 18), 자본주의의 문제는 이념적 비판 이전에 실존과 관련된 문제다. 자본이 공동체의 공간적 토대를 갉아먹을 수 있기 때문이다. 우리는 공동체적 애착과 같은 사회적 관계와 주거 불안정이 밀접한 관계라는 것을 알고 있지만(Gans, 1968: 103), 그 바탕이 되는 사유재산권의 문제에 대해서도 너무나 너그럽다. 실제로 우리는 수많은 공동체의 현장에서 공통의 노력이 자본의 탐욕에 의해 한 순간에 착취되고 무너져 내리는 것을 수없이 목격해 왔다. 그러나 공동체주의의 경제학은 시장 체계와 사유재산권에 대한 원칙적인 인정 위에 사회 협동 체계를 모색하는, 강자와 약자를 결합하는 도덕 경제(moral economy)를 바탕으로 하지만(김미영, 2006: 14), 안타깝게도 강자들에게 가치 구매라는 도덕적 호소를 하는 것과 같은 불평등하고 비굴한 구걸이 되는 것을 피할 수 없다.

따라서 이러한 공동체주의의 이중성은 공동체의 권력적 차원을 지나치게 과소평가한 것으로 비판될 수 있다(멀홀·스위프트, 2001: 102). 왜냐하면 우리가 살고 있는 현실세계는 "자본주의 정치경제의 구조적 규정력이 모든 사회구성원들의 의식과 행동을 조건 지우고 있는 상황"이기 때문이다. 그리고 그러한 상황들은 우리에게 **"내적 평등성이나 결속력만을 강조하는 소규모 공동체 운동만으로 그 외적 조건들을 극복할 수 있는가"** 하는 문제를 제기한다(최병두, 2000: 41).

행복의 공동체가 우리 사회를 더 큰 틀에서 지배하는 자본주의의 압제를 이겨낼 수 있는지에 대한 질문은, 도시 지역공동체운동이 정치적 자유주의와 자본주의의 일방적 횡포로부터 구성원들의 삶을 지키는 유일한 대안이라고 생각할수록, 공동체에의 이상만큼이나 그들에 의한 경제적 착취와 문화적 지배에 대한 저항을 포기해서는 안 된다는 결론으로 우리를 인도한다(Castells, 1977: 100).

불가피하다는 이유로 그러한 권력을 용인하는 사회는 자유주의적 개인주의보다 나을 것이 없으며, 공동체주의에 몸을 숨긴 보수적이고 타락한 기득권자들의 사회이거나, 반란의 꿈을 접고 소소한 행복에 몸을 맡긴 '나사

풀린 좌파들의 사회'라고 밖에 할 수 없다. 그 결과로, 한국의 공동체주의는 어쩌면 자본주의의 바다에서 대안의 실천이라는 한줌의 얼음조각 위에 까치발로 서서, 자신들이 얼마나 고고한지를 외치고 있는 연출된 리얼리티쇼로 변질되어 버린 것은 아닐까?

> 근대 이후의 도덕적 일체감이나 궁극적 기준의 상실이 개인의 권리를 중시하고 자율적 개인을 창조한 근대적 프로젝트의 결과인지, 산업화 자본주의화의 결과인지를 먼저 밝혀야 할지 모른다. 또한 정치철학에서 목적론, 덕, 공동체로의 복귀를 위한, 정치를 통한 개선이 가능한 것인지, 아니면 개선의 대상이 정치이기 때문에 시민의 역할은 정치를 끊임없이 감시하는 것은 아닌지 ……(김동수 1994: 283).

3. 도시재생에 들어온 공동체 개념

1) 도시공동체운동과 마을만들기

한국의 마을공동체운동

도시재생에 공동체 개념이 중요한 가치로 탑재된 것은 역사적 결과다. 한국 사회에서 1980, 1990년대의 대안적 공동체운동은 시민사회 영역에서 폭넓게 시도되었지만, 이전의 그것과는 방향성에서 두 가지의 큰 차이를 보였다. 하나는 민주주의적 평등의 가치를 추구하는 것이며, 또 하나는 비판과 저항에서 체제 내 재구성으로의 전환이라고 할 수 있다. 전자의 경우 어떠한 합의에 의한 것이라기보다는 투쟁적 계급운동의 퇴조에 따른 대안적 가치가 '공동체'라는 키워드로 개념화한 것으로 볼 수 있으며(신명호 외, 2000: 68),[14] 후자는 그러한 연장선에서 사회문제에 대한 인식과 실천의 탈근대적 전환과 관계된다(박주원, 2008: 363).

본격적인 공동체운동은 1990년대에 시작된 담장허물기운동, 작은도서관만들기운동,[15] 생활협동조합운동, 아파트공동체운동과 같은 교육 및 환경과 관련된 운동의 형태로 추진되었다(정규호, 2012: 13~17). 도시재생에서 강조되는 '주민참여'와 '공동체 활성화'는 시민사회적, 학문적, 제도적, 정치적으로 여러 층위에서의 이러한 흐름과 논의가 겹쳐져 정책화된 역사적 산물이라고 할 수 있다.

공동체 개념이 공간적 범위를 가지고 구체적이고 활발하게 접목되기 시작한 것은 1990년대부터 국내에 본격적으로 소개된 일본의 마치즈쿠리와 깊은 관련이 있다. 그 한국판이라고 할 수 있는 '마을만들기'는 2000년대, 농촌마을만들기와 도시지역의 (대안적) 마을만들기운동으로 진화하게 된다. 대표적으로는 '성미산마을'이나 '삼각산 재미난마을'과 같이, 어느 정도의 공간적 범위를 가지는 도시마을의 '일부' 구성원들이 특정한 대안적 가치를 중심으로 친밀·여가·필요 활동 등을 공동으로 수행하는 형태를 보였는데, 특히 이러한 운동은 육아·교육공동체 운동에서 출발하는 경우가 많았으며, 공적 위기에 대한 공동체적 대안을 모색하는 환경이나 생태공동체를 지향하기도 했다(최협, 2001: 277~283).[16]

마을만들기의 확산

마을만들기와 주민참여는 2000년대 중반을 관통하는 참여정부의 정책적 선택을 통해 크게 확산된다. 물론 참여정부 이전에도 자치단체 차원에

---

14 실제로 IMF 사태 이후에, 특히 진보적 진영에서 다양한 사회운동을 지향하는 집단들이 자신들을 공동체로 부르거나 그 이념적 지향을 공동체로 이해하고자 하는 현상을 보여왔다.

15 작은도서관운동은 지역공동체가 형성되는 핵심 요소로서의 긴밀한 인간관계, 즉 친밀성에 착안한 것으로, 관련한 연구로는 김소희(2008), 양영균(2012), 김형호(2014) 등을 들 수 있다.

16 주민들의 자발적인 마을만들기 사례로는 부산 물만골공동체, 대구 삼덕동마을만들기, 대전 무지개프로젝트, 광주 시화문화마을 등을 들 수 있다.

서 마을만들기를 도입하고 지원하려는 노력이 없었던 것은 아니다. 이러한 사실은, 1990년대 초반에 이미 자치단체 차원에서 마을만들기사업에 대한 지원체계 정비 방안들이 제시되고(장준호, 1993), 2000년대 초반에 국내 마을만들기 사례 14개소에 대한 유형별 분류 연구를 제시하고 있는 데서도 확인된다(김정은 외, 2003).

참여정부에 들어, 농촌개발사업이 대대적으로 시행되면서 마을만들기와 주민참여는 필수적인 사업 추진 방식으로 도입된다. 여기서 특히 주민참여는 지역계획에서의 내발적 발전론, 소통적 계획이론의 민주적 가치, 그리고 FTA에 대비한다는 도구적 목적과 결합해 '보급'되고 확산되었다.

농촌개발사업은 농촌관광을 목표로 하고 마을만들기를 방법론으로 추진되었다. 농촌관광은 농업생산성의 지체와 산업생산 중심의 농산물가격정책으로 인한 농촌경제의 어려움 및 그로 인한 지속적인 인구 이탈 및 노령화와 시장개방(FTA)의 압력이 지속적으로 가해지는 상황에서 부족한 농업적 생산을 '도농 교류'를 통한 직거래로 돌파하고자 하는 전략으로서, 당시에는 농촌문제 해결의 만병통치약처럼 홍보되고 추진되었다. 또한 뒤에 '살기 좋은'이라는 브랜드로 도시지역으로까지 확산된 정부 주도의 마을만들기는 주민 스스로가 협력해 마을 환경을 개선하고 공동체성을 회복하는 것이었다. 농촌에서의 이러한 방법론은 부동산 경기침체와 맞물려 2013년 도시재생사업의 방법론이자 중요한 목표로까지 진입하게 되었다.

한국에서 농촌마을만들기가 도시지역보다 훨씬 일찍 제도화될 수 있었던 것은 농촌지역에서 쇠퇴가 일찍 찾아왔던 점, 아직은 공동체문화가 살아 있다는 전통적 측면, 그리고 여전히 주민 상호 간 긴밀한 협력을 요구하는 경제공동체적 측면이 크게 작용했던 것으로 보인다. 그러나 농촌에서 마을만들기는 농촌관광이라는 도구적이며 경제적 측면에 집중되었는데, 참여보다는 효율에 집중했던 농촌관광 중심의 농촌마을만들기가 공동체적이었는지에 대해서는 의문의 여지가 많다.[17]

그러나 이와 같이 농촌개발사업에 주민참여와 마을만들기가 적용된 점은 한국의 주민참여계획에서 획기적인 변화를 가져온 것은 분명하다. 물론 당시의 농촌마을만들기에서는 '상향식'과 '주민 주도'가 강조되었지만 아직은 새마을운동과 같은 주민 동원에 가까운 형태였으며, 이후 정부의 모든 지역단위 사업에서 '주민참여'가 필수적 프로세스로 자리 잡게 되면서, 초기의 '상향식' 원칙이 '주민참여계획' 형태로 '현실화'되고 진화되었다.

반대로 농촌마을만들기에서는 도시재생에서와 같이 '공동체 활성화'가 중점적으로 강조된 것은 아니었는데, 이는 농촌마을은 아직까지 공동체적 활동이 충분히 살아 있다는 인식이 전제된 점과 무관하지 않았다. 그러나 수많은 농촌개발사업들이 마을 내 세력 간, 작은 마을들 간의 이해 다툼으로 추진이 원활하지 못했고 그중 상당수의 시설과 운영 조직들이 지금은 비어 있고 멈추어 있음을 고려할 때, 우리가 전통적인 공동체의식이 살아 있다고 생각하는 농촌마을에서조차, 공동체의 문제는 공동체주의자들이나 마을만들기주의자들의 기대와는 다를 수 있다는 것을 인식해야 한다.

도시(마을)공동체운동과 대안공동체

도시공동체운동은 두 갈래로 진행되었다고 볼 수 있다. 아파트공동체운

---

17 당시 관련 사업에 대한 평가·자문에 참여했던 개인적 경험에서 볼 때, 정부 사업에 적용된 주민참여와 농촌마을만들기는 그 이전부터 자발적으로 마을만들기를 모색해 왔던 초기의 몇몇 지역을 제외하고는, 공동체적 참여보다는 마을공동체의 이름을 빌린 운영에 더 중점을 두었으며, 그마저도 제대로 운영되는 곳이 극히 드문 실정이다. 여기에는 2000년대 중반에 이미 농촌마을공동체 대부분이 공동체 해체를 상당히 겪고 있는 상황이었고, 주민참여나 마을만들기가 요청하는 소통민주주의와 평등한 실천을 가로막는 농촌 주민들의 노령화와 그에 따른 보수성, 그리고 사업의 적정규모를 확보하기 위해 지리적으로 갈라진 작은 마을들을 크게 묶어냄으로써 발생하는 마을 간의 이해 차이 같은 문제들이 작용한 것으로 보이며, 그러한 문제점들은 도시재생에서도 거의 동일하게 반복된다. 또한 새로운 방식의 사업임에도 불구하고, 지자체와 주민들은 기존의 정부지원사업 또는 1970년대 새마을사업과 거의 같은 것으로 받아들였으며, 평가·자문 전문가나 계획 수립을 지원하는 전문가들 역시 마을만들기나 주민참여와 관련한 현장 경험이 없는 상태였다. 이에 더해, 과도한 사업 책정으로 해를 거듭할수록 주민들의 공동체의식이나 역량과 관계없이 밀어내기식으로 진행되었고, 일선 지자체의 관료주의 때문에 대부분의 사업 관리가 농어촌공사에 위탁되었던 점도 문제로 지적될 수 있다.

동과 대안적 마을공동체운동이 그것이다. 이 중 아파트공동체운동은 2000
년대 들어 아파트가 국민의 주된 주택 형식으로 자리 잡으면서 등장하게 되
는데, 단지라는 폐쇄적 공간적 범위 내에 동일한 크기의 주택이 만들어내는
비슷한 경제수준과 비슷한 연령대라는 동질성과, 서로 상의하고 협력할 공
동의 문제를 가지고 있다는 점에서 공동체운동에 유리한 생활공동체적 조
건을 가지고 있다. 하지만 아파트공동체 운동은 공동재산 문제에 대한 일시
적 운동이나 님비적 측면, 주택 가격 담합이나 공동 거주 공간의 이익 실현
을 위한 소극적 근린 활동에 그치고 있다는 점에서, 본격적인 지역공동체운
동으로 발전하지 못했다고 평가된다(최근열·장영두, 2002: 166).

　대안적 마을공동체들은 자본주의가 만들어낸 현실 사회에 대한 대안적
실천이라는 점에서는 공통적이지만, 1960, 1970년대의 종교 기반의 공동
체들과는 달리 비교적 개방적 구조를 갖고 있다.[18] 이는 현대 대안공동체들
이 생산보다는 '마을살이'를 중시한다는 점과도 관계가 있는 것으로 보인
다. 이들은 '마을살이'라고 하는 내부의 공동체적 활동을 중시하면서도, 환
경문제 등 대안적 실천도 동등하게 중요한 것으로 생각한다. 그러나 생태
적 삶을 위해 좀 더 닫힌 공동체를 추구하는 사례도 발견된다. 이들은 외부
세계의 변화를 위한 운동보다는 자신들의 생태적 삶과 그 실천을 더 중시하
는 경향이 있다. 또한 이들은, 스스로가 창조한 존재 양식을 추구하고 공동
체 내부에서의 직접적인 인간관계를 중시하며 소유·생산·소비의 완전한
평등을 추구한다는 점에서(김남선·김만희, 2000), 전통적인 대안공동체에 가
깝다.

18　신명호 외(2000: 54)가 지적하고 있는 바와 같이 "도시공동체는 지역성이라는 요소가 매우
　　약하거나 무시되는 대신, 이념이나 가치에 대한 뚜렷한 지향성과 결속력을 그 특징으로 하
　　고 있"다는 점에서 볼 때, 도시공동체 운동에서 좀 더 애착적인 '지역' 개념과 그렇지 않은
　　'공간' 개념에 대한 구별이 필요하며, 그러한 맥락에서 도시마을의 위상이 어떠한지에 대한
　　논의도 필요할 것으로 보인다.

서울시 마을공동체운동

주민참여에 의한 마을만들기 방식이 도시지역사업에 본격적으로 적용된 것은 2013년 이후의 주거환경관리사업이나 도시재생사업으로 볼 수 있다. 여기에는 2007년부터 2009년까지 시행되었던 57개의 '살기 좋은 마을만들기' 시범 사업과, 그간의 국가적 경험을 정책으로 도입하기 위한 관련 여러 연구(전원식·김남두·황희연, 2008; 태윤재·박소현, 2010; 신중진·정지혜, 2013 등) 및 사례를 유형화하는 연구(예: 신중진·배기택·김일영, 2013)가 바닥에 깔려 있어서, 2010년대의 도시재생사업으로 가는 징검다리 역할을 하게 된다. 이와 같이 농촌지역에 비해 도시지역의 주민참여 마을만들기의 적용이 늦었던 것은 재개발과 뉴타운이라는 부동산 개발 이익에의 기대가 그만큼 늦게까지 작동되었던 점을 가장 큰 요인으로 볼 수 있다.

도시마을만들기의 새로운 전기는 2011년 말 박원순 서울시장 체제가 출범하면서 만들어진다. 박원순 시장은 성미산 출신의 유창복을 주축으로 해서 마을만들기를 서울시의 중요한 정책으로 채택해 시행한다. 이후 주민참여와 마을만들기는 2012년부터 도정법(도시 및 주거환경정비법) 개정으로 주거환경개선사업이 주거환경관리사업으로 전환되고, 2014년부터 도시재생특별법에 의한 도시재생선도사업들이 시작되면서, 전통적인 토목사업을 제외한 모든 도시정비사업에 당연히 적용되는 계획과 실행의 방법론이 되었다. 학계에서도 마을만들기는, 마을만들기(사업)와 지역공동체 형성(이왕건, 2005; 최병두, 2006; 신중진·정지혜, 2013; 김진아, 2013; 여관현, 2013; 이재완, 2014; 이명호, 2016), 공동체를 통한 지역 발전(전경구, 1998; 김남선·김만희, 2000; 한상일, 2003; 박인권, 2012; 전지훈, 2014; 전지훈·강현철, 2015), 지역공동체의 형성 및 역량 강화 전략(김영정, 2008; 변미리, 2011; 박종관, 2012), 공동체 관련 정책(송인하, 2010; 박주형, 2013; 최조순·강병준·강현철, 2015)과 함께, 공동체 활성화와 긴밀하게 연결되어 논의되는 개념으로 인식되고 있다.

선도적인 서울시 도시재생이 따랐던 서울시 '마을공동체' 개념에서, '마을'과 '공동체'와 '관계'(또는 연결망)는 동일한 개념으로 사용되는데, 이때의 관계는 '이윤과 경쟁의 관계'가 아니라 함께 어울려 재미있게 사는 '친밀관계'로 이해된다. '마을공동체'에서 마을살이는 생활의 당사자가 문제해결의 '주체로 나서는' 과정"이며(유창복, 2013), 공동체적 해결의 과정은 그 자체로 마을의 주인이 되는 과정이다(서울시, 2013: 15).

서울시 마을지원센터의 핵심 사업들은 주로 '노는 사업들'이다. 마을마다 마을학교, 마을미디어, 마을아카이브, 마을뱅크, 마을매핑, 마을공간 등의 마을인프라 구축을 지원한다는 것이다. 그리고 그 모토는 '놀아야 잘 만들어진다'이며, '마을기업'이다.

> 마을 활동이 활성화되어 있는 곳은 어디나 예외 없이 주민들의 문화예술활동이 활발하다.…… 마을에서 지지고 볶으며 이꼴 저꼴 다 보면서 살다 보면 …… 이른바 '수용적 관계'가 만들어진다. 사실 이런 관계는 놀아야 잘 만들어진다. 그래서 마을문화예술의 기본단위인 주민들의 '예술 동아리' 육성이 매우 중요하다(유창복, 2013: 199).[19]

여기서 '놀기'는 마을문화예술이며, 친밀관계와 자발적 참여와 협동 경제가 함께 실천되는 '놀기'다. 이러한 '마을에서 놀기'는 충분히 친해져서 허물이 없는 단계를 지향한다. 부모들이 마을에서 놀면 아이들이 마을에서 놀고, 서로 아이를 맡기고 외출하기도 하고, 마을 카페에 앉아 수다도 떨고, 정보도 공유하며, 원전 하나 줄이기 집회도 함께 참석한다. 마을 카페에서는 수시로 마을회의가 열리고 되도록이면 꼬박꼬박 참석해 토론을 벌인다.

또한 이들은 마을을 '연대의 공간'으로 설정한다. "집을 중심으로 한 장소성에 얽매이지 않는 현대적 의미로서 관계를 중심으로 상호 연대와 상호부조로 해결해 나가고, 그것이 더욱 지역적 기반으로 이뤄"지는 장소다. 마을

---

19 그러나 마을만들기 정도의 공간적 규모에서 '놀고 예술하기'가 가능한지에 대해서는 별도의 논의가 필요하다.

안팎의 다양한 형태의 개별적인 시민사회, 즉 자원 결사체들은 마을살이를 통해서 통합할 수 있는 것으로 전제한다. 따라서 "마을공동체의 마을은 전통적인 마을과는 다른 마을"로 설명되며(유창복, 2013: 11~12), 저 너머에 있는 유토피아가 아니라, 행복만 넘치는 지상낙원이다.

2) 도시재생에 적용된 공동체 개념

도시재생의 주민참여와 공동체 활성화

도시재생에서 활성화 계획은 '행정이나 전문가 주도가 아닌 지역 주민의 "자발적 참여"에 의해 주민이 주도하는 방식으로 수립되어야' 하며, 이를 위해 '주민 협의체 등이 스스로 해당 지역의 현안과 과제를 도출하는' '상향식'으로 수립하도록 한다.[20] 또한 이를 위해 도시재생당국(활성화 계획 수립권자)은 워크숍, 주민 회의, 각종 주민 역량 강화 및 공동체 활성화 프로그램 등 다양한 수단과 방법을 활용해 주민참여의식을 고취시킨다.[21]

기본방침이 밝히고 있는 공동체 활성화의 방법은 네 가지로, ① 사회적경제 활성화를 통한 일자리창출, ② 도시재생 현장 지원 전문가 조직 구성·운영 지원, ③ 자생적 주민 역량 강화 프로그램 개발 및 활성화, ④ 도시재생 전문가(코디네이터) 양성(기본방침 21~22) 등이 그것이다.

내용을 자세히 보면, ①의 사회적경제 활성화는 사회적경제 자체가 '신뢰'와 '가치'를 전제로 한다는 점에서 공동체 활성화와 순환논리, 또는 공동체 활성화의 결과로 기대되는 것이며, ②의 현장 지원 전문가 조직 구성 및 운영 지원은 활동가를 파견하는 방식으로서, 어느 정도 촉진의 효과는 있겠지만 주민들의 주체적 의식과 실천이 있어야 한다. ③의 역량 강화는 주로

---

20 도시재생활성화계획수립가이드라인(2014.5)(이하 '가이드라인') 1-3-3, 1-3-4.
21 '가이드라인' 1-3-5, 1-3-6.

도시재생대학의 형태로 취미를 포함한 강좌를 시행하고, 초보적인 친목 활동이나 주민 제안 공모 사업의 지원과 관련된 내용이며, ④의 코디네이터 양성은 당해 지역의 공동체 활성화에 기여한다고 보기 어렵기 때문에 사실상 제외된다. 이상의 도시재생의 공동체 활성화 방법을 분석해 보면, 도시재생의 분위기를 활성화하는 방향으로 설정되어 있다는 점에서, 공동체 활성화의 방법이라고 볼 수 있는지는 매우 의심스럽다.

가이드라인이 제시하고 있는 자발적 참여에 의한 상향식 계획의 원칙은 주민참여계획의 원칙으로서, 2000년대부터의 정부지원 마을만들기 관련 사업에서 상향식(bottom-up) 제안에 적용되었던 원칙과 상통하지만, 정부 주도로 추진되는 도시재생에서는 주민참여에 의한 상향식 제안 방식은 오히려 후퇴하고, 주로 계획 과정의 주민참여가 중시된다. 중요한 것은 이러한 자발적 참여의 원칙이 계획민주주의에 그치는 것이 아니라 주민협의체-공동체의 구성으로 승계되어, 자발적 참여에 의한 '자발적 공동체'를 지시한다는 것이다. 그리고 이 자발적 공동체의 모델은 2000년대를 거치면서 축적된 시민사회의 **'마을만들기적인 마을공동체'**에 가까운 것을 알 수 있다.

도시재생사업에서 주민과 공동체

도시재생사업에서 주민은 일원적인 지리적 공동체의 배타적 성원으로서 자발적 참여와 공동체적(사회적) 실천을 수행해야 하고, '살기 좋은 마을', 그러므로 '경쟁력 있는 마을'이라는 가치를 집단적으로 분배받는 주체로서 설정된다. 이 과정에서 주민은 스스로 교육되고 역량 강화되어야 하는 의무와 권리를 가지며, 필요하다면 경제적 공동체를 결성해 자본주의적 폐해로부터 벗어나도록 도움을 받는다. 주민협의체의 역할과 목적은 다음과 같다.

첫째, **사회적 실천의 플랫폼**이다. 도시재생사업에서 주민협의체-공동체는 공간의 사회적 생산을 위한 플랫폼으로 설정된다. 주민들은 공동체에 참여함으로써 도시재생사업에 참여할 수 있다. 주민들은 지역을 가장 잘 알고 있고 가장 사랑하며 실천할 수 있는 주체로 설정된다. 이들은 다른 성원들과 연대해 지역의 필요를 함께 토론하고 제안하고 실천하는 주체로서, 그러한 실천들은 공동체적 활동을 통해 증폭된다. 처음에는 서먹할 수밖에 없는 주민들 간의 교류는 공동체의 지원을 받는 문화 활동을 통해 촉진될 수 있다.

둘째, **사업 추진 파트너로서의 도구적 목적**을 가진다. 국가는 주민들의 협의체-공동체를 유일한 의사결정 주체로 인정하고 사업을 추진한다. 또한 이들은 향후 '마을을 운영 관리'하는 주체가 된다.[22] 주민협의체-공동체에의 참여는 자발적 참여가 원칙이며, 참여하지 않은 사람들의 권리는 포기하는 것으로 간주된다. 이러한 일원적 의사결정 주체로서의 공동체라는 성격은 주민협의체를 결사체화하는 특성이 있다. 마을공동체의 하위로서, 마을기업(사회적기업)이나 협동조합이 사회적경제의 이름으로 적극적으로 권장된다. 그러나 주민공동체가 '마을을 운영 관리'하는 것으로 설명되지만 실제로는 마을의 공동이용시설을 관리하게 된다.

셋째, **배타적 성원권과 이해를 가지는 특권적 주체**다. 도시재생주민협의체-공동체는 원칙적으로 재생사업지역 내에 거주하거나 이해관계를 가진 자들만이 배타적인 성원권을 가진다는 점에서 지리적 공동체의 성격을 띤다. 자발적으로 참여한 주민들은 지침이 허용하는 한 자신들이 원하는 사업에 그리고 지리적 범위 내에만 예산의 투입을 결정할 수 있어서, 사업의 성과로 얻게 될 이익의 분배를 결정할 수 있다. 이러한 배타적 권리는 도시재생주민협의체를 이익사회적 결사체화할 수 있으며, 그러한 이해에 반하는 성원의 참여를 억압할 수 있다.

넷째, **스스로 교육되고 양육되어야 하는 대상**이다. 주민들은 스스로를 교육하고 역량을 강화하는 대상으로 설정되며, 공동체는 단계별로 양육되어 육성되는 대상으로 설정된다.[23] 공동체에 대한 이러한 의인화된 성장과 양육

---

22 서울시 주민참여형 재생사업 매뉴얼(전문가용).

23 주민협의체의 구성 과정은 그 자체로 공동체 육성 및 활성화 과정으로 간주되며, 마을만들기 매뉴얼에 따라 흔히 4단계로 제안된다. 이는 공동체를 의인화해 인큐베이팅 개념을 적용

의 개념은 전근대적이며 계몽적인 사고로서, 시간적으로 여유 있고 교육되고 양육된 소수의 사람들만이 지리적 범위를 대표하는 문제, 참여가 기득권이 되는 문제를 야기할 수 있다. 그러나 재생사업 추진 초기에 '희망지사업'을 통해 소수만이 참여하게 되고 이들이 매뉴얼에 의해 양육됨으로써 마을공동체의 생태학적 다양성이 손상되고,[24] 그들의 정치성에 따라 더 많은 사람들의 불참을 야기할 수 있다고 비판된다.

다섯째, 그 유일한 공동선은 지역 활성화다. 공동체주의적 참여와 공동선의 우선이 강조되지만, 도시재생공동체에서 유일한 공동선은 지역 활성화다. 도시재생공동체에의 참여는 관심 있는 개인들이 아니라 이해관계에 민감한 세력의 일이 된다. '강한 주민'은 공동체를 장악하고 참여와 여론을 통제하며, 의사결정을 지배하게 된다. 그 결과로 마을공동체가 지향해야 할 관계나 배려, 연대의 가치는 사실상 무시된다. 그들에게 공동체는 향우회와 같이 매우 제한적인 의미로만 사용되며,[25] 마을을 하나의 공동체로 인식하고 말하는 경우는 개발과 관련된 문제일 때이다. 따라서 그 과정에서 강한자가 이해관계를 주도하려는 것은 이상할 것도 없는 일이다. 그들은 도시재생사업에서 이익을 구할 것이 없다는 사실을 확인할 때에야 마을과 공동

한 것으로 참여활성화 단계, 공동체성 구비 단계, 준주민자치적 단계, 준단체자치적 단계 등 4단계의 발달 과정으로 구분한 것이다. 여기서 참여활성화 단계는 맹아 단계로서 말 그대로 사업을 매개로 주민들의 참여를 유도하는 단계로 볼 수 있다. 2단계에 해당하는 공동체성 구비 단계는 공동체를 지속하기 위해 사업을 연계시켜 활동하는 단계로 설명되며, 3단계인 준주민자치적 단계는 스스로 마을 환경개선과 마을순환경제를 위해 노력하는 단계로 설명된다(신중진·정지혜, 2013: 61).

24 이러한 양육 방식은 하나의 종(a species)이 씨앗에서 발아하고 성장해 점차 우세성을 확보해 가는 생태학적 개념이다. 시카고학파의 인간생태론을 연상시키는 단계별 양육 개념은 단일한 목적과 단일한 종을 중심으로 한 사고로서, 마을공간을 이들이 점령해야 할 불모의 공간으로 상정하는 것이다. 또한 이것은 마을을 감자나 고추 씨앗과 같은 단일 품종을 육묘하는 종묘장으로 간주하는 매우 위험한 사고로서, 인간 생태계로서의 마을의 생태학적 다양성을 파괴할 수밖에 없다.

25 사실 재생지역에 공동체가 살아 있다는 식의 표현은 지역이나 마을을 피상적·감상적으로 바라보는 시각일 뿐이다.

체를 놓아준다.

지리적 공동체로서의 도시재생공동체

이러한 기준으로 볼 때, 도시재생주민협의체-공동체는 연속된 도시의 일부를 인위적으로 절취해 그 지리적 범위를 정하고, 주민들의 대부분의 삶이 그 지리적 범위와 무관하게 이루어지며, 주민들 간에 별다른 공속성이 없는 사람들을 성원으로 하는 인위적인 공동체라고 할 수 있다.

인위적 지리적 공동체로서의 도시재생지역은 원칙적으로 지리적 범위 내의 거주자나 이해관계 주민만이 참여하고 지리적 범위 내에만 사업 예산을 투입한다. 따라서 도시재생공동체는 분배공동체가 되어야 하는데, 이는 그 사회적 실천의 결과나 생산되는 가치가 지리적 범위 내의 모든 주민들에게 영향을 미치며 고루 분배되어야 함을 의미한다.

이와 같이 도시재생공동체가 인위적인 지리적 공동체이고 따라서 분배공동체라는 것은 도시재생공동체가 1차적인 행복공동체나 친목공동체가 아니라 2차적인 공동체이며 정치공동체라는 것을 의미한다. 이는 이민족들로 구성된 국가처럼, 매우 이질적이며 다양한 사람들로 구성되어 있기 때문에 내부에 서로 다른 가치와 이해를 가진 개인과 집단들이 서로 부딪치며 존재할 수밖에 없으며, 따라서 '더 큰 공동선'을 가진 '더 큰 공동체'가 되어야 한다는 것을 의미한다.

시간적 측면에서 도시재생지역은 적어도 60~70년의 역사를 갖고 있는 마을로서, 그 쇠퇴함과 함께 살아온 사람들과 비교적 최근에 진입한 사람들로 구성되어 있다. 재생지역의 대부분은 재개발·재건축 해제 지역으로서 '개발 잔여지'의 성격이 있기 때문에, 축적에 대한 기대를 가진 이들과 값싼 임대료를 찾아 재개발 예정지를 전전해 온 이들이 공존하는 곳이라고 할 수 있다.

정치공동체로서의 도시재생공동체는 다양한 구성원들의 충돌하는 이해를 조정하면서도 더 많은 사람들이 공동체의 미래를 믿고 (공간가치) 생산과정에 참여하고 그 결과를 공정하게 분배받도록 노력해야 한다. 정리하면, 도시재생주민협의체는 하나의 지리적 공동체로서, 그 자체로 이해 상충하는 구성원들로 이루어진 '더 큰 공동체'이며, 분배공동체다.

3) 공동체 기반 도시재생의 딜레마

(1) 주민에게 무엇을 해줄 수 있는가?

개인에게 공동체는 뜻이나 이해를 공유하는 사람들과 함께 어울려 살아가거나, 감당하기 어려운 사건과 시련으로부터 개인을 지켜주는 울타리가 되는지가 중요하다. 마을에는 이웃과 함께 필요를 해결하고 여가를 즐기는 것을 행복이라고 생각하는 사람들도 있고, 혼자서 허덕이며 자본주의 현실과 싸워야 하는 사람들도 있다. 전자가 마을공동체주의자들이고 도시재생이 세운 비전이라면, 후자는 대다수 도시인들의 현실이다.

농촌마을과는 달리, 도시마을의 주민들은 오랜 동안 역경을 함께해 온 것도, 경제적 공동체로 살아온 것도 아니기 때문에, 재생지역은 공동체적·집단적 공간이 아니다. 그런 공간에서 도시재생은 집단적 생산과 집단적 분배로 기획되었다. 분배가 생산과정에 참여할 동기를 부여하지만, 도시재생에서 주민에게 약속할 수 있는 분배는 '살기 좋은 마을'이라는 것을 제외하고는 별다른 것이 없다. 이 '살기 좋은 마을'은 공동체적 활동만으로 구현되는 어떤 것이어서, 도시재생이 주민들에게 나누어줄 수 있는 것은 오로지 주민들의 참여와 실천의 기회를 제공한 것뿐이다. 이 과정에서 도시재생 예산은 분위기를 띄우기 위한 이벤트 비용일 뿐이다. 결국 마을 내에서 필요와 친밀과 행복을 구하지 않는 외향적인 사람들에게 도시재생이 줄 수 있는 것은 아무 것도 없다.

더구나 살기 좋은 마을은, 앞서 언급한 바와 같이 대다수 단기 거주 세입자들에게는 상상되지 않는 미래로서, 현재적 실천의 동기를 부여하지 못한다. 그곳은 '먼 혁명'을 위해 최악의 상황을 참아내고 에너지를 축적하는 공간(하비, 1983: 61)도, 공동체적 윤리로서 자연보호나 환경정화에 나서는 곳도 아니다. 현재의 참여와 실천으로서 희망과 미래를 말하는 것은 정치나 정치철학 또는 가족주의의 영역이다. 그들은 더 많이 사랑하는 사람이 더 많이 손해보고 희생하는 가족으로서 그곳에 살아가는 것도 아니고, 회원권을 구매해 서비스를 받고 즐기는 클럽의 멤버로서 살아가는 것도 아니고, 단지 자유롭게 이사 들어오고 나가는 이웃으로 살아간다. 그곳은 단지 현재를 버겁게 살아가는 도시민들의 삶터일 뿐이다.

도시재생이 주민들에게 사실상 아무것도 분배할 수 없는 것은 도시재생을 통해 생산하고 분배할 수 있는 재화는 불가피하게 생활양식이나 문화 활동 등 하위문화적인 것들인 데 반해, 그런 재화를 생산하기에 재생마을이 너무 좁고 주변적인 영향도 크다. 이러한 공간적 규모는 내밀한 전통적인 면 대 면의 공동체적 활동에는 유리하지만, 좀 더 느슨한 관계에 익숙한 현대 도시인들의 사회적·문화적 관계를 촉진하기에는 매우 불리하다. 또한 주변적인 것의 문제는 쇠퇴도를 맞추기 위해 생활권의 중심이 되어야 하는 지역들을 배제하는 것과 관계된다.

이렇게 도시재생이 실제로 분배할 수 있는 것이 거의 아무것도 없으면서 공동체적 참여와 실천만을 요구하는 마을재생으로 설계한 것은 국가와 전문가들의 뇌리에 남아 있는 집단주의의 편리함에 대한 잔상과 무관하지 않다.

(2) 어떻게 환대와 연대를 촉진할 것인가?

공동체론의 관점에서 쇠퇴지역은 현재의 주민들을 성원으로 하는 공동체적 활동을 통해 마을을 활성화할 것인지, 아니면 또 다른 성원들을 받아들여서 수행할 것인지의 문제가 있다. 이러한 문제는 기존 주민들이 상대적으로 노령화 정도가 높고 소득수준이 낮으며, 쇠퇴한 만큼 도시재생이 요청하는 새로운 변화와 혁신을 감당하기 어렵다는 데도 있지만, 더 근본적으로는 중산층의 주거분리로 남겨진 쇠퇴지역에 대해 연령 혼합과 같은 인구학적 개선 없이 그 활성화가 가능한지에 대한 질문과도 관계있다.

도시재생지역 현장에서는 상대적으로 젊고 열정적인 신주민들의 참여가 필요하다. 또한 전문적인 지식이나 경험이나 열정이 더 많이 필요한 영역도 있다. 하지만 쇠퇴한 재생지역 현장에서 그러한 인적자원은 턱없이 부족하다. 우리는 쇠퇴한 도시재생지역의 기존 주민들이 그러한 새로운 전문지식을 가지고 있는지, 없다면 그러한 전문지식이 교육을 통해 습득될 수 있는 것인지, 그것이 지식의 문제인지 문화의 문제인지 등에 대해서도 검토해야 한다.

물론 재생지역은 이질적이고 이해 상충하는 거주민과 이해관계자들이 살아가는 삶터다. 그곳은 공동체가 살아 있다는 번지르르한 거짓말에도 불구하고, 재개발 추진 과정을 거치면서 기존의 공동체적 유대가 거의 손상되어 있으며, 새로운 사람들을 받아들이는 일은 기존의 이질성을 더욱 이질화하는 일이며, 마을의 기득권을 가진 이들이 원하는 기득권의 유지와는 거리가 먼 일이다.

실제로 많은 지역에서, 선주민-노인-건물주가 주축이 되는 주민협의체-공동체는 새로운 사람들을 반기기는커녕 배척하는 경향이 있다. 그들은 오래 살아보지 않아서 모른다느니 하면서 새로운 사람들, 젊은 사람들을 핀잔주어 내쫓는다. 도시재생에는 새로운 사람들이 필요하지만, 도시재생공동체는 그들을 거부하고 밀어낸다. 그들만의 분배를 위한 그들만의 공동체를 만들기 위해서다.

그럼에도 우리는 재생지역에서의 사회적·문화적 관용성을 높이기 위한 적극적인 노력을 기울여야 한다. 공동체에 우선권을 가지고 있다고 생각하는 선주민들이 단순히 신주민들을 받아들이는 관용의 수준을 넘어 적극적으로 환대하도록 설득해야 한다. 도시재생은 이질성과 다원성을 나쁜 것으로, 하나 됨만을 좋은 것으로 간주하는 낡은 생각에서 벗어나, 스스로의 전제를 약화시키지 않으면서도, 다양성을 존중하고 보장하는 데 상당한 노력을 기울여야 한다. 또한 나 혹은 우리와는 다른 사람들과 집단, 즉 타자에 대한 확장적 배려와 연대와 포용을 실천하는 수많은 작은 집단들 간의 공동선과 실천 방안을 고민해야 한다. 이것은 공동체주의에 대한 비판을 넘어서, 쇠퇴한 도시공간의 재생에서는 반드시 필요한 실용적 권고다.

3장

주민참여와
다원적 평등

"공적 영역이란 이익이 서로 대치하고, 갈등이 결정되며,
분열이 드러나고, 대치가 상연되는 곳이다"(무페, 2007: 98).

1. 주민들은 왜 참여하지 않나?

1) 주민참여는 왜 이론과 현장이 다를까?

주민참여와 계획민주주의

도시재생에서 주민참여는 과정이자 목적이다. 과정으로서의 주민참여는 참여를 통해 재생마을공동체로 나아가기 위한 실천의 일환이며, 목적으로서의 주민참여는 마을의 현재와 미래를 위해 계획 수립 과정에 의견을 제출하고 토론하고 계획을 결정해 나가는 참여민주주의 과정이다.

시민사회 영역에서 '참여와 자치'는 '공동체' 논의와 함께 1990년대 이후 지역에서 활동하는 시민사회단체들이 표방하는 표현들 속에서 가장 빈번히 발견되는 단어로서, 시대의 변화로 투쟁적 계급운동이 퇴조하던 시기에, 이를 대체할 대안적 가치로서 개념화되어 제시된 것으로 볼 수 있다(신명호 외, 2000: 68). 제도적으로는 구제금융 직후인 1999년 정부가 예산 절감 등을 위해 전국의 읍·면·동사무소를 민원 업무 중심으로 축소 전환하고 유휴 공간에 주민자치센터를 설치한 것과도 무관하지 않다. 또한 정치적으로 주민참여는 2002년 노무현 정부가 출범하면서 가장 중요한 정치적 슬로건으로 제시되었다.

도시재생에서 주민참여 방법은 1990년대 이후의 시민사회의 관심 이동과 마을만들기의 경험, 2000년대 초반 사회 전반의 민주화, 이후의 정부 주도 농촌개발사업에서의 주민참여와 마을만들기 방식의 적용, 민간의 자발적인 도시공동체운동 등의 경험이 제도화된 것이다. 그리고 그 바탕에는 사회 전반의 민주화에 따라 급부상한 정책학적 관심의 거버넌스 개념(유재원, 2003; 이명석, 2006) 및 그와 관련된 계획이론의 변화(김찬호, 2000), 그리고 2000년대 중반부터 시작되었던 도시재생 관련 연구들이 복합되어 깔려 있다.[1]

또한 주민참여계획은 그 자체로 주민들 스스로가 살아갈 공간의 미래에 대한 결정을 수행한다는 점에서 과거 행정 주도의 도시정비 관련 사업과는 구별되며, 계획민주주의의 발전에 따라 당연히 채택해야 할 절차적 방법이 되었다. 그러나 실생활에서 합리적 토론민주주의의 경험이 적은 한국적 실정에서, 의견과 이해가 서로 다른 사람들이 참여해 바람직한 결과나 합의점을 도출한다는 것이 쉬운 일은 아니다. "공적 영역이란 이익이 서로 대치하고, 갈등이 결정되며, 분열이 드러나고 대치가 상연되는 곳"이기 때문이다 (무페, 2007: 98).

주민참여계획과 소통적 계획모델

주민참여계획은 하나의 공공계획으로서 계획민주주의라는 철학적 바탕을 가진다. 공공계획은 역사적으로 근대 국민국가 성립과 궤를 같이 하는데, 이는 공공계획이 근대적 정치 시스템과, 산업혁명 이후 근대산업사회의 혼란 및 무질서와 밀접한 관계가 있다는 것을 뜻한다.

공공계획은 1950년대 미국에서 합리적 종합계획이 시작되기까지는 무계획적이며 비합리적이었다. 시민참여계획은 기존의 일방적인 '합리주의적 계획모델'에 대한 반작용으로 등장했으며, 그 본격적인 비판은 자본주의의 유지로 전환한 네오마르크시스트의 등장과 밀접하다. 이들은 도시공간정책을, 자본축적의 효율성 증진과 관료 체제의 유지를 통해 체제 이데올로기로 기능하는 것으로 보았다(전상인, 2007).[2]

이처럼, 주민참여계획방법은 20세기 전체를 지배해 왔던 (도구)합리주의 모델의 계획방법에 대한 대안적 계획방법의 하나라고 할 수 있는데, '의사소통적(communicative) 계획모델' 또는 '협력적 계획모델'로도 불린다. 의사소통적 계획모델은 미국적 실용주의와 위르겐 하버마스의 의사소통적 합리성 이론에 뿌리를 둔 것으로 설명된다. 실용주의 모델은 일반화를 도출

---

1   새마을운동과는 다른 방식으로, 공공계획에 주민참여를 도입한 것은 1980년 전후인 것으로 보인다. 최효승(1984) 참조.

2   이 책에서는 네오마르크시스트도 마르크시스트로 칭했다.

할 수 있는 최고의 실행 사례들을 찾고 관련된 액션과 제도를 밝혀내 적용하려 하는 것이며, 의사소통적 모델은 추상적이며 상호주관성에 의존해 의사를 소통하고 이를 통해 목표에 집중하는 것으로 설명된다. 즉 실증주의의 객관성을 상호주관성으로 대체하는 개념이다(Fainstein, 2000).[3]

의사소통적 모델은 개방성과 다양성이라는 이상을 가지고 있으나, 결과를 도출하기 위해서는 '**이상적 담론 상황**'이라는 비현실적인 도덕적 권고가 필수적이며, 이것은 이 이론의 가장 취약한 부분이다. 상호이해는 단순하게 의미를 이해하는 것에 그치지 않으며, 화자의 타당성 주장에 대한 청자의 비판적 검증이 핵심이기 때문이다.[4] 그러한 이유로 그 옹호자들은 고유한 사회적 갈등과 권력에 의한 지배라는 경제적·사회적 힘들을 잊고 있다고 비판된다. 또한 화자 또는 청자의 비합리적 주장과 합의의 불이행에 대해 이를 제재할 수 있는 사회적·제도적 장치의 마련이 현실적으로 매우 어렵다는 한계가 있다(한자경, 1996: 79~81).

기울어진 합의와 불복

그러나 '이상적 담론 상황'의 비현실성을 이유로 의사소통적 계획이 쓸모없다고 할 수는 없다. 굳이 화자와 청자 간의 완벽한 소통이 가능한지에 대

3　이 중 미국적 실용주의 모델의 특징은 아른스타인(Arnstein, 1969)의 '시민참여 사다리 모델'에서 잘 드러난다. 그는 시민참여의 단계를 의사결정과정에 미치는 시민권력의 영향력에 따라 8단계로 나누고 미국에서의 실제 프로젝트 사례를 통해 설명하는데, 여기서 1단계 교정과 2단계 치유 단계는 시민의 교육과 치료, 3, 4, 5단계는 홍보, 협의, 자문 허용, 6, 7단계는 파트너십, 대리인 참여 단계로 설명한다. 또한 8단계는 주민통제(citizen control) 단계로서 계획의 모든 과정을 주민들이 통제하는 것으로 설명한다. 그러나 이와 같은 아른스타인 모델은 시민참여의 주체가 되어야 할 주민을 정책 대상으로만 간주하고 있으며, 계획 측(정부)의 입장에서 계획 권력의 분할 문제로 보고 있다는 점에서, 현대사회가 요구하는 참여민주주의 기반의 주민참여와는 많은 격차를 보인다.
4　이때 타당성 주장의 검증은 다음의 네 가지 차원에서 이루어진다. ① 화자가 발언한 것이 이해 가능한가(이해 가능성), ② 발언 구성의 명제들은 객관적 참인가(진술의 진리성), ③ 화자의 발언은 사회적인 규범적으로 정당한가(언어 행위의 정당성), ④ 화자의 주관적 표현은 진실한가(표현의 진실성).

한 의사소통이론과 관련된 논쟁을 들지 않더라도, 현실 사회에서 이상적 상황이라는 것은 존재하지 않을 뿐만 아니라, 그런 조건에 의한 완벽한 해결책이나 이상적 계획은 사소한 조건과 상황의 변동에도 흔들리고 무너질 수 있기 때문이다.

현장적으로, 의사소통적 주민참여계획에서 가장 중요한 것은 **충분한 소통과 결과적 합의**다. 일방적인 밀어붙임이 없다면, 이때 충분한 소통의 필요는 주민과 (행정관청을 포함한) 계획가들 간에서가 아니라, 주민들 간에 필요한 경우가 대부분이다. 따라서 가장 나쁜 결과는 긴박하게 정해진 일정에 따르는 것이고, 계획가 측의 충분한 지원과 중재에도 불구하고 합의와 결정이 늦어지는 것 역시, 또 하나의 결과이며 계획이라는 사실을 받아들여야 한다.

그 과정에서 주민도 행정 당국도 계획가도 서로 완벽하기 어렵다는 것을 인정하는 것이 중요하다. 최악의 상황은 동네에 오래 살았기 때문에 옳다고 생각하는 주민, 주민은 항상 옳다고 인정할 수밖에 없는 정치인, 경험이 많기 때문에 자신들이 옳다고 생각하는 공무원, 많은 사례를 알고 있기 때문에 옳다고 생각하는 계획가들의 만남에서 나타날 것이다. 그러한 경우에 그들은 각각 자신의 이해, 실적, 빠른 시간을 원할 뿐이다.

그러므로 충분한 의사소통을 거친 합의라면, 다소 불합리하거나 조금 기울어진 계획이라는 이유로 의사소통 행위의 가치가 폄하될 수 없다. 현장에서의 문제는 다소 기울어진 합의가 아니라 합의의 이행에 달려 있는 경우가 많다. 소통 과정의 타당성 검증은 양측의 합의에 의한 '통역'과 중재에 의해 어느 정도 가능할 수 있으나, 더 문제가 되는 것은 합의의 번복과 불이행이기 때문이다. 불가피하게, 그 이행을 경제적·사회적인 비합리적 힘에 의존해 강제해야 한다면, 의사소통적 계획의 합리성은 빛을 바랠 것이기 때문이다.

당신이 계획가라면 의사소통적 모델에서 계획가의 역할이 이해관계 중재에 있다는 사실을 기억해야 한다. 그러나 안타깝게도 많은 계획가들은 계획·정치·도시개발 간의 관계에 관한 폭 넓은 조사를 회피하고 결과 도출에만 매달리는 경향이 있다. 또한 님비와 같이, 개방적인 과정들이 부당한 결과를 만들어낼 때 무엇을 해야 하는지와 같은 고전적인 주제를 다루는 것을 회피하는 경향을 보인다. 그러한 경향은 최근 한국에서 계획가의 전문적 경험과 지식과 소신에 따른 제안 없이 주민 의견에 대한 설문조사(에 대한 통계기술적 처리) 결과만으로 계획을 구성하는 방식으로 나타난다. 이러한 경우에 계획가의 역할은 계획 주체(행정관청, 또는 행정관청과 합의된 주민)의 의지를 합리화해 주는 것에 한정되며, 그 결과로 의사소통을 표방한 계획은 도구적 계획으로 회귀하게 된다.

2) 주민은 누구이며, 누가 대표하는가?

주민은 놀라운 존재인가?

주민참여계획에서 계획의 주체로 설정하고 있는 주민은 누구일까? 어떤 지역의 주민들이 주민참여론이나 공동체론에서 요청하는 선함이나 호혜성, 합리적 토론에 익숙하며 시민의식을 가지고 있다면, 사회적 재생이나 참여적 실천에 유리한 조건을 가지고 있다고 할 수 있다. 그렇다면 주민참여계획에서 흔히 '주민들은 (누구나) 마을과 지역을 사랑하며 (행정을 포함한) 계획가들보다 더 잘 알고 있다'고 전제되는데, 주민은 그렇게 완벽한 존재일까?

우리는 주민참여계획에서 모든 주민들이 사업의 이해관계를 넘어서는 '선한 의지'를 가지고 있으며, 특히 지역에 오래 산 주민일수록 참여자 개인의 이익보다 **'마을에 대한 애착과 공통의 이익에 대한 선한 의지를 우선'하는 착한 사람으로 전제**하고, 더구나 **주민은 '좋은 계획가'**라고 전제하는 경향이 있다.

① 주민은 모두 선하며 항상 옳다는 전제에 대해
보통 '주민은 모두 옳다'는 전제는 주민과 주민 간의 의견 차이보다는 주

민과 계획가 간의 의견 차이가 있을 때 적용되는 말이다. 그럼에도 불구하고, 이 전제가 성립하기 위해서는 적어도 주민들의 의견이 통일되어야 한다. 서로 의견이 다른 주민이 존재하는 한, 주민은 모두 선하고 옳다는 전제는 성립하지 않기 때문이다. 계획가가 서로 다른 의견을 가진 주민들 중 하나만을 선한 주민으로 가정해야 한다면 그 상대방은 선하지 않은 것으로 간주해야 하는 모순에 빠지게 된다. 그렇지만 현장의 상황은 갈등의 상황이 아니라도 주민들의 의견은 동일한 사안에 대해서도 다를 수 있다.

다른 의견은 입장의 차이나 식견의 차이는 물론 개인적 이해의 차이에 의해서도 발생할 수 있다. 예컨대 공영주차장으로 쓰던 공공 토지를 공원으로 바꾸고자 하는 경우에는 공영주차장이 있어서 마을에 이사 온 주민과, 보행성이나 공원에서의 휴식과 친교를 중요시하는 주민들 간의 대립이 일어날 수 있다. 이와 같이 도시에서는 자녀의 성장 정도에 따른 안전의식의 차이나, 토지·건물주와 세입자·상인 간의 입장 차이, 심지어는 큰키나무 그늘의 좋음과 낙엽 날림의 불편함을 두고도 서로 의견이 다를 수 있는데, 이는 선악이나 옳고 그름으로 판단하기 어려운, 생각의 차이나 이해 상충의 문제로 봐야 한다.

② 주민은 마을을 가장 잘 알고 있다는 전제에 대해

주민참여계획은 주민을 '지역에 오래 살아왔기 때문에 지역에 대해 가장 잘 알고 있다'고 전제하는 경향이 있는데, 이러한 전제는 그들의 '삶'에 대한 존중의 문제와 그들의 '앎'에 대한 문제를 섞어버림으로써 일어나는 문제다. 그들의 삶과 관련하여, 물론 쇠퇴한 지역에는 기억하고 기록할 만한 가치가 있는 역사적 사건이나 겹겹이 축적된 사회적 관계가 풍부할 것이고, 그러한 이유로 도시재생에서 마을 역사에 관한 아카이빙은 중요한 아이템으로 권장되며, 이는 마을박물관의 설치와 같은 형태로 활성화 계획에 반영된다. 그러나 탄광촌이나 산업지역과 같이 특수한 지역성을 가지고 있는 지역이 아닌 곳에서의 아카이빙은 개인에게는 특별하지만 더 넓은 시각에서 보면 전혀 차별화되지 못하는, 어느 마을에서나 있었던 주민들의 애환을 담은 스토리(사람책)나 관련 사진의 수집에 그치게 되는 경우가 많다. 마을에 대한 그들의 '앎'의 문제 역시, 짧은 기간 동안 팽창을 겪어온 도시마을에서의 앎이기 때문에 웬만한 이들은 알고 있는 지역의 '스토리'나 에피소드 정도인 경우가 대부분이다.

또한 지역에 오래 살아온 이들의 앎에 대한 존중은 역사나 자연과 같은 자원의 활용을 중시하는 마치즈쿠리나 '에코뮤지엄(eco-museum)' 만들기와 연결된 사고로서, 정주성이 높고 닫혀 있는 농촌마을이나 중소도시의 지역사회에서는 유용할 수 있겠지만, 도시마을에서 그들의 삶과 앎이 계획에까지 반영되는 것이 좋은 것인지에 대해서는 논쟁의 여지가 있다. 좋은 계획은 개인적 경험의 일반화가 아니라 더 넓은 객관적 관점과 식견을 필요로 하기 때문이다.

따라서 주민들의 앎과 삶 그리고 그들의 의견은 존중되어야 하지만, 주민들은 모두 마을을 사랑하고 모든 것을 알고 있으며, 따라서 **주민들은 놀라운 존재라는 전제는 매우 제한적인 경우가 아니라면 오히려 계획을 위험에 빠뜨릴 수 있다.** 특히 주민들의 앎이 지역에 대한 것이 아닌, 외부 세계에 대한 단편적인 경험이나 사례라면 더더욱 그러하다.

③ 오래 살았음이 부정적으로 작용하는 경우

'오래 살았음'은 시간적 기득권으로 번역되어 배제의 기제로 작용할 수 있다. 서울과 같은 거주 이동성이 높은 대도시에서 한 지역에 오래 산다는 것은 집을 소유하고 있으며, 지역 정치에 밀착되어 있을 확률이 높다. 또한 마을을 충분히 잘 알고 있다는 것은 말 그대로의 역사보다는 개발의 역사인 경우가 많다. 따라서 그들의 오래 살았음과 앎은 매우 빈번하게, 자신들만의 이해와 말하기를 위해 청년·신주민·세입자들의 참여를 억압하고 배제하는 데 악용되는 경우가 많다.

또한 **'지역을 잘 아는 주민'은 지역에 대한 좋은 안내자일 수도 있지만, 동시에,**

그림 3-1 자발적 공동체와 주민참여론의 공동체

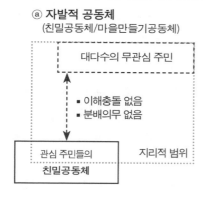

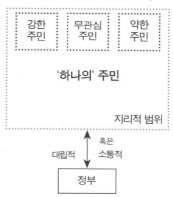

정보를 통제하는 문지기가 될 수도 있다. 마을과 지역에도 항상 정치와 권력의 문제가 작동하기 때문이다. 특히 이런 주민들은 종종 도시에서는 필요한 법적 규제를 철폐해 개발하는 것이 발전이라고 주장하거나 자신을 포함한 특정 집단의 이해를 마을의 발전으로 주장하고, 이에 동조하지 않는 사람들을 적으로 간주하는 경향이 있다. 이들은 재생사업이 이루어지는 쇠퇴한 지역의 지형적 요인, 복잡하게 얽혀 있는 소유권, 문화와 관련된 법적 규제 등, 개발이 어렵고 복잡한 조건들을 단순한 문제인 것처럼 주장하기도 한다.

주민참여계획의 어려움

이처럼 주민참여계획은 이론가들의 주장처럼 간단한 일이 아니다. 그것은 체육이나 음악의 실기시험처럼 문제와 답을 다 알지만 좋은 성적을 얻기가 어려운 문제 풀이와 비슷하다. 주민참여계획이 난관에 부딪히고 갈등이 일어나는 현장적 문제점들을 살펴보면 다음과 같다.

첫째, 소지역별 이해가 다를 때 **지역 간 갈등**으로 나타날 수 있다. 이는 계획의 공간적 범위를 불합리하게 설정한 경우, 주민들 간의 기존 갈등이 존재하는 경우, 하나의 생활권이 아닌 경우, 하곡 지형의 농산촌지역처럼 하나의 생활권이라고 하더라도 지리적으로 너무 먼 경우에 나타나기 쉽다. 이 경우에는 지리적 범위를 줄이거나, 지리적 범위와 무관하게 사용자 중심으로 주민참여 대상을 설정하는 것이 권고된다.

둘째, 주민들의 **계급적·개인적 이해가 충돌하는 경우에 강자에 의한 지배가** 나타날 수 있다. 이는 지리적 범위를 갖는 공공계획이 그 범위 내의 모든 주민들의 이해와 관계되기 때문에 공공은 가급적 목소리가 약한 사람들의 이익을 대변하려고 노력해야 한다.

셋째, 주민들의 **역량이 너무나 부족한 경우**에 주민참여가 미흡할 수 있다. 이러한 사례는 원론적으로 주민참여를 강조하지만 성과주의에 따라 준비가 부족한 마을에 밀어내기 방식으로 선정한 농촌개발사업이나 도시재생사업에서 흔히 발견되는데, 사업 종료 후에 지어진 시설의 상당수가 운영되지 못하는 결과로 이어질 수 있다.

넷째, 계획 당국의 **관료주의**에 의해 주민참여가 주민 동원이나 절차적 정당성 확보로 변질될 수 있다(박주형, 2013; 최조순·강병준·강현철, 2015). 이 중 주민 동원은 지자체와 주민 모두에게 주민참여계획의 필요성과 방법에 대한 충분한 이해가 없는 경우에 발생하며, 후자는 관료와 전문가들이 사업 추진 편의를 우선하는 경우에 발생한다. 이때 주민은 정부에 대응하는 '하나의 주민'으로 설정되며, 친정부적인 빅 마우스들이 이를 대표하는 경향이 있다.

다섯째, 중앙정부의 **경직된 지침**에 의해 지역 실정을 반영하기 어려운 경우에 주민참여가 미흡할 수 있다. 이러한 경우는 사적 이해나 갈등에 따른 공공계획의 왜곡을 방지하는 효과는 있으나, 역으로 주민들의 참여 의지를 과도하게 제약할 수 있다. 이를 개선하기 위해서는 필수 지침을 최소화하고 지역 현실에 따른 특수성을 상급 기관에서의 심의를 통해 완화해 주는 장치를 통해 보완하는 방안을 도입할 필요가 있다.

이러한 많은 현장적 어려움에도 불구하고 도시재생을 포함한 여러 가지

그림 3-2 '강한 주민'에 의한 대표성의 문제

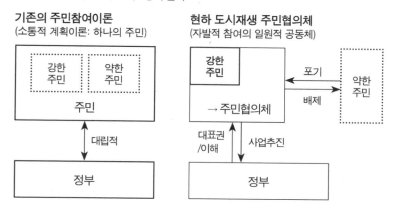

공공계획에 대한 주민참여 연구들은 주민참여의 중요성을 강조하는 내용들이 주를 이루고 있으며(하성규, 2006; 손동욱, 2008; 신중진·신효진, 2008, 2010; 정철모, 2009; 원준혁·김홍순, 2012; 이태희, 2015), 다원화된 가치나 다양한 갈등 상황을 포용해야 한다는 원론적 제안에 그치고 있다(송재룡, 2010; 김수영·장수지·문경주, 2013).

편중된 참여와 대표성의 문제

아직도 사업을 추진하는 기관에서는 주민참여계획을 절차적 정당성만을 확보하면 된다는 인식을 가지고 있는 경우가 많다. 누가 되었든, 주민을 대표하는 파트너가 존재하고 그들의 의견을 최대한 수렴해 사업계획에 반영하고 뒷말이 안 나오면 된다고 생각하는 경향이 있다.

그러나 주민참여계획에서 가장 중요한 것은 '**주민은 하나가 아니다**'라는 인식이다. 주민들 중에는 강한 주민과 약한 주민, 열성적인 주민과 무관심한 주민이 있으며, 열성적인 주민이 항상 선한 것도 아니다. 도시재생사업을 포함해 대부분의 주민참여계획은 직접민주주의 방식으로 공청회나 주민 총회를 거치도록 제도화되어 있지만, 전통적이고 규모가 작은 마을이 아니라면 모든 주민들의 참여와 의견을 반영하는 것이 사실상 불가능하고 그렇게

된다고 해도 좋은 계획이 보장되는 것은 아니다. 따라서 주민참여계획에서 참여하는 주민들이 전체 주민에 대해 대표성을 가지는지를 살펴야 한다.

도시재생에서 주민참여에 대한 선한 주민을 전제한 방법론과 전략은 특정 세력에 의한 편중된 참여와 대표성의 왜곡으로 나타나는 경우가 많다. 도시재생은 지리적 범위를 가지고 시행되기 때문에 특정한 이해를 가진 세력에 의해 그들만을 위한 사업으로 독점될 수 있는 여지를 내포하고 있다. 이러한 특정인들만의 참여 실태는 경험적 사실이며, 이는 지역 주민 다수의 참여를 이끌어내지 못하는 결과로 이어질 수 있다(신중진·정지혜, 2013: 61). 특히 특정 이해관계 집단의 주도적 참여는 그들의 관심만을 대변하게 됨으로써 주민협의체-공동체가 대다수 주민을 대표하지 못하는 결과로 이어질 수 있다(신중진, 2016: 198). 그 과정에서 편중되게 참여한 집단은 자신들의 이해를 위해 약한 주민들의 참여를 억압하는 경향을 보인다. 그리고 이러한 문제들은 다원적이고 이해 상충하는 주민을 '하나의 주민'으로 설정하거나 '주민은 선하다'고 전제하고 계획을 추진할 때 더욱 빈번하게 나타난다. 이 경우 도시재생은 대표성 없는 '강한 주민'을 주민 대표로 인정하고 그들과의 파트너십을 통해서만 진행한다.

3) 자발적 참여 원칙과 '참여할 수 없음'의 문제

자발적 참여의 원칙

주민참여론에서의 '선한 주민의 자발적 참여'와 친밀공동체에서의 자발적 참여는 윤리적 문제로까지 인식된다. 참여하지 않거나 못하는 사람들은 '마을 일에 무관심'한 비공동체적 인간이며 자신의 권리(와 의무)를 스스로 포기한 것이기 때문에, 그들의 이해나 권리는 몰수되어도 된다고 보는 경향이 있다. 도시재생사업의 주민참여모델이라고 할 수 있는 '마을공동체'에서의 참여도 자발적 참여를 원칙으로 한다(유창복, 2013: 221 참조). 친밀공동체에서는 '노는 일'에도 참여해야 할 뿐만 아니라 사실상 모든 사생활조차도 노출해야 진정한 참여로 간주된다.

자발적 참여에 의한 **자발적 공동체**에서, 참여한 사람들의 공동체적 실천은 참여하지 않은 사람들에게 직접적 영향을 주지 않는다. 예컨대 육아공동체와 같은 친밀공동체는 참여하지 않는 타인들의 이해를 침범하지 않으며, 참여하지 않는 사람들도 그들에게 그들의 가치를 바꾸도록 요구할 수도, 그 성과를 나눌 것을 요구하지도 않는다. 이렇게 자발적 공동체는 공간적으로 한 마을에 살더라도 성원이 아닌 사람들에 대해서는 상충하는 이해가 발생하지 않으며, 공동체(적) 활동으로 생산한 가치나 행복을 나눌 의무도 없다. 따라서 자발적 공동체의 성원은 성원이 아닌 사람들의 불참에 대해 비판할 수 없다(주대관, 2018).

인위적으로 형성되는 지리적 공동체인 **도시재생공동체에서의 참여의 문제는 자발적 공동체에서의 참여와는 전혀 다른 문제**다. 자발적 공동체에서의 참여의 문제가 참여자들만의 문제인 반면, 지리적 공동체에서의 참여의 문제는 적극적·소극적 참여자 외에도, **무관심한 자, 참여하지 못하는 자,** (부동의로) **참여하지 않는 자** 등으로 구분되는 복잡한 문제다. 이 중 '참여하지 못하는 자'에는 경제적 이유로 과도한 노동을 해야 하는 사람 등 시간적 여건이 되지 않아서 참여하지 못하는 사람들과, 이방인으로 간주되거나 이해 상충으로 '참여가 사실상 제한(배제)된 사람들'이 포함된다. 또한 '참여하지 않는 자'에는 참여할 의지가 있어도 공동체가 게시한 가치나 목적에 동의하지 못하거나, 특정인과의 관계 등 여러 가지 이유로 '싫어서' 참여하지 않는 사람들이 포함된다.

도시재생에서의 이러한 자발적 참여의 원칙은 세 가지 문제점을 내포한다.

첫째, 자발적 참여의 원칙은 참여 문제를 시민으로서의 책임과 권리로 간주하지만, 도시재생의 공동체는 매우 현실적이어서 **행위 동기와 성원들 간의 감정까지도 개입되어 작동**한다. 도시재생의 예상되는 결과가 다양한 성원들의 가치와 이해에 부합해야 하며, 그렇지 못한 경우의 참여 포기나, 자신의 이해를 위해 다른 구성원의 참여를 억압하는 경우가 발생할 수 있다. 따라서 '참여하지 않음'만으로 불참의 문제에 대해 윤리적으로 판단하는 것은 타당하다고 보기 어렵다.

둘째, 주민참여계획은 오래 살아온 주민일수록 지역에 대한 애착이 높으며 '선한 의지'를 가진 존재로 가정하지만, 재생마을에는 공동체주의가 전제하는 **선한 주민은 물론 이해에 밝은 나쁜 주민도 많이 살고 있어서**, 지역 전체의 공통의 이익을 위해 자신의 개별적인 이익을 양보한다고 보장하기 어렵다. 따라서 그러한 사람들이 자신들의 이해만을 관철시키기 위해 참여를 억압하고 약한 주민을 배제할 가능성을 염두에 두어야 한다.

셋째, 도시재생이 **일원적 공동체를 지향**하는 것이 이질적이고 다원적인 현대도시의 현실에 적합하지 않으며, 그 결과로 **다원적 성원들의 불참을 야기할 수 있다**. 특히 주민참여의 관점에서 보면, 주민-인간은 항상 다양하고 모순적인 주체들이며, 상이한 공동체에 거주하는 자들이라는 점을 고려할 때(무페, 2007: 41), 이렇게 이질성과 다원성을 나쁜 것으로 간주하고 일원적 가치를 게시하는 공동체주의나 도덕적 공동체를 재도입하는 것은(무페, 2007: 96) 더 많은 참여를 가로막는 장애물이 될 수 있다.

도시재생사업 참여의 특수성

따라서 주민참여가 미흡한 원인을 찾고자 한다면, **참여하지 않는 주민들에 대해 조사하고 분석해 보아야** 한다. 기존의 주민참여와 관련된 논의가 주로 참여하는 주민들에 집중하거나, 지역 애착이나 공동체의식의 부족인 것으로 간주하는 경향이 있었다는 점에서 볼 때, '참여하지 못하는 주민'에 대한 분석은 특히 **참여를 억압하는 요인에 대한 분석이 중요**하다.

도시재생과 공동체 담론에서 주민참여가 미흡한 것이, 공동체주의자들이 주장하는 것처럼, 개인의 자유와 권리만을 더 중요하게 생각하는 현대사회 전반의 자유주의적 경향 때문인지는 의문이다. 현대사회에서 개별 공동체는 물론이고 **지역사회나 정치공동체로서의 국가가**, 공동체주의자들이 주장하는 것처럼, "몰개인적인 거대한 정치적·경제적 권력 구조들에 의해 지배되는 세계와 직면해 이러한 상황에 맞서 싸워나갈 장비들을 제공"한다고(샌델, 2008: 27), 즉 그러한 '안전'을 제공한다고 믿는 사람은 아무도 없기 때문이다. 반대로 그러한 지배는 (정치적) 자유주의자들이 주장하는 독립적 자아나 권리에 의해서가 아니라, 자본주의 및 자본주의와 협력하는 국가권력에 의해 발생한다고 보아야 할 것이다.

물론 자발적 참여의 원칙은 참여를 강제할 방법이 없다는 점에서 당연한 것으로 보일 수 있지만, 자발적 참여의 반대를 강제적 참여로 보아서는 안 된다. **자발적 참여의 반대는 강제적 참여가 아니라 참여할 수 없음**이기 때문이다. 이때 참여할 수 없는 사람들은 적극적 참여자들과 상충하는 가치나 목적을 가진 개인이나 집단일 수 있으며, 그들은 수적으로는 다수이지만 공동체 내의 권력관계에서는 '약자'라는 것을 이해해야 한다.

그러나 이것은 지리적 공동체의 다원성과 이해 상충에 대응하기 위해, 자발적 참여를 포기해야 한다는 말이 아니다. 그보다는, 자칫 '강한 주민'들만의 참여로 이어질 수 있는 자발적 참여의 원칙이 보완되어야 한다는 것이다. 이는 자본과 같은 지배적인 세력의 이익을 견제하고 약자의 이해를 대리할 수 있는 제도적 접근을 검토해야 하며, 일원적 공동체 모델을 버리고 다원적 공동체 모델을 택해야 한다는 것을 의미한다.

따라서 도시재생은 불안하더라도 다양한 주체 위치들의 교차점을 찾아내고 드러내는 **다원적 문제틀을 통해 다양한 주체들의 실천을 이끌어내고자 노력해야** 한다.

참여하지 않음과 참여할 수 없음의 문제

지리적 공동체에서 불참은 이와 같이 개인 의지와 실천력 부족이나 시민의식 부족과는 다른 문제다. 공동체 현장에서 참여가 자발적 의지의 문제라고 할 수 있는 경우는 중산층이나 기득권을 가진 사람들에게만 적용될 수 있다. 그렇지 못한 사람들에게 참여는 참여할 '이유'와 참여할 수 있는 '여유'의 문제가 되기 때문이다.

첫 번째, '참여할 이유'와 관련하여 **도시재생은 주민들에게 참여할 수 없는 이유를 제공할 수 있다.** 여기서 참여 이유는 행위 동기의 문제인데, 도시재생으로 기대되는 (생산의) 성과가 예컨대 집세의 상승을 불러올 것으로 예상되는 것과 같이, 자신의 가치나 이해에 부합되지 않는다면 참여할 이유가 없다. 공간가치의 생산에 대한 기대가 높을수록 재생지역은 적극적 참여로 하나가 되기보다는 서로 상충하는 이해에 따른 갈등의 여지가 많아질 수 있다. 자본주의와 사유재산권의 폐해를 국가가 너그럽게 용인하는 상황에서 그런 이들에게 참여해서 자신의 의견을 적극적으로 개진하고 마을을 위해 실천에 나서라고 말하는 것은 매우 오만한 것이 된다.

두 번째, '참여의 여유'는 참여와 실천이 많은 시간의 할애를 요하기 때문에, 특히 생업이 더 바쁜 저소득층 주민들에게는 삶의 기반을 위협하거나 개인의 재생산을 어렵게 하는 문제가 될 수 있다. 특히 친밀공동체에서와 같이 공동체 참여가 많은 시간의 투자를 요구한다면 그것은 시간이 많은 사람들에게나 가능하며, 그렇지 못한 사람들에게는 심리적 부담을 축적시킨다. 즉 여가(여유시간)의 많고 적음에 따른 개인적 형편과 공동체적 의무 사이에 심각한 갈등이 발생할 수 있다는 것이다. 이에 대한 왈저의 언급은 매우 의미심장하다.

> 여가의 반대는 일이 아니라 필요한 일, 자연 혹은 시장의 강제하에, 혹은 가장 중요하게는 감독관이나 보스의 강제하에 하는 일"이라는 것이다. 즉 '자발적 참여'의 반대는 '비자발적 참여'나 '자발적 불참'이 아니라, '참여할 수 없음'이다(Walzer, 1983: 185).

또한 친밀공동체나 대안공동체에서, 과도한 참여 요구는 과도한 사생활의 노출로 이어져 공동체 위기의 근원이 될 수 있다(이동일, 2011: 190). 실제로 대안적 공동체는 구성원에게 너무나 많은 실천을 요구하는 경향이 있어서, 정치를 도덕으로 대체하는 것처럼 보인다는 비판도 있다(김미영, 2015: 213).

그러나 이러한 구별에도 불구하고, 도시재생 현장에서 참여하지 않음과 참여할 수 없음의 문제는 서로 떨어져 있는 문제가 아니라 복합된 문제로 보인다. 무관심을 제외한 불참의 문제는 사회적 속성상, 그리고 이해관계에 의해 약자의 배제로 이어질 수 있기 때문이다.

2. 분배공동체에서 참여와 배제의 문제

1) '더 큰 공동체'에서 정의의 문제

"인간 사회는 분배공동체다"(Walzer, 1983: 3).

사회적 재생의 형태를 띠는 도시재생에서 더 많은 참여와 실천은 더 많은 생산의 비결이다. 그런데 도시재생의 취지가 좋다고 해도 그 과정이나 결과가 정의롭지 못하다면 주민들의 참여는 줄어들 것이 당연하다. 도시재생이 정의로운지를 논의하기 위해 그 전 과정을 다시 논의하기보다는 도시재생의 중심적 주체인 '어떻게 하면 도시재생공동체가 정의로울 수 있는지'에 대해 논의하는 것이 더 효율적일 것이다. 앞서, 도시재생공동체를 일원적인 기초적 공동체가 아닌 2차적인 '**더 큰 공동체**', 즉 **다원적 공동체**이며, 자발적 공동체가 아닌 **지리적 공동체**로 규정한 바 있다.

왈저(Walzer, 1983)는 『정의와 다원적 평등: 정의의 영역들(Spheres of Justice: A Defense of Pluralism and Equality)』에서 지리적 공동체이면서 다원적 공동체에서의 정의의 문제에 관해 매우 잘 설명하고 있다. 그의 다원적 정의 개념은 동질적인 기초적 공동체 수준에 갇혀 있던 기존 공동체이론의 한계를 크게 확장한 것으로 평가된다.

왈저는 두 가지 이유를 들어 인간 사회 자체를 분배공동체로 규정한다. 그 하나는 정치적 공동체로서 **그 분배가 효력을 미치는 사회적·공동체적 범위를 가지기 때문에** 지리적 공동체이고 분배공동체(distributive community)라는 설명이다. 다른 하나는 '**우리가 공유하고 나누고 교환하는 사물을 함께 생산하기 위한 생산과정 자체도 분업을 통해 우리에게 분배된 것**'이며, 내가 직접 만들지 않은 것들이 나에게 와서 소유되는 과정이 사회적 분배의 과정이기 때문이라는 설명이다.

모든 재화는 그 자체로 가치를 갖는 것이 아니라, 사회적 분배 과정을 거침으로써 사회적으로 가치 있는 것으로 인식되고 가치를 갖게 된다고 주장된다. 이와 같이 왈저가 인간 사회를 분배공동체로 정의하는 것은, 분배 정의의 문제로 나아가기 위한 가치론적 전제다. 따라서 인간 사회가 분배공동체라는 것은 가치공동체라는 뜻이기도 하다.

> 분배 정의라는 개념은 분배가 이루어지는 일단의 경계를 가진 세계를 가정한다. 하나의 집단은 우선적으로 그들 간에, 사회적 재화를 나누고 교환하고 공유한다. 그 세계는 …… 정치적 공동체다. 그 안에서 그 구성원들은 서로에게 권력을 분배하고, 구성원이 아닌 사람과의 공유는 가급적 피하고자 한다(Walzer, 1983: 31).

이와 같이 '정치적 공동체'가 친밀공동체나 자발적 공동체가 아니라, '지리적 공동체'가 될 수밖에 없는 것은 바로 '그 안에서' 재화와 권력의 분배가 이루어지기 때문이다. 이때, "분배적 정의와 관련된 모든 재화들은 사회적 재화"(Walzer, 1983: 7), 즉 사회적 과정을 거친 재화다. 반대로 사회적 과정을 거치지 않는 재화는 의미 공유 과정을 거치지 못한 재화이기 때문에 공동체적 의미와 가치를 갖지 못할 뿐만 아니라 분배 정의와 무관한 것으로 간주된다.

이러한 왈저의 관점에서 보면, 사회적 재생으로 생산되는 가치는 바로 그 사회적 과정을 통해 생산되었기 때문에 분배 정의가 이루어져야 한다.

분배 정의를 위한 문화적 다원성

다원적인 지리적 공동체에서의 분배 정의를 논의하기 위해, 왈저는 두 개의 장치를 도입한다. 그 하나는 재화의 생산과정에 적용되는 **개별 공동체의 '문화적 다원성(문화 특수성)'**이며, 다른 하나는 개별 재화의 분배 과정에 적용되는 '**분배의 자율성**'이다.

먼저, '개별 공동체의 문화적 다원성'이란 앞서 설명한 가치론과 관련된 문제로서, "세상의 재화는 그 구상과 창출이 사회적 과정이기 때문에" 그 사회(공동체) 구성원들에게 "그 의미가 공유되어 왔"고, 따라서 그런 재화들은 그것을 창출하고 의미를 공유해 온 "서로 다른 사회(공동체)에서 서로 다른 의미를 갖게 된다"는 것이다(Walzer, 1983: 7). 또한 "사람들은 그들이 사회적 재화를 구상하고 창출하며 소유하고 채택하는 그 방식 때문에 구체적인 정체성을 갖는다"(Walzer, 1983: 8). 이때 그 사회적 의미들은 그 특성상 "역사적"이며, "분배 그 자체와, 그 정의와 부정의함은 시간이 지남에 따라 변화"한다(Walzer, 1983: 9). 즉 개별 공동체는 그 공동체의 고유한 사회적 과정을 통해 재화를 생산하기 때문에 그렇게 생산된 재화들은 공동체들마다 서로 다른 의미를 가지며, 공동체도 그러한 과정을 통해 나름의 구체적인 정체성이 형성되고 드러난다고 할 수 있다.

왈저의 이러한 주장은 특정한 지리적 범위를 가진 공동체에 직접 적용된다기보다는, 그 안의 동질한 문화 특수성을 가진 수많은 개별 공동체들에 대한 언급으로서, **정치공동체는 그러한 공동체들의 '다원적' 집합으로 전제해야 한다**는 것을 말한 것으로 보아야 한다. 이들 간의 **문화 특수적** 차이가 재화 자체의 차이를 만들어내고, 그러한 차이를 만들어내는 것이야말로 그 (문화 특수적) 공동체의 이해 방식이기 때문에 다원적 평등 개념에 따라 인정되어야 한다는 주장으로 이해될 수 있다. 즉 왈저에서 문화적 다원성은 다원적 공동체에서 **개별 공동체들 간의 다원적 평등의 문제를 논의하기 위한 전제**와 같은 것이라고 볼 수 있다.

2) 분배 정의와 다원적 평등

분배 자율성과 분배 정의

또한 왈저는 다원적 평등을 위한 실천 원리로서, **개별적 재화들이 나름의 기준과 제도에 따라 분배되어야** 함을 주장한다. 즉

> 의미가 서로 뚜렷이 구별될 때, 분배는 자율적이어야 한다. 모든 사회적 재화나 일련의 가치는 …… 그 분배 영역 내에 적절하면서도 특정한 기준과 제도들을 구축한다(Walzer, 1983: 10).

왈저는 다원적 공동체에서의 분배 정의를 위해 개별 재화의 분배 과정에 적용되는 분배의 자율성이 확보되어야 한다고 주장한다. 왈저의 **분배의 자율성 개념은 개별적 재화가 나름의 기준과 제도에 따라 분배되는 것으로 설명되며, 이는 다원적 평등을 위한 실천 원리로 주장**된다.

왈저가 주장하는 분배의 원칙은 간단하다.

> 상이한 사회적 재화는, 상이한 근거와 상이한 절차에 맞게, 상이한 행위자들에 의해 분배하면 된다(Walzer, 1983: 6).

'상이한 재화는 상이한 분배 영역을 갖는다'는 것은 예컨대, 화폐 경제의 영역과 주거나 공동체의 영역이 서로 다른 가치의 영역이므로 서로 다른 자율적 분배 체계를 가져야 한다는 것으로 설명할 수 있다. "모든 도덕적·물질적 세계에서 통용될 수 있는 기본적인 가치의 집합을 단 하나로 구상하는 것은 전혀 불가능"하며, "가치들의 이동을 결정하는 것은 그 가치들의 의미"이기 때문이다 (Walzer, 1983: 8). 따라서 "의미들이 서로 뚜렷이 구분될 때, 다양한 분배들은 자율적이어야만 한다"(Walzer, 1983: 10).

또한 상이한 근거란 개별 재화의 영역에서 적용할 수 있는 분배의 세 가지

원칙, 즉 **자유교환, 응분의 몫**, 필요에 따른 분배를 말하는데, 개별 재화의 영역마다 재화의 특성에 맞게 성원들의 논의에 의해 이 세 가지 원칙을 혼합해 그 분배 기준을 정할 것을 요청한다(Walzer, 1983: 21~26). 중요한 것은 **구별되는 재화 영역마다의 자율성을 가지는 것**, 즉 특정 재화에는 그 재화만의 특수성이 반영된 분배 기준이 적용되어야 한다는 것인데, 가장 현실적인 이유는 재화의 영역마다 그 분배의 "필요"가 다르다는 점이다. 그리고 그 분배의 기준은 "사회적 재화들 자체에 대한 역사적·문화적 특수성의 불가피한 산물이라는 상이한 이해 방식으로부터 도출"되어야 한다(Walzer, 1983: 10).

왈저가 이렇게 **재화의 영역별로 분배의 자율성**을 주장하는 것은 그것이 **다원적인 정치공동체에서 정의를 구현할 수 있는 현실적 방법**으로 인식되기 때문이다. 이러한 대안적 모색에서 왈저의 이점은 무페가 지적한 것처럼, "우리가 어떤 보편적인 관점을 찾아내거나 모든 사회에 타당한 일반 원칙을 정교화하지 않더라도, 정의를 상상할 수 있는 방식이 있음을 입증"하고 있는데 있다(무페, 2007: 64).

왈저 이전에 또는 바깥에서, 우리가 '공동선이 가능한가, 불가능한가'를 두고 논쟁했다면, 왈저를 관통함으로써 우리는 그것이 가능·불가능함을 떠나서 공동선과 정의에 대해 논의할 수 있다. 왜냐하면 **다원적 평등에서 정의(justice)는 하나의 고정된 정의(definition)를 갖는 것이 아니기 때문**이다. 그것은 우리가 자유와 평등 그리고 공동선의 문제에 대한 명확한 일치 여부와 무관하게 갈등으로 소란스럽더라도, 누구나 그 공동체의 일원이라는 사실을 인식하게 해주는 공동체를 만들 수 있는지와 관계된 일이다.

지배적 권력과 분배공동체

왈저는 자율적이어야 할 분배 영역이 권력 있는 자들에 의해 침범되어 분배 기준이 침해되고 그 재화가 침탈되는 일이 흔히 발생한다는 사실을 지적한다(Walzer, 1983: 10). 마을 현장에서 그러한 지배를 일으키는 권력은 경제 권력이나 정치권력, 또는 온갖 종류의 기득권이다.

어떤 재화를 소유한 개인들이 그 재화를 가졌다는 이유로 다른 재화를 광범위하게 지배할 수 있다면, 그 재화는 지배적인 것으로 부를 수 있다. …… 지배란 사회적 재화를 그 재화의 본원적 의미들에 의해 제한받지 않거나 마음대로 그 재화의 의미를 구상해 사용하는 것을 가리킨다. 독점은 그 지배력을 이용하기 위해 사회적 재화를 소유하거나 통제하는 방식의 하나다(Walzer, 1983: 10~11).

왈저는, 이러한 침탈이 발생하는 공동체, 즉 **지배적 권력이 나름의 자율적 분배 원칙을 가진 영역에 침범해 상이한 영역 간 가치의 전환이 일어나는 사회를 지배적인 사회, 즉 '지배적인 (분배)공동체'**로 설명한다. 이러한 공동체에서 분배는 특히 경제 자본이나 정치권력이 주도하게 된다. 반면에, 지배가 없는 사회는 상이한 분배 영역들 간에 "어떤 특정 재화도 일반적으로 전환되지 않는 사회"이고, 그것이 다원적 평등의 사회, 즉 '다원적 분배공동체'라고 할 수 있다.

다원적 분배공동체는, 정치권력이 '탁월함'의 입증이라는 정치적 과정을 통해 생산·분배되고 화폐자본이 '자유교환'의 원칙과 경제적 과정을 통해 생산·분배되어야 하는 것처럼, 권력이나 화폐자본이 그들과는 다른 영역에 있는, 의료나 주거 등 '필요'의 원칙이 적용되어야 하는 분야의 분배에 영향을 미치지 않는 것으로 설명될 수 있다. 그것은 **불평등이** (가치의) **"전환 과정을 통해 증폭되지는 않는 사회"**(Walzer, 1983: 17)이며, 상이한 집단들에 의해 유지되는 국지적 독점이 있더라도, 지배가 상이한 분배 영역을 가로질러 전환되지 않는 사회다.

자본주의 도시에서, 분배공동체를 매우 간단히 '지배적 분배공동체'로 만들어버리는 권력은 무엇보다 "토지와 자본이며, 이들은 공유, 분할, 교환되고 끊임없이 전환될 수 있는 재화"(Walzer, 1983: 11)이다. 특히 도시재생의 사이트는 서로 다른 가치의 영역인 토지라는 '자본'과 주거라는 '필요'가 한 몸으로 엮여 있는 곳이다. 따라서 우리가 왈저의 의견을 받아들여 자본과 주거를 서로 다른 영역으로 간주할 경우, 자본에 의해 '독점'된 도시에서 삶의 영역을 어떻게 확보할 수 있는지에 대해 구체적인 질문을 해볼 수 있다.

3) 다원적 평등의 전제로서의 실질 성원권

분배공동체에서 성원권의 문제

지배적인 권력이 분배공동체를 지배하기 위해 가장 먼저 통제하는 것이 공동체의 성원권(membership)이다. 분배공동체에서 **"서로에게 분배하는 일차적인 재화는 성원권"**이며, 이것은 그 구성원들이 "서로에게만 권력을 분배하고, 구성원이 아닌 사람과의 공유는 가급적 피하고자 하기" 때문이다 (Walzer, 1983: 31).

분배공동체에서 이렇게 성원권이 중요한 것은 성원권이란 **재화를 분배할 대상을 정하는 일**일 뿐만 아니라, 새로운 성원을 포함한 그들이 **분배 기준을 정하는 일**이기 때문이다. 따라서 **"성원권을 규정하는 것은 다른 모든 분배적 선택을 구조화"**하는 일이 된다(Walzer, 1983: 31).

그렇다면 누가 어떤 기준으로 성원권을 심사하고 분배하는가? 성원권은 '이미 성원인' 우리가, 이미 우리 공동체 안에 공유되어 있는 이해 방식과 미래의 희망에 부합하게 분배하는 것이다(Walzer, 1983: 32). 즉 **성원권의 분배 주체는 공유된 것에 대한 기득권을 가지고 있는 '우리'다.** 우리끼리 이미 가지고 있는 분배의 규칙에 따라 선택하는 것이다. 이때 분배 받는 사람들은 이방인이거나 이방인으로 간주되는 사람들이다.

왈저는 지배적인 권력을 가진 사람이나 집단이 자율적인 분배 영역에 침범해 공동체를 지배하는 경우를 '지배적 분배공동체'로 부른다. 지배적 분배공동체에서 권력이나 자본은 이미 생산되었거나 생산될 것으로 예상되는 재화를 독점하기 위해 **'성원권 심사'**라는 수단을 동원할 수 있다. 국가공동체에서 성원권 심사는 새로운 이방인들에 대해 행해지지만, 지배적 공동체에서 그것은 지배적 재화나 기득권을 가지고 있는 집단이 자신들의 이익을 위해 제도적으로 이미 성원권이 부여된 사람들에 대해 공동체 과정에서 배제하는 형태로 이루어진다.

정치공동체의 성원권 심사는 얼핏 보기에는 기존 성원들의 당연한 권리처럼 보이기도 한다. 그러나 도시재생공동체의 성원권 심사는 다양한 성원들의 공유와 손을 거쳐 이미 생산된(또는 되는) 재화를 분배하는 정치공동체와 다르다. 그 재화의 생산이 아직 이루어지지 않았으며 주로 사회적 방식으로 이루어지길 기대하는 것이기 때문에, 분배의 기준이 역으로 생산에 영향을 미친다는 특성이 있다.

반면에 도시재생 영역에서 생산될 재화는 경제적 권력에 의해 간단히 침탈될 수 있다는 어려움이 있다. 사회적으로 토지가 그 가치를 담지한다고 생각해 왔기 때문이다. 현장적으로 이러한 침탈은 외지 자본과의 이해 결탁을 통해 선주민-토지주들에 의해 주도되며, 이를 위해 자본은 제도적으로 보장된 세입자·상인·청년들과 같은 약한 주민들의 성원권적 참여를 문화적·사회적·경제적 방식으로 억압하거나 배제하게 된다. 누군가의 주민으로서의 권리를 사실상 박탈하는 것이다. 그것은 그 자체로 부정의할 뿐만 아니라 다원적 분배공동체를 지배적 분배공동체로 만들어버리는 부작용을 낳게 된다.

명목 성원권과 실질 성원권

지리적 공동체로서 도시재생공동체는 모든 주민들에게 성원권을 부여하지만, 그 성원권은 사실 명목 성원권에 불과하다. 재생지역의 모든 주민에게 명목 성원권이 주어져 있다고 해도, 그 안에는 '약한 주민'들을 참여하지 못하게 하는 여러 가지 차별과 억압이 존재할 수 있기 때문에, 중요한 것은 모든 주민들이 아무런 배제나 차별 없이 공동체 과정에 참여할 수 있게 하는 **실질 성원권이 보장되느냐** 하는 것이다.

성원권 억압은 누구를 성원으로 받아들일 것인지의 문제에 그치지 않는다. 누구를 받아들이는 결정은 동시에 누군가를 배제한다는 의미도 포함하기 때문이다. 즉 도시재생공동체에서의 성원권 억압은 사회적·문화적 장벽을 통한 실질 성원권 박탈의 형태로 작동되어 사회적 재생을 위한 공동체 참여의 기반을 무너트리고, 사회적 생산 자체를 불가능하게 만들 수 있다.

이러한 가능성은 공동체 참여를 위해 필요한, "구성원들의 집단에 대한 어떤 실질적인 연결"의 억압을 통해 자존감의 상실이라는, 약한 주민들에 대한 "처벌"(Walzer, 1983: 278)이 될 수 있다. 또한 주민으로서의 자발적 참여를 주문하면서 '공동체란 사람 만들기'라고 모순된 주장을 펼치는, '마을만들기 방식의 마을공동체'론에도 배치된다(정석, 1999; 신중진·정지혜, 2013).

정의는 강제가 없는 상태, 좋은 신념 그리고 선행의 원칙(선한 사마리아인), 그 이상을 전혀 넘어서지 않는다(Walzer, 1983: 34).

이러한 강자의 지배는 소수에 의한 적극적 참여와 주도로 작동되기 때문에 대의민주주의만으로는 한계가 있으며, 다원주의는 숙의민주주의와 병행해야 한다. 왈저의 정의론으로 설명한다면, 지배와 전제의 반대편에서 지배를 불가능하도록 하기 위해, **말하지 못하는 사람들의 목소리를 전면으로 불러내는 것**이라고 할 수 있다. 공동체는 스스로 해결할 수 없는 이들에게 '기본적 필요'를 보장하고 개인이 자신의 삶을 규정할 수 있는 영역을 보장해야 하기 때문이다(Etzioni, 1996).

기존의 주민참여론에서는 참여한 사람들의 의견에만 주목해 반대편의 소극적 이해당사자들을 호출하지 않음으로써 적극적 이해당사자들에 의해 말해진 것만을 공동체의 의견으로 포장해 공동체를 대표하는 경향이 있다. 반대로, 자발적으로 참여한 소수가 아무런 위임 없이 참여하지 않은 다수를 대표하는 것은 대의민주주의보다도 위험하다고 할 수 있다. 이러한 사례들은 특히 국가가 절차적 편의, 즉 사업의 추진만을 우선적으로 고려할 때 흔히 발생할 수 있다. 물론 지역의 기득권층이나 경제 자본을 가진 계급들만의 정의로운 공동체를 가정해 볼 수도 있을 것이다. 그러나 그것은 세입자 비율이 훨씬 높아서 주민의 75%에 달하는 재생마을의 상황을 고려할 때, "4분의 3이 국외자이고 다른 4분의 1이 시민인 그런 공동체"가 될 것이며, "그런 공동체는 결코 존재할 수 없다"(Walzer, 1983: 62).

따라서 모든 성원들이 공동체에 참여할 수는 없다는 점을 고려할 때, 다원적 정의를 위해 다양한 구성원들이 고르게 참여할 수 있도록 함으로써 공동체의 대표성을 확보할 수 있을 것이다. 그럼에도 불구하고 참여하지 못하는 성원들을 위해 우리는 대리인의 선정을 검토해야 할 것이다.

4) 권장되면서 억압되는 주민참여의 역설

참여의 요청과 배제의 역설

주민참여계획으로서 도시재생사업과 그 공동체는 당연히 주민들의 더 많은 참여를 요청한다. 참여하는 사람들이 가치를 구상하고 창출하기 때문에, 더 많은 참여와 실천은 더 많은 것을 창출할 수 있기 때문이다. 그러나 만약 우리가 도시재생공동체에 대한 기득권 세력이나 토지자본의 지배를 막지 못한다면, 공동체를 구성하는 다원적 성원들의 실질적 참여를 보장하기 어려워진다.

많은 도시재생주민협의체나 주거환경관리사업 주민협의체에서 주민참여는 **그 시작은 창대하지만 그 끝은 미미한 것이 현실**이다. 시작이 창대한 것은 기대가 많은 것이고 끝이 미미한 것은 해보니 별것이 없기 때문이다. 그러나 다른 관점에서 본다면, 시작은 창출(생산)과 관계된 것이고 끝은 분배와 관련된 것이기 때문이기도 하다. 생산과정에서는 참여와 실천이 많을수록 좋겠지만, **분배 과정에서는 소수가 독점하고 싶어** 한다.

사회적 방식의 생산을 염두에 두지 않는 토지자본가들은 처음부터 분배를 고려해 성원권 통제를 행할 수 있다. 그들은 사회적 방식으로 생산될 실천적 공유재는 당연히 토지자본의 것이라고 생각한다. 그들은 협의체를 독점적으로 지배하려 할 뿐만 아니라, 세입자들의 참여를 억압하고 배제함으로써, 분모를 줄이려 할 수 있다.

겉으로는 주민참여를 독려하는 (행정관청을 포함한) 계획가의 입장도 속으로는 크게 다르지 않다. 더 많은 참여는 분모가 커지는 것이고, 그것은 이질성과 다원성을 증가시켜 시끄러운 지역이 되는 것을 의미하기 때문이다. 더 많은 참여는 말 잘 듣는 주민들이 많이 참여해 주는 것을 의미할 뿐이다.

따라서 주민참여에서 기득권자-자본가와 계획가의 입장은 크게 다르지 않다. 단순한 주민참여 구조를 위해 참여의 억압과 배제가 묵인되는 것은 드문 일이 아니다. 필수적이고 직접적인 이해관계인들은 꼭 참여시켜야 뒷말이 적겠지만, 마을의 미래를 걱정하는 사람들이 많아지면 갈등이 늘어나고 사업이 지연된다고 생각할 수 있다. 민원을 일으키지 않고 빨리 해결하고자 하는 공무원들에게 중요한 것은 정의나 지역의 미래가 아니라 해결과 타협이며, 그것은 시끄러운 자에 대한 입막음이나 약자의 포기를 의미한다.

분모 줄이기에서는 **마을 일에 열심인 주민들도 크게 다르지 않다**. 실제로 많은 주민협의체에서 운영·관리로 들어가면, 회원 수를 가급적 줄이려고 하는 경향이 있다. 회원이 많으면 의사결정 정족수를 확보하고 단체를 관리하는 데 많은 번거로움이 있기 때문이다. 성원 수가 적어지면 이질성과 다원성이 감소하고, 다원적인 '더 큰 공동체'가 일원적인 '기초 공동체'가 되는 편리함도 있다. 동질적이며 의기투합하는 소수에 의한 독점적 운영이 가능해지는 것이다.

이 경우에 문제는 그 분배할 가치가, 참여하는 성원들이 구상하고 창출하는 가치라는 것이다. 창출한 가치들은 공유하고 나누고 교환함으로써 생산되는 것이기 때문에 분배받을 성원을 줄이는 것은 사회적 과정을 줄이는 것이 되므로, 가치의 총량도 줄어들 수밖에 없다. 물론 대안이 없는 것은 아니다. 사회적 방식이 아닌 경제적 방식을 택하는 것이다. 그 결과로 많은 운영 단계 조직의 수익 모델은 프로그램 운영 참여 인원당 징수하는 사용료가 된다. 물론 가장 선호하는 것은 시설의 재임대를 통한 수익이다. 반대로 회원들에 대한 회비 징수나 기부 및 협찬은 생각하지도, 생각할 수도 없다.

참여를 억압하는 실질적 방법

이와 같이 지리적 공동체에서 참여의 문제는 '자기 철수'로 간주할 단순한 문제가 아니다. 성원권에 대한 억압과 그에 따른 공동체 배제가 일어날 수 있기 때문이다.

가장 흔히 나타나는 참여를 억압하는 기제는 **오래 살았음을 강조하는 형태**로 작동한다. 기득권의 강조라고 할 수 있다. 이러한 기제는 오래된 마을에서는 권위의 형태로 나타나는 경향이 있으며, 자신이 얼마만큼 살았기 때문에 지역을 잘 알고 있다는 언설 형태로 표현된다. 그러한 언설은 자신과 '다른' 의견을 내는 사람들, 즉 신주민이나 세입자, 청년의 발언권을 막고 참여의지를 억압하게 된다. 이러한 장기 거주의 권위 의식은 주로 개발 지향의 선주민-지주들에 의해 발현되는 경향이 있다. 반대로 마을의 역사와 관련된 문제에서는 자신들의 삶을 알아주는 것이기 때문에 훨씬 더 포용적인 경향을 보인다.

또 다른 '참여의 억압'은 **문화적 차별의 형태**로 작동할 수 있다. 예컨대 기존 구성원들의 가치관이나 언행, 조직의 운영 등이 권위적이고 위계적이라면, 목적과 가치에 동의하더라도 공동체로 나아가는 발걸음을 멈추게 된다. 대표적으로 공동체 내에 연령에 의한 세대 차이가 크게 존재하는 경우가 이에 해당된다. 농촌마을공동체들의 경험적 사례들에서 젊은이들이나 여성들의 운신의 폭을 넓게 주는 마을공동체는 활성화되는 반면, 노인들이 마을의 의사결정을 독점하는 경우에는 젊은 층의 자발적 참여가 사실상 회피되고 마을은 활성화되지 않는 것으로 나타난다.

마지막으로 '참여의 억압'은 **실질적인 세력이나 영향력의 동원을 통해** 실력행사의 형태로 실행될 수 있다. 이 경우는 마을 정치와 연동되는 경우가 많은데, 자신들의 이익을 관철하기 위해 장기 거주에 따른 연고와 연결망을 동원하는 것이다. 또한 자신들에게 편리하고 유리하게 회의 시간을 잡도록 영향을 미쳐서 이해가 상충하는 사람들의 참여를 막는 방식이나, 자신들의 의견이 관철되지 않을 경우 보이콧하는 방식도 사용된다.

3. 다원적 집단, 다원적 평등

1) 공동체가 아니라 '정의로운 공동체'다

다원적 공동체에서 담론적 공공성의 가능성

이해나 문화가 서로 다른 성원으로 구성된 다원적 공동체에서 사안에 대한 논의와 의사결정은 그 자체로 다원적 평등과 그 정의를 보여주는 것이 될 수 있지만, 현실적으로 그리고 기술적으로 그것은 매우 어려운 과제다.

이를 위해 우리는 다음의 두 가지 중요한 문제를 검토해야 한다. 하나는 **'좋은 삶에 대한 서로 다른 견해를 가진 개인이나 집단의 의견을 어떻게 소통해 합의에 이르게 할 것인가'** 하는 공동체론의 근본적 문제이고, 다른 하나는 그럼에도 불구하고 발생할 수 있는 **'불평등과 소외의 문제를 어떻게 극복할 것인가'** 하는 정의론적 문제다. 여기서 전자의 소통과 합의 문제에 대해 우리는 위르겐 하버마스(Jürgen Habermas)의 담론적 공공성에서 논의를 시작할 수 있다.

하버마스의 의사소통적 합리성에 근거한 담론적 공공성은 토론민주주의의 방어에 역점을 두는 절차적 민주주의의 문제로, **의사소통의 결과로서 개인적 선호, 즉 좋음이 민주적 과정 안에서 변해 옳음을 창출할 수 있다는 것을** 전제한다. 여기에는 공정한 토론과 협상의 보장이라는 조건이 다시 부여되는데(김동수, 1995: 136~137), 이때 '공정하고 평등한 기회'라는 '이상적' 조건은 ① 경제적 불평등 상태를 재분배를 통해 제거 및 완화하고, ② 문화적 차이를 상호 존중해야 하는 것으로 규정된다(박영도, 2011: 308). 그렇다면 경제적·사회적 불평등과 이해관계가 엄연히 존재하는 마을공간에서 소통적 합의의 상대적 정의는 어떻게 가능할까?

우리가 도구적 행위와 소통적 행위를 교차시킨다면(요아스, 2002: 182), 하버마스가 의도한 '무시와 모욕으로 인한 정체성 훼손이라는 상처를 방지하는 것'으로서의 공공 영역은 더 많은 상처를 만드는 곳으로 변할 수 있다는 것을 알고 있다(박영도, 2011: 307). 아무래도, 우리의 재생지역들이 또는 우리 사회가 하버마스의 담론 윤리가 전제하는 공동의 삶의 규칙이나 "가능한 한 모든 관련 당사자들이 합리적 담론의 참여자로서 동의할 수 있는 행위 규범"(하버마스, 2006: 12)이 존재하거나 합의 가능한 공간인지에 대해 우리가 자신 있게 대답하기는 어렵기 때문이다. 우리 모두가 평등하다는 철학적 전제에도 불구하고, 우리는 동등하고 충분한 능력과 동등하고 충분한 정도의 합리성과 시민의식을 가지고 있지 못하다. 더구나 담론적 공공성은 이상적 담화 환경을 전제하기 때문에, 특히 강자에 의해 거론된 것에 대한 검증이 요구되는데, 이는 사업 기간이 정해져 있는 한국의 정부 사업 풍토에서는 단순히 갈등으로 받아들여질 우려가 크다.[5]

하버마스의 이러한 실패 가능성은 다원성의 문제에서 전자의 공동선의 도출 과정으로서의 소통의 문제와 후자의 불평등이라는 정의론적 문제가 사실은 한 몸이라는 것을 보여줄 뿐만 아니라 불평등의 문제가 더 크게 작용할 수 있음을 의미한다. 따라서 우리는 자발적 참여나 소통의 강조가 주민참여계획이나 주민공동체 활성화를 자동으로 보장한다고 믿어서는 안 된다.

정의 관념의 호출

구성원 개인들과 공동체들 간의 불평등과 소외의 문제에 대한 판단을 위해 우리는 다시금 정의(justice)의 관념을 호출할 필요가 있다. 박영도(2011: 312)는 그러한 문제를 풀기 위해, 아렌트의 "'자유로운 공동체'를 구성하는 자유와 공동체 사이에 정의의 관점을 추가할 것"을 제안한 바 있다. 이를 통해서 하

---

5 여기서의 닫혀 있는 사업 기간을 여는 것은 의외로 좋은 해법이 될 수 있다. 주민들 간의 토론을 지원하고 결론이 날 때까지 기다리는 것이다. 그것은 계획이 계획가의 몫이 아니라 주민들의 문제라는 것을 환기하는 방법이 될 수 있기 때문이다. 그러나 한국의 공공계획은 시간·공간·예산에 대해 철저히 닫혀 있으며, 그것은 견고한 관료주의가 요구하는 기술적 문제에 불과하다.

버마스적 "**말해진 것의 타당성에 대한 것이 아닌, 배제되고 말해질 수 없는 것에 대한 성찰**"이 가능하며, 그렇게 함으로써, 언어적 세계, 즉 담론 내에 갇힐 수 있는 담론적 성찰을 넘어서, "말해질 수 없는 것에 대한 성찰 속에서 파악된 **무언의 상처와 억압에 대한 통찰**"이 가능해진다는 주장이다(박영도, 2011: 317). 이때 '말해지지 않는 것'들은 그 사회의 불편한 진실을 담고 있으며, 그 진실은 지배적 권력을 가진 자들의 이익의 결과들일 것이다. 따라서 진실과 약자의 의견이 말해지도록 하기 위해 우리가 맨 처음 할 일은 참여의 억압이 있는지 살피고, 있다면 그것을 철폐하는 일이다. 그리고 그것은 '일원적인 공동선'의 게시가 아니라, 아렌트의 의견처럼, **누구나 '나아갈 수 있도록 (appear)' 공동의 장소를 '여는 것(open)'**을 의미한다.

그러나 공론의 장을 열고 약자가 공적 영역으로 나아갈 수 있도록 한다고 해서 단숨에 마을이 하나의 통일된 입장과 관점, 즉 공동선을 만들어 낼 것이라고 기대하기는 어렵다. 그것은 아렌트(1996: 110~111)의 주장처럼, "**수많은 측면과 관점들이 동시에 존재한다는 사실**"을 확인하는 과정일 뿐이기 때문이다. 물론 그러한 확인도 매우 의미 있는 것임은 분명하다. 그렇게 함으로써 우리는 마을에 사는 사람이라면 누구나 주민임을 확인하기 이전에, 마을은 '다양한 사람들이 섞여서 함께 사는 곳'임을 확인할 수 있기 때문이다.

이것은 동시에 도시재생공동체가 "정체성을 확인받는 공간"이 될 수는 있지만, "명예와 탁월성을 놓고 인정 투쟁이 벌어지는" '경연의 공간'은 아니라는 사실과 관계된다. 경연 공간은 "도덕적으로 동질적이고 정치적으로 평등주의적인, 그러나 배타적인 공동체에서 가능"했던 개념이며(박영도, 2011: 312), 따라서 현대에는 화폐나 권력이라는, 동일한 목적의 공간에서나 적용 가능한 개념이기 때문이다. 만약 그에 대한 대비 없이 우리가 마을에 공동의 장소를 연다고 해도, 그곳은 다시 '상충하는 이해를 다투는 공간'이 될 가능성이 높으며, 약자-주민들은 다시 뒤로 물러설 것이다. 자본과 권력은 그러한 경연에 매우 능숙하기 때문이다. 그러므로 마을공간에서 아렌트의 역할도 여기까지다.

따라서 공동의 장소를 열더라도 우리에게는 여전히 약자-주민들도 앞으로 나서서 적극적으로 참여하도록 해야 하는 과제가 남게 된다. 이 주제에 관련해서 누군가는 벤저민 바버(Barber, 1984)를 떠올릴 수도 있을 것이다. 바버의 참여민주주의론은 시민권을 인간의 정치적·사회적 존재 방식으로 규정하고 그것이 공동체 형성과 유지에 기여하는 바를 강조하는 원론적 입장이다(김미영, 2006: 233). 바버의 이러한 '참여의 보편성'에는, 그러나 공동체 내부나 공동체 간에 어떤 차이와 불평등이 마치 없는 것으로 가정한다는 점에서 한계가 있다고 비판되며(이선미, 2006: 158~159), 이것은 아렌트에서의 문제, 즉 지리적 공동체 내부의 다원성이 심각한 갈등으로 비화하지 않을 수 있는지에 대해서 답하지 못하는 문제를 재연할 수 있다(박영도, 2011: 311).

이러한 일련의 검토를 거치면서 우리는 많은 관련 이론들에도 불구하고, 현실의 마을공간에서는 대안의 희망이 없는 것처럼 보인다는 것에 절망하게 된다. 그렇다고 그러한 어려움을 이유로 공동체적 집단들이 무용하다거나, 그들을 배제해야 한다고 해서는 안 된다. 그렇게 되면, 결사의 자유를 통째로 부정해야 하거나 그러한 집단들의 긍정적 가능성을 포기해야 할 것이기 때문이다.

그러한 어려움은 그간에 우리가 '(지역)공동체를 지나치게 단일적이며 가치중립적으로 보아왔던 것'(이선미, 2004: 46)에서 시작된 것이기 때문에, **우리가 포기해야 할 것은 '다원적이고 이해 상충하는 개인과 집단들을 하나로 가정하거나 하나의 실체로 통합하고자 하는 시도'**이다. 이는 현대 사회와 우리의 실체적 마을 안에 서로 다른 가치와 목적과 공동선을 가지는 수많은 개인들과 개별 공동체적 집단들이 존재한다는 것, 그들 각각의 공동선은 각각의 욕망이나 이해로 작용할 수 있다는 것, 따라서 하나의 정체성이나 일원적 공동선에 대한 시도는 힘에 의한 침묵이나 일시적인 타협에 불과하다는 것을 받아들여야 한다는 것을 의미하는 것, 그 이상도 이하도 아니다(무페, 2007: 88). **공동체를 위해 공동체주의를 버려야** 하는 것이다. 우리는 '자유주의사회가 구성원들 사이의 공감대 형성 능력을 상실했다'는 샌델의 주장(Sandel, 1984: 5)에 대해, 사회구성원 모두가 공동의 사안에 왜 공감해야 하는지, 할 수는 있는 것인지에 대해 물어야 한다.

2) 다원적 집단에서의 의사결정

다원적 의사결정 모델

그렇다면, 일원적 공동선에 대한 시도를 포기하는 경우에도 우리에게는 서로 다른 가치와 목적을 가진 개인이나 공동체적 집단들이 집단적이든 집합적이든 의사결정을 하도록 도와야 하는 임무가 남는다. 다원적 개인이나 집단들이 공존하면서 협력적 실천에 나서도록 하기 위해, 우리에게는 의사결정을 위한 기술적 방법을 찾아야 되는 과제가 주어진다.

물론 우리는 다원적 공동체의 문제를 풀어가기 위해, 자유주의자들이 주장하는 것처럼, 공동선이란 타협으로서나 존재하는 어떤 것이라는 주장에 따라 타협에 나서야 될지도 모르며, 흔히 마을공동체주의자들이나 코뮌주의자들이 주장하는 것과 같은 연대에 나서야 할지도 모른다. 문제는, 전통적인 공동체주의자들은 '복수의 공동체들이 추구하는 가치들이 서로 충돌할 경우에 어떤 공동체의 가치를 더 우선시할 것인지'에 대해 답하지 않는다는 것이다(김지현·손철성, 2009: 105).

물론 타협과 합의는 서로 다른 주체 위치들 간의 차이를 확인한다는 점에서 하나의 유효한 공동체적 과정이 될 수도 있을 것이다. 반대로 연대는 살을 맞대는 이웃을 적으로 돌리고 먼 곳에서 동지를 구하는 방법이 될 수 있다. 또는 우리는 사회적 자본 이론가 그라노베터(Granovetter, 1973)의 충고를 받아들여 강한 공동체의 견고한 경계를 풀어(weak tie), 외부와의 연계를 갖고 능력 있는 거간을 받아들일 수도 있을 것이다. 그러나 그러한 방법들은 견고한 공동체의 경계가 만들어내는 부정적 효과를 완화하기 위해 이

그림 3-3 위계적 사회와 다중적 사회의 의사결정 비교

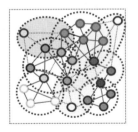

위계적·폐쇄적 사회

집합적 다중 간 계기적 접합

미 수없이 시도된 방법들이며, 무엇보다 나름의 선함에 다시 기대해야 하는 문제를 안고 있다. 타협과 합의가 아닌 의사결정을 위해 우리는 도시재생 주민협의체를 일원적이며 위계적인 구조가 아닌 집합적이며 다원적인 구조로 설정할 필요가 있다.

무폐의 계기적 접합의 개념

우리는 다원적 의사결정 모델의 하나로, 무폐의 '접합(articulation)' 개념을 검토해 볼 수 있다. 사회가 더 이상 유기체적 정체성을 가진 하나의 실체로 정의될 수 없다는 인식에 바탕을 두고 있는 무폐의 **접합** 개념은, '**다원적 주체들 간의 계기적(momental)이며 비확정적인 집합적 관계 맺기**'로 정의될 수 있다. 이는 결코 도달할 수 없는 하나의 '소실점'으로서의 공동선이 아니라, 모든 타자들의 요구들 간의 계기적 '등가성'을 확립하고자 하는 것으로 설명된다. 현장적으로 이러한 방법은 '협의체와 유사한 조직' 및 의사결정 구조로 제안될 수 있다.

무폐(2007: 117)에서 '접합'이란 주체 위치들 간의 집합적 관계 맺기의 실천으로서, "'특정 담론 틀 내에서만 구축되는' 일시적·계기적이며 불확실한 접점 만들기"로 정의된다. 또한 이것은 "그 실천의 결과로서 그들의 정체성이 변하게 되는 요소들 사이의 관계를 설립하는 모든 실천"이며, "접합적

실천의 결과로 생산되는 구조화된 총체성"을 '담론'으로 정의된다(라클라우·무페, 2012: 191).

이때 **접합이 일시적이며 불확실한 것은, 공적 영역은 '이익이 서로 대치하고, 갈등이 결정되며, 분열이 드러나고, 대치가 상연되는 곳'이기 때문이다**(무페, 2007: 98). 그는 '우리'라는 단어에 대해, 항상 갈등의 맥락에서 이루어지며, 따라서 공동선은 결코 도달할 수 없는 하나의 '소실점'이라고 주장한다(무페, 2007: 157~158). 따라서 그에게 **'우리'라는 것은 집단적·결사적(associative) 개념이 아니라 집합적 개념**이라고 할 수 있다. 그리고 참여하는 사람들은 **구성원(member)이 아니라 다중(multitudo)**이다.

이러한 무페의 관점에서 보면 차이나 상충하는 이해는 처음부터 타협이나 갈등의 봉합으로 풀릴 수 있는 것이 아니다. 따라서 현실적으로 접합은 사안별 그리고 주체 위치에 따라 공유 지점을 찾아가는 실천과 그 결과로써 (공동체적) 담론을 형성해 가는 것으로 설명할 수 있다. 접합은 공적인 관심사가 없는 개인들의 단순한 집단 만들기가 아니라, (다양한) "타자들의 요구들 간에 일련의 등가성을 확립"하는 과정(무페, 2007: 126), 즉 다원적 평등을 구해가는 실천이라고 할 수 있다.

접합 개념에서 접합부의 구조적 형태는 용접된 강절점(rigid end)이 아니라 힌지(hinge)로 설명될 수 있으며, 조직적으로는 피라미드형이 아닌 다원적 개인들과 집단들의 협의체 성격을 띤다고 할 수 있다. 이러한 조직구조는 일원적이며 피라미드형의 구조를 갖는 현행 도시재생주민협의체-공동체와는 전혀 다른 것이다. 현행 재생공동체에서는 대부분 투표를 통해 대표와 분과위원장 등 집행부를 선출하는 대의민주주의 방식을 택하고 있다. 또한 분과위도 주거분과·경제분과·환경분과 등의 통상적인 방식으로 구성되어 지역에서 오랫동안 특정 분야의 활동을 해온 사람이라도 자신의 탁월함을 인정받거나 실천하기 어려운 구조일 뿐만 아니라, 유력한 인사나 단체가 참여하지 않는 경우 공동체의 권위가 약하고, 특정한 단체가 주도하는 경우 그 단체와 구성원들의 평판으로 인해 확장되지 못하는 문제를 가지고 있다. 하지만 협의체 구조는 기존에 활동해 오던 단체들에게 단체의 전문성에 맞는 역할을 분과위의 형태로 맡기고 사안에 따라 '접합'해 함께 일을 하는 방식이라고 할 수 있다.[6]

그러나 이때의 **계기적 접합과 협의체 구조에도 공동체적 '관용(tolérance)'은 여전히 요구된다. 접합이 공동체의 문제보다는 민주주의 제도적 개념이기 때문**이다. 민주주의는 그 자체로 최상급심이 되고 조정자가 없는 제도인 점에 비해, 공동체의 문제는 상급심으로서의 국가나 살아 있는 주민들에 의해 운영되고 실천되는 체계라는 점에서 그러하다. 따라서 사전적으로 '나(또는 우리)와 다른 정치적·사회적·종교적 의견(입장)을 존중하는 것'을 의미하는 공동체적 관용의 정신을 통해 어느 정도까지는, 특히 지배력을 가진 강자로서의 선주민이나 자본가에 대해 약자나 신주민의 존중을 사회적으로 강제하거나 제도화하는 것이 필요하다.

3) '더 큰 공동선'과 시민의식

'더 큰 공동체'에서 규범으로서의 시민의식

이러한 논의로부터 주민참여의 문제에 관해 개인의 자유와 권리냐, 공동체의 공동선이냐의 문제를 두고 논쟁을 벌이는 것이 적어도 도시재생주민협의체에서는 크게 의미가 없을 뿐만 아니라 실효성도 없다는 것을 알 수 있다. 그보다는 개별 공동체나 결사체 수준에서 동질성에 기초해 창출된 공동선으로부터 긍정적이든 부정적이든, '끼리끼리' 모일 가능이 있는 개별 공동체들을 묶어내는 **'더 큰 공동선'**을 도출하는 것이 가능할 것인지 대해 의

---

6 예컨대 서울 동작구 상도동의 '성대골 주거환경관리사업 주민협의체-공동체'는 에너지분과, 사회주택분과, 도시농업분과 등 지역 내 기존 단체들의 전문성을 살리는 방식으로 구성하고 운영위원회를 협의체 형태로 구성·운영함으로써, 초기의 상호 몰이해로 인한 기존 단체들 간의 갈등을 해소함으로써 가장 성공한 공동체 활동으로 손꼽는다.

문을 갖게 된다. 대도시 지역이나 마을에서, 공동체가 되었든 결사체가 되었든, 그들의 가정된 실체적 공동선이 '행복'이라는 흐뭇한 말이라고 해도, 그것이 그들의 집합으로 구성되는 '더 큰 공동선'과 자동적으로 일치할 것이라고 기대하기 어렵기 때문이다.

따라서 우리는 '더 큰 공동체'의 문제를 개별 공동체적 집단의 공동선과 구별하는 것이 필요하다. 그런 다음, 개인들과 집단들의 이해 충돌 가능성을 도덕적 관점에서 부정하거나 비난하기보다는, 나쁜 공동체들이 나쁜 인격들을 형성할 수 있다는 가능성을 시인하고(샌델, 2008: 105, 111), 그들을 공론의 장으로 불러내어 서로의 차이를 확인해야 한다.

우리에게 그러한 시도가 중요한 것은 도시마을의 현장에서 오랜 시간 굳어진 '나쁜 시민의 습속'에 절망하지만, 동시에 공동체적 희망을 버릴 수도 없기 때문이다. **요점은 시민성이 전제되지 않은 공동체적 집단들로 하여금 자신들만의 이해와 행복의 울타리(경계)를 어떻게 넘도록 할 것인가 하는 것이다.** 물론 이를 위해 우리는 '좋은 시민은 발견되는 것이 아니라 만들어지는 것'이라는 계몽적 기대도 접어야 한다.

이와 같은 것들을 종합적으로 고려할 때, '더 큰 공동체'에서 가능한 '더 큰 공동선'은 그 다원적인 공동체적 집단이 지켜야 할 보편적인 가치에 대한 정의와 함께, 그것을 지켜내기 위한 **규범의 형태가 될 수밖에 없다.** 그리고 그것은 특히 최상급의 가치가 되어버린 권력과 자본과 기득권 세력에 의한 다원적 평등의 침해를 통제할 수 있는 규범이 되어야 할 것이다. 이를 위해 특히 어떻게 하면 스스로 공간가치의 담지자를 자임하는 토지로부터 공동체적 실천을 분리해 낼 것인가 하는 문제를 검토해야 할 것이다. 인간이 사회적 동물임을 인정해야 하는 만큼, 구성원들의 삶의 질을 손상시키고 사회 전체의 건강성을 해치는 원인의 근원은 '공동체와 단절되어 무력한 개인'이 아니라 수많은 공동체들로 만들어진 정치와 권력과 자본(설한, 2003: 18), 그리고 그것을 추구하는 욕망에 있다는 것을 인정하고, 그것들을 통제하는 규범을 세우고 작동시켜야 하는 것이다. 결국 '더 큰 공동체'에 필요한 '더 큰 공동선'은 '더 큰 공동선' 자체가 아니라, 충돌하는 이해를 조정할 수 있는 규범적 시스템이라고 할 수 있다. 그리고 그것은 거창한 정치철학적 개념이 아니라 민주주의가 필요로 하는 규범으로서의 **현실적인 '시민의식'과 같은 것**이 될 것이다.

'더 큰 공동선'을 대신하는 **시민의식은 공동체적, 민주주의적, 제도적 수준에서의 고려를 요구**한다. 먼저 공동체적 수준에서 **다원적인 것의 인정과 용인과 배려**가 필요하다. 이를 위해서 국가는 선주민-기득권자들의 집단을 선한 공동체로 간주하고 지원하는 관행을 탈피해야 하며, 다원적 주민들을 적극적으로 발굴해 참여시키려 노력해야 한다. 또한 주민들에게 행정편의적 일원적 집단의 결성과 동원을 지양해야 하며, 직접적 이해관계자들만을 주민으로 간주하거나 강한 주민의 의사로써 주민참여를 대신하는 관행을 버려야 한다.

다음으로, 민주주의에 관련해서는 **토론민주주의에 대한 규범화**가 필요하다. 의견과 이해가 다른 상대방에 대한 존중과 토론 결과에 대한 승복이 그것이다. 이는 주민참여사업 현장에서 경험하게 되는 가장 어려운 부분으로, 공동체적 규범의 실행, 즉 공동체적 제재를 수반해야 한다.

마지막으로 제도적 수준에서, 상급의 공동체로서 국가의 재생 지침을 통해, **서로 다른 영역에서의 분배를 명시**할 필요가 있다. 예컨대 재생사업으로 생산되는 가치를 분배하는 것과 관련하여 응분의 몫과 필요의 비율을 상징적으로든 명문적으로든 상급의 지침으로 명시해야 한다. 이것은 시장재생에서 소비자-주민의 참여와 같은, 특정 사안에 대한 성원권의 문제나, 참여할 수 없는 사람들의 문제를 챙기는 대리인의 파견을 포함할 수 있을 것이다.

다원적 평등과 참여를 위한 국가의 책무

도시재생은 사회적 방식으로 공간가치를 생산하고자 한다는 점에서 이전의 자본적 방식의 생산과는 구별되며, 우리는 이것을 사회적 재생으로 규정했다. 사회적 재생은 주민참여와 공동체 활성화와 같은 주민들의 사회적 실천을 통해 공간가치를 생산하고자 한다는 점에서 자본적 재생을 대체하는 새로운 공간가치 생산의 기제로서 충분한 가능성이 있는 것으로 주장된다.

그러나 근린도시재생에서 주민들의 사회적 실천의 장으로 설정되는 주민협의체-공동체는 개별 공동체 단위에 적용되는 자발적 참여에 의한 동질적이고 일원적인 마을공동체 모델을 따르고 있어서, 다원적인 주민들의 공동체 참여는 미흡하며 특정 집단에 의해 공동체가 지배되는 등의 어려움을 겪고 있다. 이러한 상황은 도시재생공동체가, 지리적 공동체의 성격을 가지기 때문에, 다양한 주민과 집단들의 다양한 이해가 충돌하는 공간이고, 참여하거나 하지 못하는 주민들조차 성원으로 포함하며, 따라서 그 기대되는 성과가 모든 주민들에게 고루 분배되어야 하는 다원적 분배공동체라는 점을 간과한 결과라고 할 수 있다.

우리는 이 장에서, 주민참여에서 특정 목적을 가진 강자에 의해 참여가 억압되고 배제될 수 있음에 대해 논의하고, 주민들의 참여와 실천을 활성화하기 위한 방안의 하나로, 다원적 주체들의 이해를 대변할 수 있는 대표성의 문제를 보완하는 방안과, 사안에 따라 다양한 성원들이 계기적으로 접합하고 협력하는 무페의 '다원적 민주주의 모델'에 대해 살펴보았다. 이러한 다원적 공동체 모델이 중요한 것은, 강자에 의한 공동체 지배는 약자 성원들의 참여를 포기시킴으로써 사회적 재생이 요청하는 주민들의 더 많은 사회적 실천과 그 결과로서의 실천적 공유재의 생산을 차단하기 때문이다.

다원적 평등에 입각한 다원적 참여의 공동체는 약자들을 전면으로 불러내어 '말해지지 않는(못하는) 것'들을 듣고 함께 사회적 실천에 나서는 공동체다. 그것은 자유와 평등 그리고 공동선의 문제에 대한 명확한 일치 여부와 무관하게, 갈등으로 소란스럽더라도 누구나 그 공동체의 일원이라는 사실을 인식할 수 있게 해주는 공동체, 서로 다른 주체 위치들 간에 '등가성'이 보장되는 공동체다. 이러한 다양한 이해관계자들인 자발적 참여자들이 전체 성원들의 이해를 대표하기 위해서는 도시재생주민협의체-공동체가 그러한 대표성을 가질 수 있도록 국가가 도시재생 제도를 보완해야 한다.

이를 위해서 국가는 마을의 공동체적 이익과 자본의 이해가 실질적으로 균형을 맞출 수 있도록 하는 제도적 방안을 검토해야 하며, 상급 정치공동체의 명령으로써 자본이 그들의 분배 영역을 넘어 약자 성원들의 삶의 영역을 침범하지 못하도록 감시해야 한다. 그것은 특별한 요청이 아니라, 클락·디어(1989)가 말하는 '자본주의에서의 국가'의 책무다. 그리고 이것은 국가가, 서로 다른 주체 위치 간의 갈등 중재자가 되어야 한다는 것을 의미한다. 우리는 국가가 그러한 역할을 포기하는 경우에, 결국 갈등이 권력관계의 비대칭성에 의해 미봉된다는 것을 알고 있다.

또한 국가는, 국가가 공동선의 또 다른 형태인 법과 사업 지침으로서 해야 할 책임을 상생협약과 같은, 절대 강자와 절대 약자들 간의 비대칭적 사적 협약으로 미루어서는 안 되며, 약자들의 권리를 보호하는 '임대차보호법'이 적절한지에 대해 재검토하고 반드시 지켜지도록 감시해야 한다. 아울러 국가는, 자본에 의한 시민사회의 식민지화를 거부하기 위해 시민들이 그러한 국가에 대해 저항할 권리가 있다는 것을 기억해야 한다. 재생의 현장에서 그러한 저항은 참여의 거부, 실천의 불이행, 행위자-주민의 이탈로 나타날 수 있다. 즉 참여의 미흡은 저항의 일종인 것이다.

그러나 우리는 많은 도시재생 사이트들에서의 미흡한 결과가 사회적 재생의 기획을 쓸모없는 것으로 치부하거나, 공동체적 실천이 자본적 공간 생산에 대한 대안이 될 수 없다는 증거가 되는 것으로 간주해서는 안 된다. 실패는 모든 것을 자유주의의 책임으로 돌리고 추상적인 공동체 윤리만을 요청해 왔던 공동체주의자들과, 겉으로는 꿀벌을 치하하면서도 여전히 반란적 건축가의 기획과 혁명에만 기대는 마르크시스트 공간론자들과, 자본주의를 친구로 두고 있으면서도 이념적·윤리적 우월감으로 자신들만의 연대로 세상을 구원한 것처럼 착각하는 중산층화된 좌파들의 것이다.

그러한 사실은 우리에게 우리 자신이 산업화와 도시화 과정에서 자본적 공간 생산에 너무나 익숙해져 있었음에 대한 성찰을 요구하며, 그에 대한 대안의 희망을 모색할 것을 요청한다. 우리가 그러한 희망을 상정하지 않

그림 3-4 도시재생지역 내의 여러 집단 사례

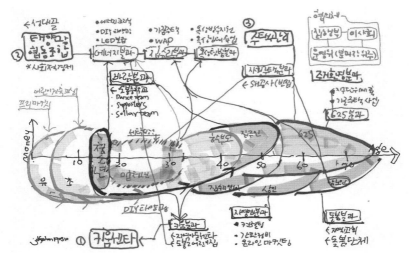

자료: 저자 작성.

는다면, 우리의 도시와 마을은 개인적인 것들과 화폐로만 채워져야 한다는 점에서, 다원적 공동체와 그 사회적 실천은 여전히 우리에게 희망으로 남아 있어야 한다.

이를 위해 우리의 기획은 좀 더 정교해져야 하며 보다 급진적이어야 할 필요가 있다. 그것은 자신들만의 친밀과 행복을 추구하는 행복공동체나 자본주의의 폐해에는 눈감는 책상머리 공동체주의가 아니라, 우리 모두가 자기이해에 충실한 다원적인 성원임을 인정하고, 다중의 집합적 실천의 잠재적 힘을 믿고 보장하는, 현장적이며 실체적인 기획이 되어야 할 것이다.

우리는 현대사회를 피폐하게 만드는 자본주의의 욕망이 따뜻함을 꿈꾸고 있는 개인과 공동체의 실천을 방해하고 착취하기 위해 도시 곳곳에, 그리고 우리의 신체에 잠복하고 있다는 사실을 항상 기억해야 한다.

2부

이론에서
현장으로

4장

상업지재생과
젠트리화의 문제

"젠트리피케이션은 ……
사람이 아니라 자본이 돌아가는 것이다"
(Smith, 1979: 547).

1. 중산층의 자본이든가 소비든가

1) 젠트리피케이션과 도시재생

젠트리피케이션이란?

젠트리피케이션(gentrification)은 영국 사회학자 루스 글래스(Glass, 1964)가 런던의 저소득 지역으로의 중간계급의 주거 이동을 묘사하기 위해 고안한 이래, 기성 시가지 정비와 관련된 도시사회학의 가장 뜨거운 주제 중 하나였다. 한국에 처음 소개되었던 1990년대에 젠트리피케이션은 '도시회춘화'라는 어색한 이름으로 번역되기도 했다. 서구 이론에서 젠트리피케이션에 관한 정의는 젠트리피케이션에 대한 연구자들 간의 입장 차이에도 불구하고, 닐 스미스(Neil Smith)와 피터 윌리엄스(Peter Williams)가 말하는, **"중간계급과 상업적 개발자들에 의해 쇠퇴한 도시지역의 자산을 복구하고 향상시키는 것으로서, 흔히 하위 소득자들의 전치의 원인이 된다"**(Smith and Willams, 1986)라는 정도에 대체로 동의한다.

서구의 젠트리피케이션 개념은 정책의 이름이 아니라 과정적·결과적인 사회적 현상에 대한 것이기 때문에 전면 철거 방식인지 아닌지에 대한 구별을 포함하지 않으며, **내용적으로 도시재생과 재개발을 모두 포괄한다.** 한국에서는 과거의 정책이 되어버린 재개발에 관한 연구는 그런 이유로 서구 젠트리피케이션 연구에서 의외로 높은 대접을 받기도 한다. 반대로 한국의 도시재생은 재개발·재건축을 제외한 정책으로 인식되는 편이다.

한편 1990년대 이후 유럽에서 도시재생은 젠트리피케이션 현상을 일으키는 국가적 도시정책의 의미로 이해되기도 한다(Smith, 2002: 443). 스미스는 도시재생의 '재생'이라는 단어가 (젠트리피케이션의) '발톱을 뺀(anodyne)' 표현이며, 생태학적 용어인 '재생'의 사용을 통해 그것이 '자연적 과정'인 것 같은 이미지를 주입함으로써, **"젠트리피케이션을 설탕 코팅한다"**라고 비판한다

(Smith, 2002: 445). 그는 또한, 도시재생이라는 말은 젠트리피케이션이 야기하는 '더러운' 이미지를 희석하며 비판적인 인식의 시민사회조차도 마비시키는 "신자유주의적 도시주의의 완성적 표현"이 되었다고 주장한다(Smith, 2002: 446).

한국에서 젠트리피케이션이라는 용어는 자연발생적 장소활성화지역, 즉 이른바 핫한 지역에서 임대료 상승에 따라 발생하는 **전치(displacement)', 즉 '둥지 내몰림' 현상을 '현상적이고 감상적으로' 설명하는 데 제한적으로 사용**되는 경향이 있다. 이러한 경향은 장소의 부스터링(boostering)이 도시재생과 같은 정부 정책에 의한 것인지 아니면 시장에 의한 것인지에 대한 논쟁을 야기한다.

서울의 성수동, 해방촌, 서촌 등과 같은 재생지역에서의 **젠트리화**[1]와 전치의 발생이 도시재생의 직접적 영향인지는 분명하지 않다. 개인적으로 보기에, 젠트리화와 전치의 발생은 그 지역들에 이미 내재된 지리적 특성에서 더 큰 에너지를 받은 것으로 보이며, 도시재생의 책임은 그러한 지역을 찾아서 기름을 부은 데 있다고 본다. 특별한 지리적 특성을 가지고 있지 못하다면, 도시재생만으로 둥지 내몰림과 같은 현상을 일으키는 것은 매우 어렵다고 보기 때문이다.

그리고 그러한 의견이 타당하다면 상업지재생 및 지역 활성화에 관한 도시정책 전반에 대한 재검토가 필요할 수 있다. 핫한 지역과 연계된 지리적

---

1 '도시재생'을 영어로 직역하면 'urban regeneration'에 가장 가까우며, 한국의 도시재생과 내용상 가장 가까운 표현은 'urban renewal'이다. 도시재생 관련 학술적 연구에서 가장 깊게 관련된 서구 개념은 젠트리피케이션이다. 도시재생이 구체적인 정책이라면, 젠트리피케이션은 현상이나 과정으로 이해된다. 이 글에서 '젠트리피케이션'이라는 용어는 서구 이론 설명의 경우가 아니면 가급적 쓰지 않거나 '서구 젠트리피케이션'으로 구분해 사용한다. 뒤에서 더 깊이 논의하겠지만, 한국의 도시재생이 서구에서 말하는 젠트리피케이션과 많은 차이점이 있으며, 특히 한국인들에게 젠트리피케이션은 '임대료의 상승 등으로 인한 전치 현상'과 같이 주로 동사적으로 한정되어 쓰이는 경향이 있기 때문이다. 따라서 이와 같은 현상으로서의 젠트리피케이션에 대해서는 동사적으로 '젠트리화(gentrfying, gentrified)'라는 말을 사용하고자 한다.

특성을 갖지 못한 지역의 도시재생에서, 상업지재생에 따른 충분한 지역 활성화가 매우 어렵다는 것을 뜻하기 때문이다. 또한 그러한 지리적 특성을 가진 지역에 대한 상업지재생의 전략도 전면적으로 수정해야 할 수도 있다. 상생협약의 미화된 선전에도 불구하고, 그런 지역에 대한 도시재생은 젠트리화와 전치 과정을 통제하기는커녕 지속적인 미디어 홍보와 주민들에 대한 선전에 의해 오히려 창의계급과 문화적 소비자와 투기 자본의 유입을 부추기기 때문이다.

젠트리피케이션의 조건

우리가 어떤 도시 현상을 그 용어의 정의에 충실하게 젠트리피케이션이라고 부를 수 있으려면 '쇠퇴한 지역'이라는 공간적 대상과 '자산을 복구하고 향상시키는 행위'(공간가치 개선 행위), 그리고 그 결과로서 하위 소득의 '기존 주민들의 전치'가 있어야 한다고 할 수 있다. 이 중 두 번째의 공간가치 개선 행위가 생산과 관련된 부분이라면, 전치는 생산된 가치의 분배와 관련된 것이다.

먼저, '**쇠퇴한 지역**'은 재생의 필요를 제공한다. 쇠퇴하지 않았다면 (급격한) 젠트리화가 일어날 수 없기 때문이다. 그러나 한국에서 충분히 쇠퇴한 지역이 자생적으로 젠트리화되는 경우는 흔치 않다. 자생적으로 젠트리화되고 있는 지역은 홍대 인근 지역처럼 핫한 지역의 인접 지역이거나, 문래동과 성수동처럼 기존의 물리적 조건들이 새로운 지리적 경관으로 변한 곳이거나, 서촌이나 해방촌처럼 도심에 위치하지만 법적 규제 등으로 개발하지 못하고 남겨진 곳들이다.

다음으로, '**공간가치 개선 행위**'는 쇠퇴한 지역에 대한 기존 주민들의 사회적 실천과 외부적 자원의 투입을 통해 인위적 또는 자연발생적으로 이루어진다. 자생적으로 떠오르는 지역을 제외한 도시재생지역에서는 후자보다는 전자에 더 많이 의존한다. 후자의 자원에는 사람과 예산과 자본이 함께 포함되는데, 외부 자원으로서의 사람은 일반적으로 예술가 등 문화자본이 높은 집단으로 전제된다.

마지막으로, '하위 소득의 **기존 주민들의 전치**'가 있어야 하며, 이는 생산된 공간가치의 분배와 밀접하다. 하위 소득의 기존 주민 또는 상인들은 쇠퇴해 집세가 싸기 때문에 거주·영업하고 있으며, 그들에게 공간가치의 개선과 외부 자본의 유입은 집세의 상승과 직결되고 전치의 요인이 된다. 이러한 사실은 주택·건물을 소유하지 못한 하위층에게는 젠트리피케이션은 그 과정을 통해 생산된 공간의 가치가 전혀 분배되지 못할 뿐만 아니라, 사회적 관계를 잃고 정든 동네를 떠나야 되거나 자신이 축적한 상업적 가치들을 포기해야 하는 등 오히려 박탈의 원인이 된다는 것을 의미한다.

도시재생의 공간사회학적 맥락

서구 젠트리피케이션과 관련된 정책들이나 사례들이 우리의 사정과는 많은 차이가 있음에도 불구하고 그 풍부한 논의는 한국 도시재생의 문제를 진단하고 예측해 보는 데도 유용하다. 한국 도시재생은 사회적 재생의 모델로 설계되었지만 사회학적 문제들은 간과되어 왔으며, 이제 시작한 지 얼마 되지 않았으면서도 관료주의적 추진의 편의성에 의해 **공동체 활성화 중심으로 고착화**되었다고 비판된다. 또한 이러한 결과는, 도시재생의 사이트가 처한 공간사회학적 조건이 서구나 일본의 유사 도시재생 정책 사이트의 그것과 다름에도 불구하고, 그 차이를 간과하고 도시재생 모델이 설계되었기 때문이기도 하다. 관련된 논의를 확장하기 위해 도시재생을 둘러싸고 있는 도시사회학적 맥락이 서구 젠트리피케이션의 그것과 어떻게 다른지를 비교해 볼 필요가 있는데, 이를 요약하면 다음과 같다.

첫째, 수요 공급과 관련하여, 서구 젠트리피케이션 이론은 쇠퇴지에서 문화자본이 높은 **중산층의 이주를 통한 활성화와 관련된 문제에 주목**하지만, 한국의 재생지역들은 탈산업화와 같은 산업적 요인보다는 신도시 개발 등에 의한 아파트로의 **주택계급화에 따른 잔여지**라는 점에서, **중산층의 귀환을 기대하기 어려우며 중산층의 투기적 자본만이 귀환하는 곳**이라고 할 수 있다. 더구나 남겨진 이들도 저소득층이라기보다는 노년층으로 '**연령계급화**'된 공간이며, 이들의 보수적 경향은 지역 활성화를 위한 젊은 층의 진입에 장벽으로 작용할 수 있는 문제가 있다. 이러한 특성은 '**수요·공급 논쟁 및 중산층 관련 논의의 재검토**'에 대한 논의로 연결된다.

둘째, 동질성과 관련하여 서구 젠트리피케이션의 사이트가 주로 **하위층 노동자들의 집단 거주지**였던 데 반해, 도시재생의 사이트는 대부분 **재개발 잔여지들**이다. 이 재개발의 막차를 탄 지역들은 쇠퇴도도 모호하고, 그 이해관계인들이 오래된 지주, 부재지주, 단기 세입자 등, 부정적 의미에서의 **사회적으로 혼합된 지역**이며, 그에 따라 이질성, 이해 상충 및 갈등이 내재된 곳이다. 이는 서구의 '사회적혼합'과 관련된 이론의 적용이 어렵고, 사회적 재생에서의 **공동체 활성화도 쉽지 않다**는 것을 의미한다. 이러한 특성은 **일본식 마을만들기와 공동체주의 모델 적용의 적정성**에 대한 논의로 연결된다.

셋째, 공간적 범위와 관련하여 쇠퇴한 산업도시를 도시 차원에서 재생하거나 그 노동자들이 거주하던 넓은 범위의 쇠퇴한 지역을 재생하는 것에 관한 서구 젠트리피케이션 논의와는 달리, 한국의 도시재생은 **재개발 출구 전략의 일환으로 생활권과도 무관한 '마을' 정도의 규모**로 추진되고 있기 때문에, 인적자원이 부족하고 다양한 재생 프로그램 투입이 어려우며, 도시재생지역의 자립이 어렵고 도시재생의 결과가 도시 전체에 미치기 어렵다는 점에서, 이는 '**주거지의 경제적 재생의 적정성 및 지역재생의 필요**'와 관련된 논의로 연결된다.

넷째, 상업지 쇠퇴와 관련하여 서구의 쇠퇴한 근린들이 탈산업화와 광범위한 하위계급의 분포에 따른 장기적 침체와 구매력 저하와 관련되어 있는 반면, 한국의 상업지들은 신시가지로의 상권 이동과 상업 트렌드의 변화로 발생하는 상업 시설의 공급 과잉(상업적 잉여지)과 관련되어 있으며, 이러한 지역들은 주로 **한계상업지**의 형태로 존재한다는 점에서 **경제적 재활성화나 근린 효과를 기대하기** 매우 어렵다. 이러한 특성에 관해서는 재상업화와 상업지 전치에 관련된 논의를 통해 '**상생협약 위주의 전치 대안의 적정성**'과 관련된 논의로 연결된다.

핫한 지역에 집중된 국내 젠트리피케이션 논의

한국에서 도시재생에 관한 연구는 매우 빈약하며, 주로 주민참여와 관련된 내용에 국한되는 경향이 있다. 이는 그 시행이 아직 얼마 되지 않은 탓도 있지만, 서구에서도 그러한 비판이 있는 것처럼(예: Slater, 2006), 관련 연구가 주로 관변 연구자들이 제안하고 참여해 이루어지는 것과 무관하지 않다. 젠트리피케이션과 관련된 국내 연구는 크게 서구 젠트리피케이션 이론을 소개하는 연구, 재개발-젠트리피케이션과 관련된 연구, 자연발생적으로 젠트리화되고 있는 지역에 대한 연구로 나눌 수 있다.

먼저 **서구 젠트리피케이션 이론에 대한 소개성 논의**들은 1990년대 후반부터 시작되어, 주로 스미스(Smith, 1979)와 레이(Ley, 1986)의 공급과 수요 논쟁을 중심으로 이루어졌으며(김걸·남영우, 1998; 정현주, 2005; 김걸, 2007), 2010년대까지도 이러한 추세는 간헐적으로 이어지고 있다(예: 신정엽·김감영, 2014; 이재민·김진희, 2016). 그러나 관련 연구들은 한국의 상황에서 어떻게 적용되거나 차이를 보이는지를 규명하는 내용보다는 소개성 논의에 그치고 있는 실정이며, 도시재생의 유행에 따라 전치 현상에 관한 논의로 옮겨간 것으로 보인다.

다음으로, **재개발-젠트리피케이션 관련 연구**는 양적인 면에서 절대적으로 부족하며, 재개발 자체를 젠트리피케이션으로 보는 시각보다는 재개발에서 필연적으로 발생하는 둥지 내몰림 현상을 젠트리피케이션 이론을 빌려 설명하는 경향을 보인다(김걸, 2007; 이선영·주경식, 2008; 이희연·심재헌, 2009; 최병현, 2012; 이선영, 2014). 이러한 양적 부족은 자료 획득이 어려운 재개발의 특수성과 정치적 민감함의 원인이 큰 것으로 보이는데, 재개발이 멈추고 도시재생 체제로 전환되면서 그나마의 연구도 사실상 종결되었다고 볼 수 있다. 이후의 젠트리피케이션 논의들에서 재개발은 완전히 제외되는데, 이는 도시재생이 지주들만의 이익을 위한 전면 철거 방식과는 다르다고 보는 긍정적 관점의 만연과, 재개발이라는 용어가 너무나 확고하게 자리 잡은 환경이 크게 작용한 것으로 보인다.

마지막으로 **자연발생적으로 젠트리화되고 있는 지역**, 즉 핫한 지역에 대한 연구들은 이슈 자체의 선정성에 편승해 양적으로 풍부함을 보여주지만, 학술적 측면에서 젠트리피케이션의 다양한 논의를 '둥지 내몰림'으로 수렴시킴으로써, 더 많은 통찰의 가능성을 스스로 닫아버리는 경향이 있다. 이러한 경향은 지역 활성화에서 문화적 장소마케팅이 중요하게 인식되고 둥지 내몰림의 문제가 사회적으로 심각한 문제로 인식되면서 젠트리피케이션이라는 용어가 대중적으로 유행한 것과 무관하지 않다. 물론 여기에는 발생 및 전개 과정과 소비 경관의 변화에 대한 연구, 상업화로 인한 지역 정체성이나 문화적 가치의 상실, 그리고 전치의 폐해를 우려하는 논의 등 다양한 내용이 포함되지만, 전체적으로 서구 이론의 눈으로 한국의 현상을 바라보는 관점에서는 크게 차이가 없다. 그렇다면 젠트리피케이션 이론에서의 이러한 통찰력 있는 연구들은 도시재생 논의에 어떠한 참조점을 주는가?

2) 자본만의 귀환과 중산층

수요·공급 논쟁

젠트리피케이션은 왜 발생할까? 젠트리피케이션의 원인이나 동력에 관한 1980년대 데이비드 레이(David Ley)와 스미스 간의 '수요·공급 논쟁'은 이미 고전적인 것으로 평가되지만, 이젠 그 원인에 대한 직접적인 관심보다는 그 배경에 깔린 이데올로기적 관점에서 젠트리피케이션의 부정적·긍정적 측면을 두고 논쟁하는 방향으로 전환되었다. 그러나 수요·공급 논쟁이 던졌던 '사람의 귀환인가 자본의 귀환인가'라는 질문은 그 원인에 대한 학술적 논쟁을 넘어서, 도시재생의 배경적 조건과 그에 따른 영향을 이해하는 데 여전히 유효하다.

레이의 **수요이론**은 탈산업도시에서 **중산층의 새로운 문화적 욕구**라는 '수요'가 교외 생활자들을 도심으로 돌아오게 만들어 젠트리피케이션을 일으킨다는 것으로 요약된다. 탈산업시대로의 전환에 따라 산업시대 교외화의 공간 욕구가 도심 내 문화적 욕구로 옮겨가게 되면서 젠트리피케이션의 동력을 제공한다는 것이다.

반대로 스미스의 **공급이론**은 **도시 내 근린지역들의 물리적인 쇠퇴와 경제적 가치 하락이 임대료 격차**(Rent Gap)를 극대화해 (교외로 나간) **자본투자를 유인**하고 젠트리피케이션의 원인이 된다는 것이다. 간단히, 젠트리피케이션은 도심 내 토지·건물의 개발이 교외 개발보다 더 많은 이윤율을 보장하게 됨으로써 발생하는, '토지·주택 시장의 구조적 산물'이라는 것이다(Smith, 1979: 546). 그는 젠트리피케이션을 자본주의와 신자유주의의 일환, 즉 축적의 도시 과정으로 보고 비판하는 마르크스주의 관점을 견지한다(예: Clark, 1988). 당시에 스미스는 젠트리피케이션을 "**사람이 아니라 자본이 돌아가는 것**"이라고 단언했다(Smith, 1979: 547).

이러한 수요와 공급의 입장 차이는 서로 시간이 흐를수록 상대 진영의 주장을 어느 정도 인정하는 것으로 타협된다. 스미스는 레이의 문화적 욕구 주장을 받아들여, 자신의 임대료 격차 이론이 유일하지 않다는 것을 인정하고(Smith 1987: 464), 레이 역시 도시예술가가 중간계급의 '앞잡이 또는 식민지적 팔'이 될 수 있으며(Ley 1996: 191), '예술가들의 장소 과식이 기업가들에게는 가치 있는 자원이 된다'(Ley, 2003: 2535)고 기술함으로써 경제적 요인의 중요성을 인정한다. 레이의 문화적 소비 욕구 또는 소비문화는 젠트리피케이션을 사람, 즉 중산층의 이동과 관련된 것으로 설명하는 반면, 스미스의 '임대료 격차' 이론은 (중산층) 자본의 이동 또는 회귀와 관련된 것으로 주장한다.

젠트리피케이션의 원인에 관한 수요·공급 논쟁은 교외로의 도시 확장에서 도심 (재)개발로 전환되는 도시개발의 패러다임적 전환에 관한 것으로, 자본의 이동과 소비문화의 양 측면을 함께 반영하는 재개발지역이나 핫한 지역에 관한 논의에서는 상당히 유용한 프레임이 될 수 있지만, 이 논쟁과 프레임을 한국의 도시재생 논의에 그대로 적용하기는 어려워 보인다. 재개발에 한정해 볼 때, 사람이 돌아오는 것을 입증하려는 국내 연구가 없었던 것은 아니나, 도심재개발 주택의 가격이 신도시의 그것에 비해 상대적으로 매우 높고, 투자 목적이 더 강한 반면 실거주 수요가 매우 적었다는 점에서 보면, **한국에서는 자본의 귀환**이 더 큰 요인인 것으로 보인다.

주택계급화와 자본만의 귀환

도시재생과 관련하여 수요·공급 논쟁이 우리에게 던지는 시사점은 젠트리화가 발생하는 원인이 어디에 있는지가 아니라, 도시재생에서도 **수요적·문화적 요인과 자본적·경제적 요인**이라는 두 가지 요인이 어떤 식으로든 작용할 수 있으며, 그렇게 만들어야 한다는 것이다. 다시 말해, 도시재생을 통해 쇠퇴한 지역을 활성화하기 위해서는 **사람이나 자본 중 적어도 하나는 끌어들여야 한다**는 것이다.

본격적인 논의에 앞서, 서구의 도시재생지역이나 국내의 자생적 젠트리화 지역에 비해 한국의 도시재생지역들은 그 규모가 작고 쇠퇴도가 낮으며, 진정성 있는 경관이나 특정 시기의 역사적인 경관(periodic style)이 매우 적다는 점을 상기할 필요가 있다. 그러한 요소들이 중요한 것은 문화자본을 가진 중산층과 그 경제 자본을 흡입하는 중요한 조건이 되기 때문이다.

그러나 사람/자본의 유입 가능성과 관련된 한국의 특수성은 바로 아파트로의 주택계급화에 있다고 할 수 있다. 한국의 재생지역들은 탈산업화와 같은 산업적 요인보다는 신도시나 신시가지의 개발로 인해 중산층이나 예비 중산층이 아파트로 빠져나가고 남겨진 땅이다. 즉 한국 사회에서 거의 대부분의 중산층들은 아파트에 거주하며, 도시재생을 통해 쇠퇴한 주거지나 상업 시설이 어느 정도 매력적으로 변한다고 해도, (재개발이 아니라면) 그들은 **투자하지만 이주하지 않는다**는 것이다. 이러한 **아파트로의 주택계급화** 또는 **주거의 계급적 분리**는 대도시와 중소도시에 이르기까지 차이가 없는 한국

사회 전반의 현상이기 때문에, 도시재생을 통해 중산층의 귀환을 기대하는 것은 불가능에 가깝다.

물론 서울의 서촌이나 홍대 주변의 경우에 문화자본을 가진 (예비) 중산층 귀환의 사례가 없는 것은 아니나, 그러한 지역들에서 보이는 흡인력은 예외적인 경우로 보아야 한다. 또한 서울의 해방촌에서의 문화자본이 높은 예술가들의 유입은 주로 일시적 거주를 위한 세입자의 신분이기 때문에 서촌에서의 매입과는 또 다른 양상이다. 그 밖에도 여러 핫한 지역에서의 젠트리화 역시, 중산층의 귀환보다는 문화적 소비자들에 의한 것이라는 점이 다르다. 그 결과로 젠트리피케이션의 문제는 차치하고, 도시재생지역의 지역 활성화를 위한 외부적 에너지는 사실상 '자본의 귀환'이라고 할 수 있다.

이 자본은 특히 상업지재생에서 문화자본을 가진 창의계급의 뒤를 따라 들어와서 젠트리화를 일으키는 원인이 되는 것은 모두가 다 아는 사실이다. 그러나 주거지재생에서는 앞서 언급한 매우 예외적인 지역이 아니라면, 자본의 귀환조차 거의 없다. 재개발 잔여지들은 2010년을 전후한 재개발 추진 과정에서 이미 자본이 들어와 잠겨 있는 상황이기 때문이다. 즉 재개발 잔여지 재생지역에서 자본의 문제는 이미 들어왔다가 빠져나가고자 하는 자본이다.

이와 같이, 주거지를 포함한 근린재생에서 외적 에너지를 확보하는 것은 매우 어려운 일이며, 따라서 또 다른 에너지원을 구하게 되는데, 그것은 **사회적 재생**과 **문화적 재생**이라고 할 수 있다. 여기서 사회적 재생은 내적 동력을 만들기 위한 도시재생의 핵심 전략이라고 할 수 있으며, 앞서 설명한 바와 같다. 또한 문화적 재생은 공간 마케팅의 형태로 시도되는 경우가 많으며, 상업지재생에서와 비슷하게 문화적 소비를 유인하는 방향으로 추진되는데, 이는 다시 오지 않는 '사람의 귀환' 문제와 연결된다고 할 수 있다. 그러나 여기서의 사람은 **거주자가 아니라 소비자**다.

도시재생의 조건으로서의 중산층

서구 **젠트리피케이션 연구**의 통찰력은 'gentri-'라는 그 어근에 있다. 여기서 젠트리는 어원상 '신사(gentleman)'를 의미하며, 현대적 의미로 이것은 '중산층' 또는 중간계급(middle Class)에 해당한다. 젠트리피케이션은 하위층이 주로 거주하는 쇠퇴한 도시지역에 중산층을 유치해 그들의 경제적·문화적 실천을 통해 물리적 환경개선의 동력을 확보하고 지역을 활성화하는 것이다. 즉 **쇠퇴한 지역을 중산층화하는 것**이 젠트리피케이션이라고 할 수 있다. 전면 철거하고 새로 짓든 기존 건물을 리모델링하든, 젠트리피케이션이 일어나기 위해서, 또는 쇠퇴한 지역을 활성화하기 위해서는 **반드시 중산층을 데려와야** 하는 것이다.

쇠퇴한 지역에 중산층이 들어오게 되면 그들의 생산력과 소비문화에 의해 지역 활성화가 일어날 확률이 높아지는 반면, 지역 활성화는 임대료 상승을 가져오기 때문에 정도의 차이는 있지만, 기존의 극빈층과 저소득층이 쫓겨나는 '전치' 현상이 일어난다.

이때 중산층 또는 미래의 중산층 이주민들을 젠트리피케이션을 일으키는 사람이라는 뜻의 **젠트리파이어**(gentrifier)라고 부른다. 서구 이론에서 이들은 주로 경제적 자본은 낮더라도 문화자본은 높은 계층으로 설명된다. 경제적 자본이 낮기 때문에 아직 중산층이 아니어도, 문화자본이 높기 때문에 금세 중산층이 될 수 있는 사람들로 간주된다. 이렇게 젠트리파이어는 긍정적인 의미에서는 지역 활성화를 견인하는 중요한 실천을 수행하지만, 부정적인 의미에서는 전치를 야기하는 주범으로 간주되기도 한다.

도시재생의 문제는 이렇게 수요·공급 논쟁에서 제기한 '**사람**'과 '**자본**'의 **문제로 환원**되는데, 이것을 관통하는 것은 '**중산층**'이라는 존재다. 레이의 문맥에서 사람은 '문화자본을 가진 중산층 사람'으로서 교외 지역을 떠나 도심의 쇠퇴지역으로 이주해 그들의 문화적 향기와 진정성으로 지역을 활성화시키는 주역으로 특정되며, 스미스의 자본 역시 이들 '중산층의 자본'이기 때문이다. 즉 서구 젠트리피케이션 이론에서 쇠퇴한 지역과 그 기존 빈

곧 주민은 철저히 대상화된 존재일 뿐이고, 키워드는 '생산력과 **소비력을 가진 중산층**'이라는 것이다.

그러나 한국 도시재생 스토리에서 이러한 구도는 역전되어 있는 듯 보인다. 기존 주민과 가난한 청년 예술가·창업자 등은 그 주역으로 설정되지만, 중산층은 언급하지도 겉으로 드러나지도 않는다. 중산층은 서구에서처럼, 문화적 존재가 아니므로 생산적 존재도 아니다. 그들은 투기적 자본가로서만 도시재생에 간여하는 것으로 가정된다. 중산층의 자본은 재생지역에 날아들어 뜨거운 바람을 일으키고 이익 실현과 동시에 쿨하게 떠나는 존재로 **비난되면서 동시에 선망된다.**

이러한 도시재생에서의 중산층 담론은 우리를 불안하게 한다. '문화자본을 가진 중산층'이 이주해 들어오지 않는 곳에서 중산층의 소비력을 유인하고 지역을 활성화하는 일은 모든 재생지역의 바람이지만, 겉으로 드러내놓고 말하지 않는 것은 너무나 어려운 과제라는 것을 알고 있기 때문이다. 그러나 문화의 문제를, 생산과 관련된 레이의 '중산층의 문화'에서 샤론 주킨(Sharon Zukin)이 말하는 '소비문화'로 바꾸는 경우에는 전혀 다른 문제가 될수 있다.

수요·공급 논쟁이 우리에게 던지는 중요한 참조점은 서구에서처럼 문화적인 중산층의 생산력이나 경제적 자본의 귀환이 아니라, **중산층으로 상징되는 소비력에 있다는 것이다.** 이것은 도시재생을 위한 파트너가 공동체를 형성해야 하는 견고한 구역 울타리를 넘어 바깥세상에 있다는 것을 의미한다. 그러나 안타깝게도 **모든 도시재생 활성화 계획들은 공동체를 위한 내부에는 수많은 그림을 아름답게 그려 넣지만, 그 바깥은 미지의 세계, 즉 중산층이 살고 있는 바로 옆 동네조차 알 수 없고 알 필요도 없는 세계처럼 새까맣게 칠해버린다.**

3) 주거지재생에서 전치와 주거복지의 문제

젠트리피케이션과 전치

서구 젠트리피케이션 이론에서 **전치**(displacement)란 '**쇠퇴한 근린이 개선되는 과정에서 외부로부터 더 높은 소득계층이 이주해 기존에 살고 있던 저소득층이 쫓겨나는 현상**'을 말한다. 전치는 "주택시장에 대한 풍요로운 집단의 압력이 임대료와 가격을 부풀리게 해, 지불 능력이 적은 사람들을 밀어낼 수 있을 때" 발생한다(Atkinson, 2000a: 307). 젠트리피케이션 자체가 저렴 주택의 재고를 감소시켜서 많은 세입자들의 전치를 수반하며, 이는 '사회문제를 해결하기보다는 이동시키는 과정'(Atkinson, 2000: 163)으로 비판된다.

도시재생이든 젠트리피케이션이든, 쇠퇴지역의 개선은 어느 정도의 부동산 가격 상승을 수반하며 기대한다는 점에서, 도시정비 과정에서 전치의 문제는 그 충격이 기존 주민들이 흡수할 수 있을 만한 것인지 아닌지에 의해, 사회적 문제로 드러날 수도 있고 아닐 수도 있다. 젠트리피케이션을 옹호하는 (우파) 측에서는 전치의 증거가 없다고 주장하고, 반대하는 (좌파) 측에서는 젠트리피케이션과 전치가 기존의 빈곤한 주민들의 삶을 파괴한다고 주장한다.[2]

그러한 이유에서, 주거 전치는 이와 같이 쇠퇴한 근린의 빈곤층을 쫓아

---

2 서구 젠트리피케이션 논의에서 기존 주민 전치에 관한 논의는 크게, 첫째, 전치의 존재 유무로써 전치와 젠트리피케이션의 부정적 영향을 과소평가해서는 안 된다는 관점과, 둘째 전치의 문제를 근린의 '커뮤니티 네트워크의 붕괴'의 관점에서 보고자 하는 경우로 나눌 수 있다. 여기서 첫째의 이슈는 전치가 정량적으로 잘 드러나지 않는다는 것과 관계있다. 전치의 압력이 있더라도 많은 사람들이 우선적으로 전치되지 않으려고 노력하기 때문에 전치의 압박이 개인들에 의해 상당 부분 흡수되는 경향이 있으며, 떠난 사람들에 대해서는 그 추적이 어려운 기술적인 문제가 있다. 둘째의 이슈는 정량적으로 입증되기 어려운 문제들에 대한 대안으로서의 정성적 접근이라고 할 수 있는데, 전치된 사람들의 이주를 '추적해 전치 여부를 측정하기 어려운' 기술적 어려움을 내포하는 전치 연구에 비해, 전치에 저항해 남아 있는 이들의 어려움(숨겨진 비용)을 치러야 함을 보여주고자 한다. 이러한 연구들은 연대의 약화와 지역사회 갈등, 가족 친지와의 이별, 장소 박탈, 지역의 사회적 특성과 서비스의 변화가 고소득층에 맞춰짐에 따라 생활비 증가 등의 주제와 함께 논의된다.

내는 부정적 측면을 드러내기 때문에 젠트리피케이션 관련 논쟁에서 가장 뜨거운 문제지만, 전치에 관한 관심은 매우 낮은 편이다. 서구에서의 이러한 경향은 "주택의 교환가치가 사용가치보다 높기를 바라는 많은 사람들의 애착"과 함께(Atkinson, 2000a: 308) 주택은 사적 공간이므로 사적으로 최선을 다해야 하는 문제로 취급해 온 것과도 관계 깊다.

주거지에서 전치는 말 그대로의 전치, 즉 소득이 더 높은 계급의 집단적 이주로 주민이 대체되는 전치 현상과, 전반적인 부동산 가격 상승에 따른 저소득층의 부담 가중에 따른 전치 현상으로 구분할 수 있는데, **한국의 도시재생지역에서 특별히 예외적인 곳을 제외하고는 심각한 주거 전치가 발생하고 있다고 보기는 어렵다.** 이것은 앞서 논의한 바와 같이, 저층 주거지의 전면적 재개발 정책의 결과로 도시 내에서 주택계급이 형성되고 공간이 분화되어 있는 것과 관계 깊다(윤인진, 1999: 215). '아파트는 중산층, 저층 주거지는 중하위층'으로 주택계급화가 고착되어 중산층이 재생지역으로 이주하는 경우가 거의 없기 때문이다.

주거 전치가 거의 발생하지 않는 것은 중산층의 귀환이 없기 때문이지만, 재개발 추진 과정에 이미 투기적 자본이 유입되어 있고, **도시재생의 예산 투입과 사업 내용이 전치를 발생시킬 만큼 영향을 주지 못하기 때문**이기도 하다. 따라서 주거지재생에서의 전치는 전반적인 부동산 가격 상승에 따른 경우가 주가 된다. 예외적인 곳들도 도시재생의 영향보다는 핫한 곳에 인접한 지리적 영향이 더 커서, 주거 전치의 문제도 그에 연동되어 발생하는 경향이 있다.[3]

도시재생이 주거 전치의 문제를 심각하게 보지 않는 경향도 있다고 할 수 있는데, 이는 주택에 대한 투기를 통해 자본을 축적한 계급의 주도하에, 주거의 문제를 거주권이나 도시권의 개념에서 보는 것이 아니라 개인의 책

---

3   예컨대 배웅규·이하영(2014)은 연남동 휴먼타운사업지역에 대한 분석에서 주민참여형 재생사업이 지역 활성화에 상당한 도움이 된 것으로 설명하고 있지만, 주된 원인은 홍대 앞 상권이 확장된 결과로 보아야 한다.

임과 능력으로 보는 인식이 널리 퍼져 있는 것과 밀접하다.

반대로 주거 전치의 문제를 다소 감상적으로 바라보는 시각도 존재한다. 1990년대 이래 재개발에 관한 비판적 시각의 대부분의 논문들에서 보이는 '원주민 재정착담론'은 그러한 대표적인 예라고 할 수 있다(임하경·최열, 2009: 136). 이들은 '전면적 철거를 통한 주거환경개선이 기존 주민들의 삶터를 빼앗고 장소에 대한 기억을 박탈하고 풍경을 파괴했다'는 식의 관점을 유지해왔다. 물론 이는 엄연한 사실이지만, 당대에 대부분의 사람들이 삶의 유지와 투기를 병행하기 위해 이리저리 이사를 다녀야 했던 것을 감안한다면, 특히 저소득층의 주거 문제를 삶의 질의 문제로 보지 않고 기억의 문제로 보았다는 비판을 면하기 어렵다. 특히 이러한 시각은 상대적 좌파들에게 만연되어 있었기 때문에, 전면적인 철거를 하지 않는다는 사실만으로, 그들이 도시재생을 재개발의 대안으로 지지하고 무조건 좋은 것인 양 환영하고 편을 드는 경향을 보였다.

도시재생에서 빈곤층 주거 문제

수복형 정비를 택하고 있기 때문이든 그 파급력이 약해서든, 도시재생이 전치를 거의 일으키지 않는다고 해서 주거복지에서 도시재생이 더 나은 도시정비 방식이라든가, 주거복지에 대한 도시재생의 책임이 줄어든다고 볼 수는 없다. 도시재생이 추진되고 있는 저층 주거지는 도시 저소득층이 선택할 수 있는 거의 마지막 대안이기 때문이다.

도시재생은 주거 약자의 존재를 도시재생의 명분으로 삼고, "저소득층이 주로 거주하는 노후불량주택지"를 대상으로 하지만(기본방침 3), 활성화 계획 수립 가이드라인에 주택이나 상가의 임대 상황에 대한 보다 정밀한 조사와 대책 수립에 관한 어떠한 지침도 없다는 점에서, 기존 저소득층 세입주민들의 주거복지에 실질적인 도움을 주고자 하는 의지가 없거나, 의지가 있다고 해도 현실적인 실행 수단을 가지지 못한 사업이라고 할 수 있다. 이것은 도시재생을 심각한 도덕적 문제에 빠뜨릴 수 있다. 그것은, 영국 등에서 모두가 젠트리피케이션 과정을 끊임없이 도시 '활성화'나 '르네상스'라는, 아무런 비판 없이 긍정적인 것인 양 선전하는 것과 마찬가지로(Criekingen, 2008: 200), 한국의 도시재생이 청소식 재개발의 대안으로 공동체적 유대를 가진 주민들이 마을과 지역을 떠나지 않고도 개선된 주거 환경에서 행복하게 살 수 있는 것처럼 선전하는 것에 대한 도덕성의 문제다.

　주거지재생사업이 노후불량주택지를 대상으로 하고 있고, 빈곤층 또는 저소득층 주민들의 계속 거주를 목표로 한다면, 전치되지 않고 계속 거주할 수 있다는 소극적 전략만으로는 부족하며, 임대주택 건설과 집수리 및 단열 개선사업에 더 많은 예산을 투입해야 한다는 것이다. 물론 도시재생뉴딜사업에 '집수리지원'사업이 포함되어 있으며, 서울시의 가꿈주택사업이 있지 않느냐고 반문할 수도 있을 것이다. 그러나 국토부의 도시재생뉴딜사업 지침에서는 주택을 포함한 사유지 내부에 대한 예산 지원이 2020년 상반기에야 가능해졌지만, 그마저도 단열 개선이나 창호 교체 같은 실질적인 주택 성능 개량을 지원하는 데는 여전히 소극적인 실정이다. 또한, 집주인에게 집수리 비용의 일부를 지원하는 것을 저소득층-세입자들을 위한 것으로 보기 어렵다. 집수리지원사업은 물리적으로 주거 환경을 개선하는 것이기는 하지만, 집주인이 투입한 비용은 사실상 고스란히 임대료로 전가된다는 점에서 주거복지적 측면에서는 한계가 있다.

　따라서 주거복지와 관련하여 주택 내부로 훨씬 더 깊이 들어가는 지원이 필요하며, 특히 더 적극적으로 공공임대주택을 확보하는 방안을 모색해야 한다.[4] 또한 주민들에게 실질적 도움이 되도록 자부담을 줄이고 단열 개선과 에너지효율 개선에도 더 많은 지원이 이루어져야 한다. 재생지역에서 이러한 주거복지에의 예산투입은 도시재생이 모든 주민들에게 고르게, '**공정한 분배**'라고 하는 정의의 개념을 환기한다.

---

[4]　그러나 안타깝게도 진영에 차이 없이, 대부분의 지자체장들은 임대주택의 입지가 지역의 집값을 떨어뜨린다는 토지자본 유권자들에게 굴복해 임대주택 건설에 매우 부정적인 것이 현실이다.

4) 사회적혼합과 인구통계학적 개선

전치와 사회적혼합의 대립 구도

서구 젠트리피케이션 논의에서 '사회적혼합(social mix)'의 개념은 전치와 서로 등을 맞대고 있다. 좌파 연구자들이 전치를 이유로 젠트리피케이션을 비판한다면, 우파 연구자들은 사회적혼합과 낙수효과를 이유로 그것을 옹호하는 입장이다.

사회적혼합은, 빈곤하고 쇠퇴한 근린에 중산층을 유입시켜 지역 활성화를 꾀하는 젠트리피케이션 과정을 합리화하는 논리로서, 중산층의 이주와 결과적으로 혼합된 거주가 주거지 분리(주택계급화)와 폐쇄적 커뮤니티(gated community)에 따른 문제를 해결하고 저소득층에게 어떻게든 이익을 주게 된다는 이른바 '근린효과'(낙수효과; trickle down effect) 가설에 기대어, 그렇게 함으로써 형편이 보다 나은 사람들(better-off)이 가난한 사람들의 문제에 더 많은 관심을 기울일 것이라고 주장한다(Rose et al., 2013: 431). 젠트리피케이션은 집중된 빈곤층과 노동계급 근린을 분산시키고 중산층을 도시로 되돌리는 사회적혼합의 효과가 있다는 주장이다(Davidson, 2008: 387). 그런 이유에서 반대 진영에서는 이 사회학적인 듯 보이는 정책이 전통적인 전치에 대한 관심을 대체하는 듯 보이는 것을 매우 유감스럽게 생각한다.

사회적혼합의 이상은 19세기 영국의 유토피아 실험의, 특정 공간적 규모의 주거지에서 거주인의 사회적 구성이 폭넓은 사회의 다양성을 반영해야 한다는 오래된 자유주의적 이상이, 구도심의 경제적·사회적 '재생'을 위한 모티프로 부활된 것으로 설명된다(Rose, 2004: 279~280). 따라서 사회적혼합은 자본주의 도시화에 의해 생산된 계급 기반의 공간 분리를 되돌리고, 공유의 도덕적 질서에 기초한 이상화된 전 산업시대적 공동체의 특정 요소를 복원하고자 하는 이상을 담고 있다고 주장된다.

2000년 이후 영국에서, 사회적·기능적으로 혼합된 도시 지역사회와 혼합된 도시 공동체의 이익은 정책 담론에서 의심할 여지가 없는 복음이 되어 왔다. 균형 잡힌 지역사회가 가정하는 사회적 이점은, "사회적·소득적 그룹의 이상적인 구성이 성취됨으로써 최적의 개인적·공동체적 행복이 창출된다는 믿음에 근거"한다는 점에서(Lees, 2008: 2450~2451), 상당히 강력한 힘을 갖고 있다. 누가 이런 사회적 균형의 주장에, 다양성과 차이에 대한 이러한 호소에 반대할 수 있겠는가(Smith, 2002: 445)?

이러한 젠트리피케이션 관련 사회적혼합에 대한 비판은 특히, 주거지의 계급적 분화를 지지해 온 마르크시스트 진영에서 두드러진다(예: Cameron, 2003; Lees, 2008; Lees and Ley, 2008). 이들은 '운동의 약화'를 이유로 사회적혼합을 '전통적인 노동자계급 근린'의 해체로 받아들이고 '주택계급화'를 지지해 왔다. 저소득층 주거지로의 중간 소득층의 이동이 전치라는 매우 부정적인 영향을 일으키기 때문에, 사회적혼합은 사회적 격리, 사회적 양극화 및 전치로 이어지는 젠트리피케이션의 부정적 증거에 대한 대체물이라는 것이다.

한국에서 사회적혼합의 현실적 과제

한국 사회에서 사회적혼합은 서구와는 전혀 다른 양상을 띤다. 앞서 설명한 것처럼 젊은 층과 중산층이 아파트로 주택계급화되고, 쇠퇴한 지역에는 노인층과 저소득층이 사는 공간이 되고 있기 때문이다. 즉 서구의 젠트리피케이션 지역에서 쇠퇴한 근린이 노동계급의 집단적 주거지로서 주거 분리되어 있기 때문에 사회적혼합이 필요하다는 논리가 가능하다면, 한국에서는 중산층 중심의 주거분리가 이루어져 있고, 도시재생의 대상이 되는 쇠퇴한 지역은 저소득층이 주로 거주하지만 사회적으로 혼합된 지역이라는 것이다. 그곳은 다양한 크기와 모양의 토지로 구성되어 있고, 그 위에 다양한 주택들이 다양한 형식으로 보유되고 점유되고 있으며,[5] 그러한 물리

---

5   서구 사회적혼합 담론에서의 사회적혼합의 실행적 방법에 해당하는 '보유혼합' 주장도 한국 실정에 맞는다고 보기 어렵다. 그들은 국가별로 차이는 있지만 복지국가 단계에서 상당량의 공공임대주택이 공급되어 있고, 보유혼합 논의는 이를 재개발해 소유자 거주로 유도하는 것인 반면, 한국에서는 공공임대의 비율이 낮고 특히 국지적으로는 전무한 상태인 반면, 세입

적 다양성이 다양한 사회관계를 재생산한다.

한국에서 사회적혼합은 서구와는 반대로 공공건설 아파트에서 권장되며, 반대의견은 '지나치게 인위적이고 과도한 혼합'을 경계해야 한다는 정도에 불과하다(예: 전경구, 1998: 122~123). 한국에서 사회적혼합의 필요에 대한 강조는 물론 주택계급화의 부작용에 대한 우려와 관계있다(예: 천현숙, 2004). 그러나 사회적혼합은 하나의 가능성에 불과한 문제로 보기도 한다. 주민들이 계층적·계급적으로 혼합되어 있다고 해서, 자동적으로 그들 간에 공동체적 유대까지 있다고 보기 어렵기 때문이다.

예컨대 사회적혼합을 위해 공공주택 (아파트) 공급에서, 동일한 승강기를 사용하는 아파트 중간에 다른 평형을 삽입하는 형태가 발견되기도 하지만, 동일 평형의 아파트 단지에서도 세입자들의 주민으로서의 권리가 제한되고 있는 현실에서, **물리적 혼합으로 사회적혼합이 일어날 것으로 보는 것은 비현실적**이다. 이러한 사실로 보면, 사회적혼합과 사회적연대는 전혀 별개의 문제라는 것을 알 수 있다.

따라서 한국 사회에서 균형 잡힌 사회적 구성을 통해 공동체의 지속가능성에 긍정적 영향을 준다는 점에서 사회적혼합의 문제를 검토한다면, 오히려 아파트 단지에서 재산권이 없다는 이유로 투표권을 주지 않고, 같은 반 아이들이 세입자 친구를 '전거'(전세 거지)라고 놀리는 등, 사회 전반에 소유의 정도에 따른 차별이 만연한 상황을 먼저 개선해야 하는 과제가 있다. 이렇게 동일한 평면의 아파트 단지 안에서조차 사회적혼합이 사회적 차별의 요인으로 존재한다는 것은 사회적혼합이 사회적연대와 직접적 관계가 없다는 것을 보여준다. 이러한 사실은 "사회적으로 혼합된 상태만으로 주민들 간의 상호작용이 실질적으로 증가했다는 증거는 거의 없다"(Doucet, 2009: 303)라는 서구의 관련 연구에서도 입증되며, 오히려 선주민과 신주민들 사이의 상호작용

자들조차도 이미 민간에 의해 보유된 주택에 거주하는 것이므로 완전히 다른 문제다. 또한 사회경제적 혼합이 도시의 편의시설, 서비스, 직업에 대한 접근에서 사회공간적 불평등을 감소시키는 수단으로 옹호되는 것(Rose, 2004: 278, 281 참조) 역시 기각된다.

에 관한 대부분의 연구들은 그 부정적이고 분열적인 영향을 지적하고 있다.

인구통계학적 개선을 위한 세대혼합으로

서구에서의 사회적혼합이 계급적 의미를 가지지만, 도시재생에서 사회적혼합에 대한 검토는 오히려 공동체적 차별의 의미를 복합해서 이해해야한다. 재생지역은 재생의 활력을 위해서도, 지역의 지속가능성을 위해서도인구통계학적 개선이 필요한 곳이 많기 때문이다.

인구통계학적으로 도시재생지역은 아파트 지역에 비해 노령화율이 높은편이며, 이는 인적 자원의 부족과 지역 활력의 부족으로 연결된다. 도시재생지역은, 경제적 자본은 높으나 경제활동에 거의 종사하지 않으며 동네에오래 산 집주인-노년층과, 세입자로 동네에 일시적으로 거주하는 경제활동에 종사하는 중년층 가족이 함께 거주하는 공간이다. 물론 이들 외에도 비혼 청년층이나 빈곤 노인들의 비율도 상대적으로 높다.

문제는 도시재생지역이 이미 사회적으로 혼합되어 있는 공간이라고 해서 활발한 사회적 연대가 있다거나, 그들이 지역사회 구성원으로서 지역사회의 사회적·경제적·문화적 실천에 적극적으로 참여하고 있다고 보기 어렵다는 데 있다. 이는 정주성이 낮은 점과 함께 마을이 경제활동의 터전이아닌 것과 밀접하며, 선주민들도 그러한 이유로 그들을 주민의 일원으로 인정하지 않는 경향이 있다.

하지만 사회적 재생은 지역에 오래 살아서 비교적 지역사회 참여도가 높은 노령화된 선주민과 지역사회에 별다른 참여가 없는 비교적 젊은 층만으로는 어렵다. 더구나 노령 선주민집단은 그들이 지역에 오래 살았고 부동산을 소유하고 있다는 이유로, 재생 과정의 사회적 실천에 필요한 인적자원이라고 할 수 있는 단기 거주 청년들이나 재생지역 바깥의 주민들에 대해배타적 태도를 보인다. 그곳은 오래되었기 때문에 전통적이며 부정적인 가치라고 할 수 있는, 폐쇄된 친밀성이나 연고주의, 보수적인 가치가 더 우세한 경우가 많다. 또한 그들은 신주민-청년들에 대해서는 자식과 같이 생각해 비교적 너그러운 편이기도 하지만 동시에, 자신들의 자식들은 성공해서 동네를 떠났다는 사실을 자랑스러워하는 경향이 있다.

따라서 특히 주거지의 재생지역에서 필요한 것은 사회적혼합이 아니라, 도시재생 과정의 활력과 다양한 실천력을 가지고 있는 청년층의 거주와 참여를 늘리는 것이라고 할 수 있다. 그리고 이는 그러한 인구들이 지역에 더 안정적으로 거주하게 함으로써 인구구조를 개선하고 마을 민주주의를 개선해 아무런 장벽 없이 사회적 실천에 나설 수 있도록 하는 일이라고 할 수 있다. 따라서 도시재생지역에서 요구되는 것은 **사회적혼합이 아니라 세대혼합**(age mix)이다.

이를 위해 우리는 도시재생지역 내에서 청장년 가족 세입자들의 주택보유를 지원할 수 있는 프로그램을 개발하고,[6] 청년층이 경제적인 비용으로 안정적으로 거주할 수 있는 저층 임대주택을 확보할 수 있는 방안을 적극적으로 검토할 필요가 있다. 또한 도시재생이 채택하고 있고 선주민 중심으로 운영될 수밖에 없는 지리적 공동체 개념에 대한 전면적인 재검토가 필요하다.

2. 한계상업지의 재상업화

1) 재상업화 방식 상업지재생의 한계

쇠퇴한 산업도시의 쇠퇴한 상업지

대부분의 한국 도시들, 또는 도시의 쇠퇴한 지역들은 산업화 과정을 가

---

6   서구 젠트리피케이션에서 나타나는 '비혼가구 증가와 가족형 주민들의 선호도 감소'라는 연구 결과(예: Cameron, 2003: 2373)는 우리로 보면 상업지재생에 해당된다.

쁘게 달려온 산업시대의 산물이다. 산업시대에 도시들은 팽창하기 바빴으며 국가는 예산이 부족했다. 도로를 제외한 대부분의 토지는 사유지인 반면, 시민들을 담아낼 공간적 구심점-광장도 없는 도시, 도서관이 산 위에 올라가 있는 도시. 시청도 법원도 터미널도 신도시로 옮기고, 젊고 경제력 있는 사람들은 모두 아파트로 이사 가고, 사람을 따라 상권도 옮겨가게 되고, 원도심에는 노인들만 남았으며 학교들은 텅텅 비게 되었다. 걷고 버스와 기차를 타고 시내와 읍내를 드나들던 사람들은 자가용을 타고 신시가지나 신도시, 더 큰 도시로 가 소비하고, 사람으로 붐비던 길은 붙박이 불법주차가 점령해 버렸다. 주차가 넉넉한 외곽의 대형마트는 사람들로 북적이지만, 유모차를 끌어야 하는 젊은 가족들에게 도심의 좁고 울퉁불퉁하고 이름뿐인 보도는 장애물에 가깝다. 그사이에 모든 것이 다 바뀌어서, 옷은 물론 음식조차도 그 중심은 인터넷으로 옮겨졌다. 이제 시장은 텅 빈 채 원도심에 남겨졌다.

쇠퇴한 상업지들은 대부분 신도시·신시가지로의 주거분리에 따른 인구 및 상업 중심의 이동, 도시 전체 인구의 감소 및 노령화, 소비트렌드의 변화에 따라, 과도하게 확장된 중심 상권이 다시 축소되는 과정에서 자연스레 발생한다. 특히 그러한 사이트들은 전통시장 전체가 침체된 경우와, 소매시장 경기가 최고조에 달했던 1980~1890년대에 과도하게 확장된 상권의 가장자리에 위치하고 있는 한계상업지인 경우가 대부분이다.

물론 이렇게 쇠퇴한 시장들이라고 해서 상업 기능이 완전히 정지한 것은 아니다. 목이 좋은 모퉁이의 몇몇 점포들이나 오래된 식당, 노점상들의 영업은 계속되고 있다. 그 밖의 1층 점포 자리들은 인접한 상권의 상점 및 그릇이나 철물점과 같은 장치형 업종의 창고로 이용된다. 예전에는 창고나 제작 공간이나 상인의 주거로 쓰였던 2층 이상의 층은 이젠 비었거나 저소득층의 주거로 바뀐 곳이 대부분이며, 1층이 비게 되면서 그마저도 2층의 저소득층 노인들의 주거가 후미진 1층으로 내려오게 된다.

상인들은 번성했던 과거를 그리워하지만, 변화에도 소극적이다. 대부분

호황기에 벌 만큼 벌어서 건물주들인 경우가 많고 연령이 높아서 딱히 다른 일을 하기도 어렵기 때문이다. 상인들도 장사를 한다기보다는 닫을 수 없어서 문을 열어놓고 있는 편이다. 침체가 계속되면서 가게가 비게 되면, 수선집처럼 위치에 관계없이 단골 장사를 하는 업종으로 바뀌게 된다.

과잉 공급된 한계상업지의 재상업화

이러한 한계상업지들은 단순히 오래 사용했기 때문에 '낡은' 것으로 변한 것이 아니라, 사회 전체나 도시와 지역을 둘러싼 환경적 요인들이 변해서 주변화된 공간이다.[7] 물론 이와는 다르게 생활권의 중심부에 있지만 도시의 산업구조, 교통, 인구, 소비 패턴 등의 변화에 적응하지 못하고 쇠퇴한 사례도 있는데, 이는 새로운 상권의 발달로 잉여화된 경우라고 할 수 있다.

그럼에도 불구하고 상업지재생은 어디에서나 어김없이, 과거의 번영을 재연하고자 하는 '재상업화'의 방향으로 추진된다. 그 역할이 편의점과 마트와 배달 앱으로 옮겨간 지 오래이지만, 쇠퇴한 시장마다 문화를 접목해 관광객을 위한 시장으로 바꾸고자 시도한다.[8]

재상업화는 기존의 시장 현대화 사업에 주민참여와 문화적 재생을 가미한 형태로 추진된다. 문화 기획이나 미술가들이 포함된 단체가 용역을 수행하고, 상인들에게 의식·서비스 교육과 온라인마케팅 교육을 하고 포장지를 바꾸며, 저렴한 상층부에 예술가들의 작업실을 유치하고 온라인에 지속적으로 노출시켜 입소문을 타게 하는 방식이다.

---

7 그러한 대표적 사례로는 도시재생선도사업으로 지정된 **영주의 중앙시장**을 들 수 있다. 1981년 2층 빌딩형으로 지어진 이 시장은, 영주시 구도심 상권의 말단에 위치하고 있는데, 신시가지의 건설과 지속적인 인구 감소로 구상권 전체가 상당한 침체를 겪고 있음에도 불구하고 다시 상업 공간으로 재생하려는 계획이 국토부의 선도사업에 선정되어 재생이 추진되고 있다. 영주시(2016) 참조.

8 물론 이와 반대되는 사례도 드물지만 없는 것은 아니다. 충남 서천읍의 '봄의마을'은 시장 이적지를 재상업화하는 문제로 오랫동안 갈등을 빚어왔으나, 재건축을 요구하는 상인들을 주민 설문과 외지로의 소비 유출 현황을 근거로 설득해, 광장과 문화시설 등 주민 편의 공간으로 조성해 새로운 도심 기능을 부여한 사례.

그림 4-1 한계상업지 재상업화 사례: 영주 중앙시장과 후생시장

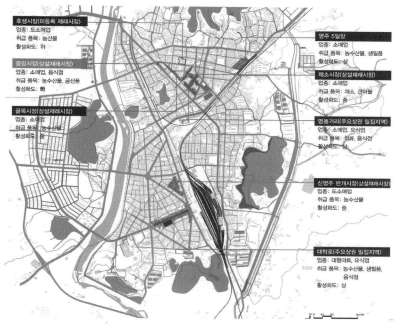

주: 도시재생사업으로 시행된 영주 중앙시장과 후생시장의 재활성화사업은 두 시장 모두 구도심 전통시
장 상권의 가장자리에 위치해 있고, 구도심 상권이 크게 위축되고 있는 상황에서 재상업화와 문화적
재생 형태로 추진되어 활성화가 미진한 전형적인 사례다. 영주시의 상권은 영주천 서편의 신도시 개
발로 지속적으로 분산되고 있다.
자료: 영주시(2016).

    그러나 상업지 쇠퇴를 좀 더 넓은 관점에서 볼 때, 어떤 사이트가 과거에
주민들에게 중요한 도시적 기능을 수행했지만 현재에 외면을 받는다는 것
은 도시가 그 사이트에게 새로운 역할을 기대하는 것으로 볼 수 있다. 지역
이나 도시의 현재나 미래를 위한 다른 용도에 더 적합한 땅으로 변했다는
것이다. 물론 쇠퇴한 상업 시설이나 시장은 관광시장이 될 수도 있지만, 다
시 생활시장이 될 수도 있으며, '아트마켓'이 될 수도 있지만 '키즈랜드(kids
land)'가 될 수도 있다. 중요한 것은 그러한 새로운 시설의 도입 과정이야말
로 지역사회의 다양한 주민들과 함께 지역의 새로운 비전을 세우는 과정이

그림 4-2 서천 봄의마을 구획정리 계획도

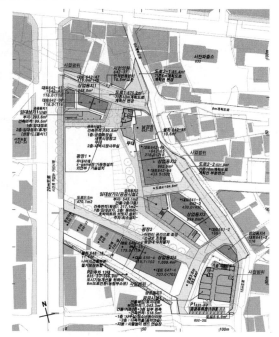

주: 서천 봄의마을 서천시장 이전적지에 광장과 문화시설을 만드는 내용으로 추진되었다. 추진 과정에서
기존 상인·주민들은 시장의 재건축을 요구하면서 군수를 법적 고발하는 등 매우 복잡하고 어렵게 꼬
여 있는, 해결해야 할 과제였다. 계획팀은 주민들의 설문조사와 상권조사를 통해 재상업화가 적절하
지 않음을 입증하고 상인, 주민들을 설득해 현재의 봄의마을로 조성했다.
자료: 서천군(2007).

며, 도시재생이 그러한 역할을 할 수 있어야 한다는 것이다.

더구나 관광시장화를 목표로 하는 대부분의 재상업화는 쇠퇴한 상업 시
설을 포함한 인접·주변 상권에 대한 면밀한 분석이 없는 상태에서, 관광객
으로 통칭되는 불특정 다수 대상으로 장소마케팅의 형태로 추진된다. 그런
계획에서, 당연히 포함해야 할 '누가 이곳에 살고 있는지'나 '누가 이곳을 이
용하는지', '소비자들이 무엇을 원하는지'에 대한 분석이 없는 것은 그리 이
상한 일이 아니다.

상업지재생과 관련하여 도시재생은 기본방침에서 '새로운 도시 기능 도

그림 4-3 서천 봄의마을 전경

자료: 윤희진 촬영.

입'[9] 등을 통해 쇠퇴한 도시와 지역의 현실을 '재구조화'하는 역할을 부여하고 있으며, '경제적·인구통계학적·사회문화적 재구조화의 상호 과정'에서 젠트리피케이션이 발생한다(van Weesep, 1994: 76)'고 언급하고 있음을 볼 때, 우리는 다음과 같은 질문을 던질 수밖에 없다.

한국의 상업지재생은 왜 무조건적으로 재상업화의 형태로 이루어지는 것인가? 도시재생의 '재생'이 하나의 생물학적 과정이라면, 상업적으로 이렇게 쇠퇴해 기능이 상실된 상업지를 공적자금을 투입해 재상업화하는 것은 인공호흡기를 써서 억지로 생명을 연장하는 것은 아닐까? 도시재생이 규정하고 있는 '새로운 기능'의 도입은 왜 검토되지 않는 것일까?

---

9 '도시재생특별법' 제2조에 도시재생을 "인구의 감소, 산업구조의 변화, 도시의 무분별한 확장, 주거환경의 노후화 등으로 쇠퇴하는 도시를 지역역량의 강화, 새로운 기능의 도입·창출 및 지역자원의 활용을 통하여 경제적·사회적·물리적·환경적으로 활성화시키는 것"으로 정의하고 있다.

재상업화의 원인과 문제점

이렇게 상업지재생이 재상업화의 방향으로만 추진되는 이유는 크게 세 가지로 요약해 볼 수 있다. 첫째는 장소마케팅의 만연이며, 둘째는 사업 추진의 편의성이며, 셋째는 사업 범위에 한정된 계획 관행 때문이다.

첫째, 포스트모던적 장소마케팅론과 플로리다(Florida, 2008)류의 창조경제론은 2010년을 지나면서 후기산업도시의 꿈처럼 지자체는 물론 학계나 전문가들에게도 만연되었기 때문에(예: 서순복, 2006; 문미성, 2014), 상업지재생을 장소마케팅과 동일시하는 것은 이상할 것이 없다고 할 수 있다. 그러나 이러한 접근은 도시의 장소를 단지 관광객을 집객해 도시의 (소비)경제를 활성화하는 곳으로만 취급하는 것이다. 후기산업도시에서 장소마케팅의 필요성을 부정할 수는 없다고 해도, 역내 소비가 끊어진 쇠퇴한 상업지를 관광객만으로 활성화하는 것은 '먼지 요정'이 먼지를 뿌리면 간단히 행복해지는 것과 같은 요술이 아닐 뿐만 아니라, 지역 간의 경쟁이라는 함정에 빠지는 신자유주의적 헛된 로망이 될 수 있다(Pratt, 2008: 113).

문제는 문화를 입힌 재상업화의 과정에서 발생한다. 장소마케팅에 중점을 둔 문화적 재생은 공간 소비자를 끌어모으는 도구로서 문화와 예술가를 동원할 수밖에 없는데, 대도시의 일부 핫한 지역이 아니라면, 그리고 대부분의 중소도시에서는 그럴 만한 역량을 가진 문화예술인을 확보하기도 어렵고 문화소비에 적절한 비용을 지불하는 문화를 가지고 있지 못하다.

둘째, 사업 추진의 편의성은 도시재생사업의 빠른 추진을 위한 파트너십과 관련된 문제다. 상업지재생의 사이트들은 주거지재생과는 달리 훨씬 이해관계가 복잡하기 때문에, 주민참여의 범위를 직접적 이해관계인인 건물주와 상인으로 좁히는 것은 지자체나 계획가가 매우 선호하는 방식이다.

건물주와 상인은 상업지재생의 문제를 자신의 재산권과 관련된 배타적인 문제로 생각하고 자신들의 이해에 충실하게 사업 방향을 결정하는 것을 당연하게 생각하며, 주민들 역시 쇠퇴한 상업 시설에 관심을 두지 않기 때문에 이의를 제기하지 않는다. 또한 상인들은 상업지재생을 지역과 마을의 문제로 보지 않으며, 내부의 이해관계 상충으로 인해 이루어지지 못한 재건축이나 재개발을 보상받을 기회로 생각하는 경향이 있다.

따라서 건물주들에게 장소마케팅, 즉 핫한 장소로 만들기는 무조건 환영하는 목표가 된다. 이러한 장소마케팅을 지향한 재상업화의 결과는 그 성공과 실패의 경우 모두 도시재생의 목적에 부합하는 성과와는 거리가 멀다. 실패의 경우는 말할 것도 없지만, 성공했다는 경우도 초기에 들어온 청년·상인·예술가들이 단기 임대가 종료되면서 속속 쫓겨나기 때문이다.

셋째, 사업 범위에 한정된 계획 관행과 관련하여, 하나의 용역으로서 도시재생 활성화 계획은 명시적인 공간적 범위를 갖지만, 상업 시설이든 그 밖의 시설이든, 그 시설의 사용자들은 더 넓은 생활권 범위에 걸쳐 있다. 그러나 대부분의 도시재생계획은 도시재생지역 내의 데이터에 집중하는 반면, 역외에 대해서는 양적 통계만을 형식적으로 분석 제시하는 경향이 있다. 이렇게 재생 구역 바깥을 보지 않게 되면 한계상업지로 변화된 원인, 인접 상권과의 차별성이나 불리함 등에 대한 냉정한 분석을 내릴 수 없고, 단지 쇠퇴한 상업지 건물주들의 허황된 기대와 욕망만을 반영할 수 있을 뿐이다.

이러한 '공간적 범위 내만을 한정한 분석 계획'의 문제는 타깃 소비층 분석에서 두드러진다. 예컨대 쇠퇴의 원인이 중산층 소비자의 이탈에 있다고 분석되는 경우, 지역의 중산층 소비자들의 니즈에 대한 조사나 그들을 유인할 전략이 제시가 필요할 것이나, 대부분의 경우 '문화를 입히면 (불특정 다수) 소비자는 올 것'이라고 막연히 전제한다.

이러한 재상업화는 어떻게든 "핫하다"라고 소문이 나서 매입자가 나타나고 비싼 가격에 매도하기만 하면 되는 건물주들의 욕망을 반영한, 계획 아닌 계획인 것이다. 이러한 계획 방식은 소비자를 소비 실천의 주체로 설정하는 것이 아니라 대상화한다는 점에서, 예술가의 도구화와 닮아 있다. 또한 이러한 계획 관행은 중복적 시설 투자를 야기할 수 있다. 어떤 상업지에 대해서도 주민(지주)과 계획가가 알고 있는 유행하는 아이템으로 시설을 채우기 때문에, 심지어 인접한 재생지역과의 중복이 발생하기도 한다.

2) 관광시장화와 장소정체성

관광시장화와 장소 박탈

상업지재생에서 재상업화의 방향은 생활시장을 관광시장으로 바꾸는 방향으로 추진된다. 이러한 관광시장화는 생활시장이 주민들의 생활과는 무관하게 외부인들을 위한 시장으로 바뀌는 것을 의미한다. 그리고 이것은 시장이 분명 경제활동을 위한 공간이지만 동시에 하나의 장소라는 점에서, 장소를 파괴하는 것이라고도 할 수 있다.

우리는 시장에서 물건을 사기도 하지만, 시장을 통해 지역사회에 대한 소속감을 갖기도 한다. 시장은 생활과 관련된 행위와 기억을 담고 있기 때문이다. 따라서 시장은 상인들만의 공간이 아니고, 상인들과 지역 주민들이 공동으로 만들어낸 장소라고 할 수 있다. 그러던 생활시장이 관광시장으로 바뀌어 취급 품목 간의 조화가 깨지면, 시장을 찾는 사람들도 지역 주민에서 관광객으로 바뀌게 된다. 그 결과로 지역 주민들이 시장을 찾을 이유도 없어지게 되고, 시장은 지역 주민들의 것이 아닌 것, 지역 주민들과는 무관한 장소, 비장소가 된다. 따라서 관광시장화는 지역 주민들에게서 장소 감각을 박탈하는 것이 될 수 있다.

한국에서 시장 재활성화사업은 2008년에 시작되었던 문화체육관광부의 '문전성시 프로젝트' 이전과 이후로 구분된다. 이전의 사업들은 대부분 시장의 물리적 현대화사업이었지만, 문전성시사업은 '**문화를 통한 전통시장 활성화**'를 목표로 시행되었기 때문에, 일종의 문화적 재생의 방식으로 추진되었다. 이후에 소상공인진흥공단이나 지자체에서 추진한 사업들도 '문전성시'와 비슷한 방식으로 추진되어 왔다. 그러한 의미에서 '문전성시'는 상업지 문화적 재생의 효시라고 할 수 있다.

그러나 문화 기획자나 마케터가 주축이 된 시장의 문화화는 물리적 환경 개선과 함께 시장에 디자인과 문화를 접목한 점, 그리고 그에 따라 골목시장에 대한 인식을 개선한 긍정적 측면이 있지만, 결과적으로 관광시장화를 통해 지역 정체성을 박탈하거나 바꾸어버리는 부작용을 가져온 경우가 많았다. 즉 골목시장에 문화가 입혀지고 언론에 대대적으로 노출되면서, 디지털카메라와 스마트폰을 든 청춘 남녀들이 몰려들게 되고, 갑자기 밀어닥친 관광객들을 보면서 건물주들은 가겟세를 대폭 올리게 되며, 그나마 간신히 버텨오던 한계 점포의 상인들이 버티지 못하고 시장을 떠난다. 반면에 새로운 임차인들은 이미 높아진 임대료를 부담하고 들어오기 때문에 동네 주민들을 대상으로 한 품목을 버리고, 수익률이 더 높은 새로운 고객-관광객들을 대상으로 한 품목을 선택한다. 그에 따라 기존의 생활 시장의 기능이 깨지기 시작하면서, 시장은 구색을 잃어버리고 점점 닭강정과 간단한 먹거리 위주의 관광시장으로 변하는 것이다.

시장의 문화화와 장소정체성의 변화

그러한 대표적인 예로서 서울 서촌의 통인시장을 들 수 있다. 통인시장은 지역사회에 상품과 서비스를 제공하던 대표적인 생활시장이었지만, '문전성시'[10] 사업을 통해, 이제는 관광객을 위한 시장으로 전환되었다. 그런데 시장이 깨끗해지고 관광화되면서, 임대료가 크게 올라서 말 그대로 젠트리화가 일어났다. 이러한 문제점은 한 인터넷신문에서 확인된다.

> 시장에서 파는 품목들이 (시장) 카페 손님들이 찾는 떡볶이, 닭강정, 호떡 등이 중심이 되자 나물 등을 사가던 사람들이 다른 곳으로 발길을 옮기고 …… 더군다나 시장이 붐비자 임대료도 올랐다. 상인들은 "생활은 여전히 팍팍하다"라고 했다. 이어 "사람들이 몰리니까 이곳 건물주들은 가겟세를 100% 올려버렸다"라고 털어놨다"(《이뉴스투데이》, 2016.3.2).

'문전성시' 이전에는 서울 통인시장이 서촌지역은 물론, 배후의 부암동과

---

10 문화체육관광부가 전통시장을 활성화하기 위해 2008년부터 시행한 사업이다.

평창동 주민들도 즐겨 이용하던 시장이었지만, 시장 내외에서 만난 중장년의 방문객들은 "시장에서 살 게 없어졌으며, 그래서 요즘에는 거의 들르지 않는다"라고 증언했다. 시장은 번드르르해지고 방문객은 많아졌지만, '시장의 문화화'와 '관광시장화'가 임대료를 크게 올려 기존 업종과 그 상인들 그리고 기존의 단골손님이던 지역 주민들을 쫓아낸 것이다. 새로운 상인이 들어와 관광객을 대상으로 한 새로운 아이템으로 상당한 돈을 벌게 되는 대신, 지역사회라는 내수기반을 가진 시장으로서의 기능은 상실하게 된다. 그 결과로 시장은 지역사회의 중심 기능을 잃어버리고 다른 지역과 경쟁하는 신자유주의적 제로섬게임에 휩쓸린다.[11]

전통시장에서의 '문전성시'가 지역의 장소성을 관광객을 위한 것으로 바꾸고 지역 주민 소비자들을 내모는 일을 했다면, 정부가 지정하는 '문화의 거리'는 지역의 정체성을 바꾸고 상업화하는 부작용을 낳았다. 동일한 것은 관광시장화다. 그러한 대표적인 사례가 인사동이다.

인사동은 일제강점기 이후 오랜 기간 자연스럽게 형성되어 왔는데, 일찍이 1985년에 '전통문화의 거리'로 지정되었다. 이후 1997년, 침체된 지역경제를 활성화하기 위해 차 없는 거리 행사 시행을 기점으로 젊은 층 방문객이 급격히 늘어나고 감각적 소비 공간으로 변해가게 된다. 그 결과, 임대료가 급상승하고 정체성 문제가 불거졌다. 정체성의 위기는 관광객의 증가가 소비 업종의 매출 증가에는 기여하지만 문화 업종에는 도움이 되지 않는 지점에서 찾아오는데, 관광객의 증가는 장소정체성의 훼손으로 이어졌다.

이 과정에서 중요한 것은 방문객이 변화하면 업종과 상인들도 변하며, 기존 상인들의 이해 관심도 변하게 된다는 사실이다. 문화 업종과 소비 업

---

11 그러한 경험적 증거는 농촌마을만들기에서 무수히 발견된다. 농촌마을만들기는 얼핏 보기에는 마을의 고유한 지역성을 기반으로 하는 것 같지만, 도시민 유치를 통한 농촌경제 대안의 형태(농촌관광, Green Tourism)로 진행되면서, 저가 체험관광시장의 과잉 공급이라는 문제를 낳았다. 그 결과 정부지원 농촌마을만들기를 통해 만들어진 마을의 공동이용시설 700곳 중 절반이 비어 있는 상태이다(《JTBC》, 2017.10.16).

종은 물론, '신입 소비 업종 상인들도 이익 관계에서도 다르지만 장소정체성에 대한 이해 역시 다를 수밖에 없다.'[12] 또한 문화생산 집단 간에도 입장이 다를 수 있다.

3) 거주 없는 여성화된 소비

젠트리피케이션 vs 레이디피케이션

한국의 상업지재생의 사이트에서 장소활성화는 매우 독특한 소비자에 의해 지탱된다. 우리는 이들을 허트(2016)의 주장처럼, '여성화된 소비자'라고 부를 수 있다. 이 여성화된 소비자들은 해방촌 HBC 거리에서 주로 발견되는 것처럼, 젊은 여성 주도의 이국적이고 문화적인 것에 대한 소비문화를 지칭한다. 이것은 서구에서와 같이 '중산층이 들어가서 거주하면서' 만들어내는 젠트리피케이션, 즉 '신사화(gentrification)'와는 구별되는 것으로서 젊은 여성들이 주축이 되어, **'그곳에 이주해 사는 것은 기피하면서 방문해 문화를 소비하기만 한다'**는 점에서 **'여성화(ladification)'**로 설명된다. 여성화된 소비는 거주하지 않는 소비와 문화적 생산보다는 음식·공방과 같은 관광 편의 시설에 집중되며, 지역과 무관하게 그러한 소비자들을 위한 에스닉 푸드(ethnic food)와 같은 업종의 입점을 증가시키는 것으로 설명된다.

인류학자로서 한국에서 대학 강의를 하고 있는 허트(2016)는 ≪남산골해방촌≫ 11에 기고한 「레이디피케이션: 성별화된 해방촌의 젠트리피케이션」이라는 글에서 해방촌 HBC 외국인 거리에 나타나는 젠트리피케이션 현상에 대해, '특히 젊은 여성이 주도하는 이국적인 것의 소비 성향에 의한 젠트리피케이션'이라고 규정하고, 이를 '젠트리'(신사)가 지역을 점령하는 것으로서의 젠트리피케이션의 어원적 의미에 대응해, 젊은 여성들의 소비 주도

---

12   운동을 지원한 도시연대 사무국장 인터뷰.

에 의해 일어나는 젠트리피케이션이라는 의미에서 레이디피케이션으로 볼 것을 주장한다.

그가 주장하는 레이디피케이션은, 젊은 여성들의 성별화된 외국 음식 및 문화의 소비 주도에 의해 일어나는 것으로, 부동산 업소나 기존의 외국인 커뮤니티에 음식을 제공하던 기존의 주민편의시설(해방촌에서는 외국인들도 어엿한 주민이다)이 더 여유 있는 외국인들을 대상으로 하는 음식점으로 바뀌어 주로 젊은 여성 집단들에 의해 건물 밖까지 줄을 서는 현상이 일어나는 것에 '놀라고 한편으로 매료되어' 붙인 이름이라고 한다. 그의 관점은 한국 대도시의 젠트리피케이션과 관련된 새로운 소비문화가 젊은 여성이 주도한다는 것을 잘 드러낸다는 점에서 매우 흥미롭다. 그는 레이디피케이션의 또 다른 증거로서 '남성이라고는 여성에 이끌려 온 데이트족에서만 발견된다'고 적었는데, 이는 내가 관찰한 바와도 거의 일치하는 현상이다.

더욱 흥미로운 점은 '이 새로운 성별화된 소비 패턴이 상업적으로나 문화적으로 지역을 변화시킴으로써 상가의 세는 폭등했으나 주거지역의 집세에는 크게 영향을 미치지 않았다'는 것이다. 그의 주장에 따르면, 해방촌에서 소비하는 많은 여성들이 해방촌에 사는 것은 원하지 않는다는 점은 한국의 문화적 사고 패턴이 어떻게 동일하게 유지되고 있는지와 관련이 있다'는 것이다. 이는 외국 문화를 소비하는 것 또는 이국적인 것 자체에 대한 생각조차 일상생활에서 분리될 수 있을 때 더 쉽다는 것으로 해석하고, HBC가 '외국 문화를 소모하기 위한 환상 공간으로서 방문하기에는 좋은 곳이나, 한국인으로서 살기에 좋은 곳은 아니'라고 분석한다(허트, 2016: 42~43).

그의 주장에서 주목되는 부분은 '공간을 소비하되 살려고 하지는 않는다'는 것인데, 이는 주택계급화 및 관광시장화와 맞물려 '자본을 투자하되 살려고 하지는 않는다'는 한국적 젠트리피케이션 경관이 생산되는 방식이라고 할 수 있다.

관광시장화와 주민 소외

이와 같이 젠트리화되고 있는 지역에서 관광시장화는 한국적 소비 경관을 정조준한 것이다. 즉 한국의 상업지재생은 지역 내 거주하는 주민-소비자를 외면하고 전적으로 거주하지 않는 관광객들을 위한 것으로 기획된다. 이는 "새로운 중산층의 '취향'과 '생활 방식'에 대한 상업 시설의 적응이 일어나고 장소정체성을 바꾸는"(부르디외, 2006: 414~419) 것이 아닐 뿐만 아니라, 기존에 거주하고 상업지를 이용하던 주민을 위한 것도 아니며, 단지 관광객의 취향에 부합한 변화만을 지향한다는 것을 뜻한다. 그 결과 한국의 상업지재생은 문화적 재생을 표방하지만 처음부터, 문화적 소비자가 아닌 관광소비자만을 구하는 과정이 된다. 따라서 관광시장화와 결합된 문화적 재생은 겉으로는 젠트리화를 걱정하는 척하지만 속으로는 적극적으로 기대하는 것이라고 할 수 있다. 물론 문제는 이러한 한국적인 레이디피케이션의 소비 경관이 대부분의 도시나 상업지에서는 형성되지 않는다는 데 있다.

반면에 우리가 소비의 문제를 생산적인 실천의 타자가 아닌 소비와 생산의 교차점에서 바라보는 경우(Lloyd, 2002: 519), 그 소비 주체는 일시적 방문자가 아니라 거주자나 일하는 사람들이라는 것을 알 수 있다. 도시는 방문자 이전에 거주자들의 장소가 될 수 있고 그래야 하기 때문이다. 반대로 생활시장이 관광시장이 되는 것은 시장에 대한 주민들의 편의성이 감소되고, 방문객과 그들의 자동차로 인해 주거 환경은 더 나빠질 수 있다.

관광시장화는, 말 그대로 보이지 않는 손이 작동해 구색이 맞추어진 경제 활동의 공간, 보이지 않는 손에 의해 나름의 균형과 조화가 있는 공간에 균열을 만들어내는 과정이다. 이 과정에서 임대료가 낮고 생산성이 낮은 가게부터 하나씩 주인이 바뀌어 다른 업종을 바꾸게 된다. 그러면 그 전에는 웬만한 것은 다 살 수 있던 시장이 이제는 구색을 맞출 수 없는 곳, 이가 빠진 곳으로 변하게 되고, 기존의 주민 소비자들을 대형마트로 떠나가게 한다.

이런 현장에서 주민들은 물론이고 상인들조차도 참여의 주체가 아니라 이해관계의 주체나 대상이 되고, 능동적 실천의 주체가 아니라 수동적 수혜의 대상이 된다. 상인이면서도 건물주인 상인만이 상인을 대표하고, 그를 인터뷰하는 매체는 호황기의 영광과 그의 자수성가 스토리로써 새로운 변화의 당위성을 홍보하고 소비한다.

그 결과로, 그곳은 개별적인 이익이 공동체 전체의 이익에 우선하는 곳으로 바뀌고, 지속가능한 미래보다는 단기적인 이익과 권리금이 중시되는 시장으로 변할 것이다. 또한 시장은 상인과 소비자가 함께 만들어가는 공간이 아니라 상업자본과 토지자본의 이익만을 극대화하는 공간이 되고, 주민은 없고 관광객들만이 붐비는 공간이 되며, 머지않아 그들마저도 외면하는 비장소가 될 것이다.

3. 젠트리화의 부작용과 대책의 적절성

1) 상업지 젠트리화 과정

서구와 한국의 상업지 젠트리피케이션 모형 비교

상업지에서 장소활성화와 전치는 동전의 양면과 같아서, 장소가 활성화되면 상업도 활성화되지만 임대료도 상승된다. 그러므로 도시공간을 '인위적으로' 활성화해야 하는 상업지재생은 처음부터 '**장소는 활성화하되 임대료를 낮게 유지해야 하는 딜레마**'를 안고 있다. 상업지 전치는 상업 활성화에 따른 수익의 증가보다 임대료가 더 많이 상승해 상인들이 급등한 임대료를 감당하지 못해 사실상 쫓겨나면서 발생한다.[13] 어떤 상업지에서 전치가 발생

---

13 국내에서 상업지에 대해서는 전치보다는 젠트리피케이션을 주로 써왔다. 그러나 용어 젠트리피케이션은 지역 전반의 부스터링(boostering)과 그 결과로서의 전치를 함께 지칭한다는 점에서, 여기서는 전치를 사용하고자 한다.

그림 4-4 서구와 한국의 젠트리피케이션 파동모형 비교

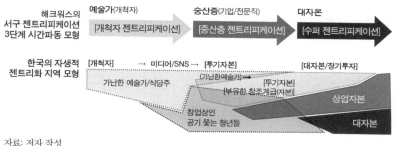

자료: 저자 작성.

하면 더 높은 수익을 기대할 수 있는 업종으로 소비 경관이 변화하게 된다.

상업지에 전치가 발생하기 위해서는, 먼저 '급격한' 장소·지역의 활성화가 있어야 하고, 다음으로 토지·건물주의 과도한 임대료 인상이 있어야 한다. 물론 이러한 현상은 토지의 독점적 특성에 따른 것이어서 얼핏 자본주의 도시의 당연한 현상으로 보이지만, 생각보다 복잡한 문제다. 상업지 전치는 여러 주체에 의해 여러 단계로 나타날 수 있다. 젠트리화되어 가는 과정은 여러 가지 크고 작은 힘의 선후 작용으로 이루어지는데, 해크워스(Hackworth, 2000; Hackworth and Smith, 2001)의 젠트리피케이션 3단계의 시간적 파동 모형은 한국의 상업지 젠트리화 과정을 이해하는 데도 매우 유용하다.

해크워스의 젠트리피케이션의 첫 번째 파동은 예술가들이 주도하는 '개척자 젠트리피케이션'이며, 두 번째는 예술가들이 발견하고 창조한 공간과 그 '안전'을 따라 들어오는 기업 및 전문직에 의한 '중산층 젠트리피케이션'으로, 세 번째는 더 큰 자본이나 더 부유한 자가 선투자자와 먼저 진입한 사람들을 대체하는 '수퍼젠트리피케이션'(super-gentrification)으로 설명된다(Butler and Lees, 2006: 468). 이때, 각 단계의 변동을 일으키는 주역(agent: 젠트리파이어)은 각각 예술가-중산층-대자본으로 단순화할 수 있다.

이러한 3단계 모형이 한국의 자생적 젠트리피케이션 사이트의 젠트리화

과정과 완전히 일치하지는 않지만 상당히 비슷함을 알 수 있다. 그 처음은 쇠퇴한 지역에 예술가들이 하나둘씩 모여듦으로써 시작된다. 이때 대상 지역은 서구에서처럼 시대적으로 양식화된 건축물이 있는 지역이나 완전히 쇠퇴한 지역이 아니더라도, 도심이나 핫한 지역에 가까우면서도 개발되지 않은 지역이면 된다. 개척자들은 예술가일 수도 있지만 식당 주인일 수도 있다. 이들은 주거지의 빈 점포나 값싼 점포를 임대해 동네를 변화시킨다. 이 과정에서는 아직 임대료 상승이 일어나지 않는다. 이들의 수가 늘어나면서 SNS와 인터넷에 의해 지역은 핫한 장소로 소문나기 시작한다.

다음 단계로, 한국에서는 '개척자들이 창조한 공간'에 경제 자본이 좀 더 높은 예술가와 그러한 분위기를 선망하는 청년들, 그리고 권리금이 없음에 매력을 느끼는 창업 상인들이 진입한다. 이때까지 아직은 개척자들이 점유한 공간들은 유지되며, 새로운 이주자들은 그들과 가까운 곳에 있는 좀 더 비싼 임대료의 공간을 확보해 자리를 잡게 된다. 중요한 것은 매체의 보도와 기획부동산의 권유를 타고, 이들과 함께 또는 이들의 뒤를 따라 투기 자본이 들어온다는 것이다. 경우에 따라 이들은 건물 매입과 점포 개설을 병행하기도 하는데, 이 시점에서부터 본격적인 부동산 바람이 불기 시작한다.

세 번째의 수퍼젠트리피케이션 단계는 서구에서처럼 더 큰 자본이나 더 부유한 자가 진입하는 경우도 있지만(서촌), 무엇보다 관광객들이 몰려들면서 뒤늦게 들어오는 상업자본이 더 높은 임대료나 가격을 제시해 먼저 진입한 사람들을 대체함으로써 본격적인 젠트리피케이션이 일어나는 단계다. 이로써 초기의 '진정성 있는(authentic)' 경관은 관광객 중심의 상업 경관으로 바뀌게 된다. 이 과정에서 예술가들이 작업실로 점유해 폐쇄적이던 1층의 외벽들이 쇼윈도로 개방된다. 이 단계에서 진입하는 토지자본은 실수요자일 수도 있지만, 막차를 타는 사람들에 가깝다.

한국 상업지 젠트리화 과정의 복잡함

대부분의 상업 전치에 대한 국내 연구들은 전치의 문제를 토지자본이 상인들의 (피땀 어린) 노력을 착취한다는 단순 대립적이며 온정주의적인 구도를 설정하고 상인 편에 서서 리포트하거나(예: 신현준·이기웅, 2016), 정부에 대책을 촉구하거나(예: 최호근·김현수, 2013; 이선영, 2014), 상생협약을 통해 윈윈하는 해결이 가능한 것처럼 주장한다(정원오, 2016). 상인 중심의 이러한 온정주의적 언급은 보통 토지자본의 편에 서는 보수언론들도 크게 다르지 않다. 그러나 상업지 젠트리화 과정의 전치 문제는 흑백논리로 설명하기 어려운, 매우 다면적인 문제다.

앞선 한국의 자생적 젠트리화 지역에서의 3단계 모형에서 1단계에서는 개척자들이, 2단계에서는 창업 상인과 투기 자본이, 3단계에서는 상업자본과 실수요 토지자본이 진입하는 것으로 설명한 바 있다. 기존의 상업 전치와 관련된 국내 논의에서는 젠트리피케이션 각 단계에서 새로 진입하는 이들의 역할에 대한 구별 없이, 단지 기존의 상인이 새로운 상인들에 의해 전치되는 것으로 단순화하는 경향이 많았다. 그러나 각 단계에서 새롭게 진입하는 예술가들을 포함한 신상인들의 역할은 서로 매우 다르다.

먼저 1단계 개척자-신상인들은 대부분 빈 점포나 사실상 명맥만 유지하고 있는 점포(쇠퇴 점포)에 입주하기 때문에, 젠트리파이어와 비슷한 '전치를 일으키는 자'로 보는 것은 무리가 있다. 물론 이들이 쇠퇴 점포의 구상인을 압출하는 것은 사실이지만, 쇠퇴한 상업 시설은 점포를 비워두기보다는 시설의 유지관리를 위해 저렴한 임대료에 관리형 임대를 두는 경우가 많고, 오래된 구상인의 경우에 영업을 접기도 애매해 관성적으로 문을 열어두는 경우가 많기 때문이다. 이는 기존 상인들의 상업 활동과 업종의 영업성이 덜 쇠퇴한 인접 상권의 정상적인 임대료를 감당하기 어려운 상태에 있는 점과 관계있다. 이러한 점에서 볼 때, 쇠퇴한 상업지에는 적정한 임대료가 책정되어 있다고 보기 어려우며, 따라서 전치와 관련된 임대료 기준을 쇠퇴 당시의 임대료로 보아 임대료의 급등과 전치의 발생을 주장하는 것은 타당하지 않다.

다음으로, 2단계의 창업 상인이 1단계의 개척자 상인을 직접 전치한다고 볼 수 있는지의 문제가 있다. 해방촌의 사례에서 보면, 2단계의 창업 상인들은 1층 주거공간이나 쇠퇴한 점포에 진입하며, 개척자 상인들에 비해서는 지역의 젠트리화에 더 많은 영향을 미치는 것으로 보이나, 이들은 주로 개척자-예술가와는 다른 공간을 임대한다는 점에서 개척자-예술가들을 직접적으로 전치시킨다고 보기는 어렵다(주대관, 2018: 136~140).

마지막으로, 3단계에서는 1단계 상인과 2단계 상인이 동시에 전치되는 현상이 발생하는 경향이 있다. 이는 특히 2단계에 진입한 투기 자본들이 3단계에 이르러 그사이에 충분한 이익을 실현할 수 있을 만큼 부동산 가격의 급등이 일어났다는 것을 뜻한다. 또한 보통 매입 후 2, 3년의 시간이 경과하면서 신구 상인을 막론하고 기존 입주 상인의 임대계약이 대부분 종료되는 것과 관계가 있다. 이를 위해 새로이 자산을 매입하는 투기 자본은 2년 정도의 단기임대계약만을 체결하고, 상황을 보아가며 임대 기간을 연장해주는 전략을 구사한다. 2단계에 진입하는 자본이 서구의 중간계급과 다른 것은 사람이 아닌 자본만 들어간다는 점이며, 따라서 앞선 해크워스의 서구 사례에서 2단계에 진입하는 중간계급은 한국에서는 3단계에서 실수요자의 형태로 진입하게 되며 젠트리화의 종결적 역할을 하게 된다. 또한 3단계 초기에 '상업자본 + 토지자본' 형태의 매입 역시 좀 늦은 감이 있더라도 '그래도 남는다'는 것을 알고 투자하게 된다.

권리금의 존재와 관련하여, 1단계에서는 권리금이 거의 없는 경우가 대부분이며, 2단계에서는 건물주들이 창업 상인들에 대해 2, 3년의 단기계약을 요구하며, 창업 상인도 불확실성을 고려해 이를 수용하는 경향이 있다. 또한 이 경우 시설 개선에 따른 시설 권리금 이외에는 인정하지 않는 경우가 많다.

2) 상생협약으로 임대료를 안정시킬 수 없다

상업자본과 토지자본 간의 이해관계 특성

장소활성화는 상인의 매출과 수익을 상승시키게 되며, 건물주에게는 지대 상승을 가져다준다. 일반적으로 그 추가 생산된 가치가 상인의 상업노동, 즉 경제적 실천의 결과로 간주되며, 건물주-토지자본의 이익은 아무런 실천을 하지 않았음에도 불구하고 지대(임대료) 상승의 형태로 분배된다.

이렇게 상업적 이익은 상인이 가져가고 지대 상승 이익은 건물주가 가져가는 것은 얼핏 공평해 보이며, 적어도 점포의 계약기간 동안 이 둘 간의 분쟁은 거의 발생하지 않는다. 이해의 다툼은 임대차 계약기간이 끝나서 임대료의 재산정 시 발생한다. 건물주는 장소활성화 과정에서 동네의 부동산 시세가 가파르게 올라가는 것을 알고 있기 때문에 자신도 임대료를 최대한 올림으로써 수익을 극대화하고자 한다. 물론 상승한 임대료는 상인의 증가한 수익에서 할당하는 것으로서, 상승한 임대료가 증가한 수익보다 많다면 상인은 더 이상 상업 행위를 계속해 나가기 어렵고, 점포를 내놓게 된다. 반면에 건물주는 장소활성화에 따른 지가 상승 이익과 상업 이익을 모두 가져가는 강자 독식을 하게 된다.

그런데 이러한 상인·건물주 간의 이해 다툼은 생각보다 복잡한 문제다. 먼저, 상인은 상업 노동자일수도 있지만 상업 자본가인 경우도 많다는 점을 살펴보아야 한다. 특히 이러한 상업 자본가들은 편의점이나 카페와 같은 업종에서 두드러지며, 상업노동을 거의 투입하지 않는 대신 자본 집중적이라는 점에서, 토지자본과 마찬가지로 의제금융자본의 성격을 가지고 있다. 그리고 쇠퇴한 지역에 처음 들어와서 장소를 개척한 개척자들과는 달리, 이들 상업자본들은 임대료가 상승했더라도 수익률을 산정해 보고 점포를 재매입해 그들을 밀어내고 상업 경관을 바꾸어버리는 전치의 주범 중 하나라고 볼 수 있다.

그러한 점에서 상업 노동자와 상업자본은 구별해야 하며, 상업자본은 오히려 토지자본에 준해 취급해야 한다고 주장된다. 물론 한편에서는 하나의 상품으로서 토지자본의 가치는 매매를 통해 교환가치로 구현되고, 건물의 임대는 그 사용가치의 임대가 아닌가 하는 논리로서 토지(건물)자본의 권리를 옹호하는 의견이 있을 수 있으며, 다른 편에서는 토지자본의 이익은 이미 지가 상승으로 반영되었기 때문에 상업자본의 이익이 더 보장되어야 한다는 의견도 있을 것이다. 그러나 여기서 강조하고자 하는 것은 어느 편을 옹호하는 것이 아니라 자본주의 도시에서 서로 다른 자본 간의 이해 다툼에 개입하는 것의 어려움에 관한 것이며, 따라서 보호되어야 하는 것은 개척자들이다.

다른 각도에서, 장소활성화는 이들 개척자와 상인들의 생산적 실천과 이들의 실천에 조응하는 소비자들의 소비적 실천의 결과이다. 그러나 상업 전치와 관련된 논의에서 소비 실천의 역할에 대한 논의는 거의 없는 실정이다. 반면에, 소비 실천의 철수는 상업자본에 의한 것이든 토지자본에 의한 것이든, 자본이 장소활성화에 따라 생산된 가치를 독점해 상품 및 서비스 원가에 과도하게 반영함으로써 장소적 가치를 잠식할 때 발생한다. 따라서 장소활성화와 상업지 전치에서 중요한 것은 두 자본 간의 이익 다툼에 대한 조정이 아니라, 어떻게 하면 사회적 실천으로 생산된 가치를 토지·상업 자본이 전유하는 것을 줄여서, 소비 실천을 지속시킬 것인지의 문제이다. **상업 전치에 관한 논의는 상생협약이 아니라, 개척자들의 생산적 실천과 방문자들의 소비 실천을 어떻게 보전할 것인지에 집중해야 한다**는 것이다.

투기 자본에게 공동체적 배려를 요청하는 상생협약

상업지 전치에 대한 정부의 대책은 '상생협약'(임대료안정화협약)으로 요약된다. '상생협약'이란 도시재생활성화지역에서 지역 주민, '상가건물 임대차보호법' 제3조 제1항에 따른 사업자등록의 대상이 되는 상가건물의 임대인과 임차인, 해당 지방자치단체의 장 등이 지역 활성화와 상호 이익 증진을 위해 자발적으로 체결하는 협약을 말한다('도시재생특별법' 제2조).

상생협약은 성수동 도시재생활성화지역에서 도시재생사업 최초로 적용되었고, 2015년 12월 서울시의 '젠트리피케이션 종합대책'을 통해 서울시의 정책이 되었으며 '도시재생특별법'에도 명시되게 된다. 서울시의 상생협약은 임대인과 임차인, 그리고 해당 지방자치단체의 장이 함께 체결하도록 되어 있었는데, 도시재생에 명문화되면서 지역 주민도 참여하도록 강화되었다.

서울시의 상생협약은 4개 항으로 이루어져 있으나 주된 내용은 1항의 "건물주는 …… 계약기간 이후 임차인이 재계약을 희망하는 경우 특별한 사정이 없는 한 적극 협력한다"라는 내용과, 4항의 "서울시와 ○○구는 공공 인프라 및 환경개선사업 등을 통해 상권 활성화 사업을 적극 지원한다"라는 내용이다. 즉 1항의 내용을 지키는 경우에 4항의 지원을 한다는 내용으로서, 뒤집어 보면 도시재생지역에서 상생협약은 강요되는 규정이 아니라 **쇠퇴한 상업 시설을 지원하기 위한 조건**이라고 할 수 있다.

서울시의 상생협약 정책은 상업지 젠트리화 문제에 대한 서울시의 인식을 잘 담고 있다. 서울시는 그 정책 방향에서 "**특정 지역의 개발 이익이 지역 발전에 직·간접적으로 기여한 지역사회의 구성원(문화예술가, 영세자영업자, 원주민 등)이 아닌 건물 소유자 및 상업자본에 모두 돌아가는 것은 우리사회의 정의 관념에 반**"하는 것으로 명기하고 있다(서울시, 2015: 12).

상생협약은 상업지 활성화와 그에 따른 전치의 문제를 토지자본과 상업자본이라는 이해관계인들 간의 문제로 축소시키고, 소비자들인 지역 주민들을 배제한 상태에서 체결된다는 데 또 다른 문제가 있다. 도시재생특별법에도 지역 주민의 참여를 명문화하고 있지만, 활성화 추진 과정과 상생협약 과정은 건물주를 중심으로 추진할 뿐이다.

이렇게 상업지재생의 계획과 상생협약을 건물주들이 주도하는 것은 지자체 담당자, 총괄코디네이터, 계획가에 의해 당연하게 인정되고 권장된다. 그들의 관심은 오직 상생협약을 체결해 보도 자료를 내고 예산을 지원할 수 있게 하는 것과, 관광시장을 만들어 지역을 활성화하는 것에만 집중되어 있기 때문이다. 생활시장의 재생 과정과 상생협약 과정에서의 이러한 실질적 주민참여의 부재는 쇠퇴한 상업 시설의 문제를 어떻게든 장소를 활성화하기만 하면 되는 문제로 보는 것이며, 그 결과로서 상업지재생은 실효성이 없는 과정이 되거나 단지 토지자본과 상업자본의 이익에만 기여하는 것으로 전락하게 된다.

따라서 우리는 상업지재생에서도 실질적인 주민참여 방안을 강구해야한다. 이때 주민은 건물주와 상인이 아니라 소비자로서의 주민이며, 오랫동안 생활시장으로 이용해 오던 주민이며, 지역에서 새로운 생산을 실천할 주민이며, 소비 실천을 통해 지역과 장소의 가치를 새롭게 생산해 나갈 주민이다.

임대료 안정의 실질적 조건

상생협약의 목적은 임대료 안정이다. 자생적으로 젠트리화되고 있는 지역이든 도시재생을 통해 장소활성화를 도모하는 지역이든, 쇠퇴한 상업지의 재활성화 과정에서 이해 당사자 간의 협약을 통해 임대료의 안정을 도모하기 위해서는, **적정한 임대료 기준, 주변 지역 임대료의 동반 통제, 건물주와 상인의 공동체의식이라는 세 가지 조건을 충족할 때에만 가능**하다.

첫째, 안정시켜야 할 적정한 임대료 수준을 가지고 있어야 한다. 그러나 쇠퇴한 상업지는 적정한 임대료가 형성되어 있다고 보기 어렵다. 쇠퇴한 상업지의 기존 임대료는 상징적인 수준에 불과하기 때문에, 그러한 상태에서 장소활성화가 추진된다면 임대료 안정은 사실상 의미가 없게 된다. 기존의 점포들은 기존의 낮은 임대료를 기준으로 간신히 수익을 맞추고 있는 것이기 때문에, 어느 정도의 지역 활성화에 따라 인접지와 비슷하게 임대료가 현실화되는 경우에도 감당하기 어렵다.

둘째, 주변 지역의 임대료 안정이 병행되어야 한다. 어떤 상권의 임대료는 주변 지역의 임대료와 연동된다는 점에서, 지역 전체가 활성화되고 있다면, 임대료의 바다에서 쇠퇴한 상업지재생 지역만의 임대료 안정은 불가능하다. 그 임대료는 주변 지역 상권의 임대료에 특별한 장점이나 약점을 반영한 수준에서 평준화된다고 볼 수 있기 때문이다. 오히려 쇠퇴한 상업지의 활성화는 인접 지역 상권의 임대료 상승을 야기하는 경우가 더 많다.

셋째, **건물주와 상인 간에 공동체 의식이 있어야** 한다. 임대료안정화협약은 단지 협약일 뿐이기 때문에 특히 건물주들의 준수 의지가 중요하며, 이를 위해서는 대부분의 건물주들이 협약을 지키려는 의지와 실천이 필요하다. 그러나 쇠퇴한 상업지의 재산권은 쇠퇴 과정에서 투자 이익을 기대한 손바꿈이 있는 경우가 많은 데다가, 도시재생사업의 지정으로 투자이익을 기대한 추가적인 손바꿈이 일어나 있는 경우가 대부분이기 때문에, 그런 건물주와 도시재생 과정에 진입하는 신상인 간에, 임대인과 임차인으로서의 최소한의 유대나 지역에 대한 애정, 또는 공동체적 호혜성을 기대하기는 어렵다. 무엇보다 상생협약은 이익사회적 결합으로 이루어진 상업지에서 공동체적 배려를 권고하고 있다는 점에서, 주거지에서의 사회적 재생의 연장선에 있는, 비현실적이며 공동체주의적인 전시행정이라고 할 수 있다.[14]

또한 위의 세 가지 조건을 충족했다고 하더라도, 임대료 문제는 한국적인 특수성을 반영한 '상가 권리금'과 연동된 문제다. 활성화되고 있는 지역에서, 활성화에 따라 증가되는 기대수익은 점포 매매의 과정에서 '임대료 + 권리금'으로 전환되어 신상인에게 원가 상승의 요인으로 작용하기 때문이다. 이는 활성화되고 있는 지역에서 임대료를 동결하는 경우에는 구상인의 기대수익이 높아지고 그만큼 권리금도 높아져서 신상인이 진입할 때 부담

---

14 상생협약이 약자를 보호하거나 사회정의를 지키는 데 무용함에도 불구하고 둥지 내몰림의 해법인 것처럼 추진 및 선전되어 왔다는 사실만큼이나 실망스러운 것은 그러한 정책이 상대적 좌파에 의해 제안되고 추진되어 왔다는 점이다. 그러한 점에서 "현실로서 존재하는 자본주의의 실체를 무시하고 비판의 선명성만을 유지해 온 좌파"(Harloe 2001: 896), 자본주의의 속성을 간과하고 적당히 타협하고 공동체주의에 의탁하는 무늬만 좌파의 시도에 대한 성찰이 요구된다. 상업지재생은 물론이고 주거지재생에서도, 도시공간 문제에 대한 접근은 "서로 다른 힘을 가진 다양한 이해관계자들 사이의 긴장"(Gornostaeva and Campbell, 2012: 169)의 존재를 이해하고 인정하는 데서 출발해야 한다.

해야 하는 부동산 원가는 동일함을 의미한다. 따라서 임대료의 안정 자체가 기존의 생산성이 낮은 업종이나, 생산성 지체 특성이 있는 창조계급을 보호하는 것과 무관하다고 볼 수 있다.

3) 활력의 보전이 중요하다

상가 권리금과 임대료의 상관성

권리금이란 임차인에게 '임대차보호법'(상가건물 임대차보호법)이 보장하고 있는 특별한 권리로서, 상가건물에서 영업을 하는 자가, "영업시설·비품, 거래처, 신용, 영업상의 노하우, 상가건물의 위치에 따른 영업상의 이점 등 유형·무형의 재산적 가치의 양도 또는 이용 대가로서 임대인, 임차인에게 보증금과 차임 이외에 지급하는 금전 등의 대가를 말한다".[15]

'임대차보호법'은 상가 권리금을 시중의 관례대로 인정해 시설 권리금, 영업 권리금, 바닥 권리금으로 나누어 규정하고 있다. 여기서 시설 권리금은 '영업 시설이나 비품'의 확보에 들어간 비용이며, 영업 권리금은 거래처나 신용, 영업상의 노하우 등에 해당한다. 시설 권리금과 영업 권리금은 시설을 설치하는 데 들어 간 비용과, 상인들의 축적된 노력을 가치로 인정한 것이라는 점에서 불로소득에 해당하는 지대(임대료)와는 성격이 전적으로 다르며, 다른 경제적 거래에서도 일반적으로 인정되는 것과 같다. 그러나 마지막의 바닥 권리금은 상가건물의 위치에 따른 일종의 기득권과 같은 것이며, 독점지대와 유사하다는 점에서 논쟁의 여지가 있다. 어떤 점포가 그 자리에 일정 기간 동안 있었다는 이유만으로 그 권리가 인정되는 것은 어떠한 이유로도 합리화되기 어렵다. 필요하다면 영업권에 얹어지는 것이 맞을 것이다.

---

15 '상가건물 임대차보호법' 제10조의3 ①항.

또한 시설 권리금과 영업 권리금도 동일한 업종의 승계라는 점에서만 유효한 것이 합리적이다. 예컨대 횟집을 치킨집으로 바꾼다면, 내부의 집기(시설권리금)는 물론 횟집의 손님 명단이나 운영의 노하우도 아무 쓸모가 없다. 그러한 점 때문에, 권리금은 기존의 기능을 지속시키는 역할을 하기도 한다.[16] 즉 기존의 상인이 자신과 동일한 업종이 아닌 경우에는 시설 권리금과 영업 권리금을 요구하기 어렵기 때문에, 가급적 동일한 업종이 다시 들어오는 것을 선호하게 된다.

반대로 신상인이 기존 점포의 업종을 바꾸어 임차하고자 하는 경우에는 시설 권리금과 영업 권리금을 줄 필요가 없지만, 장소의 확보를 위해 얼마간, 또는 구상인이 요구하는 권리금 전액을 인정해 주어야 하는 문제가 발생한다. 이렇게 확보된 공간이 미래에 다른 상인에게 넘어가는 경우에는 자신이 새로이 투자한 금액에 대한 시설 권리금과, 이전의 쓸모없지만 공간 확보를 위해 지불한 바닥 권리금 및 영업 권리금을 합산해 권리금 원가로 산정되는 경향이 있다. 즉 권리금은 세 가지 명목으로 나뉘어 있지만 사실상 하나로 통합되어 다음 상인에게 전가되는 경향이 있기 때문에 그 자체로 임대 보증금과 유사한 속성이 있다. 따라서 권리금이 임차 상인의 권리와 업종을 보호하는 순기능을 가지고 있지만, 새로운 상인들의 진입을 막는 장벽으로도 작용할 수 있다.

중요한 것은 보통 구상인과 신상인 사이에 임차의 승계와 관련해서 개입되는 권리금은 상인들 간의 문제만은 아니라는 사실이다. 보통 상인들은 '점포를 임대한다'고 하지 않고 '점포를 매매한다'는 표현을 쓰는데, 이는 권리금과 집기를 포함한 모든 권리를 인수인계한다는 뜻을 담고 있다. 이때 권리금과 임대료의 환산된 합은 점포의 입지에 따라 어느 정도 시장가격이 형성되기 때문에, 임대료가 낮다면 권리금을 상인이 원하는 만큼 높게 받을

---

16 이것은 권리금이 토지자본과 유사한 성격이 있음을 의미한다. 권리금은 지대의 유도력이 잉여가치의 실현에 대항적인 것(하비, 1983: 118)과 유사하다.

그림 4-5 젠트리화 과정에서 임대료와 권리금의 상관성

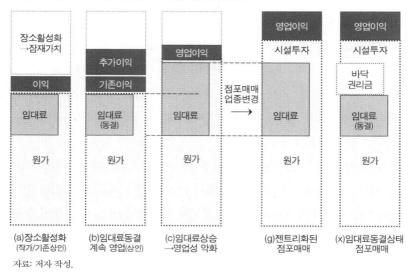

(a)장소활성화   (b)임대료동결   (c)임대료상승   (g)젠트리화된   (x)임대료동결상태
  (작가/기존상인)   계속 영업(상인)   →영업성 악화   점포매매   점포매매

자료: 저자 작성.

수 있다. 따라서 소비자에게는 겉으로 전혀 드러나지 않지만, 권리금 역시 금융비용의 형태로 제공되는 상품과 용역의 원가에 산입될 수밖에 없다.

이러한 사실은 임대료를 동결할 경우, 장소활성화에 따른 이익이 임대료+권리금의 형태로 전환되어 소비자에게는 동일한 비용으로 전가됨을 의미한다. 따라서 권리금의 문제는 장소활성화에 의해 높아진 공간가치의 분배 문제와 연결된다는 것이다.

구상인의 권리금은 상업 활동이 활성화되고 그에 따라 영업성이 개선된 경우에 상승한다. 그 개선으로 인해 예상되거나 실현되는 영업이익은 토지자본과 상업자본 간에 임대료와 권리금의 형태로 나뉘어 분배될 수 있으며, 신상인에게 권리금은 임대보증금의 형태로 전가되어 전체 점포 매입 가격으로 산입되고 이해된다.

〈그림 4-5〉에서 (a)는 쇠퇴 상태에서 영업하고 있는 점포의 경우로 쇠퇴한 상권의 낮은 임대료에 맞는 업종이 입점해 있는 상태다. 상업지재생이

추진되는 경우 건물주나 투자자는 장소활성화 이후의 점포 가치를 산정해 임대료를 최대한 올리게 된다(c). 이때 현재 가치와 기대되는 가치 간의 차이는 스미스(Smith, 1979)의 임대료 격차에 해당한다고 할 수 있다. 급등한 임대료는 건물주 측에서는 나름의 합리적 계산에 의해 산정된 것이지만, 기존 점포의 영업성을 압박해 점포의 매매로 이어지고 우리는 이를 젠트리화라고 부를 수 있다(g).

임대료의 동결(안정)이 이루어지는 경우, 이론적으로는 (b)에서와 같이 기존 상인의 추가적인 이익을 기대할 수 있으며, 임대료 동결 상태에서 점포 매매가 이루어지는 경우에는 시세에 따른 임대료와 동결된 임대료의 차이는 활성화에 따른 추가적인 이익으로서, 전액 권리금으로 전환된다(x). 따라서 건물주는 상인의 권리금으로 전환될 '자신의 몫'으로 간주되는 이익을 양보할 수 없으며, 이는 임대료안정화협약의 붕괴로 이어진다.

여기서 중요한 것은 다음의 두 가지로 요약된다. 건물주는 자신의 이익을 극대화하기 위해 영업성이 높은 업종의 입점을 가정해 임대료를 산정하게 되며, 이는 수익성이 높은 업종으로의 업종 변경으로 나타난다. 또한 (g)와 (x)에서 확인되는 것처럼, 임대료 안정의 문제는 장소활성화로 인한 공간가치 상승분을 둔, 상업자본과 토지자본의 이익 다툼의 형태로 전환된다는 것이다.

따라서 상업지재생에서 젠트리화를 방지하거나 완화하기 위해서는 임대료를 동결하기 위한 협약보다는 토지자본이 기대하는 최고 임대료 수준을 낮추어야 하며, 이를 위해서는 업종을 제한하는 것이 가장 효과적이라고 할 수 있다.

그렇지만 여기서의 논의가 권리금의 부당함에 대해 말하고자 하는 것은 아니다. 그보다는 활성화되고 있는 상업지의 임대료 안정은 그 자체로도 매우 어려운 일이지만, 가능하다고 해도 권리금의 형태로 전화되어 상품 및 서비스 원가에 반영되기 때문에 상업지 전반의 젠트리화와 특히 생산성이 낮은 문화산업 영역의 활동을 보장하는 대안이 될 수 없다는 것이다.

실제로 상인들은 권리금을 영업이익에 부수되는 추가적인 수익으로 간주하는 경향이 있다. 그래서 '임대차보호법'이나 젠트리화에 관한 토론회에서도 상인 대표들은 이러한 문제를 투입된 노동이나 노하우에 상응하는 어떤 것, 즉 경제 정의의 문제로 보기보다는 자신들의 당연한 이익을 확보하는 문제로 보는 경향이 있다.

따라서 상업지 전치의 문제는 전치를 어떻게 통제할 것인지의 문제가 아니라 장소활성화의 동력을 지속적으로 유지할 수 있느냐에 초점을 두어야 한다. 그리고 그것은 상업지재생과 관련된 집합적인 생산적 실천과 소비적 실천을 보호하는 것이다. 여기서 생산적 실천은 예술가나 신상인들의 방해 없는 실천이며, 소비적 실천이란 관광객에 우선한 지역 주민들의 소비 실천이다.

공공임대공간의 확보와 용도 제한

상업지재생에서든, 자생적으로 젠트리화되고 있는 상업지에서든, 공공이 민간의 임대료를 통제한다는 것은 매우 어려운 일이다.

장소가 활성화되면 임대료를 포함한 부동산 가격이 크게 오르기 때문에 기존 상인들이 쫓겨나는 것은 예견되는 일이지만, 도시재생은 건물주·상인 간에 상생협약을 맺으면 상인들이 쫓겨나지 않고 안정적으로 장사를 할 수 있는 것처럼, 마치 큰일을 해낸 것처럼 선전해 왔다. 그러나 살펴본 바와 같이 상생협약은 상업지 전치를 완화하는 데 아무런 역할을 하지 못한다. 그것은 자본의 착취와 횡포를 견제하기 위해서 자본에게 선의를 구걸하는 방식이었을 뿐이다. 공공의 이익을 위해서 자본을 통제해야 한다면, 공공은 충분한 권한과 지렛대를 가져야 하며 그것을 충분히 실행해야 한다. 그 지렛대는 **공공임대공간의 확보와 용도 제한**으로 요약할 수 있다.

2021년의 개정을 통해 '임대차보호법'이 상당히 강화된 점은 매우 긍정적이지만, 그러한 강화에도 불구하고 쇠퇴한 상업지재생의 특수성이 존재함을 유념해야 한다. 즉 쇠퇴한 상업지에 처음 들어오는 신상인들은 그 상당수가 건물주의 요구와 자신들의 불확실성으로 인해 2, 3년 단기로 임대차계약을 체결하며, 이는 법체계에서 '당사자들 간의 계약 우선'에 의해 더 존중된다는 점이다. 또한 이들은 권리금이 없는 상태에서 권리금 없이 나가는 것을 조건으로 한다는 점에서도 매우 불리한 상태에 놓이게 된다.

따라서 우리는 '임대차보호법'만으로 상인들이 보호될 수 있다고 생각해서도 안 되지만, 상인들의 보호만으로는 상업지재생이 성공할 것으로 기대해서도 안 된다. 중요한 것은 실천적 공유재 생산의 주역인 창의계급과 문화적 소비자들의 장소적 실천이 지속되도록 지킬 수 있느냐에 있기 때문이다.

대안의 하나로서, **공공에서 창의계급에게 안정적 임대를 제공할 수 있는 공간을 확보하는 방안을 검토**할 필요가 있다. 상업지재생 과정에서 쇠퇴한 상업시설의 일부 또는 전부를 매입해 예술가 및 청년 창업자들에게 안정적으로 임대하는 방안이다. 이것은 젠트리화되고 있거나 젠트리화된 민간임대시장의 임대료를 감당하기에는 예술가들의 작업이나 청년 창업자들의 생산성이 매우 낮은 반면, 장소활성화를 위해서는 그들의 지속적인 생산적 실천이 요구된다는 점에서 꼭 필요하며, 거의 유일한 대안이라고 할 수 있다. 아울러 그러한 공공임대공간의 존재는 민간임대시장을 견제하는 순기능도 기대할 수 있다.

또 다른 방안으로서 '**용도 제한**'을 도입하는 방안을 검토할 수 있다. '용도 제한'은 쇠퇴한 상업지의 활성화 시, 예술가의 작업과 같은 생산성 지체형 문화산업이나 이에 부대되는 용도로만 임대하도록 해, 부가가치가 높은 업종의 진입을 막음으로써 과도한 임대료 상승을 통제하는 방안이다. 이러한 용도 제한은 서울시의 젠트리피케이션 종합대책에서도 프랑스의 사례를 들어 언급된 바 있으며, 지구단위계획을 통해 가능하다. 또한 용도 제한 방안은 직접적인 사례는 아니지만, 2000년대 홍대 앞 지역이 대부분 주거지역이어서 상업지역에서만 허용되는 위락시설들의 진입이 불가능했기 때문에 클럽 문화가 번성했던 점을 참고할 수 있다.

5장

경제적 재생으로서의
사회적경제

1. 사회적경제는 여전히 유용한가?

1) 사회적경제와 가치의 문제

'경쟁력 있는 마을'과 사회적경제

기존의 상업지가 아닌 경우, 개별 도시재생사업의 규모나 역량이 경제적 재생까지 해낼 수 있는지는 매우 의문이지만, 도시재생은 마을단위에서는 어려운 경제적 환경개선을 요구한다. 게다가, '경쟁력 있는 마을'과 '사회적 경제'라는 매우 모순된 요구를 병행한다. 전자가 신자유주의 방식이라면 후자는 사민주의 방식이고, 전자가 자본을 달래기 위한 것이라면 후자는 사람을 달래기 위한 것이다. 전자가 문화적 재생 및 장소마케팅을 지향한다면 후자는 연대의 가치를 통한 생산과 소비를 지향한다.

'경쟁력 있는 마을'은 도시재생의 비전에 등장한다. '국민이 행복한 경쟁력 있는 도시 재창조'라고 선언하고 있는데, 우리는 여기서의 '경쟁력'이나 '도시 재창조'라는 단어들이 마을규모의 도시재생과 전혀 어울리지 않는다는 것을 쉽게 알 수 있다. 마을이 경쟁력을 가진다는 것은 농촌의 전통적인 마을처럼 경제적·사회적으로 어느 정도 폐쇄되어 있을 때나 상업지재생에서처럼 '경제하는 공동체'에서 유용하지만, 그런 것은 전혀 문제가 되지 않는다. 이러한 부조화는 도시재생의 비전과 그 공간적 규모가 불일치하기 때문인데, 그러한 괴리는 국민을 '주민'으로 도시를 '마을'로 대체해 보면 금방 알 수 있다. 마을재생의 비전이 '주민이 행복한 경쟁력 있는 마을 재창조'라면, 우리는 소박한 도시재생에서 '공동체의 경쟁력이 행복'이라는 신자유주의의 강령을 마주해야 한다는 것에 놀랄 수밖에 없다. 더구나 여기에 '창조경제를 공간적으로 실현할 수 있는 핵심적 수단'이라는 선언을 더하게 되면 **'마을재생은 창조경제를 통해 주민이 행복한 경쟁력 있는 마을만들기'**라는 허황된 비전이 만들어진다.

그렇다면, 주민들이 그 지리적 범위 내에서만 생활과 경제활동을 영위하지 않는데 재생지역은 왜 하나의 '경제하는 공동체'를 요청하는 것처럼 보일까? 그 대부분의 주거지역이 잠만 자는 곳인 현실에서, 이러한 '창조경제'나 '경쟁력'이라는 단어들은 주민들에게 공동체적 실천을 독려하는 슬로건이 되기에는 너무나 공허하다.

그러면 이런 허황된 비전은 왜 만들어졌을까? 그 답은 '도시재생특별법'이 제정되었던 2010년대 초반의 정치적 상황에서 찾을 수 있다. 당시는 '창조경제'와 '경쟁력' 또는 '국민 행복'이라는 단어들이 학술적 비판이라는 브레이크도 없이 파도에 쓸려 떠다니던 시기였기 때문이다. 창조경제의 강조를 '부동산 시대는 끝났다'는 국가적 선언으로 이해할 수는 있겠으나, 그럼에도 국가와 정치는 그들의 편이라고 할 수 있는 자본을 달래야 하는 딜레마를 가지고 있었다. 경제적인 측면에서만 보면, 전면 철거 방식의 재개발은 분명히 건설을 통한 경제활성화에 기여했으며, 중산층·자본가 대중의 입장에서 보면 하나의 '상설 시장'이었으며 '축적 기제'였기 때문이다. 따라서 도시재생이 도시공간 생산의 새로운 패러다임이라고 해도, **경쟁력**은 지난 30, 40년 동안 부동산 경제의 중요한 일터였던 마을에서조차 지주계급들을 달래고 그들에게 새로운 희망을 제시해야 했기 때문에 등장한 **보수정권의 슬로건**이라고 할 수 있다.

결국 도시재생은 산업도시와 부동산 신화의 종말이라는 현실 인식의 산물이지만 동시에, '경쟁력 있는 마을'을 만들어 자본을 달래야 하는 벗어날 수 없는 숙명을 가진 정책이기도 했다. 즉 도시에서, 도시와 마을은 스스로 존재하는 '살기 좋은 곳'이 아니라 경쟁력을 갖추고 있어서 '투자하기 좋은 곳'이어야 한다.[1]

---

1 모두가 다 아는 것처럼, '창조경제'란 지식과 정보의 생산이나 개발과 관련된 경제활동으로 연구자들에 따라 문화산업과 거의 같은 것으로 부르기도 한다. 대표적인 창조경제의 분야들로는 광고, 건축, 예술, 공예 및 디자인, 영화, 음악, 공연예술, 연구개발, 소프트웨어, 완구, 게임, 방송 등을 꼽는데, 마을단위에서는 공예 및 디자인과 관련된 분야들이 적용될 수 있기

사회적경제는 사람을 달래기 위한 사민주의적 방식이며, 연대의 가치를 통한 생산과 소비를 지향한다. 도시재생에서 사회적경제는 두 가지 차원에서 중요하게 요청되는데, 하나는 쇠퇴한 지역경제 활성화의 대안으로 협동조합 형태의 조직들을 육성하는 것이며(기본방침 3.4.1), 다른 하나는 사회적 협동조합 형태의 마을관리협동조합(마을기업)[2]을 만들어 재생지역의 관리를 맡기는 것이다. 이때 마을기업은 가급적 국토교통형 (예비)사회적기업 인증을 받도록 유도하고 있다.

그러나 사회적경제 조직들은 기하급수적으로 늘어나고 있지만, 옹호론자들이 주장하고 기대하는 것만큼 사회적경제 조직들이 사회적인 또는 경제적인 가치를 생산하는지 의문이다. 또한 도시재생에서 마을기업의 상황도 크게 다르지 않다. 그렇다면 최근의 사회적경제 논의는 어떤 문제를 가지고 있으며, 도시재생에서의 사회적경제는 어떤 한계가 있는가?

사회적경제란?

사회적경제가 무엇인지에 대한 정의는 연구자나 국가마다 다르다. 예컨대 러츠(Lutz, 1999)의 정의를 따른다면, 사회적경제란 '**시장경제적 문제를 사회적 방식으로 해결하고 보완하고자 하는 경제활동**'으로 설명된다. 여기서 '사회적 방식의 해결'이란 자본적 방식과 대비되는 방식을 의미하지만 동시에 국가 예산에 의존하는 방식과도 다른, **제3의 방식의 경제활동**을 의미한다. 또한 '해결하고 보완'하는 것은 사회적경제가 근본적으로 **이 양자에 종속적이라는 것**을 의미한다고 할 수 있다. 즉 러츠의 정의는 사회적경제에 독립적인 지위를 부여함으로써, 마치 시장경제 및 공공 부문과 함께 세상을 셋으로 나누어 책임지고 있는 것과 같은 착시를 일으키는 것도 사실이다. 이러한 정

는 하다. 중요한 사실은 창조경제는 빈익빈 부익부의 경제라는 것이다. 또한 여기서 '행복'과 '창조경제'가 박근혜 정부가 실체 없이 강조하던 슬로건이었음에 대해서는 논의하지 않겠지만, '살기 좋은'이라는 단어가 참여정부의 워딩이었다는 사실도 함께 상기할 필요가 있다.

2 국토교통부, 「도시재생 마을관리협동조합(마을조합) 육성 및 공공지원가이드라인」(2019.3).

의는 또한 **사회적기업에 가까운 정의**라고 할 수 있어서 사회적경제의 또 다른 축이라고 할 수 있는 협동조합 형태의 경제활동을 적절히 설명하지 못하는 한계가 있다.

이 책에서는 사회적경제를 '**공동체의 사회적 재생산의 보장을 목적으로 연대와 호혜라는 방식에 따라 이루어지는 경제활동**'으로 정의하고자 한다. 여기서 '공동체의 사회적 재생산의 보장'은 사회적경제의 '**목적 가치**'이고 '연대와 호혜'는 '**방법 가치**'에 해당한다고 할 수 있다.

역사적으로 사회적경제는 19세기 자본주의 산업화와 더불어 야기된 사회적 위험에 대처하기 위한 노동자들의 집합적 전략으로 등장했다. 그 실체적 형태였던 공제조합은 질병이나 사고와 같은 직업적 위험, 거주, 급식 및 생필품과 같은 기초적인 것들에 대한 필요를 자구적이며 공동체적으로 해결하기 위해 만들어졌다. 또한 그 연원을 유럽의 길드 조직에 두는 협동조합은 연대를 통해 스스로 필요를 해결하는 것을 가치로 하며, 비교적 최근에 제도화되었다(장원봉, 2007: 13~16).

현대의 사회적경제는 1980년대 신자유주의의 등장으로 인한 복지국가 체제의 후퇴와 함께 다시 중요한 개념으로 떠오른 것이다. 후 사회적경제는 그 이념적 옹호자들이라고 할 수 있는 사민주의자들에 의해, 그들이 용인하는 경제적 자유주의인 신자유주의적 위험으로부터 사회적 안전망을 확보하는 목적으로 적극 권장되고 있다.

반면에 최근의 사회적경제의 이름으로 설립되는 **협동조합들은 생산자 영역에 치우치고 연대의 범위가 좁고 사회적 기여의 여지가 적어서 시장기업과 크게 구별되지 않는다**. 또한 협동조합의 주요한 특징 중 하나인 분배 제한이 있다고 해도 어차피 수익을 내기 어렵다는 점에서 영세 자영업과 거의 구별되지 않으며, 세무적으로도 협동조합은 영리적 기업과 동일하게 간주된다.

'연대'와 '가치'의 문제

사회적경제에서 가장 중요한 가치는 **연대**라고 할 수 있다. 즉 사회적경제는 연대의 경제라고 할 수 있다. 사회적경제에서 말하는 '공동체'나 연대와 사회적 기여의 대상은 '구성원 자신들'일 수도 있고, '타자'일 수도 있으며, 소수의 사회적 약자일 수도 있고 지구촌 전체일 수도 있다. 협동조합 원칙에서 강조되는 '자본에 대한 사람의 우선성'과 그러한 원칙에 따른 '이윤에 대한 제한'의 원칙은 이러한 목적 가치를 구현하기 위한 장치로서, 소규모보다는 대규모 조직, 분배보다는 생산에서 시장기업과의 더 큰 구별을 만들어낸다.

반면에 사회적기업과 같이 사회적경제가 주로 비시장적 영역에서 이루어지는 경우에는 분배될 이윤을 상정하지 않기 때문에 사회적 약자의 고용이나 문화복지, 지구환경의 보존과 같이, 경제적 목적의 가치와는 다른 가치를 생산할 수 있어야 하며, 그러한 가치에 대한 실천이 간접적 연대의 실천으로 이해될 수 있어야 한다. 그럼에도 불구하고 사회적기업은 수익상의 어려움을 국가나 가치를 공유하는 구성원들에 의존해야 하기 때문에 그 조직에 맞는 수입 포트폴리오를 가져야 한다.

또한 '연대와 호혜'는 주로 사회적 소유와 관련하여 논의되지만, 그보다는 행위 및 분배 과정에 관계되는 모든 사람들과 관련이 있으며, 가치의 방향성에 따라 세 가지 형태로 나누어볼 수 있다. 즉 생산자-소비자 간의 공유되는 가치에 의한 '쌍방향적 연대', 포괄적인 사회적 약자나 지역사회에 대한 '일방향적 연대 의식', 구성원들 간의 이해관계에 중점을 둔 '내부적 연대' 등이 그것이다.

이 중 **쌍방향적 연대**는 친환경농산물유통이나 로컬푸드사업에서와 같이, 생산자들의 가치를 공유하는 개념 소비자의 존재가 필수적이다. 반면에 **일방향적 연대**의 경제활동은 시장과 비시장 영역 모두에서 일어나지만, 그에 따른 분배 대상과의 소통이나 가치 공유가 필수적인 것은 아니어서 장애인을 고용하거나 수익금을 사회적 약자에게 분배하는 것을 전제로 이루어지는 사회적경제활동이 이에 해당한다. 마지막으로 **내부적 연대**는 가치나 편익을 공유하는 구성원들에 의해 이루어지는 대안학교나 공동육아협동조합, 의료생협, 공제조합 등을 포함하는 대부분의 협동조합이 이에 해당한다.

그러나 연대의 문제에서 무엇보다 중요한 것은 사회적경제 주체는 **반드시 분배할 가치를 창출할 수 있어야 한다**는 것이다. 분배할 가치가 없다면 목적 가치를 실행할 수 없게 되기 때문이다. 반대로 연대 의식을 가진 개인이나 조직들이 사회적경제 조직을 꾸리더라도 경제적 목적 이외의 다른 사회적 목적 가치를 가지지 못한다면, 영리기업이나 기업 간 전략적 제휴에 불과하게 되기 때문에, 사회적경제 주체로 보기 어렵다.

따라서 사회적경제에서 가치의 문제는 결코 추상적인 문제가 아니다. 사회적경제는 그 정의에 의해, 생산자와 소비자는 물론 종사자까지도 모두, '공동체의 사회적 재생산의 보장'이라는 목적 가치와 '연대와 호혜'라는 방법적 가치에 동의해야 한다. 그리고 여기서의 사회적 재생산이라는 목적 가치는 사회적 약자에 대한 연대의 가치이건, 지구환경의 보호라는 지구공동체적 가치이건, 그러한 가치를 공유하는 조합원이나 소비자들에 의해 지탱될 수 있는 것이어서, 지속적인 가치 생산은 가치 구매를 통해 보장된다.

예를 들어, 친환경농산물의 구매자가 지구환경이라는 가치를 공유해 구매하는 경우에는 저농약이나 무농약에 따른 생산자-농민들의 원가 상승을 감수할 수 있을 것이다. 하지만 자기 가족의 건강만을 생각하는 소비자는 친환경 인증과 저렴한 가격을 동시에 원하게 되고, 이는 생산자 농민에게 납품 단가를 낮추어야 하는 압력으로 작용해 남몰래 더 많은 농약을 살포하거나 친환경농업을 포기하게 되는 결과로 이어질 수 있다. 또한 노인들로 이루어진 협동조합에서 생산된, 상품으로서는 특별할 것이 없는 공예품은 공동체 구성원으로서의 노인들의 삶을 이해하는 소비자들(가치 구매자)에 의해서만 구매될 수 있는 것이다.

이렇게 사회적경제에서 가치의 문제는 '지역'이나 '지역 사람에 대한 신뢰'와 같은 형태로 구현될 수 있는데, 이것은 세계의 모든 사회적경제가 튼

튼히 뿌리내린 지역에 숨겨진 비밀이라고 할 수 있다. 지역경제에서 사회적경제가 큰 비중을 차지하는 것으로 알려진 몬드라곤이나 퀘벡 같은 지방들은 오랜 역사를 거치면서 다져진 높은 지역공동체적 유대를 가진 지역들이다.

　반면에 대도시의 도시재생지역은 정주성이 낮고 이질성이 높은 곳들이어서, 앞서 언급한 협동조합 선진 지역에서와는 달리, 하나의 지역사회로 보기 어렵고 지역 애착을 기대하기도 어렵다. 따라서 이러한 **도시마을에서 누군지 모르는 소비자들을 향해 특별하지도 않은 상품을 협동조합 방식으로 생산·판매하는 것은 경제적으로도 성공하기 어렵겠지만 사회적경제 의미를 가지기도 어려울 것이다.**

　그러한 상황에서 도시재생사업을 통해서 집수리마을기업을 세웠다고 하더라도, 주민들이 지역 활성화를 위해 마을기업에 일을 맡겨야 한다는 생각(가치)을 가지기 어렵고, 그러한 생각에 어느 정도 동의하더라도 기술과 가격에 우선한다면 마을기업이 유지되기는 어려울 것이다. 마찬가지로, 쇠퇴한 골목상권일수록 상인들이 장사가 안 된다고 많은 불만을 토로하지만, 정작 자신은 비싸고 품질이 좋지 않다는 이유로 이웃 가게를 외면하고 외부의 대형마트를 이용하는 행태를 보여준다.

　따라서 이러한 도시재생지역의 사회적 특성을 간과한 상태에서, 연대의 실천이 건강한 민주시민의 조건인 것처럼 윤리적으로 강요하거나 외국의 특수한 지역의 성공 사례를 모든 재생지역에 보편적으로 적용하려 하는 것은 매우 위험할 뿐만 아니라 쓸모없는 일이라고 할 수 있다. 게다가 최근에는 국민 대다수가 부동산과 주식과 가상화폐 투자에 매달리고 있는 현실이고, 젊은 층에서는 능력에 의한 차별을 정당한 것으로 받아들이는 문화가 만연되어 있는 상황에서, 연대의 경제가 중요하다는 주장이 얼마나 현실적인 호소력이 있을지 알 수 없다. 그러므로 **사회적경제는 일자리창출과 같은 양적 성장보다는 본질적인 가치의 연대, 또는 연대라는 가치를 어떻게 확산할지에 대해 더 집중해야** 할 것이다.

2) 협동조합과 사회적기업

사회적경제 조직의 유형

한국 사회적경제 조직의 법적·제도적 형태로는 크게 협동조합과 사회적 기업을 들 수 있다. 예컨대 도시재생사업 추진 과정에서 '사회적경제 활성화'의 이름으로 요청되는 것은 대부분 협동조합의 형태이고, 마을기업은 사회적협동조합이지만 동시에 사회적기업으로 분류될 수 있다. 그러나 협동조합과 사회적기업이 동일한 지평에 있는 것은 아니다. 협동조합이 방법 가치에 더 중점을 둔 경제조직의 유형이라면, 사회적기업은 목적 가치에 따른 유형이어서, 협동조합은 물론 주식회사나 비영리단체도 인정되기 때문이다.[3]

사회적경제 조직으로는 사회적기업·생협을 포함한 협동조합은 물론, 지역화폐나 마이크로 크레디트 기관도 포함되며, 확장된 개념에서는 연합체의 성격을 가진 다양한 비영리조직이나 재단까지도 사회적경제 조직으로 간주하기도 한다.

사회적경제는 생산·소비·교환·분배의 다양한 경제 영역에서 여러 가지 실체적 형태로 작동되며, 대부분 하나의 경제 영역에서 활동하지만 여러 영역들에 걸쳐 있는 경우(이종협동조합)도 있다. 따라서 경제 영역에 따른 분류보다는 경제 영역별로 사회적경제 활동의 주체 및 대상에 따른 특성과, 거기에서 공유되는 가치에 따른 특성 그리고 사회적 이익의 분배 특성이 더 중요하다고 할 수 있다.

예컨대 생활협동조합과 공동육아협동조합은 그 영역은 달라도 공유된 가치나 분배 효과가 조합원들의 이익이라는 제한된 범위 내에서 영향을 미친다는 점에서는 비슷하다고 할 수 있다. 또한 같은 친환경농산물소비생협

---

3 이와 관련하여, '협동조합기본법'은 기획재정부 소관이며, '사회적기업육성법'은 고용노동부 소관이다. 또한 사회적기업과 비슷한 기능을 하는 마을기업은 행정자치부가, 농촌공동체회사에 대해서는 농림부가, 도시재생뉴딜사업과 관련해서는 국토교통부가 관리한다.

이라도 환경적 가치를 중요하게 생각하는 곳과 가족의 건강이나 소비주권을 중요하게 생각하는 곳은 그 성격이 매우 다르다. 다른 경우로, 전통적인 노동자들의 공제조합은 소비 영역에 더 가깝지만, 건설공제조합은 생산 영역에 더 가깝다고 할 수 있다. 유사하게 동일한 영역에서 활동하더라도 자립적인지, 국가 지원에 의한 고용에 더 중점을 두는지에 따라서도 다르다.

협동조합

협동조합은 주식회사와 같은 영리기업과의 비교를 통해 쉽게 이해할 수 있는데, 주식회사가 1주 1표제의 투자자-주주의 이익을 극대화하는 것이 목적이라면, **협동조합은 1인 1표제에 의한 출자자-조합원의 권익 향상을 목적**으로 한다. 영리기업이 이익의 최대화에 목적을 둔다면, 협동조합은 공동선을 추구하는 것으로 설명된다.

협동조합에서의 공동선은 공동체이론에서 강조되는 것이기 때문에 협동조합이론은 공동체이론의 경제판이라고 할 수 있으며, 생산과 분배 과정을 통해 구현된다. 협동조합에서의 분배는 조합원이나 지역사회에 분배하는 것으로, 이 분배의 방식과 대상에 따라 협동조합의 종류가 나뉜다. 예컨대 소비자협동조합은 창출된 이익을 조합원-소비자들에게 좋은 물건을 값싸게 공급하는 방식으로, 생산자협동조합은 생산품에 대한 더 높은 가격으로, 금융협동조합은 더 낮은 금리나 우대 대출의 형태로 조합원에게 이익을 돌려줄 수 있다. 반면에 사회적 약자를 고용하는 형태의 사회적협동조합은 안정적 경영을 통해 일자리를 유지하는 것만으로도 지역사회에 기여할 수 있다.

한국에서 협동조합의 역사는 2012년 제정된 '협동조합기본법' 이전과 이후로 크게 구분된다. '협동조합기본법' 이전에도 협동조합은 특정한 업역에 제정된 개별법에 근거하고 국가의 적극적 육성·지원에 의해 지역단위조합과 이를 묶은 전국연합회나 중앙회의 형태로 설립되어 활동해 왔다.[4] 반면에 신용협동조합이나 새마을금고 같은 금융 분야는 민간의 협동조합적 활동을 제도화한 측면이 강하다.

이들 '협동조합기본법' 이전의 대형 협동조합들은 대부분 자원을 결집시킬 수 있는 협동조합의 장점과 특정 산업 영역의 진흥과 육성을 위한 국가적 목적이 결합된 것으로, 이들 조합들에는 국가 및 지방자치단체와의 수의계약과 같은 상당한 특권이 주어져 왔다.

'협동조합기본법'은 전체적인 틀에서는 이러한 협동조합 관련 개별법과 거의 같은 틀과 내용으로 되어 있지만, 그 목적에서는 배타적 권익 부여와 관련된 '지위 향상'이나, 국가의 목적과 관련된 경쟁력 강화와 같은 내용이 빠지고, '사회통합과 국민경제의 균형 있는 발전'이라는 훨씬 보편적인 내용으로 대치되었다는 점에서 이전의 협동조합들과는 그 위상을 다르게 규정하고 있다.

'협동조합기본법'은 협동조합을 '재화 또는 용역의 구매·생산·판매·제공 등을 협동으로 영위함으로써 조합원의 권익을 향상하고 지역 사회에 공헌하고자 하는 사업 조직'으로 정의한다. 여기서 '협동으로 영위'하는 것은 앞선 정의에서의 방법 가치에 해당하고 '조합원의 권익'은 목적 가치에 해당하므로 협동조합에 대한 가장 기본적인 제도적 규정이라고 할 수 있다. 또한 취약계층에 대한 사회서비스 등과 같은 사회적 목적이 특별히 '사회적협동조합'으로 분리되어 규정되고 있다는 점에서 보면, '지역 사회에 공헌'해야 한다고 하는 것은 단지 상징적인 선언이라고 할 수 있다.

'협동조합기본법'의 시행으로 달라진 점은 무엇보다 협동조합의 설립이

---

4   농업 분야에서는 농업협동조합(농업협동조합법: 농림축산식품부 농업금융정책과), 임업분야에서는 산림협동조합(산림협동조합법: 산림청 산림정책과), 수산업 분야에서는 수산업협동조합(수산업협동조합법: 해양수산부 수산정책과), 금융 분야에서는 신용협동조합(신용협동조합법: 금융위원회 중소 금융과 소관)과, 새마을금고(새마을금고법: 행정안전부 지역금융지원과) 등이 이에 해당된다. 이러한 개별 법에 의해 규정된 설립 목적들은 하나같이, 관련 영역과 종사자들의 "자주적 협동", "지위 향상", "경쟁력 강화", "비영리"를 명기하고 있으며, 출자액과 무관하게 의결권과 피선거권을 부여하고 경영진(임원)은 투표로 뽑도록 하고 있다.

매우 쉬워졌다는 점이다. 금융과 보험업을 제외한 모든 영역에서 5인 이상 조합원의 출자만으로 가능해졌기 때문이다. 이러한 설립의 쉬움과 함께 법 제정 초기에는 협동조합에 대한 국가차원의 특혜에 가까운 지원도 있었기 때문에, 그러한 지원을 기대한 생산성 없는 협동조합의 설립이 폭발적으로 이루어졌다. 또한 지방자치단체에서는 특정 개인이나 집단에 보조금을 낀 공공시설의 운영을 위탁하는 경우나 용역을 계약하는 과정에서, 특혜 시비를 줄이기 위한 명분으로 유명무실한 협동조합의 설립을 요구하기도 했다.

이후의 협동조합 정책은 일자리창출에 지나치게 치중해 '연대의 경제'라는 협동조합 정신이나 자본에 대한 '국민경제의 균형 있는 발전'이라는 대안적 측면이 약화한 것으로 비판된다. 이는 사회적경제 영역에서 지역사회에 대한 기여와 같은 사회적 측면의 요구가 사회적협동조합과 사회적기업으로 옮겨간 것과도 관계가 있다. 그 결과로 협동조합은 단순히 시장경제의 작은 영역을 커버하는 역할로 위축되었다고 비판된다.

사회적기업

사회적기업(social enterprise)이란 간단히, **'사회적 목적을 가진 사업체나 단체'**로 정의할 수 있다. 사회적기업의 역사는 미국과 서유럽에서 1980년대 복지국가의 후퇴와 실업에 따른 사회서비스의 필요에 대응하기 위해 도입되었으며, 나라에 따라 다르지만 그 인정되는 조직 형태는 비영리조직, 협회, 협동조합을 포괄하며, 한국에서는 주식회사와 같은 민간기업도 가능한 것으로 제도화되어 있다.

한국에서 사회적기업의 시작은 1990년대 초반 민간의 생산공동체운동이나 도시빈민운동으로 보며, 국가차원에서의 관심은 외환위기에 따른 실업 사태의 발생과 이들에 대한 긴급구호 및 한시적 일자리사업의 시행 등과 밀접하다. 그러나 사회적기업과 관련된 복지정책은 사회적기업 이전부터 민간단체를 통해 전달되고 공급되어 왔으며, 2006년에 제정된 '사회적기업 육성법'은 이를 체계적으로 제도화한 것으로 볼 수 있다.

'사회적기업육성법'에 따르면 사회적기업이란 '**취약계층에게 사회서비스 또는 일자리를 제공하거나 지역사회에 공헌함으로써 지역 주민의 삶의 질을 높이는 등의 사회적 목적을 추구하면서 재화 및 서비스의 생산·판매 등 영업 활동을 하는 기업** 중 관련 인증을 받은 자'를 말하는데, 여기서 사회서비스란 보육 서비스, 예술·관광 및 운동 서비스, 산림 보전 및 관리 서비스, 간병 및 가사 지원 서비스, 문화재 보존 또는 활용 관련 서비스, 청소 등 사업 시설 관리 서비스 등으로 규정하고 있어서, 시장이 외면하고 정부가 직영하기에는 부담스러운 영역에 대한 '생산적 복지(공공부조)' 지원을 위한 근거를 마련하는 데 중점을 둔 것처럼 보인다. '협동조합기본법'에서 규정하고 있는 사회적협동조합의 사업 영역들은 대체로 사회적기업과 유사하지만 지역사회, 지역경제, 지역 주민이 강조되는 점에 차이가 있다. 그러나 사회적기업 정책의 좋은 취지에도 불구하고 **사회적기업의 사업 영역들은 대부분 정부 의존성이 높고 고용의 질은 낮다**는 어려움을 안고 있다.

3) 사회적경제는 대안이 될 수 있는가?

사회적경제에 대한 질문들

사회적경제론자들은 사회적경제가 "시장과 재분배가 갖는 한계를 보완할 수 있으며, 세계화의 광풍에서 대중의 삶을 보호해 줄 방패로 작동할 것"이라고, 무엇보다 "사회적경제는 좋은 것"이라고 주장하면서(김재훈, 2013: 109~110) 세계적인 경제위기 때 사회적경제가 왕성한 각국의 지역들을 예로 들지만, 한국에서 그리고 특히 도시재생에서 사회적경제가 그러한 역할을 해줄 수 있는지는 매우 의문이다.

물론 이러한 의문이 사회적경제의 필요를 부정하기 위한 것은 당연히 아니다. 연대라는 가치는 그 자체로 따뜻한 것이기도 하지만 사회를 더 풍요롭게 하는 것이기 때문이다. 그러나 우리 모두가 사회적 연대의 필요와 중요함에 전적으로 동의하더라도, 그러한 가치가 현장에서 더 잘, 더 많이 일어나도록 하기 위해서는 좀 더 냉정하고 객관적인 질문과 성찰이 요구된다.

그러한 질문의 답을 찾기 위해 우리는 기존의 사회적경제 이론과 방법이 현대도시와 도시재생의 현장과 만나는 지점에 주목할 필요가 있다.

먼저 **우리가 적용하고 있는 사회적경제의 논리와 방법이 현대 한국의 경제사회적 상황에 적합한지**를 물어야 한다. 이는 산업화 과정에서 태동한 사회적경제 이론이 탈산업시대·신자유주의시대 상황에 여전히 유효한지에 대한 검토가 될 것이다. 군이 신자유주의의 폐해를 거론하지 않더라도, 자본의 힘이 국가를 넘어설 만큼 막강해졌으며 그 대표 격이라고 할 수 있는 대기업들이 만들어내는 일자리와 규모의 경제가 국력의 지표가 되고 있는 상황에서, 정말로 사회적경제에 막중한 임무를 부여하고자 한다면, 1세기 전의 폴라니(2009)가 의도하고 역설했던 '**사회에 배태된 경제**'의 가능성을 다시 점검해야 한다는 것이다.

분명, 20세기를 지나면서 자본의 힘은 더욱 강력해지고 그로 인해 복지국가가 후퇴했다고는 하나, 산업화 초기에 비해 사회적 안전망이 비약적으로 확충된 것도 사실이다. 그 결과로 노동자들이나 영세 업체들을 보호해왔던 공제조합의 기능은 수많은 공적·사적 보험으로 대체되었으며, 금융기능 역시 마찬가지다. 또한 너무나 강력해진 자본의 힘은 협동조합의 사회적 역할이라는 순기능보다는 자신들의 이익을 지키는 데만 몰두하도록 압력을 가해왔다. 길드를 포함해, 사회를 유기적으로 조직하고 통제하는 데 유용했던 결사체나 전통적인 협동조합은 주로 조합원 확보와 이익제공에 주력해 왔기 때문에(정관영, 2013: 189), 사회적 기여보다는 진입장벽이 되고 있는 경우도 많다. 사회적기업 역시 복지국가에서 후퇴한 자본주의국가가 그 복지적 책임을 국민과 커뮤니티에 떠넘기는 기제로 작동될 수 있다.

이렇게 변화된 시대 상황에 비추어, 사회적경제는 어쩌면 연탄과 같은 것일지도 모른다. 분명 연탄은 산업시대에 가난한 이들에게는 가장 효용성이 높은 난방 연료였지만, 이제 탄소배출의 문제와 채산성 때문에 모든 연탄공장이 문을 닫는 상황에 이르렀으며, 빈곤층에게는 새로운 에너지원이 필요하다. ESG경영[5]의 시대를 맞아, 이러한 상황은 과거 연탄 봉사 방식으로 구축해 왔던 기업의 사회공헌과 착한 기업의 이미지를 탄소배출권의 형태로 전환시키고 있다. 반면에 연탄을 대체할 태양광 시스템과 같은 새로운 에너지원은 저장성이 없으며, 설치 공간의 필요, 국가 전력망과의 연계 등 국가 전체 시스템과 더 복잡하게 얽혀 있다.[6]

또한 우리는 **한국 사회나, 한국 도시의 특수성**에 대해서도 주의 깊게 살펴보아야 한다. 수백 년 동안 모두 함께 차별에 저항하고 역경을 헤쳐 왔던 '협동조합 선진 지역'에서의 사회적경제와, 단기간에 이루어지고 아직도 진행 중인 도시화 과정에서, **대부분의 사람들이 이주민으로 살아가는 한국 도시에서의 사회적경제는 다를 수밖에 없어**서, 전통적 공동체적 연대라는 가치는 새롭게 정의되고 구축되어야 할지 모른다.

한국에서 **아파트로의 주택계급화는 쇠퇴지역으로부터 공간적·계급적으로 중산층 소비자를 추출해** 갔기 때문에, 한국 도시사회에서의 연대는 오랜 역사적 사건들을 거치면서 뚜렷한 지역성과 지역 의식을 가지고 저층 주거지에서 사회적으로 혼합되어 살아가는 서구의 사회적경제 도시들에서의 연대와는 다를 수밖에 없다는 것이다. 부동산 투자를 통해 축적된 자본을 능력으로 과시하는 베이비부머들과, 그런 부모들에게 물려받은 자본의 차이와 그 자본에 의해 양육된 능력의 차이에 따른 차별을 정당한 것으로 받아들인

---

5 기업의 비재무적 요소인 환경(environment), 사회(social), 지배구조(governance)를 뜻하는 말로서, 최근에 지속가능한 발전을 위한 기업과 투자자의 사회적 책임이 중요해지면서, 기업에 대한 투자에서 기업의 재무적 성과만을 판단하던 전통적 방식과 달리 ESG 평가정보를 적극 활용하는 '사회책임투자'(SRI: 사회적·윤리적 가치를 반영하는 기업에 투자하는 방식)가 중요하게 대두되고 있다(두산백과).

6 물론 가장 간단한 방법은 국가가 빈곤층에게 전기에너지를 무상으로 공급하는 것이겠지만, 사회적경제 방식으로 접근한다면, 사유지상에서 발전된 남는 전기를 매입하거나 기부받아 실시간으로 모으고 이를 충전하거나 재판매해 지역화폐와 같은 방식으로 빈곤층에 재분배하는 것과 같은, 매우 복잡한 과정을 거쳐야 할 것이며, 사회적경제도 그러한 점에서 마찬가지라는 것이다.

청년 MZ세대들에게, '응분의 몫'과 '필요'의 차이를 이해시키고 연대의 가치를 공감하게 하는 것은 너무나도 어려운 일이다. 세계적으로 자영업자의 비율은 가장 높지만 그들 대부분의 삶의 질은 매우 낮으며, 동업은 망하는 지름길이라는 격언이 여전히 유효한 한국 사회에서, 우리는 **서구적이며 고전적이며 다소 감상적이기까지 한 협동과 연대의 경제 시도가 여전히 유효한지**를 물어야 하며, 필요하다면 새로운 사회적경제를 모색해야 한다.

새로운 시대의 사회적경제는 무엇인가?

물론 현실성 있는 주장들이 없는 것은 아니지만, 그러한 주장들에서도 액션플랜을 찾는 것은 쉽지 않다. 어떤 이는 '거대 생산자조합이나 금융조합처럼 기존의 사회적경제와 구분해 특별히 지역에 기반하고 지역사회 구성원들의 지속가능한 생활에 기반한 사회적경제', 튼튼한 자립 기반을 가진 '협동조합지역사회(cooperative community)'를 구축할 것을 주장하고 이를 통해 지역사회의 공동체성과 지속가능성을 향상시킬 수 있다고 말하지만, 실천의 구체적 방법에 대해서는 말하지 않는다. 또한 이러한 지역사회에 대한 강조가 단순히 지역에 위치하거나 지역자산을 활용하는 것을 넘어서 지역사회의 문제해결을 요청하는 것이지만(전지훈, 2014: 931), 왜 개인과 명목뿐인 지역사회가 시장과 국가의 실패에 대한 보완자가 되기를 자처해야 하는지, 시장과 국가에 의해서 충족되지 못하는 필요를 해결해야 할 일차적인 책임을 시민사회가 져야 하는지, 그것이 가능하기는 한 것인지에 대해서는 아무도 질문이나 답을 하지 않는다(장원봉, 2006: 22).

더구나 그들은 빈곤과 사회적 배제의 문제를 야기하는 자본주의 시장경제체제를 친구로 삼으면서도, 자본주의의 생존 능력과 작동 방식에 대해서는 제대로 이해하지 못하는 듯 보인다. 또한 그들은 그 안에 도사리고 있는 따뜻한 공동체주의와 사회적경제론의 보수적 함정을 간과하고, 자본주의쯤이야 공동체적 연대만 있으면 물리칠 수 있다고 장담하는 듯 보인다. 그들은 또한 '전 지구적으로 대규모의 협동조합형 기업이 많이 있음'을 근거로 소규모 협동조합의 필요를 역설하는 모순을 보이면서도, "사회적경제의 시도가 (매우 어렵지만) 성공한다고 해도 그 경제 규모는 고작해야 지역적 소규모 판매와 직접적인 욕구를 충족시키는 소수의 생산물에 의존하게 될 것"이며, "자본주의의 결정적 영역인 대규모 산업에서 원천적으로 배제됨으로써 자본주의의 대안이 되기 어렵다"라는 룩셈부르크의 경고(2002: 78~81)는 간단히 외면한다.

좀 더 비판적으로 말하면, 자칭 진보적 성향의 사람들이 낡은 제도와 신자유주의의 폐해를 줄이기 위해 공동체 정신을 강조하고 사회적경제를 주장한다고 해서(정관영, 2013: 9), 그것들이 자동으로 진보적 개념이 되는 것은 아니다. 우리가 더 나은 세상을 꿈꾸는 사람들이며 이러한 개념들이 기득권이 아니라 더 나은 세상으로 나아가는 데 필요한 것이라고 믿는다면, 물론 그러한 개념들을 받아들여야 할 것이다. 그러나 이러한 개념들의 인용은 자본주의에 대한 냉정한 비판을 통해 걸러지고 현대적·한국적 상황에 대한 철저한 실험을 거칠 때에만 유용한 개념들이 될 수 있다. 세상은 "연대의 가치만으로 돌아가지 않"기 때문이며, 더 나은 사회는 '규범적인 호소나 잘 정리된 시장전략'을 통해서가 아니라, "현실적인 힘을 가질 수 있는 새로운 사회적 관계의 형성"(장원봉, 2007:30~31)을 통해서만 손에 잡을 수 있는 것이 될 수 있기 때문이다.

그러나 이러한 현실에 대한 언급과 비판은, 경제적 자유주의와 신자유주의를 경제정의라고 주장하는 세력들의 선전과 동조자들이 더 기승을 부릴수록, 사회적경제가 몇 사람이 모여서 그냥 하면 되는 쉬운 문제도, 무조건 좋은 것도 아님을 먼저 이해해야 한다는 것을 보여준다. 따라서 우리는 **산업화 과정에서 제기된 이론과 방법론을 답습하기보다는, 금융자본주의 시대에 투기 심리가 아직 펄펄 살아 있는 도시재생지역에서, 그러한 시대적·사회경제적 환경에 맞는 새로운 사회적경제의 방법론을 찾아내야** 한다.

2. 도시재생의 사회적경제학

1) 대안 모색의 방향

사회적경제 이전에 사회적자본: 골목상권

도시마을, 그중에서도 재생지역은 앞서 논의한 바와 같이, 공동체가 살아 있고 공동체적 활동이 왕성한 마을들이 아니다. 그곳은 쇠퇴되면서 젊은 층과 중산층이 아파트로 떠나가고, 재개발 바람이 불면서 단기 세입자들이 들어오고, 재개발 추진 과정에서 이해를 따져 찬반으로 갈리어 격렬하게 싸웠던 동네다.

그러나 재생지역의 이러한 상황에서의 사회적경제 문제는 사실 재생지역만의 문제는 아니다. 재생지역은 한국의 쇠퇴해 가고 있는 지역의 문제를 압축적으로 보여주는 것뿐이다. 도시재생마을의 경제가 쇠퇴한 것은 마을의 쇠퇴와 그에 따른 소비력의 감소도 있지만, 대형마트와 온라인쇼핑과 배달문화의 영향이 더 크다고 할 수 있다. 골목상권이나 번성했던 구도심 상가들의 비어 있는 점포는 과잉 공급과 무관하지 않은 결과이며, 장사가 안 되다 보니 상인들 사이에는 협동보다 질투가 더 크다. 주민들도 노동력이 있는 사람들은 모두 밖에 나가 일을 하고 있다. 건물주들이 마을정치를 장악하고 세입 상인이나 주민들은 발언권이 없는 곳, 연대보다는 다툼이 더 많고 장사가 안 되지만 권리금을 포기할 수 없는 곳에서, 우리는 어떤 사회적경제를 할 수 있을까?

혹자는 이런 곳일수록 사회적경제가 할 일이 많다고 하지만, 옆 가게에 손님 드나드는 게 배 아파서 음식물 쓰레기를 그 앞에 몰래 버리는 골목상권에서, 연대를 말하고 협동조합을 말하는 것은 순진하거나 사치스런 일이 될 수 있다. 철저한 상권 분석이 아니라 임대료가 싸고 권리금이 없어서 들어온 거리일 뿐인데, 연대가 밀린 임대료를 내주는 것도 아니고 스마트폰한 대 팔아주는 것도 아니며 내 코가 석자인 상인들에게 연대는 무슨 연대란 말인가.

한산한 거리, 두어 명의 손님조차도 서로 뺏어야 할 것 같은 골목에서는 밥이 떨어져도 예전처럼 밥을 빌리러 가지 못한다. 실패를 반복하고 어려움이 지속되다 보면 자신에게는 너그러워지고 타인에게만 엄격해진다. 그래서 쇠퇴한 상권에서 협동조합이나 상인회보다 더 시급하고 먼저해야 하는 것은 상인들 간의 연대 의식도, 더 가난한 사람들을 위한 호혜도 아니다. 최소한의 신뢰와 협동이며, 경쟁자가 아닌 동업자 의식이다. 협동이 거리를 살릴 수 있으며 자신의 장사에도 도움이 될 수 있다는 희망을 갖도록 돕는 일이다.

재생지역에 필요한 것은 사회적경제가 아니라 사회적 자본 또는, 협동의 경제라는 것이다. 이웃과의 신뢰를 만들고 소비자들과의 연결망을 만들고 거리의 규범을 세우는 일이다. 그 거리의 상인이 됨으로써 이익공동체의 일원이 될 수 있다는 믿음과, 거리의 평판이 자신의 영업에도 영향을 준다는 것에 대한 이해와 실천이다.

기존 조직의 활용: 복지 영역

도시재생 관련 전문가들 중에는, 도시재생지역이 쇠퇴했다는 이유로 복지 수요가 더 많을 것이기 때문에 복지 주제의 사회적기업을 만들고, 노후 주택들이 상대적으로 많기 때문에 집수리마을기업을 만들면 일자리도 창출할 수 있고 주거 환경도 개선할 수 있을 거라고, 너무나 쉽게 생각하는 이들이 많다. 실제로 활성화 계획 승인을 위한 심사과정에서 노령화 비율이 높은데 왜 노인 대책이 없는지 질타를 받은 적이 있다.

그러나 도시재생지역은 노령화 비율이 높고 쇠퇴한 대로, 이미 누군가가 나서서 봉사를 해왔고 어느 단체에서 그런 일들을 명목으로 정부지원을 받고 있고, 이미 누군가 집수리를 하고 있는 곳이다. 이 세상 모든 것은 이미 누군가의 밥그릇이며, 공터에 화분을 키우는 것조차도 누군가의 기득권인 것이 세상 이치다.

도시재생을 계기로 그런 조직을 새로 만들게 되면, 봉사하던 사람은 봉사하던 사람대로 평소에 마을정치에나 관심 있는 협의체 임원에게 자신이 묵묵히 해오던 일을 뺏긴다고 생각하고, 넉넉하지는 않아도 나름의 건물주들 인맥으로 일해온 보일러가게나 철물점 사장에게 집수리마을기업은 위협으로 느껴질 수 있다. 더구나, 공동체 케어나 집수리 모두, 마을에 있는 업체들이 마을 안팎을 넘나들며 그런 일을 해왔을 수 있으며, 반대로 마을 바깥에 나가면 그런 일을 오랫동안 해서 더 많은 경험을 가진 조직들이 있는 경우가 많다.

그럼에도 불구하고 도시재생은, 쇠퇴지역을 무주공산으로 간주하고 초기비용을 지원해 줄 테니 창업을 하라고 권유하고, 공동체 용역팀에는 "협동조합과 사회적기업을 발굴하라"라고 다그친다. 따라서 때로는 창업을 지원해야 할 수도 있지만, 가급적 외부의 기존 조직을 활용하는 것이 더 합리적인 경우가 많으며, 그들의 노하우가 수년 동안 전수되어 마을 내에 분사와 같은 자립 조직이 생겨나도록 하는 것이 더 유용할 수 있다.

수입원 다원화: 마을관리협동조합

사회적협동조합과 마을기업 개념이 도입되면서 마을조합이 도시재생지역이나 주거환경관리사업(개선사업)으로 획득되는 시설을 무상 임대할 수 있는 제도가 마련되었다. 마을조합은 이를 자산으로 사업계획과 운영계획를 세우게 되는데, 그 수입원은 시설 사용료나 임대료의 징수와 마을 카페를 운영하는 것이 전부이며, 그마저도 시설 규모가 작아서 운영 관리비용을 충당하기에는 턱없이 부족하다. 공장과 같은 산업시설을 활용하는 경우에는 그 규모가 훨씬 크고 입지도 좋을 수 있지만, 정부 정책상 대부분 공익성의 비영리단체나 가난한 문화예술가들이 무상이나 시장보다 훨씬 낮은 임대료로 입주하는 것이 보통이므로 운영에 실질적인 도움이 되기는 어렵다. 이러한 실정에도 불구하고 도시재생 당국은 마을조합이 자립할 것을 강요하는 데 반해, 대다수 지역에서 주민들은 비영리단체나 그런 사업을 운영해본 경험이 거의 없으며, 그런 경험이 있는 이들이 있다고 해도 주도적으로 참여하는 것은 또 다른 문제가 되는 것이 현실이다.

무엇보다 사회적협동조합으로서의 마을기업을 운영하기 위해서는 비영리 기업의 운영에 대해 충분히 이해해야 한다. 통상, 비영리단체나 비영리기업의 수입은 네 가지로 분류할 수 있는데, 공공기관으로부터 위임받거나 소유하고 있는 시설을 임대·관리해 얻는 시설 수입, 사업이나 프로젝트를 수행해 얻는 사업 수입, (자원봉사를 포함한) 회원들로부터의 기부 수입, 기업·기관이나 정부지원에 의한 후원 수입이 그것이다.

먼저 **시설 수입**에 대해서는 앞서 언급한 바와 같이 매우 제한적이기 때문에, 마을기업의 사업 내용과 지역 실정에 따라 나머지 세 가지 수입원을 포함하는 수입 포트폴리오를 작성하는 것이 중요하다. **사업 수입**은 재화와 서비스를 생산·판매하는 직접적인 경제활동에 따른 수입으로서, 회사형태의 마을기업이라면 당연히 전체 수입 중에서 가장 큰 비중을 차지해야 한다. 문화 관련 기업이라면 사업 수입은 연구 용역이나 프로그램진행 형태의 용역 수행이 될 것이며, 그 특성상 외부 전문가와의 협업이나 일시고용의 형태로 운영해 고정비용이 매우 적게 발생할 수 있지만, 그러한 용역을 주도적으로 수행할 만큼의 전문성을 유지할 수 있는지가 관건이 될 것이다. 시설 수입과 사업 수입은 영리적 기업과 거의 유사한 시장경제활동에 해당한다.

기부 수입과 **후원 수입**은 비영리조직이기 때문에 발생하는 사회적 연대나 지역사회에 대한 기여 비용을 충당하는 재원으로서, 마을기업의 운영진으로서는 거의 처음 맞닥뜨리게 되는 영역이다. 물론 마을기업이 협동조합이라면 출자금 이외의 회비를 징수하기는 어렵기 때문에 출자금을 종잣돈으로 창출한 수익의 일부로 우선적으로 배정해 충당할 수 있을 것이다. 그러나 대부분의 경우에 그러한 수익의 발생을 기대하기 어렵기 때문에, 조합원·회원을 지속적으로 확충해 기부 수입을 늘리려는 노력이 필요하지만, 대부분의 지역에서 주민협의체가 마을관리회사(지역재생회사, CRC)로 전환하는 단계가 되면, 재생사업 초기에 공동이용시설 등에 대해 수많은 의견을 냈던 주민들이라도 최소한의 이용료라고 할 수 있는 월정회비나 출자금을 내는 것을 아까워하며 탈퇴한다. 이것은 사회 전반에서 무료 프로그램과 무상 지원이 너무 많은 것과 함께, 기부와 연대의 문화가 부족한 것과 관계가 깊다. 운영진도 조직 운영의 편의를 위해서 적은 회원을 더 선호하는 경우도 많다.

마지막으로 **후원 수입**은 문화예술이나 사회복지와 같은 공익성 사업에 따른 정부지원과, 기업이나 기관의 정기적·부정기적 후원에 따른 수입이다. 그런데 거의 모든 영역에서 정부지원금은 최저임금 수준에 머무르기 때문에, 정부지원에만 의존하는 경우에는 양질의 인력을 확보할 수 없게 되는 문제가 발생한다. 따라서 기업·기관의 후원을 확보하려는 운영진의 노력이 필수적이며, 이를 위해서는 그러한 기업·기관들의 관심을 파악하고 가급적 충족시키려는 마케팅 차원에서의 노력도 요구된다. 그러나 과거에는 그러한 협력이 기업의 사회공헌 위주로 이루어졌다면, 최근 ESG경영이 강조되면서 탄소배출권과 같이, 상호 원원하는 차원의 협력이 중요하게 대두되고 있다.

2) 실행전략의 전환

자원집적화

사회적경제 주체는 경제적 자본이 부족할 수밖에 없기 때문에 다양한 경제적·비경제적 자원을 모으고 집적화하고자 노력해야 한다. 사회적경제 주체가 연대를 통해 수집하고 확장할 수 있는 자본으로는 경제적 자본(출자·투자), 상징자본(이름 참여), 인적자본(노동력과 전문성), 사회적자본(연결망), 기술자본(노하우) 및 공간 자원 등이 있지만, 대부분의 협동조합들은 이러한 자본들을 각각의 경제활동 영역 및 특성에 맞게 구성하기보다는, 최소한의 조합원 수와 최소한의 출자, 그리고 그럴듯하지만 차별성 없는 사업계획서만으로 조합을 결성하고자 하며, 부족한 자본은 국가의 지원으로 채우고자하는 경향이 있다.

경제적 자본과 관련하여, 소규모 협동조합기업은 그 자체로 이윤율과 경영재무성이 낮아서 은행대출이 곤란하기 때문에 경제적 자본이 부족할 수밖에 없는데, 그러한 상황에서 마을이나 지역사회에 대한 사회적 환원까지고려해야 하는 어려움에 처하기 쉽다. 정부는 이러한 어려움을 보완하기위해 정부출자기관의 금융 지원이나 '협동조합기본법'상 연합회에 의한 공제조합의 형태로 지원하는 방안을 가지고 있지만, 자기 자본이 적은 경우에는 그러한 지원을 받기 어려우며, 받는다 하더라도 자금 회전의 어려움과수익률 저하로 이어질 수 있다. 한 예로, 착한 개발을 표방하는 협동조합이상당한 무이자 공공자금을 지원받음에도 불구하고 자기자본은 출자를 가장한 사적 금융에 의존하게 되다보니, 금융지원 혜택 효과의 상당 부분이잠식되고, 공공지원에 따른 사회적 기여를 할 여지를 마련하지 못하는 경우도 발견되었다. 따라서 사회적기업이라도 경제적 자본의 중요성이 줄어드는 것은 아니다. 그 밖에도 특정 사업에 대해서는 순환 기간을 단기화하고프로젝트 베이스의 소자본의 투자, 즉 소셜펀딩(social funding)을 유치하는방안을 도입할 필요가 있다.

또한 유명무실한 이름 참여는 특히 마을사업과 관련된 협동조합에서 많이 발견되는데, 마을사업에서는 실제 참여 여부와 무관하게 주민이라는 이름이 하나의 상징이 되어 참여한 사람들에게 위임되는 것으로 간주하는 경향이 있다. 이 경우, 재생사업으로 지어진 시설의 운영은 주민참여라는 사회적 장치에 의해 주민협의체를 거쳐 마을기업에 위임되는 절차적 정당성을 가지며, 형식적으로는 사회적경제 주체인 것처럼 운영되지만, 자칫 적극적으로 참여한 소수에 의해 운영되는 결과로 이어질 수 있다.

이 경우의 또 다른 문제는 조합원으로 참여했든 아니든 간에, 주민들이빌려준 이름은 주민의 이름으로 협동조합 경영에 언제든지 개입할 수 있다는 것이다. 이러한 사건은 오히려 운영진의 노력으로 마을기업이 잘 운영되는 경우에 발생하는데, 사적 이해를 가진 집단이 다시 주민의 이름을 소환하는 경우 아무리 공든 탑이라고 해도 매우 간단히 무너질 수 있기 때문에, 운영 과정에서의 실질적 참여와 소통이 무엇보다 중요하다.

인적자본과 관련하여, 협동조합이론에서는 최고임금 제한으로 고급 인재의 확보에 불리하다고 하지만, 그것은 매우 큰 규모의 조직에나 특별히 해당하는 것이기 때문에 중소 규모의 조직에서는 주도적으로 활동하는 상근 조합원의 역량이 무엇보다 중요하다. 조합원들이 직접 노동과정에 참여하는 간병인협동조합과 같은 경우에는 고급 인재의 확보보다는 조합원들이 얼마나 역량 강화에 적극적으로 참여하는지가 중요하다.

기술자본의 문제는 인적자본과 복합된 문제인 경우가 많은데, 충분히 사업성이 있는 아이템과 노하우를 가진 사람을 의사결정이 늦고 잘못하면 한순간에 자신의 노하우만 뺏기고 밀려날 수도 있는 협동조합 조직에 참여해 헌신하도록 하는 일은 그 자체로 매우 어려운 일이다. 실제로 마을사업에서, 제안과 계획 단계에서는 마을 내에 특별한 기능을 가진 구성원에 기대어 계획을 수립하지만 실행 단계에서는 그들이 모두 빠져 있는 경우가 대부분이다. 기술자본에 대한 대안은 필요한 분야별 노하우를 가진 사람들로 조합을 구성해 역할을 분담하는 방안을 검토할 필요가 있다.

사회적자본은 직접적인 인적 연결망 못지않게 지역사회의 유무형 자산을 어떻게 효과적으로 활용할 것인지가 중요하다고 볼 수 있는데(자산 기반 커뮤니티 비즈니스), 이는 자산을 활용 가능하도록 하는 네트워킹의 능력뿐만 아니라, 신뢰를 유지하고 이를 물리적·사회적 보상으로 피드백할 수 있는 시스템을 구축하는 것까지를 포함한다. 또한 네트워킹과 관련하여 협동조합이론에서는 여러 분야의 기존 조합들이 공동출자해 이른바 새끼 치는 방식으로 협동조합 마을을 구성하는 것에 대해 권장하는 경향이 있지만, 이러한 방식은 자칫 협동조합의 영세화로 이어질 수 있다. 반대로 특정 사업 영역에 간여되는 여러 분야에서 공동 출자하는 방식은 기술자본과 참여 조합원·회원사들의 기존 네트워크를 활용할 수 있다는 점에서 권장된다. 이는 프로젝트에 따라 컨소시엄을 만드는 방식으로도 가능하다.[7]

마지막으로 마을의 시설이나 공간 자원으로는 개별 건축물의 옥상이나 하천, 도로 방음벽과 같은 것들이 있으며, 이는 특히 태양광에너지의 생산을 위한 자원이 될 수 있다.

연대의 전환

연대는 사회적경제의 가장 중요한 가치다. 사회적경제에서 연대는 조합원 상호 간의 내부적 연대와 사회적 약자에 대한 외향적 연대 의식으로 나눌 수 있는데, 조합원 상호 간의 연대가 협동조합 내부에서 자원을 결집하고 분배하기 위해 필수적으로 요구되는 것이라면, 지역사회에 대한 공동체적 연대 의식은 사회적기업에서 그 목적 가치에 해당하는 것이라고 할 수 있다.

협동조합에서 출자 조합원이 많다는 것은 더 많은 사람들의 연대라는 가치적 측면과 함께, 더 많은 다양한 자본의 집적이라는 기술적 측면을 동시에 가진다. 관련하여, 기본법상의 5인 이상으로 규정된 인적 규정은 협동조합의 구성을 쉽게 해 양적 증가에는 유리하지만, 자본 부족 상태에서의 출발을 야기하고 연대의 문제를 형식과 조건의 문제로 전락시킬 수 있으며, 그 운영에 있어서도 경영자의 책임과 권한을 완충·견제·보완하는 데 매우 불리할 수 있다.

또한 사회적 연대와 관련해서, 사회적 약자에 대한 안전망의 확충이나 국가 역할의 보완이라는 측면과, 문화예술과 같은 시민 다중의 삶의 질의 문제나 전 지구적 환경문제는 따로 구분해 고려할 필요가 있다. 전자의 사회적 안전망의 관점은 복지의 전달자 역할이라면, 후자의 문화와 환경 문제는 참여와 가치의 문제이기 때문이다.

---

7   김현대·하종란·차형석(2012: 72), 볼로냐의 유치원협동조합 카라박프로젝트 사례 참조.

예컨대 문화재단처럼 지자체 등에서 지원되는 예산으로 운영되는 시설들과는 달리, 지자체의 시설을 활용해 사회적경제 방식으로 운영되는 문화예술공간(사회적 문화공간)의 경우에는 문화의 생산은 물론 시민들의 참여(교육·향유)와 관광(경제활동)이 함께 어우러지는 공간이 되어야 한다는 점에서, 매우 현대적인 사회적경제 공간이 될 수 있다. 따라서 사회적 문화공간의 운영 주체가 되는 사회적경제 주체에서는 주민이라는 도시재생적 개념보다는 문화적 시민이라는 더 능동적이며 자발적인 참여자들이 조합원·회원이 되어야 하며, 이를 위해서는 지리적 범위를 가지는 면적 재생사업이 아니라, 인정사업과 같은 점적 재생사업이 더 적합하다.

마지막으로, 다른 생각과 위치에 있는 사람들과의 연대 개념의 확장이 필요하다. 하나의 예로서, 친환경농산물생산자협동조합처럼 가치 기반 생산 주체는 지구 환경보호라는 가치를 공유하는 소비자-가치 구매자와의 연대로써 지탱하고 발전할 수 있다.

이러한 소비자에 대한 확장적 연대 의식은 도시재생사업에서도 절실하게 요구된다. 문화적 재생이나 경제적 재생을 포함하는 도시재생사업은 결국 아파트로 계급화되어 떠나간 중산층을 소비자로 유인하고 연대해야 하지만, 어떤 활성화 계획도 그러한 조사 분석이나 연대 방안은 제시하지 않는다. 또한 그러한 경향은 이념적 지평에서도 유사해 사민주의자들이나 한국의 진보 진영에서 사용하는 연대의 개념은 유유상종의 연대로서, 지리적으로 바깥에 있는 중산층-소비자들이나 이념적으로 반대편에 있거나 무관심한 사람들에 대한 사회적 가치를 공유하기 위한 설득의 필요를 너무나 쉽게 포기한다.

이와 같이 연대의 확장은 우리에게, **몇 사람의 생태주의자들이 모여 하나의 생태공동체 마을을 세우는 좁고 깊은 연대보다는 수많은 사람들의 얇지만 넓은 연대, 선명성을 기준으로 같은 편을 괴롭히는 연대보다는 생각과 이념이 다른 사람들을 감동시키는 연대가 더 효용적이며 더 가치 있음을 보여준다.** 또한 최근의 소셜펀딩과 같은 사례에서도 우리는 많은 사람들과의 공감과 가치 공유가 얼마나 큰일을 해낼 수 있는지를 확인할 수 있다.

일자리보다는 소득 보전

경제적 약자에게 사회적경제는 공공부조에 기반하는 생산적 복지와 시장경제의 중간쯤에 위치한다고 볼 수 있다. 한국 사회에서 노동력이 없는 이들을 제외하고, **대부분의 경제적 빈곤층은 일자리가 없다기보다는 인간다운 삶을 영위할 만큼의 소득이 부족한 상태**로 볼 수 있다. 따라서 사회적경제를 통해 빈곤층을 위한 새로운 일자리를 만들고자 하는 정책은 좋은 정책으로 보기 어렵다. 대안으로서 우리는 사회적경제가 일하고 있는 빈곤층의 소득을 높이고 그를 통해 그들의 삶의 질을 높일 수 있는지에 대해 검토할 필요가 있다.

그러한 가능성은 최근에 농촌지역에서 상당한 성공을 거두고 있는 로컬푸드사업에서 찾아볼 수 있다. 로컬푸드는 장거리 운송을 거치지 않은 지역 농산물을 뜻하며, 동시에 그 생산 판매 방식을 말한다. 농촌지역에서 지역 내 소농가의 친환경 텃밭 농산물을 농민이 직접 로컬푸드 매장에 내놓아서 도시민들과 직거래하는 방식으로, 생산자와 지자체가 품질을 보증하고 유통마진을 없앰으로써 농민-생산자와 도시민-소비자들을 동시에 만족시키는 것으로 알려졌다.

로컬푸드사업은 전국에서 최초로 사업을 시행한 완주 로컬푸드협동조합처럼 협동조합의 형태로 운영될 수도 있고 영농회사법인 진안마을처럼 영리법인 형태로도 운영될 수 있지만, 그 자체로 사회적경제가 가지는 연대의 경제에 매우 적합한 사례로 볼 수 있다. 경제적 관점에서 본다면, 로컬푸드사업은 그 절대액에서 대농들에 의한 주류 농업경제와는 비교도 되지 못할 것이다. 그러나 농가소득 증대를 통해 농업인들의 삶의 질 향상에 상당한 기여를 하는 것은 분명하다.

중요한 것은 경제활동의 측면에서, 로컬푸드에 참여하는 농가들은 영세하지만 그 이전부터 농업이라는 경제활동에 종사해 왔으며, 각각의 농가가 창업과 같은 별도의 새로운 사회적경제 주체가 된 것도 아니라는 점이다.

하지만 로컬푸드가 하는 일은 영세한 농가들을 묶어서 새로운 하나의 사회적경제 주체가 된 것이고, 그 결과로서 이전부터 농업에서 경제활동을 해오던 농가들의 소득을 늘리고 삶의 질이 향상될 수 있게 한 것이다.

로컬푸드 사례는 도시재생지역의 집수리기업과 비교될 수 있다. 예컨대 도시재생지역에는 이미 집수리, 보일러, 철물, 방수, 페인트, 전기, 인테리어 등의 업체들이 개인사업자의 형태로 존재한다. 이들은 지역 내외부의 개인적인 연결망을 통해 독자적인 경제활동을 수행하지만 그 소득이 낮은 상태에 놓여 있다. 그들은 대부분 장치형 업종이어서 넓은 공간을 필요로 하지만 매출이 충분하지 않기 때문에 비좁은 공간을 임대하며, 출장 시에는 점포를 지키고 간헐적인 손님에 응대하기 위해 가족들이 상주하기도 한다.

기존에는 암묵적인 경쟁 관계에 있던 이들을 위해 필요한 것은 새로운 창업이 아니라 매출 확대를 통한 소득 증대와 삶의 질 향상이다. 또한 로컬푸드가 농민에게 했던 것처럼, 사회적경제는 그들에게 표준적인 견적서를 작성하는 방법이나, 시공 품질을 유지할 수 있는 교육, 공동의 자재고나 작업장이나 사무실을 확보하는 데 도움을 줄 수 있다.

다른 예로, 노인 일자리사업의 경우에도 노인에게 시간 때우기식 일자리를 제공하고 시급을 지급하고 생산된 제품을 창고에 쌓아두기보다는, 과거의 인형 눈알 붙이기처럼 그들에게 일거리를 알선하는 사회적기업을 만들어서 지원하면서 생산적 복지와 연계(공공부조와 복합)하는 것이 필요하다.

사람과 자본의 연대

재생지역에서는 소비자조합의 결성이 사실상 불가능하고, 그 자체로 이윤율과 경영 재무성이 낮아서 출자금에 대한 배당도 기대하기 어렵기 때문에 넉넉한 출자금을 확보하기 어려우며, 그 결과로 협동조합은 가급적 회피할 것을 권유하는 노동참여형으로 접근하는 경향이 있다. 그러나 아무리 사람 중심의 협동조합이고 정부자금의 지원이 있다고 해도, 최소한의 매칭 자본도 필요하고 선제적 투자도 필요하기 때문에 어느 정도의 경제적 자본의 확보는 사업 추진에 필수적이다.

더구나, 바깥세상은 아직도 대출금리가 연 4%대에 이르고 부동산 투자의 기대수익률이 연 8% 이상인 실정이며, 여전히 부동산 가격 안정이 정부 정책의 중심이 되고 빈부를 막론하고 대부분의 국민들이 자본투자에 나서고 있는 상황에서, 사회적경제의 필요를 공감하고 선한 연대 의식을 가지고 있는 사람들이라도, 자신의 돈이 사실상 잠겨버리는 협동조합 등에 출자하기를 기대하기는 어렵다.

따라서 이러한 한국적 현실을 반영해, 사람 중심의 사회적경제 방식에 연 1~2%의 예금 최저 금리에 해당하는 출자 배당을 결합하는 절충형 모델에 대해서도 검토해 볼 필요가 있다. 이러한 제도는 최소 규모의 협동조합에서 자본 부족에 따른 초기 투자의 부족과 그에 따른 사적 자금조달 압박을 완화해 줄 수 있으며, 사회적으로는 출자 배당에 의한 연금적 효과도 기대할 수 있을 것으로 보인다. 물론 이러한 시도에는 심사를 통해 일정 기간 동안의 정부 보증과 같은 제도의 뒷받침도 수반되어야 할 것이다.

3) 재생지역의 사회적경제

국토교통형 사회적기업(마을조합)

도시재생뉴딜사업에서는 협동조합이나 사회적협동조합의 결성을 적극 권장하고 이를 사업지역 유지관리 조직으로 활용하고자 한다. 이렇게 결성되는 조직은 대부분 처음에는 주민협의체에서 시작해, 하나 또는 그 이상의 마을기업이라는 경제조직의 형태로 탈바꿈하는 과정을 거친다. 그러나 국토교통형 사회적기업으로 불리는 이러한 마을기업들은 2018년에 예비적 인증이 시작되었기에 아직 결과를 논하기에 다소 이른 것도 사실이지만, 아주 예외적인 조건과 노력의 지역을 제외하고는 대부분 상당한 어려움을 겪고 있는 것으로 보인다.

도시재생지역의 특성을 고려해 사회적기업(사회적협동조합)의 사업 영역을 현장적으로 분류해 보면 크게, ① 정규시장 배제자의 고용, ② 정부의 복지 프로그램과 관련된 사회서비스의 위탁·대행, ③ 주거, 환경, 문화와 관련된 서비스의 제공으로 요약할 수 있는데, 이 중 ①과 ②의 영역은 거의 이루어지지 않고 ③과 관련된 사업 내용에 집중되는 경향을 보이며, 이는 도시재생지역의 인적자원 특성, 기존 사회서비스망의 존재, 도시재생사업의 물리적 특성에 따른 결과로 보인다.

'마을관리 사회적협동조합 설립지원 가이드북'에 따르면(한국사회적기업진흥원, 2021) 마을조합은 '주거환경개선과 함께 도시재생사업으로 공급된 공동이용시설, 공영주차장 등 기초생활 인프라 운영 관리, 이러한 인프라를 기반으로 지역사회에 필요한 재화 및 서비스 공급 등 마을관리 영역 전반'에 대해 사업을 수행할 수 있으며, 그 사업 모델로는 공공 영역에서 거점시설·공영주차장·마을관리소의 운영 관리, 공공임대주택(사회적주택, 순환형임대주택, 케어안심주택 등) 운영 관리, 집수리사업, (주거환경관리사업, 지역 축제, 공원정비 등의) 공공서비스, (다함께 돌봄, 노인돌봄, 장애 주간보호, 공동육아나눔터 등의) 돌봄서비스 등을 할 수 있으며, 민간 영역에서 시설물 유지관리(거점시설, 다가구·다세대 주택), 거점 시설 기반 마을식당 및 카페, 거점 시설 기반 게스트하우스, 주민 출자형 태양광발전소 등의 사업을 권장하고 있다.

마을조합은 국토교통형 예비사회적기업에 응모하도록 권장되는데, 예비사회적기업은 2018년 52개, 2019년 60개, 2020년 46개 등 총 158개소가 선정되고 이 중 17개 기업이 사회적기업으로 선정되었다(국토교통부, 2020). 선정된 예비사회적기업의 업역을 살펴보면, 마을 내 사업(마을기업)과 집수리사업이 각각 18개소와 25개소, 유휴공간·공공임대주택 관리가 14개소로 나타났으며, 그 밖에도 문화예술 및 문화공간의 기획·운영, 여행 관련 기업 등이 있었다.

도시재생과 관련된 예비사회적기업 중에서 이렇게 10% 남짓만이 사회적기업으로 살아남은 것은, 마을기업이 사회적경제 주체로서 생존하는 데 필요한 최소한의 수입 모델을 갖지 못하거나 갖기 어려운 원인이 가장 크다. 사회적기업이라고 해서 전적으로 정부지원금만으로 운영될 수는 없으며 단지 사회적으로 기여하는 부분에 대한 지원을 받을 수 있을 뿐인 반면, 좁은 재생지역에서 몇 사람의 고용을 유지하고 그에 걸맞은 생산과 매출을 올릴 수 있는 물적자원을 확보하는 것은 사실상 불가능하고, 그러한 한계를 넘어설 수 있는 역량을 가진 인적자원을 발견하기도 고용하기도 매우 어렵기 때문이다. 그럼에도 불구하고, 대부분의 마을기업들은 사업 아이템과 사업 환경에 대한 철저한 분석보다는 도시재생사업에 대한 들뜸과 비전문가들에 의한 계획에 의존하는 점도 한계로 보인다.

재생마을에서 마을기업이 활용할 수 있는 물적자원과 관련하여, 국토교통형 사회적기업 육성 지원 정책은 마을기업에 대해 초기 사업비 지원, 공동이용시설의 무상 사용(위탁관리), 기타 공유시설 운영권, 운영 지원 등을 할 수 있도록 하고 있다. 이 중 공동이용시설의 무상 사용은 공간을 활용해 임대업을 하는 경우와 공간을 활용해 직영사업을 하는 경우로 나누어볼 수 있는데, 임대 관리를 하는 경우, 대부분의 재생지역에서 시설의 규모가 작고 입주하는 임차인들도 재생사업을 통해 육성된 사회적경제 주체인 경우가 많기 때문에, 시장적 임대료를 받기 어려워서 마을기업의 수익 개선에 크게 보탬이 되기 어렵고, 따라서 수익을 마을에 환원할 여지를 마련하기는 커녕 상근 인원의 인건비를 마련하기도 어려운 실정이다.

마을 내외의 공영주차장 등 기타 공유 시설의 운영권을 부여하는 방안 역시, 대부분의 대도시 지자체들은 이미 시설관리공단과 같은 공기업의 형태로 관리하고 있으며, 최근 주차장들이 수익성이 낮아져서 무인화되는 추세라는 점에서 고용 유발 효과가 낮기 때문에 마을기업의 수익 개선에 크게 보탬이 되기 어렵다.

또한 사업 내용 및 인적자원과 관련하여, 관련 지침은 육성 단계에서 신협이나 새마을금고와 같은 지역의 사회적경제 기관은 운영 지원 전문기관을 지정해 사업성 분석, 지역사업 노하우 공유, 제품 판로 개척, 관계망 형성 등의 지원받도록 요청하고 있는데, 그러한 기관들로부터 금융과 재무적인 부분을 넘어서 실질적 컨설팅 같은 지원을 받을 수 있는지는 의문이다.

재생지역 사회적기업의 근본적 문제들

마을기업과 관련된 사회적경제의 접근이 의미 있는 정도의 성과를 내고 있다고 보기는 매우 어렵다. 이러한 결과는 마을규모가 작고 주민들의 경영 능력이 미흡한 원인도 있지만, 영리적 활동을 수반하는 사회적경제에 대한 운동적 접근의 한계와, 사회적경제가 양극화된 시장경제를 보완할 수 있다는 공동체주의자들의 환상과, 일자리 수에만 집착하는 국가의 도구적 목적과 같은 정책 설계의 오류가 더 큰 원인으로 보인다.

그렇다면 여러 가지 지원 프로그램이 있음에도 마을기업들은 왜 자립하기 어려운 것인가. 그러한 원인으로는 크게 네 가지를 꼽을 수 있다. **지리적 경계, 공간적 규모, 시장과의 충돌, 전문성의 문제**가 그것이다.

① 지리적 경계

여기서 지리적 경계는 원칙적으로 재생사업에 참여하는 주민들의 성원권이 성립되는 범위이며 예산을 투입할 수 있는 공간적 범위로서, 마을기업과 관련해서는 예산을 지원하고 시설의 활용권을 부여할 수 있는 범위라고 할 수 있다. 도시재생사업에서 이 지리적 범위는 하나의 지역사회로 간주되며, 그 지리적 범위 내의 구성원들은 구성원들 상호 간과 그 공간에 대해 공동체적 애착을 가진 것으로 간주된다.

마을기업과 관련하여 지역에 대한 애착이 중요한 것은 사회적경제가 공동체론의 경제판이며, 사회적경제에서 말하는 연대라는 가치는 공동체적 가치이기 때문이다. 따라서 재생사업에 적극적으로 참여하는 주민들만이라도 그러한 가치를 중시하는 사람들이어야 하지만 대부분 그렇지 못한 것이 현실이며, 주민들과 집행부 모두 그러한 가치를 가지지도 공유하지 못하고 있는 경우에는 사회적경제에 필수적인 가치 생산과 가치 구매가 어려워지기 때문에 마을기업도 제대로 운영될 수 없다. 또한 연대의 가치를 중시하는 사람들이 마을기업을 주도하더라도 한국 사회에서 서로 다른 가치관을 가진 사람들을 설득하는 일은 매우 어려운 일이기 때문에 그러한 가치를 확산시키는 것도 어렵고 미숙하다.

그러한 상황에서 주민조직과 마을기업이, 실제로 애착을 가진 사람들이 아닌 기득권을 가진 사람들에 의해 장악되고 운영되는 경우, 마을 권력의 독점을 위해 마을활성화와 마을기업에 필요한 신주민이나 인적자원을 새로운 성원으로 받아들이기 어렵다. 독점에 의해 작동되는 조직에서 성원권 심사는 공동체 전체의 이익보다는 소수의 독점적 이해에 유리한 쪽으로만 작동되기 때문이다. 더구나, 지리적 범위에 의한 성원권은 마을주민이라는 상징적 권력의 부여를 통해, 연대 의식과 마을에 애착을 가진 성원들에 의해 마을기업이 설령 잘 운영되더라도, 그 운영진을 흔들어 지쳐 떠나가게 만들고 결과적으로 마을기업이 망하도록 만들 수 있는 힘을 가지고 있다는 것은, 수많은 농촌마을기업들에서 입증되었다.

② 공간적 규모

마을기업이 인적·물적으로 재생지역의 지리적 범위에 갇히게 되는 경우, 마을기업이 마을 내에서 어느 정도의 매출이라도 해결할 수 있어야 하는 문제가 발생하게 되는데, 현행 도시재생뉴딜사업의 면적 기준은 이를 기대하기에는 너무 좁다는 근본적인 문제를 안고 있다. 예컨대 도시재생사업을 통해 생활환경 개선 관련 주택 건설, 주택 개보수·인테리어, 집수리사업이나 취약계층집수리사업 등을 주된 사업으로 하는 사회적협동조합을 창업하는 경우 최소한 한 팀(최소 3~4명)의 고용을 유지해야 하지만, 좁은 도시재생사업지역만으로는 마을기업이 먹고 살 만큼의 일거리를 (지속적으로) 확보할 수 없을 뿐만 아니라 단 1명의 상근자를 두는 것도 거의 불가능하다.

이를 자연생태계에 비유해 보면, 다람쥐가 사방 100미터 영역에서 먹이활동을 하는 것이라면, 호랑이는 사방 100리의 영역에서 먹이활동을 하며 살아가는 것과 같다. 즉 재생마을이 다람쥐 한 마리가 살아갈 수 있는 크기의 영역이라면, 집수리나 임대주택관리 주제의 마을기업은 호랑이 한 마리와 같아서, 적어도 지자체 정도의 지역 범위로 활동해야 하며, 재생마을 정도의 영역에서는 충분한 먹이를 구하지 못해서 기존 생태계를 파괴하다가 끝내 굶어 죽게 될 것이다.

이러한 (공간적) 규모의 문제는 주거현물급여사업, (집수리와 겹치는) 에너지효율개선사업, 사회주택이나 공유주택 건설사업 등에도 동일하게 적용된다. 예컨대 공적자금의 지원으로 100호의 사회주택을 건설하더라도 주택관리를 위해서는 한 사람의 고용이 어렵다. 그럼에도 불구하고 도시재생당국은 물론, 마을기업을 지원하는 용역팀 그리고 마을주민들 모두, 이러한 영역 개념(규모의 경제)을 간과하고 재생지역의 쇠락한 주택이나 재생사업의 시설들이면 마을기업이 잘 될 것이라고 믿는 경향이 있다.

또한 시설 내에 마을 카페를 개설한다 해도 시설의 입지가 대부분 목과 무관하게 토지 매입이 가능한지에 우선해서 이루어지기 때문에 충분한 (마을 내의) 외부 소비자의 이용을 기대하기 어려운 경우가 대부분이다. 이 경우 마을 주민들의 이용에 기대야 하지만, 전국적으로 공동체 카페가 성공적으로 운영되는 경우는 거의 없다.

문화적 재생과 관련해서도, 많은 연구자들이 역사 자원의 활용을 통한 도시재생사업의 추진을 촉구하지만(강동진·오세경, 2003; 강동진·남지현·권영상, 2009; 오동훈, 2010; 김항집, 2011; 이나영·안재섭, 2014), 일제강점기 근대(산업) 유산이 남아 있는 지역이 아니라면, 대도시 도시재생마을이 그러한 자산을 가지고 있는 경우는 매우 드물며, 문화시설로의 재생은 문화시설의 특성상 상당한 전문성을 요구하기 때문에 마을 주민들의 참여와 마을에 대한 기여는 매우 제한적이다.

③ 시장과의 충돌

이와 같이, 도시재생지역의 크기와 사업 규모는 하나의 마을기업이 생존하기에는 너무나 좁기 때문에 마을기업이 설립되면 불가피하게 지역 바깥으로 나가야 하는데, 이 경우 기존 시장과의 충돌이 발생할 수밖에 없다. 그러한 대표적인 사업으로 집수리사업을 꼽을 수 있는데, 집수리사업은 사회적경제 형태가 아니라도 이미 수많은 기능공 자영업자들에 의해 시장적으로 작동되고 있는 영역이기 때문에, 1차적으로 재생지역 내의 관련 업계와 이해 충돌이 발생할 수 있다. 물론 이들을 마을기업에 포섭하는 것이 가능하기는 하겠지만, 각 업체들의 평판과 상호관계가 마을기업의 원활한 경영에 영향을 미칠 수 있다. 이렇게 규모의 경제라는 측면에서 지리적 범위를 넘어서는 일은 생각보다 복잡한 문제다. 성장해 어미 품을 떠나야 하는 새끼 호랑이가 나가야 할 땅은 어디나 이미 다른 호랑이들의 영토이기 때문에, 경쟁하고 싸워서 이겨야만 차지할 수 있는 땅이기 때문이다. 하지만 전문성도 미약한 신생 마을기업이 고도의 전문성을 가진 시장기업들과 싸워 이겨야 하는 문제가 발생하는데, 자본주의 도시에서 공공이 이들을 지켜줄 수 있는 방법도 없지만 그래야 할 이유도 없다.

더구나, 시장과의 충돌의 문제는 영리시장뿐 아니라 '비영리 시장'에서도 발생한다. 여기서 '비영리 시장'이라는 개념은 비영리 부문이라 하더라도 이미 정부의 지원을 포함해 하나의 시장으로 자리 잡은 영역을 지칭하는 것인데, 대표적으로 사회복지와 같은 영역이 여기에 해당한다. 또한 주거환경개선과 같은 영역도 대부분의 지자체에서 구제금융사태를 거치면서 일자리 대책의 일환으로 자활기관 등의 형태로 기존 시스템이 구축되어 있는 경우가 많다. 이러한 비영리 시장의 개념에서 보면 전혀 새로운 부문이 아닐 경우, 지역에 대한 봉사조차도 이미 누군가가 상당 기간 동안 열심히 해오던 일인 경우가 많으며, 그런 이들은 지역사회에서 나름의 영향력과 명성을 구축하고 있는 경우가 많다.

④ 전문성 확보와 고용 유지의 어려움

마을기업과 관련된 논의에서 흔히 범하는 중요한 오류 중 하나가 전문성과 관련된 것이다. 예컨대 집수리와 관련해서, 사람들은 집수리가 역량 강화 교육이나 목공수업, 목조건축학교 등, 얼마간의 교육을 받으면 누구나 할 수 있는 것으로 생각하는 경향이 있다. 그러나 집수리는 (오래된) 집에 대한 구조적 안전의 판단과 수리 기술의 적용, 심미적 디자인에 의한 차별성, 비용 대비 효과는 물론, 전기와 설비의 기술적 측면 등 생각보다는 전문성이 높은 영역이다.

더구나 하나의 시장으로서의 집수리는 기술과 신뢰가 교차하는 영역에서 인맥에 따라 이루어지는 경향이 있다. 많은 집주인들은 집에 관한 문제들이 발생했을 때 믿고 맡길 수 있는 연결망을 이미 가지고 있다. 이러한 전문성과 네트워크의 문제는 '마을활성화를 위한 연대'라는 가치만으로 넘어서기 어려운 장벽이 될 수 있다.

또한 건설과 관련된 작업은 수많은 단계의 여러 공정으로 이루어지기 때문에, 기능공의 관점에서 보면 단위 공종마다 공정에 맞춰 일시적으로 작업을 수행하기 위해 들어가고 나오고 다시 들어가는 과정을 반복하는 특성이 있으며, 이들은 분야별로 팀 단위로 작업을 수행하거나 한 사람의 기능공이 여러 현장을 돌아다니는 방식으로 일을 한다. 이러한 건설 작업의 특성은 마을 내에 수리할 집이 동시에 여러 채가 있는 것이 아니라면, 기능공들은 적정의 소득을 위해 마을 밖에서 일을 구해야 한다는 것을 의미한다.

이 경우 아무리 마을기업에 참여하고 있더라도, 마을 내의 일이 외부 일에 비해 적은 경우에 기능공 입장에서는 불가피하게 자신에게 더 많은 수입을 보장하는 외부 건설업체의 일에 우선순위를 둘 수밖에 없으며, 이는 마을기업의 사업 일정에 부정적 영향을 준다. 반대로 외부에 다양한 연결망이 없는 기능공은 일을 구하지 못해 충분한 소득을 올리지 못한다.

이러한 문제를 해결하기 위해서는 마을기업에서 기능공들을 상시 고용해야 하는데 이는 고정비용의 증가로 이어지게 된다. 이에 더해, 건축주나 시공회사는 기술과 전문성이 더 좋은 기능공을 원하기 때문에, 그러한 기능공들이 마을기업 초기에 선의로서 참여했더라도 외부에서 더 많은 부름을 받는 반면, 마을기업에는 기술이 떨어지는 초보 기능공들만 남을 염려가 있다.

마을 카페에서도 전문성의 문제는 중요하게 작용할 수 있다. 공동체를 중시하는 사람들은 자신에게 친숙한 마을 카페를 사랑하고 많이 이용할 수 있지만, 카페의 수익성은 그들보다는 외부 이용자들이 얼마나 많이 이용해 주느냐에 의해 결정되는 경향이 있다. 반면에, 공동체 카페는 불가피하게 모든 연령층의 주민들이 이용하기 때문에 다목적형으로 운영되고 그 결과, 시설과 분위기가 매우 어수선한 경우가 대부분이다. 이는 다소 비싸더라도 고급스런 분위기를 원하는 대부분의 외부 이용자들을 배척해 수익성을 악화시키는 요인으로 작용할 수 있다.

이와 같이 마을기업의 근본적 문제들은 사회적경제가 자본주의 경제 시스템 내에서 작동되는 경제활동이라는 사실을 간과하고, 그러한 작동 체계를 모르는 사람들에 의해 단순히 일자리창출을 위한 방편으로 간주됨으로써 발생한다. 즉 사회적경제가 대안적 가치를 구현하기 위한 경제적 방법론으로 자리 잡기 위해서는 상당한 자본과 인력이 필요하지만, 그동안 사회적경제 운동은 공동체라는 목적 가치와 호혜와 연대라는 방법 가치만을 강조해 왔을 뿐, 경영과 수익이라는 경제적 가치는 간과하거나 무시해 온 데 따른 필연적 결과라는 것이다. 그리고 그 책임은, 비용과 수익을 분석해 보면 적자가 날 수밖에 없는 공동이용시설의 사용권을 위탁하는 것이 마치 엄청난 특혜를 준 것인 양 생각하는 공공과, 그러한 손익을 제대로 따져보지도 않고 넙죽 받아서 운영하면서 더 많은 지원이 필요하다는 말만 반복하는 마을기업-민간[8]과 사회적경제론자, 양자 모두에게 있다.

이러한 사실들로 볼 때, 재생지역이 열악한 주거 환경을 가지고 있고 그러한 이유로 집수리와 관련된 사회적협동조합을 '창업의 형태'로 육성할 수 있다는 주장은 사회적경제 역시 자본주의 경제 생태계 속에서 살아남아야

---

[8] 어느 농촌관광마을기업에서 지자체에 숙박 시설의 증설을 요청해 평가를 위해 면담을 해보니, 기존 숙박 시설의 판매율이 10% 남짓이었지만 간혹 발생하는 주말 중복 수요를 놓치는 것을 아까워하는 사례였다.

한다는 점을 간과한 환상에 가깝다고 할 수 있다. 따라서 우리는 마을기업을 육성하기 전에, **새로운 사회적경제 주체를 형성하는 것이 나은지, 아니면 재생지역 안팎의 기존 주체들을 활용하는 것이 더 나은지에 대한 냉정한 분석과 판단을 선행해야** 한다.

재생지역 사회적경제의 현장적 대안

① 자원 공유형: 집수리 분야

재생지역에서 자원 공유형 사회적경제는 특히 업종의 특성상 장비가 많이 필요하고 그에 따라 넓은 공간을 필요로 하는 건설 관련 장치형 업종에 적합하다. 예컨대 지역 내에 유휴 철도나 고가도로 하부 공간 등이 있다면 이를 우선적으로 임대해 주어 공동의 장비나 창고로 활용하게 할 수 있으며, 이를 통해 협동조합화를 유도할 수 있을 것이다.

이러한 자원 공유형은 문화적 재생에도 유용하다. 대부분의 문화적 재생이 공방이나 레지던시 그리고 전시 판매장 위주로 추진되는 경향이 있지만, 문화예술인들에게 더욱 필요한 공간은 대규모·첨단의 작업 공간이나 아마추어나 소비자들과 만날 수 있는 공간, 연습을 위한 공간과 교류 공간이다.

② 자원 수집형: 에너지 분야

태양광과 같은 신재생에너지 분야 역시 관련된 설치 공간을 필요로 하지만 도시에서 이를 위한 공지를 확보하는 것은 불가능하기 때문에, 주택의 옥상이나 벽면에 태양광 패널을 설치하고 자부담금을 지원하는 방식으로 에너지를 수집하고 이를 기업화하는 사업 방안을 검토할 수 있다. 이 경우 1kW 미만의 플러그인 방식[9]에서 낮에 남아도는 전기를 수집하는 방안과

---

9 태양광 패널에서 생산된 전기를 가정의 콘센트에 직접 연결하는 방식으로, 생산되는 전기가 실시간 사용량을 초과해 한국전력의 전력망으로 들어가더라도 역계량이 되지 않아서 낮에 쓰는 소량의 기본 전기만을 충당할 수 있다. 대략 태양광 패널 3장에 해당하는 1kW 미만에 대해서는 플러그인 방식이 원칙으로 되어 있다.

마을 전체에서 이를 재분배해 실시간으로 소진하는 방안, 그리고 그러한 재분배 과정을 지역화폐화하는 방안 등에 대한 심층적 연구가 필요하다. 또한 자원 공유형과 결합해 방음벽이나 옹벽을 활용해 발전하는 방안도 검토할 수 있을 것이다.

③ 품앗이형: 공동육아

쇠퇴한 재생지역에서는 젊은 층 인구의 부족으로 육아 문제에 둔감할 수 있다. 그러나 지역 활성화는 노령인구에 대한 복지적 대안도 필요하지만 인구학적 개선도 필요하다는 점에서, 인접 지역을 포함하는 소규모 임대주택의 건설과 공용육아협동조합의 육성을 적극 고려할 필요가 있다. 물론 이 과정에서 유입되어 들어오는 젊은 층 인구는 지역 활성화 과정에서 중요한 인적자원이 될 것이다.

④ 이벤트형: 플리마켓

쇠퇴한 골목상권을 가진 재생지역에서는 상인회의 추진 이전에 정기적인 플리마켓을 (먼저) 추진할 수 있다. 이러한 이벤트형 플리마켓은 각 점포의 영업 품목이나 메뉴에서 벗어나 새로운 시도의 장이 될 수 있고 소득 증대 효과를 통해 자신감을 부여할 수 있다. 또한 그 추진과 진행의 과정에서 상인들의 협동을 유도할 수 있고 상인들이 주민-소비자들과 친숙해지는 계기를 마련할 수 있다. 이벤트형 플리마켓은 골목상권의 속성상 협동조합이나 상인회와 같은 딱딱한 형식의 주체 형성보다는 느슨한 연대의 형식으로 진행되는 것이 바람직하다.

⑤ 일거리 중개형: 노인·장애인

지역의 노인이나 장애인을 위한 상근 일자리를 만들기는 매우 어렵기 때문에, 앞서 설명한 바와 같이, 소득 보전을 위한 일거리 중개형 사회적기업을 고려할 수 있다. 물론 이에 적합한 일거리는 노동집약적인 분야에 집중되며 지역에 따라 다를 수 있다. 이러한 사회적기업을 위해서는 마을의 인적자원-노동력에 대한 파악과 조직화가 필요하며, 사회적기업의 운영 비용은 공공에서 지원되어야 한다.

6장

문화적 재생

장소마케팅에서 문화순환으로

1. 도시 마케팅과 문화적 재생

1) 도시 전략이 된 문화와 소비

문화적 소비를 생산해야 하는 현대도시

선진산업국가에서는 1970년대 후반에서 1980년대 초반을 거치면서, 한국에서는 1990년대를 거치면서 산업화와 함께 팽창한 도시들이 전통적인 제조업의 이탈과 그에 따른 도시쇠퇴를 맞이하기 시작한다. 흔히 현대도시는 정보화사회, 후기산업사회, 포스트포디즘, 포스트모더니즘, 언택트시대, 4차 산업혁명과 같은 다양한 단어와 함께 언급되는 새로운 도시성의 시대에 들어서 있다고 말한다. 이전의 도시가 단순히 상품을 제조하고 거래하고 소비하는 공간이었다면, 현대의 도시는 스스로 소비를 만들어내는 주체가 되는 공간이다.

새로운 도시성은 문화 및 소비와 관련된 어떤 것이다. 그리고 여기서의 '소비'는 이전의 그것과는 다른 것으로, '**문화적 소비**'다. **소비를 생산하는 것이 바로 문화**이기 때문이다. 따라서 현대도시에서 그것은 '**상품이 소비자의 행동을 반영하고 변형시키는 문화적 순환 회로**'가 된다는 것을 뜻한다(Zukin and Maguire, 2004: 178). 이제 우리는 '**문화와 문화적 소비**'가 도시를 책임지는 시대, **문화경제**(culturenomics)의 시대를 살게 된 것이다.

그러나 문화경제는 단순히 문화의 영역이 경제학적 원리, 즉 비용과 효율의 원칙에 따라 작동된다든가, 또는 경제원칙을 고려해야 함을 뜻하지 않는다. 복제 재생산의 영역이 아닌 대부분의 문화산업은 여전히 경제학적으로 생산성 지체 영역에 속한다는 점에서 보면, 문화에 대한 대중적인 소비 활동이 경제에 새로운 활력소가 된다고 했던 앨빈 토플러(Toffler, 1964)의 견해에 더 가깝다.

문화가 도시 전략이 된다는 것은 도시가 문화적 소비를 생산하는 공간이 된다는 것이다. '문화적 소비', '소비의 문화적 생산', '문화경제'와 같은 말은 문화를 도구로 삼아 장소마케팅과 지역·도시 활성화를 꾀한다는 것과 같다. 이때의 문화라는 말은 두 가지 의미를 가진다. 하나는 문화에 대한 포괄적인 정의가 그러하듯, '그 도시나 지역이 만들어낸 정신적·물질적 산물 일체'를 지칭하는 것으로서의 문화이며, 현장적으로 그것은 그 도시나 장소의 매력과 관계된 어떤 것에 해당한다. 다른 하나는 전통적인 의미의 예술로서의 문화로서, 도시나 장소의 콘텐츠에 해당하는 것이다. 물론 이 두 가지 의미의 문화 개념들이 독립적으로 작용하는 것은 아니다. 이들은 다시 하나의 목표로 모인다. 이 논의의 문맥에서, 문화는 장소의 콘텐츠가 되지만, 더 중요한 역할은 장소를 차별화하는 역할을 수행한다.

많은 사람들이 문화의 생산과 소비 기회에 관여한다. 경제의 중심이 3차 산업으로 옮겨갔기 때문이며, 경제성장에 따라 생활수준이 높아졌기 때문이다. 새로운 시대의 문화와 결탁된 소비의 권위는 우리 모두에게 항복을 강요한다. 생산과 소비 간의 상호 연관성에 주목해 보면, 이제 소비 욕구는 부분적으로 자기표현 수단과 사회적 실천의 이동을 수반한다(Zukin and Maguire, 2004: 179). 이러한 사실은 현대도시에서 소비의 문제가 지역경제 활성화 이상의 것임을 의미한다. 이제 소비는 정치적·경제적·사회적·문화적 의미를 두루 담은 단어가 되며, 서로 다른 제도적 영역과 모든 공적·사적 영역에서 중복되는 거대한 주제가 되었다(Zukin and Maguire, 2004: 174).

도시와 장소를 차별화해 주는 문화적인 것들

소비를 유인하는 문화적 요소들로는 소비 경관, 장소적 진정성, 문화적 공기 같은 것들을 들 수 있다.

이 중, 소비 경관은 어떤 도시나 거리가 가지는 집합적이며 특별한 '문화적 제안'과 이를 찾는 방문객들의 소비 실천이 만들어내는 것이다. 소비 경관은 다양한 편의시설의 형태로 거주와 방문을 유인한다. 여기에는 매력적이고 특이하다고 여겨지는 많은 장소들이 포함된다(Zukin, 1998: 827). 차별적인 생활

양식은 차별적인 소비 공간을 생성하고 양육한다.

　장소를 차별화하는 **소비 경관**은 지역성, 이국적임, 새로움, 특별한 가치 등의 개념들과 관련되어 형성되는 경우가 많다. 전주 한옥마을처럼, 어떤 국가나 도시가 고유하게 지니는 **지역인 것**은 더 넓어진 세계에서 가장 세계적인 것들을 대신할 수 있다. 반대로 다양한 정체성의 사람들을 **포용**하는 이태원과 같은 대도시의 특정지역은 차별적인 소비 경관을 형성할 수 있다. 또한 어떤 지역이나 도시가 매우 **역동적**이어서 끊임없이 새로운 것들을 생산해 낼 수 있다면 소비자들의 관심을 끌게 될 것이다. 그 밖에도, 특정한 골목에 밀집된 에스닉 푸드 거리나 특정 집단의 문화적 선호나 취향을 반영한 메이저 또는 **마이너리티 신**(minority scene)도 독특한 소비 경관을 형성할 수 있다.

　소비 경관은 소비 실천뿐만 아니라 장소적 실천에 의해서도 새롭게 형성되고 변화할 수 있다. 어떤 장소에 대한 특별한 아비투스를 가진 **사용자 집단의 점유와 실천**은 기존의 도시공간을 전혀 다른 것으로 바꾸고 점령할 수 있기 때문이다(Centner, 2008: 218). 흔히 핫한 곳으로 부상하는 어떤 소지역의 소비 경관은 이러한 새로운 주체의 진입, 널리 알려지는 계기, 그리고 그러한 소문에 호기심을 가진 소비자들의 방문이라는 연속적이며 역동적인 변화 과정을 겪게 된다. 이러한 변화는 창조적 파괴조차도 야기할 수 있으며, 갑자기 야간경제가 활성화되거나 연령별 인구구조에 영향을 줄 수도 있다(Bromley et al., 2005).

　다음으로, **경관적·장소적 진정성**도 문화적 소비에서 중요한 역할을 수행한다. 경관적 진정성이란 아름다운 자연경관, 달동네와 같은 특정 시대적 건축양식, 성수동의 공장이나 창고와 같은 비일상적 공간 및 건축 형태를 가지고 있는 경우에 대해 쓸 수 있을 것이다. 독특한 경관 역시 도시 전략의 중요한 축이 되는데, 여기에는 역사적 경관이나 자연경관은 물론, 건조 환경과 접근성과 같은 지리적 환경도 포함된다. 경관적 요소들이 반드시 시각적인 것에 국한되는 것은 아니다. 여기에는 물이나 대기와 같은 자연환경, 도시나 마을의 광장이나 공원의 존재나 분위기, 유형·무형의 역사와 문화적인 것들과 같이, 그 구성원들이 공동으로 생산하고 소유하고 사용하는 것들을 포함한다. 또한 그것은 서울의 북촌 한옥마을처럼 역사성을 가진 양식적 건축물을 가진 도시공간의 형태로 이해될 수 있으며, 장소적 감각으로 이해되기도 하며, 장소적 실천이라는 무형의 것으로 이해될 수도 있다. 이에 더해 후기 산업시대의 장소 감각은 지리적 이동성, 경관의 사회적 건설, 마케팅 전략을 반영한다(Zukin, 2011: 161).

그러한 점에서 문화적 도시를 위한 경관적 측면은 매우 다층적이다. 심지어 아름다운 자연경관에 불법적으로 전용되어 조성된 공간이나 사물조차도 주목받을 수 있는데, 이는 문화란 늘 비일상적이며 비합법적인[1] 곳에서도 활발히 피어나기 때문이다. 흔히 그러한 공간 자원들은 특히 그들만의 높은 안목을 가진 예술가들에 의해 새로운 생명을 얻게 되는 것으로 말해진다.[2]

또한 **장소적 진정성**은 특정한 사건이나 긴 시간 동안의 장소적 실천의 축적에 의해 형성되는 것으로 볼 수 있다. 특정한 사건에 의해 집단적 기억의 형태로 형성된 장소적 진정성은 기억과 관련된 집단과 다중의 기억을 통해 그 진정성이 지속된다. 그러나 탄광촌이나 잠사공장이나 집창촌에서와 같이, 장소적 실천이 오랫동안 지속되어 왔지만 그 실천과 기억을 재현재화(recurrent)하기 어려운 경우에, 장소적 진정성은 폐기될 위험에 놓인다. 이 경우에 아카이빙과 함께, **물리적 형태를 보존하는 방식으로 관련된 장소적 실천**

---

1 문화는 '비합법적인 곳'에서 피어나는 경우가 많다. 비합법은 적법과 불법의 중간 지대에 있는 공간이다. 문화란 두 건물 사이에 자리 잡은 폭 1미터 남짓의 꽃가게 같은 것이 될 수 있다.

2 서구 젠트리피케이션 논의에서 이러한 경관적 진정성이 예술가들을 유인하는 것처럼 주장하는 경향이 있지만, 시대적 양식이나 창고·공장과 같은 비일상적 건축 형태와 공간 형태의 진정성이 정말로, 또는 어떤 경로로 예술가들을 자극하고 유인하는지에 대한 논의는 거의 없다. 나의 해방촌에 관한 조사의 경험으로 볼 때, 예술가들이 그러한 지역에 진입하는 것은 다른 예술가들이 개입되지 않은 것에 대한 개척자적 의식과 예술가들의 빈곤과 더 밀접하다고 생각된다.

을 이어가고자 하며,[3] 지속이나 재현이 불가능한 실천과 기억을 대체하기 위한 수단으로 문화예술을 도입하는 경향이 있다.

도구적 목적으로라도 문화적 공간의 확대는 좋은 일이지만, 궁극적인 목적이 장소마케팅과 문화적 소비인 상황에서 예술가를 투입해 예술로 덧씌운다고 해서 장소적 진정성이 계승되지 않을 것이라는 것은 쉽게 예상되는 일이다. 물리적 경관의 진정성과는 달리, 장소의 진정성은 그곳에서 행해진 문화적 실천의 진정성의 결과가 재생산 및 복제 불가할 때만 재현될 수 있다.

마지막으로 **문화적 공기**와 관련하여, 쇠퇴한 역사적 시설이나 장소의 문화적 재생은 문화적 관점에서 두 가지 상반되는 적용을 내포하고 있다. 그 하나는 (고급) **예술문화**의 적용과 관련된 것이며, 다른 하나는 **하위문화**와 관련된 것이다.

먼저 대부분의 문화적 재생에서 적용하고 있는 예술문화 덧씌우기는 지 자체가 기대하는 장소마케팅에 직접적인 효과를 유발한다고 보기는 어렵다. 여기에는 **지역의 예술문화 생태계나 그 생산·소비 체계 등 많은 요인들이 뒷받침되어야** 하지만 실상은 그렇지 못하기 때문이다. 예술문화 덧씌우기형 문화적 재생의 효과는 공간적 범위를 장소에서 도시로 확장할 때 기대될 수 있다. 예컨대 영국의 글래스고(Glasgow)와 같은 쇠퇴한 산업도시의 재생에서 볼 수 있는 것처럼, 도시 수준에서의 문화예술 전략은 되어야 지역 이미지를 쇄신하고 정주 인구를 늘리고 도시의 역동성을 회복하는 데 도움이 될 수 있다(김은경·변병설, 2006: 447~448).

반대로 하위문화(subculture)[4]에 의한 지역 활성화는, 앞선 소비 경관과 관련된 논의에서 언급한 것처럼, 문화적 재생을 통해 우리가 쇠퇴한 지역이나

---

3 물리적 형태의 보존은 그것만으로도 가치가 있다. 왜냐하면 먼 미래에라도 다시 재현의 여지를 남겨두는 것이기 때문이다.

4 전체 문화(total culture)의 내부에 존재하는 사회집단의 특수한 부분 또는 영역에서 다른 것과는 구분될 만큼 특이하게 나타나는 생활양식이나 문화를 말한다.

장소에 독자적 특질과 정체성을 보여주는 소집단 문화의 씨앗을 발견해 키우고 뿌리내리게 할 수 있을 때 긍정적으로 평가될 수 있을 것이다. 2000년 대 홍대 앞 클럽 문화는 하위문화적 지역 활성화의 좋은 예다. 그것에 의해 지역이나 장소가 특별한 '문화적 공기'를 생산해 낼 수 있었으며, 그로 인해 지역의 특별한 정체성이 형성되었기 때문이다.

그러나 모든 하위문화가 문화적 재생에 유용한 것은 아니다. 한국에서 용인되는 것은 여성, 가족, 어린이, 청년과 같은 연령계급이나 성분화된 하 위문화 정도라고 할 수 있다. 역사적인 집창촌의 존재는커녕, 자신들의 도 시가 탄광도시였다는 사실조차 인정하고 싶지 않은 도시가 많은 실정, 매매 춘과 성소수자, 여성혐오와 남성혐오가 첨예하게 대립하는 사회, 세계시민 주의자와 친일 보수가 정치를 양분하고 있는 한국 사회에서, 장소에 기록되 거나 연고가 있는 더 폭넓은 하위문화를 건져 올려 장소를 재생하는 것은 매우 먼 이야기다.

그러한 점에서, 문화적 재생이 **예술문화 덧씌우기**에 매달리는 것은 사회적 으로 특수한 생각과 영역에 대한 **사회적 관용이 부족한 현실에서의 유일한 대안 적 선택**이 된다. 그리고 하위문화가 연령 계급으로 제한된다는 것은 그 자 체로 어떤 소비 경관을 보여주기는 하겠지만, 하위문화가 표적소비자의 소 비성향으로 대체된다는 것을 뜻하며, 그 결과는 약간의 하위문화와 핫함만 이 남게 될 뿐이다.[5] 그러한 이유에서, 모든 도시정부의 바람에도 불구하고, 한국에서 이러한 하위문화에 의한 지역 활성화는 매우 어려운 과제다.

---

5   현대의 문화연구는 일찍이 하위문화가 자본주의 사회의 지배문화에 대한 상징적 저항 형식 이 된다는 점에 주목하기도 하지만, 특히 1980년대 이후 하위문화의 중심은 저항보다는 소 비 행위로 넘어갔다고 비판된다. 또한 한국 사회는 사회구조적인 획일성과 통합성이 강해 하위문화의 성장 기반 자체가 취약해, 하위문화적 현상들이 계급적·세대적 갈등과 사회적 정체성의 동요를 표상하는 역할을 자임하지 못하고, 서구 하위문화의 피상적인 모방에 그치 거나 상업화의 경향이 지배적이었다고 평가되기도 한다(문학비평용어사전).

2) 문화도시와 문화적 재생

'문화도시' 만들기

시대가 변화되고 사람들이 문화적 소비를 원한다고 해서, 쇠퇴하고 사람들이 떠난 산업적 도시가 자동으로 문화적인 도시나 관광하는 도시로 전환되는 것은 아니다. 이러한 전환은 패러다임적 전환이기 때문에, 국가적 차원에서 예산을 마련하고 지원해서 촉진해야만 가능한 일이다. '문화도시' 만들기나 문화적 재생과 같은 사업들은 그러한 촉진을 위한 것으로, 먼저 탈산업 시대를 맞이했던 유럽에서 시작되었다.

'문화도시' 만들기 사업은 유럽에서 처음 시작되어 세계 여러 나라들에 확산되었으며, 문화로써 도시를 성장·발전시키고자 하는 도시 활성화 사업이다. 유럽연합에서는 1985년부터 매년 문화도시를 선정해 왔으며 2005년부터는 문화수도라고 이름을 바꾸고 선정된 도시에서 유럽을 대표하는 문화축제가 이루어질 수 있도록 계획적이고 체계적인 지원을 해오고 있다.[6]

한국에서는 광주아시아문화중심도시를 비롯한 부산, 경주, 전주, 공주·부여 백제문화권지역에 거점문화도시(2004~2009)를 지정해 사업을 추진하고 운영해 오고 있다. 유럽 문화도시가 대부분 쇠퇴한 산업도시를 재생하기 위한 전 도시적 프로젝트였기 때문에 새로운 산업과 인구 유입과 같은 도시 활성화와 폐산업시설 지역의 장소활성화를 함께 추진했던 데 반해,[7] 한국의 거점문화도시사업은 쇠퇴한 것으로 보기 어려운 기존 거점 대도시

6　국내의 문화도시와 관련된 연구와 관심은 2000년대 중반에서 2010년 초에 걸쳐 집중적으로 이루어졌으며, 문화도시 기반의 도시 전략과 문화정책적 차원에서 유럽 문화도시 사례들을 소개하는 연구가 많았다(박은실, 2005; 라도삼, 2006; 서순복, 2006; 임문영, 2006). 도시 차원의 선진 사례에 대한 소개도 이루어져서, 김새미(2005)는 영국 게이츠헤드의 사례를, 서준교(2005)는 영국 글래스고의 문화도시 사례를 소개하면서 문화예술을 활용한 도시 발전전략의 중요성을 원론적으로 강조했다.

7　매우 쇠락한 도시에서 도시 활성화는 뉴캐슬게이츠헤드(Newcastle-Gateshead)에서와 같이 상징물을 통한 지역적 장소적 소속감이나 자긍심의 회복과 같은 형태로도 시도될 수 있다. Miles(2005); Cameron and Coaffee(2005) 참조.

(광역시)들의 역사적·문화적 정체성을 더 명확히 하고 문화시설과 관광기반 확충에 중점을 두었다는 점에서 차이가 있다.

주목되는 것은 2019년부터 문화체육관광부가 시행하고 있는 '문화도시' 사업이다. 기초자치단체 수준의 문화도시 지정 및 지원사업은 2019년 문화도시 예비사업 지정을 시작으로 처음 시행되었는데, "문화예술·문화산업·관광·전통·역사·영상 등 지역별 특색 있는 문화자원을 효과적으로 활용해 문화 창조력을 강화"하기 위한 사업으로 설명된다('지역문화진흥법' 제2조).

문화도시사업은, 물리적 도시를 관리하는 도시관리계획이 법정계획인데 비해 관리계획도 법정계획도 아니지만, 사실상 처음으로 전 도시적 차원에서 도시의 소프트웨어라고 할 수 있는 문화를 어떻게 진흥시키고 발전시키고 활용할 것인지에 대해 종합적인 계획을 수립한다는 점에서 커다란 의의가 있다.[8] 문화도시사업은 기초자치단체 수준에서 **문화의 문제를 시민의 삶과 순환되어야 하는 문제로 보며,**[9] 지역에 내재한 문화적 가능성으로부터 지역의 문화적 고유성(정체성)을 발견·형성·확립하고자 한다는 점에서 주목된다(문화체육관광부, 2016: 88~91).[10]

---

[8] 물론 '지역문화진흥법'상의 규정들 및 관련 연구, 지자체의 사업계획서들이 그러한 가능성에 대해 충분히 인식하고 있는지 의문되는 측면도 있고, 문화도시사업 공모가 기업가주의 지자체에서 사업과 관련된 예산을 따기 위한 성과주의로 흐르는 지역들도 있는 것도 사실이다.

[9] 문화도시는 문화와 관광 간의 새로운 관계 설정에서도 주목된다. 문화도시는 거주자의 문화의 문제와 방문자의 관광의 문제에 대한 새로운 관계 설정의 의미도 내포한다. 국토 행정에서 작은 개념인 주택이 건축보다 비대한 조직을 가지고 있듯이, 지방 행정에서 더 포괄적인 개념인 문화는 하위 개념인 관광에 밀려, 문화재, 문화시설과 문화예술인을 관리하는 역할에 제한되어 왔다. 그리고 그러한 사실은 국가가 국민들의 삶의 질과 행복에 대해 사실상 아무런 서비스를 제공하지 않았다는 것을 의미한다.

[10] 「문화도시지정 및 지원방안 연구」(문화체육관광부, 2016)의 문화도시정책 추진 기본 방향 및 전략을 요약해 보면 다음과 같다.
   ① 시민의 삶이 문화가 되고 시민의 문화가 다시 도시문화가 되는, 삶과 문화의 순환.
   ② 지역에 내재한 문화적 가능성을 찾아내어 문화적 고유성을 확보하고 활용.
   ③ 창의인재의 활동을 촉진하는 창의적 사회 환경과 장소 플랫폼 구축.
   ④ 문화가치 기반의 창조적 시도를 통해 지역사회 활성화와 도시발전 동력을 확보.

그림 6-1 원주 문화도시센터 조성 조감도

주: 도심의 학교 이전적지를 활용한 시설로 원주의 그림책 문화도시를 준비하면서 만들어진 관련 커뮤니티
들을 한곳에 모았다.
자료: 원주시.

　이러한 접근 방향은 도시별로 7개 문화 분야 중 택일해 육성하고 발전시
키는 유네스코 창의도시에서 진일보한 것으로서,[11] 이전의 문화예술 지원사
업이 주로 문화시설의 확보, 문화예술의 창작·향유 지원, 장소활성화 등에
치중했던 점, 후기산업도시에서 도시 정체성이 도시 마케팅의 중요한 요소
가 된다는 점, 그리고 미래사회에서 문화와 취향의 중요성에 대한 많은 예측
등에 비추어볼 때, 획기적이면서도 타당한 방향 설정이라고 할 수 있다. 실
제로 문화도시사업은 예비사업 단계부터 시민들의 참여와 활동에 큰 비중
을 둔다는 점에서 **생산-향유와는 다른 문화순환 체계 구축의 가능성**을 보여주고
있다.

11　유네스코 창의문화도시: 문학, 영화, 음악, 공예와 민속예술, 디자인, 미디어아트, 음식
　　등 7개 분야 유네스코 창의도시 네트워크에 가입한 도시를 말한다.

문화적 재생의 유형과 특징

폐산업시설과 같이 규모 있는 자산의 문화적 재생이 도시재생사업의 형태로 추진되었거나 그렇게 될 것으로 보기는 어렵다. 도시재생사업이 마을 재생의 형태로 설계되면서, 독립되고 규모가 있는 산업유산이나 근대유산은 도시재생사업보다는 문화부 등의 별도 지원사업으로 추진하는 경우가 많기 때문이다. 따라서 현행 마을규모 도시재생에서의 문화적 재생은 상업지재생의 장소활성화(장소마케팅)에 도구적으로 이용하기 위한 경우가 많다.

도시재생에서 문화적 재생은 지역자산활용형, 문화시설신축형, 창의계급지원형으로 분류해 볼 수 있다. 먼저 **지역자산활용형**은 국가도시재생기본방침에서 정의하고 있는 문화적 재생에 가장 가까운 형태로, 쇠퇴한 산업시설이나 역사적 지역자산을 활용해 관광시설이나 문화시설로 바꾸는 것이다. 여기서 문화적 재생은 근대 산업유산, 한옥 등 지역의 역사 문화적 자산을 창의적으로 활용해 특색 있는 경관을 조성하고 머무르고 싶은 공간을 창출하고자 한다.[12] 또한 창고나 폐공장 등 기존 건물을 재활용해, 도시민이 필요로 하는 도서관과 전시공연장 등의 문화 및 여가 공간 등을 공급한다. 그러나 지방도시의 경우 문화생산 인프라와 문화소비가 부족한 상황에서 공연 등 향유 위주로 설계하거나, 고도의 전문성을 요하는 창작지원시설을 설치하는 것이 타당한지에 대해서는 많은 논의가 필요하다. 또 다른 측면에서, 문화적 재생을 장소마케팅과 동일시하는 것은(예: 서순복, 2006; 문미성, 2014) 바람직하다고 보기 어렵다.

문화시설신축형은 말 그대로, 지역에 필요한 문화시설을 신축하는 경우이나, 매우 특별한 경우가 아니라면 도시재생사업을 통해 이루어지기 어렵

---

12 이렇게 도시재생이 문화적 재생을 비교적 좁은 의미로 정의하고 있는 것은, 아직은 도시재생의 그림이 그려지지 않았던 2000년대를 거치면서, 지역들이 도시기업가주의나 포스트모더니스트 장소마케팅론의 확산에 따라 (문화보다는 주로) 관광을 새로운 '지역 전략'으로서 받아들였던 것과도 무관하지 않다. 관련 연구로는 김은경·변병설(2006)(인천 남구), 강정운(2006)(광주, 전주, 부천시의 비교 연구), 계기석(2010)(부천시) 등이 있다.

표 6-1 문화도시 및 문화적 도시재생 관련 사업·정책의 성격 비교

	도시 정체성	도시 활성화	장소 활성화	문화 시설 확충	관광 기반 확충	문화 순환 체계	비고
유럽문화 수도	■	■	■	■			쇠퇴한 산업도시
지역거점 문화도시	■			■			전통적 역사도시 보강
유네스코 창의도시						■	7개 문화 분야별 중심
기초지자체 문화도시	■						주민 문화 활동 중심
문화적 재생 — 지역자산활용 재생			■	■			근대유산 포함
문화적 재생 — 상업지문화적 재생				■			* 서울 신촌 재생
문화적 재생 — 상업지재생 일반			■				프로그램 중심, 도구적
문화적 재생 — 지역재생형		■		■			* 제안

다. 제대로 된 문화(예술)시설을 확보하기에 도시재생 예산은 너무나 적은 금액일 뿐만 아니라, 시설의 운영을 위해서는 지역에 그에 상응하는 문화생산과 소비의 기반이 있어야 하기 때문이다. 매우 드물게, 서울 신촌도시재생에서는 40석 공연시설 '문화발전소'와 복합문화공간 '파랑고래'를 신축했는데, 이는 신촌이었기에 가능한 일이었다.

창의계급지원형은 대부분의 쇠퇴한 상업지재생에서 채택되는 방식으로, 빈 점포를 활용해 문화 관련 창업, 공방 개설 및 전시 행사를 지원하고, 전시 판매장을 설치해 주는 방식이다. 이 방식은 문화의 생산과 소비 간의 연계를 촉진하기보다는 문화를 도구로 장소마케팅에 치중하는 경향이 있다. 그런데 창의계급지원형에서 가장 흔히 발견되는 한계는 **창작 공방의 남용**이다. 대부분의 쇠퇴한 상업지재생에서 창작 공방이나 창업 지원이 이루어지는 빈 점포는 사실 프로 장사꾼들조차 나가떨어진 곳이든지 외진 한계상업지들인데, 이런 곳에 일시적인 임대료 지원으로 창작 공방이나 창업을 지원한다고 해서 점포나 공방이 지속되기는 어렵다. 특히 문화적 재생에서 공방의 기획은 지역의 문화생태계에 대한 진단이나 육성 방안, 시설의 운영방안 없이 기획되는 경우가 대부분이다.

문화적 재생에서 시설 프로그램의 도입

대부분의 문화적 재생 과정에서 시설 프로그램의 도입은 매우 비합리적 의사결정과정에 의해 결정되는 경향이 있다. 그리고 이러한 비합리성은 대부분의 지자체가 지역문화를 어떻게 진흥하고 관리하겠다는 종합적인 계획을 가지고 있지 않은 점과, 재생사업의 일환으로 문화적 재생이 추진되는 경우 그 자체로 돌발적인 상황이 된다는 점, 그리고 지자체 행정의 경직성과 관련되어 있다.

현장 지자체에서 문화적 재생 사업을 어떤 부서에서 배정할지의 문제는 지자체장의 권한이다. 지자체에서 문화적 재생의 문제가 문화부서가 맡아서 해야 할 업무가 아니라, 어느 부서에서건 하기만 하면 되는 업무로 인식되고 있다. 대부분의 지자체에서 문화 관련 부서가 문화적 재생을 담당할 만큼의 인적 조직을 갖추지 못했기 때문인데, 이는 자치단체장을 포함해 행정조직의 문화에 대한 인식이 매우 부족한 것과 밀접하다.

따라서 문화적 재생 사업은 도시재생사업이라면 도시재생 부서에서, 그렇지 않다면 관광 부서에서 담당할 가능성이 매우 높은데, 두 부서의 인적 구성은 기술직이 주를 이룬다. 시설 사업으로 인식하기 때문이다. 대안으로 문화 관련 부서와 협력적으로 사업을 추진하면 될 것으로 보이기도 하지만, 모든 사업 추진의 공과가 주무 부서에 있기 때문에 공조직에서 그러한 협력은 매우 어려운 실정이다. 문화 부서에서도 관련 마스터플랜이 있는 것도 아닌 상태에서, 협력을 한다고 해도 한계가 있다. 잘되든 못 되든 어차피 다른 부서의 사업일 뿐이고 준공될 즈음에는 이미 그 부서를 떠나 있을 것이기 때문에, 한두 번의 협조 의견이나 관련 자문회의에 참석을 해주는 것만으로도 번거롭게 생각한다.

그러한 계획 환경에서 시설의 성격이나 프로그램, 그 운영 방식의 방향은 주무팀 수준에서 결정된다. 문화를 전공하지 않은 비전문가-계획가의 아이디어 수준의 활성화 계획 제안서는 사실 지명과 지도를 바꾸면 어느 지역에나 내놔도 되는 것들이다. 물론 어디서 결정되고 자문되었는지 확인할 수 없지만, 제안서 작성 지침에 문화적 재생이 명시되는 경우도 많다. 계획가들이 참고한 자료는 대부분 다른 문화적 재생지역의 사례들이다. 그렇게 용역사가 선정되면 관련된 조사는 도시 전체가 아니라, 매우 좁은 재생지역 범위에 국한해 이루어진다. 공무원들의 임무는 가급적 아무런 변경 없이 재생사업을 기한 내에 무사히 끝내는 일이고 그것은 용역사의 이해와 일치하기 때문에, 자문회의 과정에서 더 나은 대안이 나오더라도 대부분 반영되기 어렵다. 이 과정에서 국토부 도시재생지원센터의 존재는 계획을 변경하지 않을 수 있는 든든한 배경이 된다.

계획팀(용역사)은 도시계획, 건축, 부동산 전공자들이나 비전공자라도 도시재생지원센터에 활동가(코디네이터)로 근무한 경력이 있는 사람들로 구성되는 경우가 많지만, 오히려 도시재생 현장지원센터는 그렇지 못한 경우가 많다. 센터의 운영은 지역 내 대학의 산학협력단에 위탁되는 경우가 많고, 센터장 역시 문화와는 무관한 토목·부동산 전공 교수들인 경우가 많기 때문에, 센터 차원에서 문화적 재생의 내용을 제대로 잡기도 어렵다. 따라서 문화시설의 성격이나 프로그램은 자치단체장의 특별 지시나 주무 부서 수준에서 결정되는 것이다. 또한 문화재생사업에서 별도의 문화 분야 총괄 계획가를 두는 경우도 거의 없다. 이와 같은 내용들을 종합해 보면, 문화적 재생에서 가장 어려운 문제는 계획 과정에서 충분한 전문성에 의한 판단과 결정이 이루어지지 못하고, 다른 지역의 유사 사례만을 답습하게 된다. 다른 지역에 실행한 사례가 있다면 오히려 성공 사례의 카피는 권장된다. 그리고 그 프로그램은 공방 설치, 전시 판매장, 장소마케팅과 문화행사를 위한 공간 등으로 구성된다. 그 결과로 전 도시적으로 연계된 문화전략은 거의 고려되지 않음은 물론, 인접 문화시설과의 중복 사례들도 많이 발견된다.

그러다보니 지역의 문화적 생산 기반과 소비 환경을 조사·분석하지도 않고 구체적인 입주 장르나 분야도 정하지 않은 채, 획일적인 면적의 공방이 지침화된다. 현실적으로 수공예품인 경우가 많은데, 액세서리나 비누를 생산하고 판매하는 것이 문화적 재생이라고 할 수 있는지도 의문이지만, 먼

그림 6-2 전주 팔복예술공장 B동 1층의 창작 스튜디오

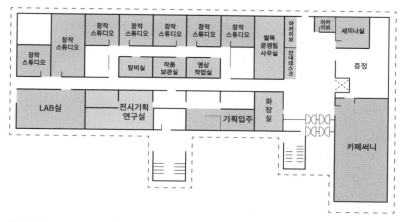

주: 레지던시 프로그램은 작가들에게는 선호되는 프로그램이지만 소수에게만 주어지는 특권이 될 수 있다.
공공예술문화공간은 더 많은 이들의 문화적 접근을 위해 노력해야 한다.
자료: 팔복예술공장 홈페이지, https://palbokart.kr/main/inner.php?sMenu=A4000.

지와 소음이 문제가 되는 목공소와 3D프린터를 가진 메이커스페이스를 섞어 놓기도 한다.[13]

문화적 재생에서 또 다른 문제는 한정된 **문화적 재생 사업 시설 내에 창작 스튜디오나 공방과 같은 예술 생산 공간을 두는 것이 바람직한지**에 대한 것이다. 전국적으로 일반화 및 관행화된 이러한 방법은 예술 생산과 관련된 공간이 장르별·예술가별로 공간 규모의 수요가 다르다는 점과, 매우 희귀한 공간 자원을 소수의 전통적인 예술 분야나 예술가가 독점하는 것이 문화적 재생의 목적에 부합하는지에 대한 논쟁의 여지가 크다. 이러한 방식보다는, 별도의 지원사업으로서 예술가들에게 창작 공간 임대료를 지원해 예술가들

---

13 이러한 종류의 문화적 재생 방향에 대한 비판이 거의 없는 것은 많은 문화적 재생과 관련된 전문가들이 도시재생 = 문화적 재생 = 장소마케팅으로 생각하며 자신이 그러한 전문가임을 자랑하는 풍토와 무관하지 않을 것이다. 물론 비판적 연구도 없지 않다. 박신의·원혜연 (2015)은 이화동(주거환경관리사업)의 사례연구를 통해 문화를 통한 젠트리화의 가능성을 경고하며, 유예림·박성신(2015)의 도시재생사업 과정에 대한 연구에서는 도시재생사업이 오히려 도심 공동화를 부추기고 있다고 논증한다.

그림 6-3 나빌레라 전경(전남 나주)

주: 나주 잠사 공장을 리모델링해 문화공간으로 조성했다. 중소도시로 갈수록 폐산업시설의 문화예술 시설
   화는 지역 운영자를 찾기 어렵거나, 지역과 연관된 유력 문화예술인에게 특혜적으로 위탁되거나 그러
   한 비판으로 지역 정치에 흔들릴 염려가 있다.
자료: 주대관 촬영(2020.1.29).

이 작업 특성과 개성에 맞는 공간을 확보하도록 하는 대안을 검토할 필요가
있다.[14] 이 경우 쇠퇴한 주변 지역의 민간임대시장 활성화 및 지원의 경제
성 등 다양한 장점이 예상된다. 반대로 문화시설 내에는 예술가와 시민이
만나고 예술가들이 상호 교류하는 공간, 예술가들이 개인적으로 확보하기
어려운 장비나 공간을 위주로 설치하는 것이 권장된다.

---

14 문화적 재생의 내용으로 추진되고 있는 원주시의 학성동 도시재생사업에서는 활성화 계획
   단계에서 60m² 크기의 공방 15동을 조성하는 것으로 되어 있었으나, 건축기획 단계에서 공
   방은 임대료 지원사업으로 전환하도록 하고, 예술가들의 교류 공간과 전시 공간 중심으로
   변경했다.

그림 6-4 프랑스 됭케르크의 The Université du Littoral Côte d'Opale의 됭케르크 캠퍼스

주: 됭케르크는 프랑스 북부의 중요한 항구도시였으나 1970년대를 지나면서 쇠퇴했다. 이 학교는 쇠퇴한
　　항구시설을 활용하기 위해 유치되었으나, 한국의 탄광지역처럼, 지리적으로 외진 탓에 활력을 느끼기
　　어렵다.
자료: 주대관 촬영(2005.10.20).

그림 6-5 철암역 선탄장(등록문화재)

주: 한국에서 산업유산에 대한 관심은 1990년대 말부터 탄광 유적을 중심으로 시작되었다. 1999년부터
　　2005년경까지 활동한 철암지역건축도시작업팀은 태백시 철암동 지역들을 조사해 보존 방안 등을 제안
　　한 바 있지만『철암세상』(2002) 참조), 태백시와 주민들에 의해 사실상 거부되었으나, 2010년대 후반에
　　도시재생 붐을 타고 선탄장 체험 프로그램을 운영하는 등의 뒤늦은 시도를 하고 있다.
자료: 임지택 촬영(2000.10).

3) 무엇을 위한 문화적 재생을 할 것인가?

역사적 유산의 발생 유형

문화적 재생은 '문화 및 예술과 관련된 자원과 활동으로써 쇠퇴한 도시나 장소를 활성화하는 것(사업)'으로 정의할 수 있다. 산업화와 도시화 과정에서 자본에 의해 꽉 짜인 산업시대적 도시공간에서, 쇠퇴한 지역이나 장소의 발생은 현대적 요구에 맞는 새로운 도시로 전환할 수 있는 공간적·문화적 기회를 제공하는 측면이 있다. 도시정부가 문화적 소비를 생산하는 문화적 도시로 전환하기 위해 수행하는 것이 문화적 재생이라고 할 때, 도심 내에 있는 폐산업 시설의 토지와 건축물은 매우 긴요한 자원이 될 수 있다.[15]

1960, 1970년대를 거치면서 선발 산업국가들의 제조업은 국제적 경쟁력을 잃고, 처음에는 아프리카를 비롯한 제3세계 국가들로부터 노동자들을 수입해 위기에 대처해 보지만 10년을 넘기지 못하고 대부분 문을 닫는다. 그러한 대표적인 산업으로는 탄광과 같은 1차 산업, 철강과 같은 2차 산업, 항만시설 등이 있다.[16]

한국에서는 산업화의 역사가 짧아서 쇠퇴한 산업지역과 산업유산이 많다고 보기 어렵다. 산업지역으로, 1989년 석탄산업합리화 조치로 문을 닫았던 탄광들이 많이 있던 삼척, 태백, 정선, 영월, 문경 지역의 석탄산업 관련 유적과, 일제강점기부터 가동되어 1980년대 대부분 문을 닫았던 섬유 관련 공장 등을 들 수 있다. 그 밖에도, 미군부대 및 군부대 이전적지, 학교 이전적지, 공공기관 이전적지, 폐선 부지 및 폐철도 역사, 일제강점기를 포함한 근대 건축물 유산, 농촌지역의 농업용 창고 등이 있다.

---

15 쇠퇴 시설의 활용에 관한 논의로는 철암지역건축도시작업팀(2002), 강동진·남지현·권영상 (2009), 강동진(2010) 등의 연구가 있다.

16 대표적으로, 독일 라인강변 Essen의 Ruhr공업지대 Zollverein(광산), 영국의 탄광도시 Gatesheah, 프랑스 Dunkerque의 The Université du Littoral Côte d'Opale의 됭케르크 캠퍼스, 스웨덴 Malmö 조선소 등이 이에 해당된다.

그림 6-6 삼척탄좌 정암광업소의 폐광 당시 모습

주: 정선군 고한읍 정암터널 입구에 소재하는 이 시설은 뒤에 '삼탄아트마인'으로 조성되었지만 활성화되지는 못하고 있다. 한국의 대부분의 탄광 관련 유적들은 산간지역에 위치한 탓에 접근성이 낮고, 따라서 문화적 활용이 어렵다.
자료: 주대관 촬영(2001.10.9).

그림 6-7 원주시 캠프롱

주: 반환된 미군 공여지는 환경오염 문제로 아직 본격적인 활용이 되지 못하고 있다. 원주시 캠프롱 지역은 문화체육공원 계획되어 국립강원과학관과 원주시립미술관 등이 들어설 예정이다.
자료: 주대관 촬영(2020.6.19).

그림 6-8 1970~1980년대 서울 학교 이전적지 현황 및 활용 형태

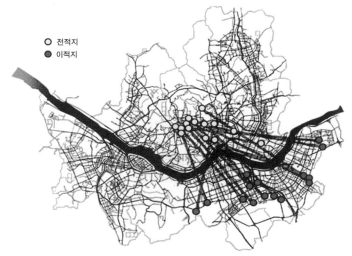

○ 전적지
● 이적지

주: 강남 개발에 따라 정책적으로 이루어졌으며, 대부분 민간에 매각되었다.
자료: 이상진(2011).

탄광지역의 산업시설들은 1997년 제정된 폐특법(폐광지역개발지원에 관한 특별법)에 따른 지원으로 관광자원화와 문화적 활용이 적극적으로 모색되었지만,[17] 산간 지역에 위치하고 있는 지리적 불리함과 과도한 관광 주도적 접근,[18] 그리고 공급자 중심의 매력 없는 시설 때문에 점차 천덕꾸러기로 변해가고 있다.

미군부대 이전적지는 서울 용산, 부산, 춘천, 원주, 동두천, 부평 등에서 공원과 문화공간으로의 활용 방안이 모색되고 있지만, 건축구조적 문제와 환경오염 문제들로 인해 건축물의 활용에는 어려움이 많은 편이다. 군부대 이전적지는 주로 후방 지역에서 도시화에 따라 도심이 되어버린 군부대를 외곽으로 이전하는 경우에 발생하는데, 대부분 이전 비용 마련을 위해 상업적

---

17 대표적으로는 강원 정선군 고한읍의 옛 삼척탄좌 정암광업소 자리의 '삼탄아트마인'이 있다.
18 폐광 초기에 폐광지역들은 주로 일본 홋카이도 폐광지역인 유바리시를 벤치마킹하고자 했다. 유바리시는 1990년에 폐광 이후 과도한 관광 투자로 2007년 사실상 파산했다.

그림 6-9 성남 문화예술교육센터 및 성남 몽실학교 계획 사례

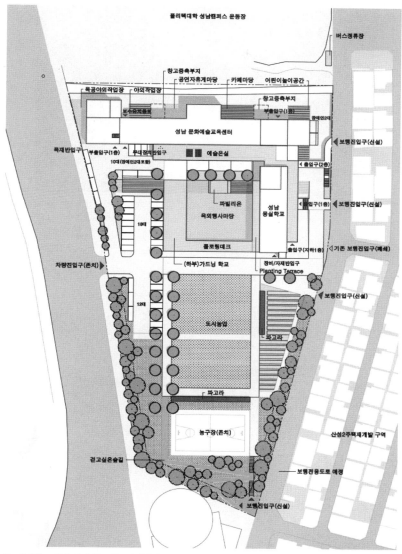

주: 재개발로 인해 발생하는 학교이전적지를 활용해 성남 문화예술교육센터와 성남 몽실학교를 조성하는
　　계획으로, 문화예술교육센터는 성남시(성남시문화재단)가, 성남 몽실학교는 성남시 교육청이 예산과
　　운영을 분담하는 구조로 추진되고 있다.
자료: 디자인그룹오즈 제공.

그림 6-10 서울 마포구 경의선 폐선 부지에 선형으로 조성된 도시공원

주: 도심 내 폐선 부지는 지자체에 우선 매각해 공원 등으로 활용되는 편이지만, 상업적 개발 가치가 있는
역사 부지는 매각하지도 공적계획에도 거의 협조도 하지 않아서, 폐철도역사 주변 지역의 재생이나 도
시공간의 선적 연결에 크게 지장을 주고 있다.
자료: 주대관 촬영(2015.4.18).

그림 6-11 경의선 폐선부지 지상 부분 개발계획

주: 기존 역사 위치는 상업적 개발이 이루어져서 공원의 선적 연결이 단절되고 있다. 특히 공덕역 주변에
는 대형 업무용 건물들이 들어서서, 완전히 단절되었다.
자료: 주대관(2015).

택지 개발로 활용되기 때문에 문화적 활용의 사례는 거의 찾아보기 어렵다.

서울에서 1980년대 이전에 학교 이전적지의 발생은 강남신도시개발에
따라 정책적으로 이루어졌으며 대부분 민간에 매각되어 개발되었다. 그러
나 2000년대 이후 외곽 지역 아파트로의 주택계급화와 그에 따른 도심의

교육 공동화에 따른 이전적지의 발생은 학교 폐쇄에 의해 일어나고 있다(이상진, 2011; 권영상·심경미, 2009).

학교 이전적지들은 토지 규모가 비교적 크고 공공용지가 부족한 도심에 위치하고 있기 때문에 문화적 재생의 효과가 가장 높을 수 있지만 교육기관이 소유하고 있고 지자체와의 협력이 원활하지 않은 이유로 충분히 활용되지 못하고 있다.[19] 이와 관련하여 최근에는 교육청과 지자체가 협력해 문화예술 시설과 그 체험교육시설의 형태로 리모델링하는 사례들이 나타나고 있다.[20]

공공기관 이전적지의 활용은 이전적지 소재 지자체의 특별한 의지가 없다면, 군부대 이전적지처럼 상업적으로 개발되는 경우가 많다.

철도 폐선 부지 및 역사의 발생은 주로 철도 직선화와 지하화 과정에서 발생하는데, 경춘선, 경의선, 호남선, 전라선, 장항선, 중앙선 등이 이미 직선화를 완료했다. 폐선 부지는 지자체에 매입 우선권이 있으나 구역사 등 개발 가치가 있는 중요한 지점들은 상업적 개발을 위해 매각하지 않기 때문에, 도시공간의 선적인 연결이 단절되는 문제가 발생한다. 서울 마포구의 경의선 폐선 부지 공원은 매우 아름답고 주변 지역 활성화에 크게 기여한 것으로 평가되나, 폐역사 부분의 상업적 개발로 지역 간의 선적 연계를 단절시키고 있다.

일제강점기 근대 건축유산은 일본과의 교통이 활발했던 부산과 마산, 일제 수탈이 심했던 목포, 그리고 군산과 장항 등 서해안 지역에 집중되어 있다. 이 중 일반 건축물에 대해서는 근대유산 차원에서의 지원과 활용 사업이 상당히 진행되었기 때문에 이 책의 논의에서 제외한다. 최근 들어 여러 지역에서 일제강점기 미곡 창고의 문화적 활용을 시도하고 있지만, 초기에 중앙정부 지원에 따른 예산 따기에 치중했기 때문에 아직

---

19 관련 사례로는 서울 모두의 학교, 성남 몽실학교(공사 중)나, 구)원주 여고(원주시가 매입해 복합문화공간으로 조성, 문화도시공간으로 활용)가 있다. 가장 최근의 관련 연구 사례로는 서울시교육청(2020) 참조.
20 학교 건축물은 건축 연령과 건축형식으로 보아 건축적 가치가 비교적 낮은 편이다.

그림 6-12 논산역 앞 농협 창고

주: 교통 요충지에 위치한 창고 공간은 문화적 재생 시 활용 가치가 매우 높지만, 건축구조적 불안으로 리모델링에 제약이 많다.
자료: 주대관 촬영(2015.4.1).

그림 6-13 장항예술공장

주: 일제강점기에 지어진 3연동 미곡 창고를 개조해 예술 공간으로 만들었으나, 지역사회의 인식 부족과 인적자원 부족 등의 이유로 실질적인 운영이 이루어지지 않고 있다.
자료: 주대관 촬영(2013.12.2).

좋은 사례를 찾기 어렵다.

공장과는 달리 미곡 창고는 컨텍스트나 장소성이 떨어지고, 물리적 유적 가치보다는 대공간만이 매력인 경우가 많으며 보존이나 문화적 활용에 대한 지역사회의 인식도 낮은 편이다. 게다가 농촌지역으로 갈수록 문화에 대한 인식과 인적자원이 부족하기 때문에 충분한 시간을 갖고 운영 주체가 형성되지 못한 상태에서 어설프게 문화 덧씌우기와 박물관 유치와 같은 장소마케팅을 추진하는 사례와, 지자체 지원으로 특성 없는 문화 프로그램을 운영해 지속가능성이 의심되는 사례 등이 발견된다.

농촌지역에는 농업의 생산·유통 체계의 변

화로 비어 있는 농업 관련 창고가 매우 많지만, 아직 활용 방안에 대한 논의가 이루어지고 있지는 않다. 또한 철도역에 위치한 농협물류창고 등은 문화적 활용 가능성이 매우 높으나 내진 관련 건축구조 보강의 어려움을 안고있다. 그 밖에도 농촌지역에서는 참여정부 이래 농촌마을종합개발사업을 시행하면서 지어진 커뮤니티 시설들이 상당수 비어 있는 실정이다. 이러한 시설들은 농촌 인구 감소와 노령화가 심화되면 머지않은 미래에 다른 활용 방안을 찾아야 하는 자원이 될 것으로 보인다.

우리는 왜 집창촌을 예술마을로 만들려고 하는가?

쇠퇴한 장소·거리의 문화적 재생을 위해서는 다음과 같은 준비 과정이 요구된다. ① 아카이빙, ② 물리적 현황에 대한 조사 및 분석, ③ 이해관계자들을 위한 대책, ④ 대안적이며 지속가능한 활용 방안이다. 일반적으로 진정성 있는 경관이나 장소들에 대한 문화적 재생을 준비해 나가는 과정의 문제들을 알아보기 위해, 그러한 장소의 압축적 형태라고 할 수 있는 집창촌 사례를 살펴보고자 한다. 집창촌은 대부분 쇠퇴한 도심에 위치하고 오래된 주택이나 건물을 개조해 사용하며, 사회적으로 부정적 인식이 높아서 그 경관과 장소성을 지속시키기 어려운 특징이 있다.

부산시 완월동(충무동) 집창촌 사례는 장소와 기억과 문화적 재생의 문제에 대한 다양한 질문거리를 던져준다. 완월동은 우리나라 최초로 일제에 의해 계획된 집창촌으로, 2005년부터 시민단체가 나서서 조사와 기록을 해왔으며, 2020년에는 서구청에서 '완월동 일원 골목재생 시민 아이디어 공모전'을 진행했다.[21] 이와 관련하여 ≪매일경제≫ 2020년 9월 16일 자 인터넷판은 "완월동 '예술의 마을'로 대변신한다. 유리방 없애고 작품 전시, 역사관 건립도 …… 예술가 작업실·숙소 마련해 문화플랫폼 조성"이라는 제

---

21 행정에서 사회적 관심을 환기하기 위한 목적으로 아이디어 공모전을 개최하는 심정을 이해하지 못하는 것은 아니나, 집창촌처럼 복잡한 문제를 잠깐의 관심과 아이디어로 해결할 수 있을지는 매우 의문이다.

목으로 관련 내용을 보도했다.

첫 번째의 **아카이빙**에 관해서는 인식이 많이 개선된 것도 사실이지만 아직도 그 중요성에 대해 인식하지 못하는 지자체가 많다. 물론 관련된 문제는 사업 매뉴얼에 포함해 해결할 수 있을 것이다. 완월동 사례에서, 장소재생 과정상 가장 먼저 해야 하는 아카이빙 과정은 애정을 가진 시민들의 노력으로 매우 충실하게 진행된 것으로 보인다. 다른 지역에서는 이러한 기록이 꼼꼼하게 수행되지 않은 상태에서, 단지 장소의 문제를 추상적인 '역사'의 이름으로만 '활용'하고자 하는 경우도 많다.

두 번째의 **물리적 현황 조사 및 분석**은 물리적 현황이 수용할 수 있는 기술적 범위를 파악하는 데 필수적인 과정이지만, 대부분 예술마을을 먼저 정해 놓고 사업을 시작한 뒤에야 관련 용역을 발주하는 것이 현실이다. 완월동에서도 물리적 현황에 대한 조사는 충실하게 이루어지지 않은 것으로 보인다. 물론 성매매업소나 유흥업소가 운영되고 있는 상황에서 실측 조사는 어렵겠지만, 적어도 건축물 관리대장 등을 통한 조사와 전문가에 의한 리모델링이나 재활용의 효용성에 대한 최소한의 판단은 필요하고 가능했지만 수행되지 않았던 것으로 보인다.

물리적 현황 조사 및 분석이 중요한 것은 집창촌의 공간구조가 쪽방 형태로 되어 있어서 재활용하는 데 상당한 제약이 있기 때문이다. 물리적 현황과 관련하여, 토지의 소유관계나 대형 건축물, 비교적 견고한 건축물 등에 대한 1차적인 판단이 선행되어야 한다. 시민 아이디어 공모전을 하더라도 그리 유용하지 않겠지만, 그러한 기술적 판단이 이루어진 다음에 해야 한다.

더구나 물리적 현황에 대한 냉정한 분석은 세 번째의 **이해관계자들을 위한 대책과 설득의 합리적인 자료**가 될 수 있는데, 특히 재개발을 원하기 마련인 토지주들을 설득하는 데도 필수적인 자료가 된다. 완월동을 예술마을로 만들겠다고 보도자료를 내보낸 부산시는 과연 완월동 매입에 필요한 예산을 어느 정도 확보할 수 있으며, 그럴 예산이 충분하지 않다면 어떻게 예술가들을 위한 지속가능한 공간을 확보할 수 있을까?[22] 그런 다음에야 집창촌을 문화적으로 재생하는 방안을 검토할 수 있을 것이다.

이러한 과정을 거치고 나서 우리는, 그럼에도 불구하고, 다시 물어야 한다. **"집창촌은 왜 '예술마을'로 변신해야 할까?"** 우리는 홍등가라는 특수성 때문에, 역사를 보존할 방법이나 반대를 설득할 자신이 없어서 예술로 덮어버리려는 것은 아닐까? 또는 중세시대로부터 항구도시 홍등가로 형성되었으며 성매매가 합법인 네덜란드 암스테르담 1012번지 일대 지역의 다양한 문화적 시도를 배우고자 하는 것인가? 우리는 도덕주의자들과 여성인권운동가들의 동의를 얻어 예술작품의 전시를 위해 유리방을 존치시킬 만큼의 책임감과 열정을 가지고 있는가? 인접지 주민들은 집창촌의 흔적을 남겨놓는 것에 동의할까?[23] 역사적 기록이 소중하다고 말하면서 왜 부산 완월동이나 전주 선미촌에 관한 자료들은 지명조차 검색되지 않을까? 집창촌 자리에 직업(전환)훈련시설과 같은 여성 관련 시설[24]을 당연히 설치해야 하는 것처럼 되어 있는 관행은 적절하고 타당한가? 그것이 집창촌 지역(성매매업소 밀집 지역)이든 잠사공장이 되었든, 역사적 장소와 시설을 문화적으로 재생하

---

22 전주 선미촌 관련 보도도 완월동과 크게 다르지 않다. ≪경향신문≫(2018.2.7)에서는 74억 원의 예산을 투입하되, 공권력을 투입해 정비하지 않고 주민들과 협력을 통해 문화예술마을로 바꾸는 재생사업을 추진한다고 보도했다.

23 비슷하게, 속칭 '청량리 588'로 불렸던 청량리역 앞 집창촌 역시 청량리4재정비촉진구역정비사업으로 '정비'되었다. 2012년 서울시는 재정비촉진계획변경결정시 집창촌의 역사를 기록화하는 조건을 부여했으며, 관련된 조사 연구는 '청량리 588 역사생활문화흔적남기기'(서울시, 2015a)라는 이름으로 이루어졌다. 조사팀은 공간 이용 특성 조사 및 기록, 영상 및 사진 기록화, 삶과 일상 심층 인터뷰, 관련 유물 수집 이축 보전 등의 과업을 수행했다. 그 결과를 바탕으로 서울시에서는 사업부지 내에 있는 가로공원 2343.1m²를 문화공원으로 변경해 공원 부지 내의 건축물을 보존하는 계획을 추진했다. 그러나 2016년부터 추진된 관련 계획은 2019년에 최종적으로 취소되었다. 그러나 그 계획이 왜 취소되었는지 아무도 모른다. 사업 시행자나 입주자들의 압력이 가장 큰 원인이었을 것으로 짐작할 뿐이다.

24 이러한 시도는 주로, 문화 측면에서 성매매 역사 활용 콘텐츠 제작, 지역 역사 활용 콘텐츠를 제작하고자 하며, 사회 측면에서 성매매 여성 생계유지 및 교육 지원, 여성단체 연계 등을 통해 재생을 시도로 나타나는 경향이 있다.

그림 6-14 완월동 성매매업소 밀집지역 조   **그림 6-15** 완월아카이브 사이트 '목소리들'
사 아카이브 전시포스터

자료: http://www.wanwolwomen.co.kr/voices.

고자 할 때, 우리는 지역의 역사와 그 지역성을 어떻게 다루어야 하고 이어
가야 하는가?

마지막의 **대안적이며 수용가능한 활용 방안**의 단계에서야 우리는 문화적
재생의 방향과 방법에 대해 논의할 수 있다. 앞선 세 단계를 거치지 않고 집
창촌을 예술마을로 조성하겠다는 발표는 자칫 집창촌을 없애고자 하는 공
공과 시민사회의 도덕적 욕망을 정당화하기 위해 예술과 예술가를 전면에
내세워 도구화하는 것이 될 수 있다. 가장 고귀한 예술의 이름으로 가장 타
락한 성매매업을 밀어내는 것이다. 이때, 창작 공방의 설치는 예술가를 지
원한다는 사회적 명분과, 성매매업소를 내보낼 때의 건물주들에게 초기 손
실을 보상해 줄 수 있는 예산적 명분이 될 수 있을 것이다. (예상되는) 예술마
을의 지속가능성은 그리 중요한 일이 아니다. 장소마케팅에 성공하든 실패
하든, 몇 년 뒤에는 이미 성매매업소의 정비는 성취될 것이기 때문이다. 어
쩌면 지역의 정치인들은 토지주들에게 이미 어떤 귀띔을 해주었을지도 모
른다.

그런데 이와 같은 과정을 충실하게 이행한다고 해도, 그 과정이 문화적

그림 6-16 청량리4재정비촉진구역 정비사업 존치 예정 구역의 실측 조사 도면

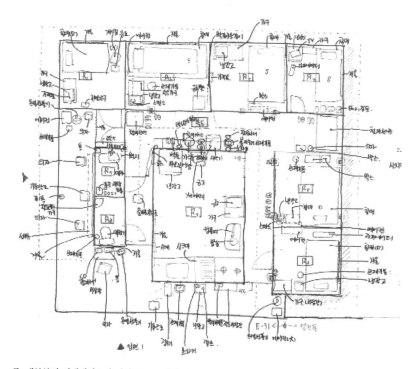

주: 대부분의 성매매업소의 평면 구조는 이와 같이 쪽방의 형태로 되어 있어서 예술 창작 공간으로 활용
　　하는 것이 매우 어렵다.
자료: 서울시(2015a).

재생의 필요조건과 충분조건을 충족했다고 보기도 어렵다. 유리방 안에 '전
시된 몸들'을 예술작품으로 바꾼다고 해도, 예술작품을 어떻게 생산하고 어
떻게 전시하고 어떻게 소비시킬 것인지의 문제가 남기 때문이다. **문화적 재
생의 문제는 아무 데나 문화를 입히기만 하면 되는 과정이 아니다.** 사회적 재생이
그런 것처럼, **문화적 재생 역시 공간의 생산과정**이고, 따라서 공간은 그 사회
의 산물이라는 명제로부터 자유롭지 못하다.

　집창촌에 대해서 그러하듯, 우리가 폐산업시설이나 쇠퇴한 장소를 만나
기만 하면 문화시설을 도입해 장소활성화, 즉 문화적 재생의 관점에서만 접

그림 6-17 서울 이화동 주거환경 관리 사업지 주민에 의한 사업 반대 의견 낙서와 호소문

주: 이화동의 재생은 진정성의 이름으로 달동네의 빈곤 경관을 상업화했다는 비판이 있다.
자료: 주대관 촬영(2016.4.24).

그림 6-18 이화동 옆 동네 충신동의 재개발 사업 추진을 알리는 현수막

주: 2021년 오세훈 시장의 '당선과 함께, 도시재생1호'라는 서울 창신·숭인 도시재생지역은 재개발로 들썩
　이고 있다.
자료: 주대관 촬영(2022.4.19).

근하려고 하는 것이 적절한지에 대해서도 재검토해야 된다. 도심의 폐산업
시설은 경제적 성장만을 위해 살핌 없이 달려온 팍팍한 산업시대의 도시공
간구조 조정의 관점에서도 검토할 필요가 있다는 것이다(서울시교육청, 2020:
64). 도심의 부족한 공공 공간을 확보함으로써 도심의 공간 체계를 바꾸고,

도심의 불편함을 이유로 자동차를 타고 외부로만 빠져나가는 중소도시의 현실과 가속화되고 있는 지역의 쇠퇴를 되돌릴 전 도시적 차원의 자원으로 활용하는 방안을 검토해야 한다.

누구를 위한 재생을 할 것인가?

현대도시에서 장소는 기업가주의 지방정부와 자본에 의해 지역경제 및 소비 활성화와의 밀접한 관련 속에서 고려된다. 이때, 장소 자체는 물론, 그곳에 깃든 스토리 ─ 잇스토리(itstory)는 상품화될 수 있는 것으로 간주된다. 심지어 남미의 빈민가 관광에서 볼 수 있듯이, 자본은 빈곤의 장소와 경관마저도 팔아먹는다. 빈곤 경관의 개발로 만들어지는 새로운 이미지는 디벨로퍼들에 의해 착취되어, 중산층들에게 팔린다(Gornostaeva and Campbell, 2012: 174). 예컨대 서울 대학로에 인접한 이화동의 달동네와 낙산의 경관은 도심에 위치해 있는 이색적 풍경이라는 이유로 아파트에서 태어나고 자란 청년들과 감성적 중년 여성들에게 선호될 것으로 기대해, 기획되어 소비되고 있다. 관련 전문가를 포함한 자본가들은 그것을 노리고 토지를 매입하고, 리모델링해 공간을 판매하며, 그로 인한 결과적 젠트리화를 문화적 재생의 성과처럼 선전하기도 한다.

1990년대 이후 지방정부들의 가장 중요한 시책으로 편입된 장소마케팅은 2010년경에는 축제 붐의 형태로, 2020년경에는 케이블카와 출렁다리와 잔도의 형태로 진화한다.[25] 그러나 이러한 비도심형 관광자원 만들기와 지역 이벤트는 대부분 인접 지역을 포함한 타 지역에 의해 복제된다. 인공물을 통한 장소 만들기의 한계와 어려움이다. 문화적 재생이 대부분의 공무원들이 요구하는 것처럼, 성공했다는 선행 사례의 성공적인 복제가 되어서는 안 되는 이유다. 중요한 것은 독창성이나 차별화다.

지금까지 국내에서, 산업유산의 문화적 활용은 크게 두 가지 방향으로

---

25 한국 공직자들이 가장 많이 가 본 외국의 명소는 아마도 중국의 '장가계'일 것이다.

추진되어 왔다. 하나는 **관광자원화**의 방향이며, 다른 하나는 지역 주민을 위한 **문화예술시설화**의 방향이다. 자치단체의 장들은 문화정책보다는 관광 활성화를 매우 선호한다. 왠지 문화정책은 예산을 먹는 하마가 될 것 같지만, 관광은 지역 활성화에 도움이 될 것 같기 때문이며, 문화는 티가 나지 않지만 관광의 효과는 금세 표가 나기 때문이다.

관광자원화는 장소마케팅을 위한 것이다. 장소마케팅은 2010년대를 거치면서 대도시의 도심에 불어닥친 문화적 소비와 여행 붐에 따라 부스터링되었으며, 도시재생사업을 통해 중소도시에도 확산되기 시작했다. 그러나 대도시에서도 핫하게 떠오르는 지역들은 주로 도심이나 핫한 지역과 인접했지만 법적 개발 제한 등으로 아직 개발되지 않거나 개발되기 어려운 지리적 특성을 가진 곳들이다. 관련된 유행이 확산하면서 중소도시들에도 문화적 재생에 의해 비슷비슷하고 그만그만한 공간들이 생겨나기 시작했다. 그러나 고유한 장소성이나 지역의 문화적 자원이 탄탄한 곳이 아닌 경우, 운영에 어려움을 겪는다.

관광자원화의 사례로는 완주의 삼례문화예술촌을 꼽을 수 있다. 이 시설은 지자체에서 7동의 미곡 창고를 리모델링해 미술관 책박물관 지역카페회사 등으로 하여금 형식적인 협동조합을 결성하게 하고, 이 명목상의 조합에 위탁을 주고 상당한 보조금을 지원하는 방식을 택했다. 방문객들은 주로 관광버스로 전주 한옥마을을 둘러온 관광객들이었다. 결과는 좋지 못한 것으로 평가되는데, 그 가장 치명적인 원인은 운영 조직이 없는 것이었다. 운영의 한계로 직영 전시관 형태로의 전환을 준비 중이다.

충남 서천의 구장항역에 만들어진 '장항도시탐험역'과 같은 사례도 있다. 소공연과 전시를 포함하는 관광 안내 공간으로 전문 업체에 위탁 운영되고 있다. 이 시설은 폐역이라는 장소성과 관광 안내라는 기능과 전시·공연이라는 지역 주민을 위한 문화복지를 결합한 독특한 모델로서 나름의 지역 실정에 맞는 모델이라고 할 수 있다. 그러나 지역의 역량을 육성해 연착륙시키는 과정과 주민문화복지적 측면을 강화시켜 가는 것이 필요할 것으로 보인다.

그림 6-19 삼례문화예술촌(전북 완주)

주: 7개 동의 미곡 창고를 개조하여 조성한 이 시설은 2013년에 문을 열었으며, 보조금 방식으로 위탁 운
영되는 전형적인 박물관형 관광시설이었다. 하지만 입주했던 박물관·미술관·카페 등은 서로 관계가
없지만 위탁을 위해 형식적인 협동조합을 결성했던 것으로 알려졌으며, 2021년부터는 직영을 위해 전
시관 형식으로 개조가 진행 중이다.
자료: 주대관 촬영(2013.7).

그림 6-20 장항도시탐험역 전경

주: 구장항역을 리모델링해 소공연과 전시를 포함하는 관광 안내 공간으로 조성, 운영함으로써 장항지역
관광과 문화의 허브 역할을 하고 있다.
자료: 주대관 촬영(2019.9.27).

산업유산 등을 활용해 문화예술시설을 확보하는 것은 문화복지를 위한
것처럼 보이지만, 관광자원화를 위한 또 다른 방법이 되기도 한다. 문화예
술시설화의 사례로는 전주 팔복예술공장처럼, 지자체의 문화행정에 편입
해 예술 생산 중심의 문화시설로 하는 경우와, 나주 나빌레라처럼 외지에서

예술가들을 불러서 공연을 개최하는 등, 공연 및 향유 중심의 시설로 조성하는 방안이 있다.

문화적 재생을 관광자원 만들기에 중점을 둘 것인지 문화시설 만들기에 중점을 둘 것인지는 단순한 문제는 아니다. 같은 문화시설 만들기라도 창작자들을 위한 공간으로 만들 것인지, 전시·공연 위주의 공간으로 만들 것인지도 시설이 위치한 지리적 문맥과 지역의 인적자본과 문화자본 등을 종합적으로 고려해 모델을 만들어야 할 것이다. 그러나 이러한 다양한 영향요소들에도 불구하고, 최근의 문화와 관련된 경향으로 볼 때, 특히 중소도시에서 관광자원화 위주의 문화적 재생은 상당한 한계를 맞게 될 것으로 보인다. 중소도시에서 경제적 쇠퇴만큼 심각한 것이 정주 인구 감소이기 때문이다.

대도시에서의 새로운 도시성의 요구가 주로 구도심에서의 산업 일자리의 지속적 감소와 깊은 관계가 있다면, 농업 기반의 중소도시에서의 걱정은 대도시로의 인구 유출 및 노령화와 관계있으며 지방 소멸을 걱정해야 하는 실정이다. 따라서 이러한 중소도시들에서 이탈하고 비워져 쇠퇴한 생산의 자리가 있을 때, 대부분의 자치단체들이 흔히 생각하는 것과 같은, '소비적 생산'으로 그것을 대체하는 것이 효과적인지에 대해서는 재검토가 필요하다. 오히려 특히 중소도시일수록 관광객에 앞서 거주자를 확보하고 유치해 인구구조를 개선하고 내수기반을 다지는 것이[26] 더 중요한 사례도 많이 발견된다.

문화적 관용과 문화자본

그런데 대부분의 중소도시들에서 문화적 재생은 이중적인 딜레마에 빠져 있는 것으로 보인다. 문화적 재생을 통해 조성되고 운영될 시설의 성격

---

[26] 문화적 재생에서 소비 접근성과 소비 시간을 늘리려는 기획은 보행성을 개선하고 야간 경제를 활성화하며, 아이들의 호기심을 유발해 가족을 유인하며, 청년을 유인해 연령별 인구구조 조정으로 이어질 수 있다.

은 결국 관광 활성화와 문화복지라는 두 가지 목적을 어느 비율로 배합하느냐에 달려 있다고 볼 때, 앞서 언급한 바와 같이, 관광 활성화의 측면에서 특정 하위문화 중심으로 지역만의 **독특하고 차별화된 콘텐츠를 구성하기에는 문화적 관용이 너무나 부족**하기 때문이다. 또한 인구구조를 개선하고 주민들의 행복감을 높이도록 예술문화 중심의 문화적 재생을 모색하기에는 산업화 과정을 경제활동에만 매달려 왔던 **지역사회와 주민들의 문화자본이 너무나 부족**하다.[27]

이러한 사실은 문화적 재생이나 문화도시 만들기와 관련된 지금까지의 논의와는 다른 문제 제기다. 장소마케팅을 더 활성화하기 위해서 더 많은 볼거리를 만들고자 노력하는 만큼, **하위문화의 활성화와 다양화, 지역의 문화적·사회적 관용을 확장하기 위한 지속적인 노력이 요구된다**는 것이다. 또한 관광에 비중을 두든 주민들을 위한 문화복지에 비중을 두든, 예술문화 주제의 경우에는 주민들의 높아진 삶의 질과 문화적 욕구에 상응하는 새로운 방식의 서비스 체계와 지역사회 전반의 문화자본을 높이고자 하는 지속적인 노력이 필요하다. 이를 위해 예술의 일방향적 공급과 향유와 같은 기존의 문화복지 개념에서 벗어나서, 부족한 문화자본을 풍성하게 하고자 하는 주민들의 욕구를 스스로 채워나갈 수 있는 문화순환 체계를 구축하는 방향으로 전환해야 한다.

문화적 재생이 불가피하게 문화적 방식의 도시재생을 지시하지만, 이러한 새로운 방향성은 그러한 한계에 갇혀서는 안 된다는 것을 말해준다. **문화적 재생은 문화를 재생하는 과정이 되어야 한다**는 것이다. 이때, 문화적 재생의 목표는 문화적 성과나 직접적인 장소마케팅을 넘어서는 문제가 된다. 우리가 문화예술을 활용한 도시재생에 기대해야 하는 것은 창의계급이 생산하는 구체적인 작품이나 상품이라기보다는 창의계급과 애호가, 방문객들이 **개인적·집합적으로 만들어내는 공기**라고 할 수 있다. 그들의 상상력, 욕

---

27 예술가들은 대도시와 후원자와 예술시장 때문에 대도시를 선호한다.

망, 관습으로 뒤섞인 이 공기야말로 도시 정체성을 만들어내고 공간을 상징적으로 재생하고 도시 경제를 자극하기 때문이다(Morato, 2003: 252).

그리고 그 방법론은 체육 실기시험 같은 것이다. 우리는 그 문제와 답을 알고 있기 때문이다. 그것은 더 많은 사람들이 더 많이 즐기고 실천할 수 있는 공간과 기회를 제공함으로써, 문화자본을 축적할 수 있도록 돕는 것이다. 거주자-주민들과 함께 지역의 문화자본을 차근차근 축적할 공간과 프로그램을 만드는 것이다.

문화자본은 축적된 시간이다.

2. 잉여의 시대, 문화의 역할

1) 문화와 예술 개념의 변화

예술과 예술가 개념의 변화

문화적 재생은 예술 및 예술가와 밀접하다. 문화적 재생이기 때문에 예술가들이 어떤 역할을 해주기를 바라는 것도 사실이다. 그렇다면 문화적 재생에서 예술과 예술가의 역할은 무엇일까? 우리는 예술가들에게 무엇을 기대하는가?

현대 예술에서 예술품은, 현대의 지식이 사실보다는 조회수로 결정되듯이, 더 이상 독창적 작품으로서 생산되는 것이 아니다. 그것은 새로운 태도와 소비 패턴과 욕망으로 설명되며, 그 소비 형태야말로 사회에 의해 재소비되는 발명품이라고 할 수 있다. 그것은 더 이상 창조된 사물이 아니며, 예술적 취급과 변형을 포함하는 배타적 용도를 가지지 않는다. 오늘날 예술성은 그 기원이 아니라, 그 마지막에 있는 것으로 주장된다. '예술에서가 아니라, 적절한 사회적 과정을 거쳤느냐 하는 사실에서 예술이 되는 것'이다.[28] 그는 이 대상을 특별히 흥미로운 방식으로 사용한 것뿐이기 때문에 예술가의 서명은 이제 더 이상 필요가 없다.

예술 개념의 변화는 예술가 개념을 창의계급으로 확장한다. 이들은 문화적 재생의 주역으로서 예술가일 수도 있지만, 예술가적 안목이 있는 사람이나 애호가 등 (여러 층위의) 문화자본을 가진 사람들이다. 서구 이론에서 그들은 "경제 자본은 약하지만 문화자본이 풍부한" 정체성을 가진 사람들로 규정된다(Ley, 2003: 2536). 서구 젠트리피케이션 이론에서 예술가는 개척자로 규정되는데, 이것은 뒤따라올 중간계급의 존재를 가정하는 것이다. 또한 이들은 어렵지 않게 중간계급에 편입될 수 있는 존재로 묘사된다. 게다가 그들의 문화적 실천이 야기할 수 있는 젠트리피케이션에 대해서 아무런 책임을 지지 않아도 되는 존재다. 왜냐하면, 원래 "젠트리피케이션 과정에서 문화자본과 경제 자본의 관계는 반드시 함께해야 하는 것"(Ley, 2003: 2542)일 뿐만 아니라, 그 결과로 지역을 활성화하기 때문이다.

그러나 한국 도시재생에서의 예술가는 서구 이론의 일반적 설명과는 달리 주킨의 예술가에 가깝다. 그에게 예술가는 중산층으로 가정되지 않기 때문이다. 주킨의 예술가는 높은 문화자본을 가지고 있지만, 쇠퇴하는 지역을 살려내는 영웅도 아니고 비장한 결말의 주인공도 아니다. 오히려 예술가는 "상업적·국가적 후원을 받으며 전문화된 중간계급과도 잘 연합할 수 있는"(Zukin, 1988: 5) 소시민에 가깝다. 어떤 면에서 그의 예술가는 말 그대로의 예술가를 넘어서 '자기만의 가치를 내장하고 다양한 생산적 실천을 하는 사람'이라고 할 수 있어서, 한국 실정에 더 적합해 보이는 존재다. 이들은 전통적인 예술가에 국한되지 않으며, 창의적 실천을 행하는 모든 이들 ― 디자인과 관련된 분야의 전문가, 액세서리 공방이나 의류와 같은

---

28 Groys, Boris, 1999, "Kunst als Avantgarde der Ökonomie," in Grosz, Andreas and Delhaes, Dani(eds.), *Die Kultur AG. Neue Allianzen zwischen Wirtschaft und Kultur* (Hanser, Munich/Vienna), p.22[Ellmeier(2003: 8)에서 재인용].

문화적인 분야의 사업가, 음식료 사업가는 물론, 아마추어 예술가 지망자도 모두 포함된다. 이들은 말 그대로의 예술가라기보다는 (청년) 창의계급이나 문화생산자라고 부르는 것이 더 적합할 수 있다. 이들은 평범하고 진부한 것을 지지하며 쓰레기를 예술로 돌려놓을 수 있는 눈과 손을 가지고 있는 것으로 인정된다.

예술가의 성향과 지원

문화적 재생이 예술가·창의계급을 중심으로 진행될 수밖에 없지만, 도시재생의 현장에서 "예술가들은 비협조적이다"라는 말을 많이 듣게 된다. 협력하더라도 그들은 금세 어디론가 사라진다. 그들은 '태생적으로 원심적'이며(비르노, 2004: 70), 자유분방하고 고정된 관습에 얽매이지 않기 때문이다. 마을의 공동체적 폭력과 배타성, 도시재생센터의 관료주의에 부딪힐 때, 그들의 선의가 거두어진다는 것을 우리는 이해해야 한다. 오히려 그들의 물러섬은 도시재생이 그들을 단지 이용할 뿐이며, 그들의 이름만을 원할 뿐이라는 것을 알아차리는 순간에 일어난다는 것을 알아야 한다. 더구나 그들은 자신들의 문화적 실천이 자신들을 전치시킬 수 있음을 너무나 잘 알고 있다.

그럼에도 불구하고, 그들은 개인주의자라기보다는 "개인과 집단 사이", "공과 사 사이의 중간지"대에 거주하는 사람들이다(비르노, 2004: 44). 오히려 그들은 '사회적 개인'이라고 할 수 있다. 그들은 "통일체를 갈망하지 않고서도 '다수'로서 지속"하며(비르노, 2004: 134), 그러한 이유에서 그들은 우리에게 중요한 존재인 것이다. 그들의 작업이나 사업들이 '사회적 과정으로서'의 어떤 것이든 아니든, 그들은 생활과 예술이라는 이중의 긴장에 노출되어 있으면서도, 사소한 계기를 통해 예술을 발견하며, 타자들과 계기적(momental)으로 연대하고 협력하기 때문이다.

그들은 장소의 '낯섦'과 '편치 않음'을 사랑하지만, 그곳에 익숙해지는 것을 거부하기에 우리가 원하는 정주를 허락하지 않는다. 그들에게 예술적 긴장을 위한 '이방인'의 지위는 숙명이며, "스스로 방향을 정하고 스스로를 방어하기 위해서" 그들은 때때로 '지성이라는 공통의 장소'를 지향한다. 그들은 어쩔 수 없이 비르노가 정의하는 "다중(multitudo)"으로서 관찰된다. 따라서 도시재생이 그들을 공동체를 비롯한 어떤 집단적 형태로 묶어내려는 도구적 시도는 실패할 수밖에 없다.

서구 이론에서 경제 자본이 낮더라도 문화자본이 높은 예술가-젠트리파이어는 비교적 쉽게 중간계급이 될 수 있는 사람들로 전제되지만, 한국에서 이들 청년 창의계급은 대부분 현재도 가난할 뿐만 아니라, 재생 과정을 통해서도 중간계급이 되기 어렵다.

이른바 뜨는 동네마다 청년-문화생산자들이 몰리는 것은 그들이 특별히 오래된 지역의 경관적 진정성에 끌린 것이라고 보기도 어렵다. 그보다는 주로 활동하는 무대인 핫한 지역과 가까우면서도 임대료가 저렴하고 권리금이 없다는 점이 더 중요하다. 그들은 빈곤하기 때문이다. 그들을 포함한 청년들은 국가의 고용 없는 성장의 방치와 묵인으로 비정규직과 보장 없는 창업에 내몰리고, 신자유주의 경제와 축적의 도시화 과정으로 앙등한 주택 가격으로 저렴한 셋집이 있는 쇠퇴한 지역에 스며든 것뿐이다.

물론 그들 모두가 가난한 것은 아니며, **경제적 자본을 동원할 수 없는 예술가들이 가난한 것뿐이다.** 그들이 경제적 자본을 획득 여부는 문화자본의 높고 낮음에서가 아니라, 가족의 경제력에 달려 있다. 따라서 **예술가가 젠트리파이어가 되는 것이 아니라, 자본을 동원할 수 있는 예술가가 젠트리파이어가 되는 것**이다. 문화적 소비가 빈약한 현실에서, 가난한 예술가들이 쇠퇴한 지역이나 자생적으로 젠트리화될 수 있는 지역에 들어가고 모이는 것은 선택이 아니라 불가피한 것이다. 가난한 예술가들이 개척자가 된다면, 경제 자본을 동원할 수 있는 이들은 그들을 첨병으로 해 안전하게 뒤를 따른다.

가난한 예술가 또는 예술가 지망자들은 임대료를 아끼기 위해 장르를 가리지 않고 동거함으로써, 새로운 예술적 가능성을 모색하고 발견하기도 한다. 그들은 생활을 위해 비정규직으로 학교에서 아이들을 가르치기도 하고 편의점 아르바이트로 연명하면서 자신들의 작업을 이어가며, 그들의 또 다른 경제적 생산은 덜 쓰는 것이다. 더구나 이러한 청년과 예술가들의 가난함은 후기산업시대의 일자리 특성과 관계있다는 점에서 역사적이고 시대적인 문제이며, 따라서 국가적 문제다. 즉 그들의 빈곤함은 이 시대 예술가의 문제인 동시에 청년 전체의 문제다.

젠트리화되고 있는 지역에서 예술가들을 '활용'하는 것은 신중해야 한다. 작업장을 열든 고용이 되든, 그들의 노동은 불안정할 수밖에 없기 때문에 (Ellmeier, 2003: 3), 문화를 도시 전략으로 삼고 문화적 재생을 통해 지역을 활성화하고자 한다면, 국가는 그들의 빈곤을 완화하고 그들의 불안정한 노동을 보완할 수 있는 방안을 강구해야 한다.

무엇보다 필요한 일은 그들에게 작업장을 제공하는 것이지만, 그것이 공방이나 레지던시 형태가 되는 것은 바람직하지 않다. 그것은 예술과 그 작업을 공간의 규격에 맞추는 것이 되기 때문이다.

2) 공간문화의 변화

노동의 종말과 작업하는 일상으로

2000년을 지나면서 '밀레니엄'과 '닷컴기업'이라는 말을 많이 들었던 것처럼, 그로부터 20년이 지난 오늘날에는 팬데믹, 언택트, 메타버스, 4차 산업혁명과 같은 말들이 넘쳐난다. 한마디로, "새로움이 일상이 되는 시대"[29]라고들 말한다. 뭔가 새로운 시대에 접어들었다고 하면, 우리는 그러한 시대 조류에 편승해야 하는 것은 아닌가, 자칫 나만 뒤처지는 것은 아닌가 하는 불안감에 휩싸이게 된다. 그리고 실제로 많은 사람들이 그렇게 느끼는 것 같다.

---

29 흔히 영어로는 'New is Normal' 또는 'Age of the New Normal'로 표현한다.

2019년부터 시작된 코로나 팬데믹은 '비대면 사회'로의 문을 활짝 열었다. 팬데믹은 만남보다는 만나지 말 것을 강요한다. 우리는 서로를 잠재적인 전염원으로 간주하고 거리를 유지한다. 마스크로 코와 입을 가리지 않은 자는 비난받고 처벌받는다. 만남을 제한하고 접촉을 회피한다. 감염자의 직장과 업소는 폐쇄되고 함께한 사람들은 추적된다. 양성인 자는 입원하고 확인되지 않은 자는 격리되며, 음성인 자는 불안에 떤다. 국가 간 여행이 엄격히 제한되고, 관광과 소비는 크게 위축된다. 공연과 상연과 전시와 집회와 관람은 제한되고 금지된다. 무엇보다 감염의 위험을 줄이기 위한 재택근무가 늘어나고 원격 회의와 원격 강의와 원격 수업이 일반화되었다.

'메타버스'는 실재 공간의 기능과 존재론을 디지털 세계로 옮겨 놓는다. 그것은 '아바타(avatar)를 통해 실제 현실에 가까운 활동을 할 수 있는 디지털 공간 플랫폼'으로서, 중심업무지구(CBD)에 위치한 값비싼 업무용 공간을 대체할 수 있다. 필요한 공간을 간단하게 그곳에 만들고 회사를 설립하고 운영할 수 있으며, 그 안에서 일을 하고 회의를 하고 동료들을 만나는 시대를 맞이하게 된 것이다. 그동안 우리가 머물고 활동해 왔던 실재 세계와는 다른 이 새로운 세계는, 무한 확장될 수 있고 실재 세계의 상당 부분을 대체할 수 있으며, 점차 두 세계는 유기적으로 통합될 것이다.

바이러스가 열어젖힌 비대면 사회로의 초대는 우리가 4차 산업혁명으로 부르는 정보통신기술에 의해 구현된다. 우리는 대학에 갈 필요도, 은행에 갈 필요도, 자동차를 운전할 필요도 없다. 인터넷강의와 인터넷뱅킹과 자율주행차가 우리의 노동을 대신할 것이기 때문이다. 이 새로운 기술의 시대에 인공지능기술의 발전과 로봇의 진화는 대부분의 인간의 노동과 활동을 빼앗아갈 것으로 예측된다. 인간이 편리함과 능률을 위해 기계로 하여금 인간 노동을 대신하도록 해온 결과다.

새로운 시대의 인간은 30%의 노동과 70%의 남아도는 시간을 살아가야 한다. 노동은 소수에게만 주어지는 특권이 되거나, 생활체육이 될지도 모른다. 가치는 더 이상 노동을 필요로 하지 않기 때문에, 자본은 더 이상 '축적된 노동'이 아니다.

인간은 자신을 소외시켰던 노동으로부터 해방되지만, 노동에 길들여진 신체는 남아도는 시간을 주체할 수 없다. 노동으로부터의 자유는 동시에 시간적 '잉여'다. 그것은 차고 넘치는(surplus) 여유가 아니라, 하릴없고(bullshit) 남아도는(redundancy) 지루함이다. 그것은 '즐거운 지옥의 나날'(최수철, 1998)을 지탱해 주는 축제가 아니라,[30] 매일 이어지는 시간 죽이기다.

산업화 이래 인간이 해야 했던 생계와 자유 시간을 위한 노동으로부터의 해방이 가능해진 것이다. 그러나 그것은 준비된 사람에게는 유토피아적 이상이지만, 준비되지 않은 사람에게는 활동적 삶의 박탈이다. 기술과 편의 수단의 발달에 의한 불가피한 대체이기 때문이다(아렌트, 1996: 40). 생존에만 기여하는 노동에서, 준비된 자만이 '작업'으로 갈아탈 수 있다.

체제의 재생산을 위해 권장되었던 노동 및 가족을 중심으로 하는 생활세계는 이제, 취향 중심의 클럽이 된다. 그것은 직장과 집을 반복적으로 오가던 주체의 새로운 거처이며, 세계로부터 자기 신체로 도피한 현대인에게 남겨진 유일한 피난처다. 취향과 문화를 공동선으로 하는 새로운 공동체가 탄생하는 것이다. 가족-이웃-지역사회-국가로 구성되던 사회체계는 취향-클럽-리그-세계시민주의로 대체될 것이다.

새롭게 구성되는 생활세계는 급여가 아닌 복합 소득으로 얻어지는 경제적 자립과, 취향과 실천으로 얻어지는 시간적 자립의 두 레일 위를 달리는 레일바이크다. 그는 복합 소득인이며 동시에 취향인이 되어야 한다. 사회와 개인 간, 즉 체계와 '생활세계(lifeworld)' 간을 긴밀하고 직접적으로 연결했던 기어박스는 이제 랜선으로 대체된다. 따라서 그것은 체계 및 타인과 맞물려 돌아가는 르페브르적 '일상 세계'가 아니라[31] 적어도 부분적으로는 개인이 통제할 수 있는 연결이며, 오롯이 개인이 혼자 경영해야 하는 일상이다.

---

30 한국에서 일상성에 대한 문학적 관심은 주로 1990년대 소설에서 발견된다.

31 일상성(quotodiennete)이 개념화된 것은 1961년에 프랑스 사회학자 르페브르가 쓴 『일상성의 사회학의 기초』라는 책에서였다. 르페브르(2005) 참조.

그림 6-21 비대면 시대의 공간모형

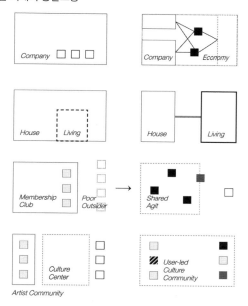

자료: 저자 작성.

잉여와 비대면 시대의 공간문화

그것은 노동으로부터 소외되었던 삶을 전복시키고자 하는 사람들의 집합적 연대다. 그들은 노동하는 일상에서 작업하는 일상으로의 전환을 통해 자신들의 삶을 자신만의 것으로 구성하고자 한다. 그러므로 일상적 삶의 세계는 이미지, 미디어, 광고, 소비에 의해 포위되지만, 그것이 생활세계의 식민화라고 단정할 수는 없다. 그들은 구경꾼으로 남기를 거부하고, 소비자로 남기를 거부하기 때문이다. 그들은 구경꾼이며 동시에 행위자가 되고자 하고 소비자이며 동시에 생산자가 되고자 한다.

미래인은 복합 소득인으로서 견고한 조직의 직장을 회피한다. 그들은 고소득과 경험을 위해서만 회사에 소속되며, 회사원도 재택근무가 보편화된다. 그들은 여러 회사와의 계약관계로 일하는 것을 선호하며, 다양한 투자를 병행해 복합 소득을 얻는다. 그들의 업무 공간은 주택에 두어질 수 있다.

그들의 집은 더 이상 단란함의 공간이 아니다. 주택에서 거실과 단란함은 소거되고 주택의 기능은 재생산에 집중된다. 그 대신에 주택에서 분리된 거실은 별도의 사랑채로 변신해, 오락과 업무와 사교를 위한 공간이 된다. 사랑채는 가족을 만나고, 일을 하고 원격 회의를 하고 연습과 작업을 하고, 가끔은 이웃이나 동호인을 만나는 곳이다.[32]

또한 미래인은 잉여 시간을 위해 취향인이 되어야 한다. 그들은 공동체나 조직에 운명을 맡기지 않으므로 기본적으로 철저히 개인이며, 그들의 집합은 다중이다. 그들은 탈퇴가 자유로운 클럽과 커뮤니티를 선호하며, 자신을 게시하는 것을 중요시한다. 그들은 취향을 위해 비용을 지불할 수 있으며, 공동의 공간을 마련할 수 있다. 그들은 아티스트에 대한 팬덤을 가지지만, 소비자에 머물지 않고 그들이 아티스트를 가꾸고 보호하고자 한다.

그들의 취향은 생계와 여유를 위한 노동 이외의 모든 시간을 경영하는 기준이며, 경제만큼 중요한 존재의 기반이다. 그들은 대부분의 노동을 노비와 여성이 아닌, AI와 로봇에 맡긴 채, 조선시대 양반처럼 취향의 시간을 풍류와 벗으로 채우고자 한다.

그러므로 문화적 재생은 미래인들에게 취향을 위한 공간을 제공해야 한다. 그것은 예술적 생산물을 일방향적으로 공급하는 공간이 아니라 이용자가 주도하는 공간이다. 그들은 더 이상 이미 연습되고 제작된 예술문화의 일방적 수용을 거부한다. 그들 모두는 하나의 하위문화가 된다.

---

32 공동체 활성화의 관점에서도 문화 기반의 도시재생은 마을재생에 비해 훨씬 미래지향적이다. 신예철(2012: 228)의 지역만들기공동체와 지역문화활동공동체에 대한 비교분석 연구는 그 참여 역량에서 전자가 개인 역량에 더 많은 영향을 받는 반면, 후자는 관계 역량에 더 영향을 받으며 이는 문화 활동이라는 특정 목적과 가치를 공유하는 것과 관계있음을 밝히고 있다.

3) 문화순환을 위한 지역재생

문화적 참여와 문화순환

2000년대 이후 문화적 도시에 대한 관심의 확산으로, 문화예술 지원에 상당한 변화가 있었으며, 창작 활동에 대한 재정지원, 지역의 창작 공간 확대와 같은 문화예술 인프라 구축으로 전환되어 왔다. 또한 문화예술과 관련된 (교육) 프로그램들이 다양한 시설에서 다양한 수준으로 개설 운영되고 있다. 그러나 분명 창작 공간과 프로그램들이 확장되었지만, 문화예술에 대한 시민들의 참여나 소비가 다양화되었는지에 대해서는 의문인데, 이는 프로그램들이 문화의 생산-소비에 대한 전통적인 관념에서 벗어나지 못하고 있는 것과도 관계가 있으며, 이는 문화적 재생을 통해 확보되고 지원되는 시설과 프로그램 역시 크게 다르지 않다.

문화예술은 생산-소비(향유, 구매) 과정을 거쳐 다시 생산으로 이어지는 순환 체계가 잘 작동될 때 활성화되고 촉진된다. 전통적 예술이 생산자와 소비자가 분리된 생산(제작, 연습)-향유의 이분법에 의해 작동되었다면, 이제 그 생산과 소비는 통합된다. 그 생산은 예술가-생산자의 닫힌 작업실을 벗어나 모든 장소에서 이루어지고, 그 과정조차도 실시간으로 공개된다. 반대로, 향유는 다양한 형태의 소비로 대체된다.

우리가 이러한 전환을 마주하고 있지만, 대부분의 문화적 재생에서 문화순환은 거의 고려되지 않는다. 그 유형에서 논의한 것처럼, 지역자산활용형에서는 지자체의 예산이나 보조금을 바탕으로 향유와 교육 프로그램 위주로 운영되고, 창의계급지원형은 대부분 공방과 전시 판매장의 형태로 계획되며, 문화시설형에서는 지역에 부족한 몇 가지 시설들을 단순 조합하는 형태로 계획된다.

이러한 방식의 문화적 재생이 가져올 결과는 지역의 문화생산에 크게 기여하지 못한다는 것이며, 문화순환이 일어나지 않는다는 것이다. 예컨대 지역자산활용형 재생은 지역의 실질적인 문화생산보다는 이미 만들어진

그림 6-22 기존의 문화적 재생 모델

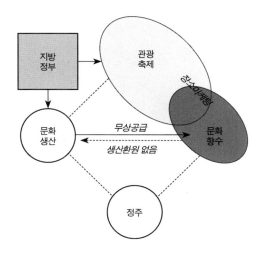

자료: 저자 작성.

문화상품을 (구매하고) 유치해 주민들에게 배달하는(vouchering) 역할에 그치고 있다. 또한 창의계급지원형에서, 공방 설치를 돕는 것은 문화생산과 관련 장소마케팅(문화적 관광)을 촉진할 수는 있지만, 생산과 소비의 순환이 단절되어 생산을 멈추게 하는 요인이 될 수 있다. 특히 지방도시에서는 조형예술 작품이나 굿즈(goods) 형태의 공방 생산 상품의 문화소비가 거의 이루어지지 않기 때문이다. 마지막으로 문화시설형에서도 주로 영화관과 같은 문화소비형 시설이나, 청소년 등을 위한 문화 관련 프로그램시설로 계획되는 경우가 많은데, 이는 문화의 생산-소비를 순환시키는 데 별다른 도움이 되지 않는다. 단편적이고 분절적이기 때문이다.

문화적 재생이 이렇게 문화순환을 촉진하지 못하는 방향으로 추진되고 있는 것은 그 과정이 문화의 생산-소비에 대한 현대적 변화 및 욕구의 트렌드와는 동떨어진 관행에 따라 추진되기 때문이다. 그리고 그러한 관행은 교육받은 예술가에 의해 생산되고 애호가에 의해 소비되는 전통적이며 일방향적인 문화예술 개념이나, 좀 더 발전했다고는 하나 취미생활에 가까운

그림 6-23 문화순환형 문화적 재생

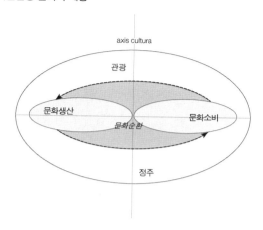

자료: 저자 작성.

체험·교육 프로그램 위주의 향유 정책, 그리고 문화소비에 비용을 지출하지 않는 시민들의 합작품이라고 할 수 있다.

　문화순환형 문화적 재생에서 생산자와 소비자는 물론 아마추어 예술가(시민 작가)들의 참여가 중요하며, 특히 단순 소비자나 피교육생에 머물기를 거부하고 능동적 주체가 되길 원하는 문화적 참여자들을 그 주체로 인정하는 것이 중요하다. 문화소비자로서 그들은 영화나 드라마와 같은 영상물을 극장이 아닌 스트리밍서비스를 통해 소비하면서, 전통적 문화소비자에 머물기를 거부하고 유튜브(youtube)나 팟캐스트(pod cast)와 같은 콘텐츠를 스스로 제작하고 싶어 한다.

　따라서 우리는 문화순환에서, 교육받은 예술가들의 전문성이나 창의성만큼이나, 시민들 누구나 생산자(예술가)가 될 수 있음에 주목하고, 이들을 문화 생산-소비 과정의 공동 주체로서 적극적으로 품어내야 한다. 더구나 그들은 바우처링형 피교육생과는 달리, 자신들의 생산적 참여를 삶의 질 관점에서 받아들이며 그 비용을 부담할 의사도 가지고 있다.

다중참여형 문화적 재생

문화적 재생에서 대부분의 지자체는 가난한 예술가들이 저렴한 임대료 때문에 모여든 지역에 들어가서, 그들에게 이런저런 지원을 하고 그들의 이름을 빌려 그들을 위한 도시재생을 한다고 홍보해 지역을 부스터링하고자 한다. 또는 문화적 재생은 한계상업지에 발생한 빈 점포를 임대하고 리모델링해 공방과 전시 판매장을 만들고, 창의계급을 모집해 운영을 지원한다.

하지만 도시재생 당국과 활성화 계획가들은 공방에 들어갈 만한 아티스트들이 얼마나 있는지, 그 아티스트들의 작업에 어떤 공간이 필요한지, 그들이 생산한 결과물들이 얼마나 팔리는지, 그들이 일상을 영위하면서 작업을 수행하기 위해 한 달에 얼마나 벌어야 하는지, 누가 그곳을 찾아와 아티스트들과 함께 공간을 소비할 것인지에 대해서는 조사하지 않는다. 예술가는 공모하면 올 것이고, 공급이 수요를 창출할 것이라고 믿기 때문이고, 가난한 예술가들보다는 건물주와 상인들의 목소리가 더 매섭기 때문이다. 더구나 그런 공간을 노리는 지역단체들은 많으며, 안 되면 그때 가서 문화재단에 맡기면 된다고 생각한다. 그들의 잠재적 소비자는 문화를 향유하고 소비하는 시민이 아니라, 누군지 모를 관광객이기 때문이다.

반면에 예술가-창의계급은 태생적으로 집단적이지 않으며 정부가 만들고 제공하는, 모든 것이 통제되는 공간과 그들의 관리감독을 싫어한다. 반면에, 시민들은 5만 원짜리 식사와 7000원짜리 커피를 마시지만, 2만 원짜리 도자기 그릇은 선뜻 구매하지 않는다. 지자체가 기대하는 관광객들이 어디선가 검색해 찾아올 수 있지만, 그들이 원하는 것은 자신의 인스타그램에 올릴 인증 숏뿐이다. 게다가, 그렇고 그런 비슷한 장소는 이 도시 안이나 또 다른 도시에 카피되어 만들어질 것이고, 미디어는 또 다른 장소를 소비할 것이다.

물론 쇠퇴한 지역을 활성화하기 위해 지방자치단체가 문화적 재생의 방법을 도입하고 창의계급-예술가들을 '활용'하고자 하는 것 자체는 어느 정도 불가피한 측면이 없지 않다. 하지만 문화예술과 창의계급을 상권 활성화를 위한 도구로만 써먹고, 문화의 생산과 소비의 순환 체계를 만들어내지 않는다면 문화적 재생은 지속가능할 수 없다는 데 문제가 있다. 문화적 소비나 문화관광을 위해서도 문화의 내수기반을 확충하는 일이 중요하며, 문화순환은 그것을 가능하게 하는 유일한 체계라고 할 수 있다.

다중참여형 문화적 재생은 건물주와 상인과 지자체가 주인이 아닌, 문화생산자·예술가와 문화소비자들이 함께 참여해 공간을 꾸미고 사용하고 운영하는 모델이다. 예컨대 최근 도시지역에서는 아동·청소년을 위한 미술학원 옆에 성인들의 미술 동아리가 들어서고, 농촌지역에서는 자기 농산물을 인터넷 판매하기 위해 장년·노년층이 사진과 미디어를 배우는 현상이 나타나고 있다. 그들은 산업화 과정에서 성공을 위해서만 달려온 시민들과 텃밭 농산물을 도시 자녀에게 (무상으로) 보내고 명절만을 기다려 왔던 농민들이지만, 이제 스스로 문화적 기술을 배우고 문화자본을 축적하기 위해 문화 주체로 나서고 있다.

문화적 재생의 대안은 바로 이들에게 있다. 이들은 음악학원을 다니고 음대를 가고 다시 음악학원을 차리거나, 미술학원을 다니고 미대를 가고 다시 미술학원을 차려야 하는 예술교육의 쳇바퀴에 안에 있는 사람들이 아니라, 자신이 좋아하는 아티스트들의 음악에 맞춰 춤을 추고, 동호회를 만들고 그들에게 기꺼이 비용을 지불할 수 있는 사람들이며, 자신들의 삶과 일의 품격을 위해 문화를 배우고자 하는 사람들이다. 우리는 이들을 아마추어 예술가로 부를 수도 있지만, 예비적인 열성 팬덤으로 이해할 수도 있다.

무엇보다 다중 참여형 문화적 재생에서는 사유화될 공방과 아무것도 팔리지 않을 전시 판매장과 보조금으로 최소 급여를 지급받는 한가한 관리인이 필요한 것이 아니라, 예술가들과 애호가들이 함께 놀 수 있는 '놀판'이 필요하다. 반면에 공방이나 작업실이 필요한 아티스트들에게는 작업 특성에 맞는 공간을 그들의 책임하에 확보하도록 하고 지자체가 임대료의 일부를 지원하는 방안을 강구하는 것이 더 타당하다. 물론 예술가들과의 거리를 가깝게 하기 위해 애호가들에 대한 지원도 필요할 것이다. 이를 위해 전통적인 문화시설은 아티스트들과 아마추어 아티스트 또는 애호가들이 함께 작업하고 교류하며 함께 운영하는 공간으로 바꾸어야 한다.

이용자 중심 운영 조직

공공이 소유한 시설은 '공유재산관리법'이 적용되어, 직영·위탁·대부의 형태로만 운영될 수 있다. 따라서 그 형식만큼 중요한 것이 운영 주체의 성격과 운영 방식이다. 지자체는 직영이나 재단·사단·학교법인 등에 위탁 운영하는 것을 선호하고 보편화되어 있는데, 이 경우에는 운영예산의 대부분을 보조금에 의존하기 때문에 지자체의 엄격하고 관료적인 감독을 받을 수밖에 없어서, 예술가들과 이용자들이 원하는 신선한 예술적 공기와 자유를 제공하기 어렵고 예술가들과 이용자들이 단순 수혜자로 간주될 수 있다. 또한 시설의 운영이 특정 집단의 이해에 의해 독점될 수 있고 지역 정치에 의해 휘둘려 휘청거리게 될 수 있어서 형식적인 안정성은 높을 수 있으나, 문화도시와 문화적 재생이 기대하는 문화순환이라는 내용적·창의적 역동성을 기대하기는 어렵다.

따라서 우리는 예술가와 애호가 등 실질적 이용자들이 주축이 되는 협동조합마을기업을 설립시켜서 위탁 운영케 하는 방안을 검토할 필요가 있다. 물론 아직은 이러한 사회적경제 방식의 운영에 대한 경험과 인식이 부족한 것도 사실이지만, 운영 과정의 문제는 물론 그 시설의 정체성 또한 참여하는 예술가와 애호가들이 시행착오를 겪으며 찾아가야 하는 것이기도 하다.

이러한 주체 형성과 운영 방식에서 중요한 것은 문화민주주의라고 할 수 있다. 그리고 그것은 특정 단체나 기관 또는 영향력 있는 예술가가 아닌, 실질적 이용자들이 다중적으로 참여하는 주체를 형성해 운영하는 것이다. 물론 이를 위해 지자체 예산 부담을 줄이고 운영 주체의 자립성을 높일 수 있는 수익 모델의 발굴과 지원이 선행·후속되어야 할 것이다. 또한 운영 주체는 자립률을 높일 수 있고 시설의 성격에 적합한 다양한 수입원을 발굴하고자 노력해야 한다.

그림 6-24 시민들이 만들어 운영하는 문화시설 미인도

주: 미인도는 서울 성북구 미아리고개 도로구조물 하부공간에 만들어진 문화공간이다. 비영리단체인 사단
　　법인문화도시연구소가 제안하여 자원봉사 시공하고 문화예술위원회가 지원하여 2015년에 문을 열었
　　다. 전시장과 공연장, 외부 주민쉼터로 이루어진 미인도는 구립문화재단이 주민들로 이루어진 고개앤
　　드마을협동조합과 협약을 맺어 공동으로 운영한다. 미인도의 이용은 지역에 관련된 전시나 공연일 때와
　　주민의 문화 향유에 도움이 된다고 판단되는 경우에는 무상이다. 미인도를 계기로 고개앤드마을과 함께,
　　시민극단의 공연과 지역 예술가들의 전시가 이어지는 것은 물론, 중년 여성들의 뽕짝뽕짝중창단, 제로웨
　　이스트 주제의 아미고모임(고개장마켓 운영) 등이 결성되어 활발하게 활동하고 있다.
자료: 정기황 촬영(2017.6.13).

　　이용자 중심의 민주적 문화공간 운영을 위해서, 문화적 재생이 주가 되
는 도시재생사업은 기존의 면적인 근린재생 등의 사업보다는 **점적인 인정사
업**의 형태가 더 바람직할 것이다. 주민참여와 공동체 활성화를 중시하는 도
시재생사업의 일환으로 시행되는 경우 예산이 분산될 뿐만 아니라, 주민들
의 권리주장과 텃세가 언제라도 민원의 형태로 제기될 수 있기 때문이다.
또한 사업계획의 수립 단계에서 예술 생태계를 포함한 지역의 문화적·정치
적 특성에 대한 조사 분석과, 관계인들이 참여하는 지속적인 토론과 협의
그리고 이에 기초한 마스터플랜 수립이 선행되어야 한다.

무엇보다, 다중 이용자 참여형 문화적 재생의 목적은 좁은 지리적 범위 내의 주민들을 '교육시켜' 공동체화하고 그들 — 이해관계인들만의 이익을 위해 문화를 도구화하는 것이 아니다. 그보다는 지리적 범위를 생활권 범위의 지역사회로 넓혀 시민 누구나가 참여하는 문화순환을 꾀함으로써, 주거 분리로 오지 않는 중산층의 소비를 문화적 방식으로 유인하고 지역을 활성화하는 데 있다.

이러한 방식의 문화적 재생을 통해 우리는, 도시 전략이 되어버린 문화적 실천에 꼭 필요하지만 '불안정 노동과 생활 조건'(Ellmeier, 2003: 3)이 숙명인 창의계급에게 후기산업도시 도시 체제의 중요한 에이전트가 되어줄 것을 요청하고, 또 그들을 도울 방안을 찾을 수 있을 것이다(Lloyd, 2002: 528).

결론

지역재생으로의
전환

1. 마을재생에서 지역재생으로

1) 마을재생의 한계

물리적·사회적 환경의 개선 효과는 어떤가?

한국 도시재생은 도시쇠퇴 문제에 정면으로 대적하기보다는 자본이 철수한 재개발 잔여지의 토지와 주민들을 영지(feudal land)처럼 상속하고, 그곳의 모든 문제와 한계를 이어받아, 그 해결사로서 태어났다. 도시재생이 물려받은 재개발의 영지들은 서구의 쇠퇴한 산업도시와는 달리, 바로 몇 년 전까지 자본축적을 위한 재개발 열풍이 휩쓸었고 아직도 그들의 자본이 잠겨 있는 공간이며, 다시금 뜨거운 바람이 불어오기만을 기다리고 있는 공간이다. 그곳은 원주민을 자처하는 집주인들이 재개발에 대한 찬성과 반대로, 개발의 주도권 다툼으로 갈라져 싸우던 곳이다. 또한 그곳은 축적의 기회를 갖지 못한 사람들이 잠시 거쳐 가는 곳, 영원한 이주민들의 땅이다.

도시재생은 그러한 곳에 마을규모의 공간적 범위를 쇠퇴도에 맞춰 인위적으로 구획하고, 기존 건물들을 유지한 상태에서, '리모델링 방식으로 개선하고 주민 역량의 강화와 공동체적 노력을 통해 지역을 활성화'하고자 한다. 이를 위해 도시재생은 이해관계 주민들을 성원으로 하는 공동체를 구성하게 하고 배타적인 성원권과 예산권을 부여한다.

마을재생은 물리적 쇠퇴의 개선과 사회적 쇠퇴의 개선을 시도하는데, 이 중 **물리적 쇠퇴의 개선 효과는 기대만큼 크지 않다.** 주거지재생사업의 정부예산은 주로 골목길 정비와 같은 인프라 개선이나 공동이용시설의 건설에 사용되는 만큼, 주택 정비는 개보수비 지원과 민간투자에 의존하게 되는데, 아파트로의 주택계급화로 중산층의 귀환이 없고, 나라 전체에 부동산 압력이 여전히 높아서 재생지역에 중산층 자본도 거의 오지 않기 때문이다.

리모델링형 정비로 세입자·빈곤층이 당장 쫓겨나지 않는다는 점을 제외하고는, **사회적 쇠퇴 개선 효과 역시 매우 미미하다.** 주거지 마을재생에서 재생지역 선정 시나 활성화 계획 수립 시에는 빈곤층에 대한 조사도 하고 그 비율의 높음을 강조하지만, 선정 후에는 빈곤층 주거 상황을 개선하는 대책은 가이드라인이나 활성화계획에조차 포함되지 않는다. 따라서 도시재생이 빈곤층의 계속 거주를 보장한다고 하지만, 사실상 일시적 연장에 불과하다고 볼 수 있다.

그렇다면 상업지재생은 성과가 있을까? 상업지 쇠퇴는 단순히 오래 사용했기 때문에 '낡은' 것으로 변한 것이 아니라 사회 전체나 도시와 지역을 둘러싼 도시적·상업적 환경적 요인들이 변화해 주변화되고 잉여화된 공간이라는 점에서 일종의 한계상업지들로 볼 수 있으며, 이러한 한계상업지의 발생은 지속적으로 증가할 것으로 보인다. 상업지 쇠퇴에 대한 재생적 대처는 어디에서나 어김없이 과거의 번영을 재연하고자 하는 **'재상업화'**와 장소마케팅 형태의 관광시장화로 요약되는데, 표적시장에 대한 조사 없이 불특정 다수 관광객을 대상으로 하는 이런 공급자 중심 계획으로는 주변화된 상권을 다시 살리기 어렵다.

이상과 같이, 현행 마을규모 도시재생은 마을의 물리적 쇠퇴와 사회적 쇠퇴를 개선하는 데 도움이 된다고 보기 어렵다. 처음부터 재개발이 안 되는 상황에서 재개발 잔여지를 구원하기 위한 정책으로 입안되었고, 아파트로의 주택계급화가 극명해 중산층의 귀환이 없기 때문이며, 사회적 환경개선을 위한 의지와 예산 투입이 거의 없기 때문이다. 쇠퇴한 상업지와 관련해서도 과잉 개발된 상업지에 대한 구조조정 의지가 없는 상황에서 단순히 재상업화와 관광시장화, 문화 덧씌우기만으로는 상업 트렌드 변화에 대응할 동력을 확보하기 어렵다.

공동체적 사회적 경제적 효과는 어떠한가?

마을재생이 마을의 물리적 사회적 환경을 개선하는 데 별다른 기여를 하지 못한다면, 사회적 경제적 문화적 효과가 있는지에 대해서도 검토할 필요가 있다.

마을재생의 사회적 효과는 주민참여 및 공동체 활성화와 관련된 것이다. 도시재생에서 가장 중요한 키워드는 **주민, 공동체, 마을**이다. 이 단어들은 우리가 당연히 가장 좋은 것으로 생각하는 따뜻함과 좋음을 대표하는 것들로서, 그 속에는 시민이 주체가 되는 이상적 참여민주주의와, 도시의 이질성과 삭막함을 무너뜨릴 만큼의 공간적 범위, 그리고 연대와 배려와 협력을 통해 자본주의를 극복할 수 있다는 비전이 담겨 있다.

도시재생공동체는 지리적 범위 내의 모든 사람들을 당연한 성원으로 하는 **지리적 공동체**인 데 반해, 여기에 적용된 방법은 자발적 참여자에 의한 **의도적 공동체 개념**이다. 이는 지리적 공동체가 모든 주민을 성원으로 하는 데 반해 의도적 공동체는 참여하는 자들만을 위한 것이라는 점에서, 형식과 내용 간의 괴리가 있는 방법론이라고 할 수 있다. 또한 도시재생공동체는 **동질성에 기반을 두는 일원적 체제로 설계되어, 이질적이고 이해 상충하는 도시재생 지역의 다원성을 포용하지 못한다.**

이에 더해 마을재생은 공동체를 통한 생산과 분배 방식인데, 분배될 가치는 '살기 좋은 마을'이라는 매우 추상적인 가치이며, 특히 거주 기간이 짧은 절반이 넘는 주민들에게는 아무런 혜택을 줄 수 없는 분배가치다. 이러한 이유로 인해 마을재생에서 주민참여는 매우 미흡한 실정이며, 그조차도 도시재생을 기득권 유지나 자본축적 기회로 생각하는 선주민-지주 집단에 의해, 선의의 참여자도 문화적으로 배제되는 경우가 매우 많다. 이러한 여러 요인을 종합해 볼 때, 대부분의 재생지역에서 공동체적 효과는 매우 미미하다고 할 수 있다. 그리고 이러한 주민참여의 미흡은 사회적 방식으로 공간가치를 생산하는 사회적 재생 형식을 취하는 현행 도시재생의 유일한 장점과 가능성을 훼손한다.

도시재생에서 사회적경제는 두 가지 차원에서 중요하게 요청되는데, 하나는 쇠퇴한 지역경제 활성화의 대안으로 협동조합 형태의 조직들을 육성하는 것이며, 다른 하나는 사회적협동조합 형태의 마을관리협동조합(마을기업)을 만들어 재생지역의 관리를 맡기는 것이다. 그러나 경제적 재생으로서의 사회적경제는 생산자와 소비자 모두 가치를 공유하고 연대할 때 활성화될 수 있지만, 도지재생지역에서 그것을 기대하기는 매우 어려우며, 단기간에 그런 연대 의식을 축적하는 것도 어렵기 때문에 경제적 대안으로서 협동조합을 만들어 육성하는 것은 매우 어려운 일이다.

또한 마을기업인 국토교통형 사회적기업은 도시재생사업을 통해 확보된 공동이용시설을 활용하고, 집수리와 같은 도시재생사업과 연계된 사업에 진출한다고 해도, 마을재생 규모가 너무 좁고, 이를 넘어서는 경우 시장과의 충돌이 불가피한 반면, 경쟁력과 전문성을 갖추기 어렵다는 점에서 최소한의 유지는 몰라도, 생산된 가치를 재생마을에 환원할 수 있는 잉여가치를 생산하는 것은 거의 불가능하다. 그리고 이러한 결과는 마을규모가 작고 주민들의 경영 능력이 미흡한 원인도 있지만, 영리적 활동을 수반하는 사회적경제에 대한 운동적 접근의 한계와, 사회적경제가 양극화된 시장경제를 보완할 수 있다는 공동체주의자들의 망상과, 일자리 수에만 집착하는 국가의 도구적 목적 등, 정책 설계의 오류가 더 큰 원인으로 보인다.

마을도 재생하지 못하는 도시재생

이와 같이, 현행 도시재생, 즉 마을재생은 물리적·사회적 환경의 개선, 주민참여와 공동체 활성화에 따른 사회적 재생 및 사회적경제 중심의 경제적 재생 등, 대부분의 분야에서 재생사업 지침이 의도하는 성과를 기대하기 어렵다는 것이 입증된다. 그리고 그렇게 기대에 미치기 어려운 것은 현장의 문제가 아니라 마을규모 도시재생 기획의 잘못 때문이다.

현행 마을규모 도시재생은 재개발 잔여지 문제를 해결하기 위해 기획되었지만, 사회 전반의 아파트로의 주택계급화로 인해 중산층의 귀환은 전혀 기대할 수 없고, 부동산시장의 특성상 자본의 귀환 역시 기대하기 어려운 상황이기 때문에 정부의 재생사업 예산을 제외한 민간투자를 유인하지 못하고 있다.

또한 도시재생은 재개발에 비해 현저히 부족한 경제적 자본을 대신하기 위해 주민들의 사회적 실천을 생산력으로 하는 사회적 재생 방식을 적용하지만, 쇠퇴한 주거지나 상업지의 이해 상충 가능성을 무시한 일원적 공동체 개념을 적용하고, 실천의 주된 주체가 되어야 하는 절대다수 세입자 계층에 대한 분배가 불가능함에도 불구하고 그들에게 성원으로서의 의무와 실천을 요구하는 모순된 구조를 갖추고 있다. 반면에 재생지역 주민들만을 배타적인 성원으로 하는 공동체는 인적 자원 면에서나 사회적경제를 추진하는 데 거의 아무것도 수행할 수 없는 너무나 작은 규모이지만, 그나마도 지배적인 세력에 의해 세입자와 젊은 층의 참여가 억압되고 배제되는 구조이며, 그러한 지배를 방지할 구조도 의지도 없다.

그 결과로 현행 마을규모 도시재생은 주민참여가 매우 미흡하기 때문에 재생지역의 공간적 범위에 대한 사회적 재생이 사실상 불가능한 상황이며, 도시재생의 전제라고 할 수 있는 도시 전체의 재생에는 더더욱 아무런 기여도 할 수 없다. 따라서 우리는 새로운 도시재생 방법을 모색해야 한다.

2) 지역재생의 방향

도시재생을 리모델링하기 위해서 우리는 도시쇠퇴라는 가장 근본적인 문제로 되돌아가야 한다. 여기서 도시쇠퇴는, 도시공간이 사회적으로 생산되는 것처럼 사회적 과정으로 이해되어야 한다. "사회적 프로세스들이 끊임없이 서로 상호작용하는 복잡한 동태적 체계"의 산물인 것이다(하비, 1983: 28). 자본주의 도시에서 도시쇠퇴는 자본주의 축적 체제에 의해 사물로서 또 상품으로서 쇠퇴되어 온 것이다. 그러한 점에서, 물리적 환경의 낡음을 도시쇠퇴의 주된 원인으로 보는 것은 타당하지 않다. 도시쇠퇴는 거시적인 산업구조의 변화와, 도시의 공간적 팽창에 따른 인구 및 소비 이동 그리고 사회문화적 변화의 결과다. 따라서 **도시재생이 도시쇠퇴에 대응하도록**

하기 위해서는, '주거지인가 상업지인가'와 같은 용도적 분류가 아닌, 도시쇠퇴를 야기하는 원인과 도시인들의 삶의 문제에 주목해야 한다.

이를 위해 새로운 도시재생은 마을재생이 아닌 지역재생이 되어야 한다. 지역재생은 재생지역 특정인들의 이해가 아닌 도시와 시민 모두를 위한 것이어야 한다. 지역재생은 현재보다는 미래에 어떤 도시가 되어야 하는지에 대한 비전과 합의를 기초로, 그러한 도시로 가기 위해 재생 사이트가 새롭게 맡아야 하는 역할을 부여하는 과정이 되어야 한다. 즉 **새로운 도시재생은, 쇠퇴해 가는 도시나 지역을 '경제적·인구통계학적·사회문화적' 측면에서 재구조화하는 과정이 되어야** 한다.

(1) 도시 구조의 조정

아무리 도시 전체가 쇠퇴했다고 하더라도, 여전히 시민들이 살아가고 있는 도시를 물리적으로 구조조정 하는 것은 매우 어려운 일이다. 하물며 한국에서 도시쇠퇴는 매우 국부적인 경우가 대부분이기 때문에, 도시재생을 통해 도시를 구조조정 한다는 것은 더더욱 어려운 일이다. 예컨대 도시재생이라는 말을 쓰지 않았지만, 태백이나 정선과 같은 탄광도시들이 관광도시로 탈바꿈한 것은 매우 예외적인 사례다. 도시 정체성이나 도시 전략을 재설정한다는 것은 그러한 인식과 공감과 실천 전략이 중요하지만, 탄광지역처럼 바닥이 흔들리는 위험을 느끼지 않은 상태에서 그러한 공감과 사회적 합의는 불가능에 가깝다.

그러나 도시의 구조조정이 폐광 도시에서처럼 전 도시적 수준에서만 필요한 것은 아니며, 도시 내 소지역적 수준이나 사회문화적·공간적 환경에서도 필요한 경우가 많다. 기성도시들은 도시화 과정에서 급격한 팽창을 겪어왔기 때문에, 광장, 공원, 도서관, 문화시설, 체육시설 등 현대사회에 걸맞은 공공 공간과 생활SOC를 적절한 위치에 적절한 규모로 갖추지 못한 경우가 많다. 따라서 쇠퇴한 원도심의 재생은 왜곡된 도시 구조를 개선하는 좋은 기회가 될 수 있다.

도시재생에 대한 이러한 방향의 접근은 철도 폐선 부지나 미군부대·군부대 이전적지, 도심 내에 위치한 공장이나 교도소 등과 같이 비교적 규모가 있는 이전적지가 발생했을 때 특히 유용하다. 또한 국내 중소도시들이 대부분 비좁은 내부 도로와 넓은 외곽 도로로 구성되어 있고, 도심에 광장이 없고 보행 접근성이 나쁘다는 약점이 있으므로, 소비 유출 등 도심 쇠퇴의 또 다른 원인이 된다는 점을 고려할 때, 이를 개선하려는 노력이 필요하다. 앞서 예시한 서천 봄의마을 사례(서천군, 2007)는 쇠퇴한 도시에 필요한 것은 또 하나의 상업 시설이 아니라 유모차를 끌고 모여들 수 있는 광장이라는 것을 보여준다.

동일한 시설이라도 어디에 있는지가 중요하기 때문에, 개별 시설 수준에서도 배치나 배열을 조정해야 되는 경우가 발견된다. 예컨대 우리는 도시재생을 통해 통계적 균형에 급급해 지어졌던 산꼭대기 도서관을 더 많은 사람들이 모이는 곳으로 옮길 수 있으며, 시내를 관통하는 철길로 단절되고 등을 돌리고 있는 지역들을 하나로 묶어낼 수 있다. 도시재생을 통해 변화된 도시 구조와 시민들의 접근성을 고려하지 못한 시설, 인구 대비 부족한 생활SOC 시설들을 추가로 확보하거나 재배치할 수 있다는 것이다. 하지만 대부분의 경우 주민들의 의견은 자신들의 지가 상승과 영업성 개선을 위한 도로 개설이나 주차장 확보로 모아지며, 지자체가 이를 따라가는 것이 현실이다.

(2) 주거 분리 폐해의 완화

한국에서 원도심 쇠퇴의 가장 큰 원인은 주택계급화다. 도시 외곽 지역에 대단위 신도시나 신시가지가 건설됨으로써 젊은 층과 중산층은 대부분 이주하고, 원도심에는 나이 들고 소비력이 낮은 부모 세대만이 남게 되는 것이다. 이러한 현상은 특히 중소도시에서 두드러지는데, 중소도시 전체의 인구 감소 추세와 맞물려 원도심의 전통시장 위축과 공동화를 발생시킨다. 특히 이러한 쇠퇴지역에서 빈집과 한계상업지, 과소학교가 나타나는 경향이 있다.

이와 같이 중소도시 쇠퇴에서 상대적으로 주목되지 않는 것이 결과적 주거 분리와 원도심 지역의 인구학적 문제이며, 이는 사회적·경제적 문제들로 연결된다. 이러한 지역의 도시재생에서 흔히 권고되고 채택되는 것이 노인복지 관련 프로그램과 생활SOC의 확충, 마을기업 중심의 공동이용시설 설치 등인데, 이런 방식의 주거지재생사업이 얼마나 실효성이 있으며 지속가능한지에 대해서 입증된 바가 없다. 또한 전통시장의 가장자리에 위치한 한계상업지의 재상업화나 공방 설치식의 문화적 재생도 마찬가지다.

따라서 이러한 지역들에서 재생지역만의 회생 전략, 즉 마을재생의 개념은 대부분 좋은 계획이 되기 어렵다. 우리가 계획을 수립하기 전에 검토해야 하는 것은 **현재의 수요에 맞는 재생을 할 것인지**, 아니면 **미래를 위한 계획을 할 것인지**를 결정하는 일이다. 아파트로 떠나간 중산층이 (서구에서처럼) 돌아올 확률이 거의 없다고 보면, 현재의 주거 수요에 맞추는 경우 쇠퇴한 주거지는 노인과 빈민들의 거주지로 남을 것이고, 공동체 활성화의 동력도 매우 미약할 것이기 때문이다. 반대로 미래지향적으로 계획을 수립한다면 노인과 빈곤층에 대한 주거복지 대책은 전 도시적 또는 지역적 수준에 위임하고, 쇠퇴지역에 대해서는 인구구조를 개선해 가기 위한 전략이 필요하다. 도시재생이 지역재생이 되어야 하는 이유다.

이렇게 중도시의 쇠퇴한 원도심에 남겨진 이들은 대부분 노년층으로, 그곳은 '**연령계급화**'된 공간이다. 그곳은 아파트로의 **주택계급화**를 위해 젊은 가족들을 징발하고 남은 곳이다. 따라서 이런 지역에 필요한 지역재생은 예술가를 위한 공방이나 창업 점포가 아니다. 문화적 재생이나 경제적 재생을 포함하더라도, 반드시 공공임대주택 형식의 청년 주거를 포함해야 한다. 젊은 층의 거주와 활동을 회복함으로써 소비 경관을 바꾸고 장기적 인구 대안의 발판을 마련해야 한다.

또 다른 방안으로 학교나 터미널과 같은 이전적지와 한계상업지의 경우,

매입을 통해 더 넓은 지역(소생활권)을 대상으로 하는 생활문화시설의 설치를 검토할 수 있을 것이다. 물론, 이를 위해 생활SOC의 설치를 통해 지역의 생활 경관이 어떻게 바뀔 수 있는지에 대한 조사 분석이 선행되어야 할 것이다.

(3) 미래사회에 대응

도시쇠퇴는 급격한 사회 변화로 인해 사회문화적 형태로 나타날 수 있다. 예컨대 어떤 도시가 나름 열심히 관리해 왔다고 해도, 4차 산업혁명과 같은 패러다임적 변화에 적응한다는 것은 쉬운 일이 아니다. 최근, 후기산업시대의 화두로 언급되는 언택트나 메타버스와 같은 개념들은 머지않은 미래에 도시인들의 삶과 사회적 관계가 크게 변할 것임을 예고하고 있으며, 우리는 도시재생을 통해 그러한 사회에 대비해야 한다. 앞서 문화적 재생에서 논의한 바와 같이, 미래사회의 과학기술 발달에 따른 산업과 노동의 변화는 고용 형식의 변화와 절대 노동시간의 감소로 예측되고 있는데, 이는 개인들에게 경제적·시간적 자기 경영의 강요로 작용할 것으로 보인다.

이러한 변화를 도시사회학적 관점에서 본다면, 재택근무와 다중 계약적 경제활동이 늘어날 것이며, 인간의 사회적 활동의 상당 부분은 디지털 공간으로 옮겨갈 것이다. 노동시간의 감소는 취향과 문화 활동의 중요성을 증대시킬 것이며, 취향에 관련된 활동들은 함께 재생산을 준비할 단란 활동을 대체하고, 직장 동료와의 회식 문화를 대체할 것이다. 도시가, 더 이상 공동체와 조직에 운명을 맡기지 않고 맡길 수도 없는 개인들로 이루어진 사회에서, 대체된 인간 노동력에 따라 남아도는 개인들의 시간과 지루함을 건강하게 해소할 수 있도록 도와야 하는 것이다.

그러나 미래사회에서 도시민들의 문화 활동은 생산과 향유와 소비의 위치가 엄격히 구분되어 온 지금까지의 그것과는 다른 것이 될 것으로 보인다. 미래인은 스스로 생산하고 스스로 소비하고자 하기 때문이다. 미래사회의 변화에 대한 대응은 그 자체로 문화적 재생의 형식이 되어야 한다. 그

그림 7-1 도시쇠퇴 원인과 지역재생 방향

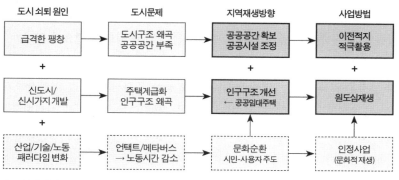

자료: 저자 작성.

러나 그것은 기존 도시재생의 문화 덧씌우기가 아니라, 문화생산과 문화소
비가, 삶과 문화가 순환하는 문화공간을 만드는 것이다. 문화순환형 문화
재생이다. 그곳에서 시민은 단순한 문화복지의 수혜자가 아니라 콘텐츠를
스스로 제작하는 능동적 주체가 된다.

문화순환형 문화재생은 인정사업 형태가 적합하다. 재생사업의 추진과 운
영은 이해관계를 가진 주민이 아니라, 전 도시의 애호가-이용자-시민이 된다.

2. 지역재생 실행 방안

1) 지역재생의 실행 체계

계획체계: 새로운 전략계획 + 인정사업

새로운 도시재생 모델은 마을재생에서 지역재생으로 전환하는 것으로,
마을규모 소지역 쇠퇴를 제한적으로 개선하는 것이 아니라, 쇠퇴하는 도시

나 지역을 재구조화하는 방향으로 전환하는 것이다. 이를 위해서 새로운 도시재생은 도시재생전략계획을 가칭 '지역재생전략계획'으로 바꾸고, 활성화 계획을 '인정사업' 중심으로 전환하는 방안을 검토할 필요가 있다.

새로운 지역재생에서 도시재생전략계획이 무용한 것은 그것이 활성화지역 선정을 위해 '도시재생과 관련한' 자료 등을 조사·분석하는 역할만을 수행하도록 되어 있을 뿐, '도시 전체 재생을 위한' 방향을 설정하고 제시하기 위한 조사·분석은 수행하지 않기 때문이다.[1] 그리고 이러한 사실은 현행 도시재생사업이 처음부터 말 그대로의 도시재생이나 지역재생을 목표로 디자인된 것이 아니라, 쇠퇴한 (소)지역들을 마을단위재생하기 위한 것으로 설계되었음을 보여준다.

도시재생전략계획이 말 그대로의 지역재생을 위한 마스터플랜 역할을 하기 위해서는 전략계획 수립 과정에서 도시 전체의 비전과 그 실행전략을 재검토하고, 도시 구조 개선과 쇠퇴한 지역을 포함한 물리적 환경의 개선 방향이나 생활SOC의 배치 상황과 재배치 방안, 비전과 관련된 전략시설의 확보 등과 관련된 내용에 대한 조사 분석과 계획이 포함되어야 한다. 여기서는 이러한 내용이 포함된 전략계획을 가칭 지역재생전략계획으로 부르고자 한다.[2]

---

1 도시재생전략계획은 "도시 전체 또는 일부 지역, 필요한 경우 둘 이상의 도시에 대해 도시재생과 관련한 각종 계획, 사업, 프로그램, 유형·무형의 지역자산 등을 조사·발굴하고, 도시재생활성화지역을 지정하는 등 도시재생 추진 전략을 수립하기 위한 계획"으로 정의되지만, 계획에 포함되어야 할 내용은 쇠퇴진단 및 물리적·사회적·경제적·문화적 여건 분석, 활성화지역의 지정/변경, 활성화지역별 우선순위를 정하는 역할만을 명시하고 있고, 실제로도 그렇게 시행되고 있다.

2 생활권계획은 도시기본계획의 부문별 계획으로서 도시기본계획의 내용을 수용해 도시가 지향해야 할 바람직한 미래상을 생활권 단위로 구체화하는 동시에 정책계획과 전략계획을 실현할 수 있는 하위계획인 도시관리계획의 직접적인 지침적 역할을 하는 계획이다. 생활권계획은 도시 전체의 발전 방향을 제시하는 포괄적인 계획인 도시기본계획과 개별 필지 단위로 수립되는 구체적 계획인 도시관리계획으로 이원화되어 있는바, 생활권계획은 이 두 계획의 간극을 메우기 위한 것으로 2014년에 도입되었다. 생활권계획은 통근·통학·쇼핑·여가·친교·업무·공공서비스 등 주민들의 일상 활동이 이루어지는 생활권을 단위로 설정하고, 계획

또한 지리적 범위를 구획해 면적으로 추진되는 현재의 쇠퇴지역을 위한 재생사업은 점적 형태의 인정사업 중심으로 대체할 필요가 있다. 2020년에 새로 도입된 '도시재생 인정사업'은 지자체가 부지를 매입해 특정 시설 용도를 부여하며 주민협의체 구성에서 융통성이 있다는 점에서, 면적 범위를 가져야만 했던 기존의 도시재생사업의 한계를 넘을 수 있는 가능성을 내포하고 있다.[3]

인정사업체제로의 전환을 통해 우리는 예산의 선택과 집중 효과를 기대할 수 있다. 마을단위의 기존 도시재생은 사실상 사안별 나눠 주기의 형태로 진행되며, 그마저도 공동이용시설이나 주거환경정비에 예산을 배정하고 나면 그 이상의 전략적 시설 설치는 거의 불가능한 현실이다. 반면에 지역재생은 전략 시설에 집중하고, 공동이용시설들은 충분한 수요 조사나 운영 계획에 따라 별도의 사업을 추진하는 것으로 전환하자는 것이다.

사업 방법: 지역자산화와 책임 운영

지역재생전략에 입각한 전략사업의 적극적 추진을 위해 도시재생사업은

과정에 주민들을 참여시켜 지역 특성에 맞는 과제를 발굴하도록 하고 있다. 생활권계획은 자치단체에서 필요하다고 인정하는 경우에 수립하는, 관리계획의 일종이다(서울특별시 알기 쉬운 도시계획 용어사전, 2020.12). 그러나 생활권계획이 지역재생전략계획을 대신하기는 어려울 것이다. 생활권계획은 기본적으로 관리계획이기 때문이다. 그보다는 국토부의 공간환경전략계획을 활용하거나 인정해 주는 방안을 검토할 필요가 있다. 민간전문가 제도와 연계해 국토부가 지자체에 용역비 지원 형태로 선정 지원하는 공간환경전략계획은 당초에는 점적·선적 사업에 대한 설계지원 형태로 추진되었으나, 최근에 당진시 신평면 사례에서 신평면 지역이 농림부의 '농촌협약' 사업에 선정된 것과 통합해 지역의 미래상과 구체적인 사업들을 도출하고 있어서, 앞서 언급한 지역재생전략계획에서 요청되는 대부분의 목표를 포함할 가능성을 보여준다.

3   도시재생 인정사업은 도시재생전략계획이 수립된 지역에서 도시재생활성화지역과 연계해 시행할 필요가 있다고 인정하는 사업을 말하는데, 그 공간적 범위에서 점 단위사업이라는 점에서 주목된다. 더구나 국토부는 기존 면적인 사업의 공모 비중을 줄이고, 인정사업을 늘리는 방향으로 정책을 전환하고 있다. (기존 도시재생전략계획에 근거하지만) 상위계획으로서의 지역재생전략계획이 없는 상태에서 선정·시행되고 있는 현행 인정사업은 그 시설 프로그램의 측면에서 지역에 기여하기 어려운 경우가 많이 발생하고 있다.

적극적인 자산 매입과 지역자산화를 추진할 필요가 있다. 물론 인정사업에서는 대부분 협의 매수를 원칙으로 하고 있지만, 특히 상업지처럼 소유관계가 복잡한 경우에는 협의 매수에 많은 시간이 걸리며 이른바 '알박기'가 일어날 수 있기 때문에, 필요한 경우 도시계획사업에 준한 토지수용권의 부여를 검토할 필요가 있다.

이러한 수용권은 특히 쇠퇴한 상업지재생 과정에서 필요한 경우가 많다. 선정된 뒤에 예산을 받는 현행 도시재생체계로는 어렵겠지만, 지자체 차원에서 선제적으로 매입이나 수용을 검토하고, 어려울 경우에는 사업을 포기하는 방안을 검토할 수 있다.[4]

더구나 이렇게 매입·수용해 조성한 시설을 '지역자산화'하는 방안도 적극적으로 검토할 필요가 있다. 지역자산화는 '토지와 건물 같은 부동산을 특정한 사람이 사유화하거나 국가가 소유하는 국유화 방식으로 두는 것이 아니라 지역 주민 다수가 소유권(또는 운영권)을 가지고 운영하는 것'을 말한다.[5]

유럽에서 지역자산화의 대상이 되는 토지나 시설 자산은 역사성 있는 경우에 한정되는 편이며, 그 운영은 민간에 장기 무상임대 방식(신탁)으로 맡기는 것이 일반적이다. 역사적 자산을 보전 획득해 도시재생이나 지역 활성화에 활용한 대표적 사례로는 영국 런던의 코벤트가든(Covent Garden)이나 독일 베를린의 페퍼베르크(Pfefferberg) 등을 들 수 있다. 특히 영국에서 역사적 시설을 지역자산화할 수 있는 데는 역사적 지역자산의 가치를 존중하는 시민의식과 그러한 지역사회의 요청을 받아들일 줄 아는 지방정부와 자본가들 간의 불문법적으로 공유된 인식과 그러한 인식을 제도화한 'Localism Act'와 같은 법을 제정해 지원하고 있다.

---

4 새로운 지역재생 체계에서, 쇠퇴한 상업 시설에 대한 도시재생사업은 시행하지 않는 것을 고려해야 한다. 상업지 쇠퇴 자체가 상업 환경의 변화와 과잉 개발에 의한 것이며, 상생협약과 같이, 공공이 자본 간의 이해 다툼에 섣불리 개입하는 것이 적절한 것으로 보기 어렵기 때문이다.

5 행정안전부 블로그, https://blog.naver.com/mopaspr/222196355115.

그림 7-2 독일 베를린의 페퍼베르크(문화시설)

주: 동베를린 지역에 위치한 이 시설은 양조장을 개조해 조성되었으며, 자치구에서 재단을 설립해 무상
   임대하고 독립적 운영을 보장하고 있어서, 베를린에서도 몇 안 되는 성공적인 모델로 평가받고 있다.
자료: 주대관 촬영(2016.1.28).

  한국에서, 역사적 의미에서의 자산은 지방자치단체에서 중앙정부의 지
원을 받아 지속적으로 매입해 보존 활용에 나서고 있으며, 지역자산을 활용
한 도시재생 관련 연구에서도 그러한 활용을 권장하고 있지만(이왕건 외,
2011), 여기서 논의하고 있는 바와 같은, 역사적 가치가 낮은 쇠퇴한 상업
시설은 이에 해당하지 않는다. 따라서 사유재산권이 공익에 우선하는 한국
에서, 쇠퇴한 시설이 존재하는 토지를 지역재생을 위해 재활용하기 위해서
는 더 적극적인 매입이 필요한 경우가 많다.[6]

  물론 이렇게 도시재생사업을 통해 도심 내의 쇠퇴한 토지·건물 자원을
확보해 지역재생의 전략적 자산으로 활용하는 것만으로 지역재생이 간단
히 성취된다고 말할 수는 없다. 지역 단위의 전략에 입각한다는 점이 다를
뿐 지역재생이 기존의 지자체 문화시설 등을 건설하고 위탁 운영해 왔던 방

---

6 2020년부터 시행되고 있는 행정안전부의 지역자산화 지원사업은 역사적 자원에 대한 자산
화라기보다는 사회적경제 조직에 대한 지원의 성격이 강하다. 지역사회에서 발생하는 공간
과 관련된 문제를 해결하고 공간을 활용해서 지역사회가 더 활성화될 수 있는 방안을 찾기
위한 대안적 목적으로 시행되는 이 사업은 사회적기업 등을 대상으로 최고 10억 원을 10년
상환으로 대출해 주는 보증 방식이기 때문에, 상환하려면 상당한 수익사업을 해야 하는 어
려움이 있다.

식과 크게 다르지 않기 때문이다.

이와 관련해 '공유재산법'(공유재산 및 물품 관리법)은 기본적으로 지방자치단체가 소유하는 현금 이외의 모든 재산적 가치가 있는 물건과 권리를 직영·민간위탁·대부·신탁 중 하나의 방식으로 운영하도록 규정하고 있는데, 공유재산 관리의 기본적인 시각은 위탁 또는 대부를 받는 자가 수익을 내는 것을 전제로 입찰을 통해 모두에게 공평한 기회를 주는 데 초점을 두고 있다. 현행법을 적용할 경우, 도시재생을 통해 지역자산화를 하더라도 직영 방식을 택하지 않는다면 입찰을 통한 민간 위탁과 대부만이 가능한데, 문화적인 분야에서 입찰과 대부는 최고 2회로 5년까지만 가능하기 때문에 지자체가 운영 지원금을 줄이기 위한 평가에서 경영 능력에 우선을 두는 경우, 운영 주체가 공익보다는 수익성에 더 치중할 염려가 있으며, 지속적 운영이 보장되지 않는다는 점에서 새로운 운영 대안의 마련이 요구된다.[7]

또한 운영과 관련된 대안으로, 지역자산화에 관한 영국·독일 등에서의 사례들은 부동산을 개발·관리하는 재단법인과 유사한 형태의 민간 또는 독립된 민관 조직을 구성해 100년까지 장기 유무상 임대를 주고 운영의 자율성을 보장하는 방식이다. 물론 우리는 우리에 맞는 방식을 논의해서 찾아야 하겠지만, 고려해 볼 수 있는 현실적 방안으로는 지역의 이용자 집단을 협동조합 방식의 사회적기업으로 육성해 안정적으로 '대부'하는 것을 고려해 볼 수 있을 것이다.

지역자산화를 통해 도시재생에서 무엇보다 중요한 것은 '자산기반 지역사회개발'[8]로 나아갈 수 있다는 점이다. 지역자산화 방안은 물리적 자산을 확보하는 것을 넘어 주민-이용자-향유자 집단의 사회문화적 실천을 통해

---

7 지자체 직영의 경우 전문성 확보에 한계가 있고, 위탁의 경우 최장 5년까지만 운영이 가능해 운영 주체의 안정적 운영이 어렵고 실적에 민감할 수밖에 없으며, 대부의 경우 최장 10년까지 가능하나 대부 대상의 전제 조건이 충족되어야 한다. 가장 유력하게는 최장 30년까지 가능한 (지역공동체) 신탁 방식을 검토할 수 있으나 최저 자본금이 70억 원 이상이며 주로 부동산 관리·개발에 적용하는 방식이다.

8 ABCD, Asset Based Community Development.

무형의 자산을 집적시키고 육성해 나가는, 토지자본으로부터 자유로운 플랫폼을 만드는 것이기 때문이다. 그리고 그러한 실천을 통한 지역·공간가치 생산방식은, 이해가 상충하는 지리적 범위 내의 주민들을 하나의 공동체로 묶어 사회적 실천을 요청하는 현행 도시재생의 생산방식에 비해 훨씬 현실적이며, 훨씬 더 합리적이며, 훨씬 더 생산적인 방식이라고 주장된다.

2) 주민참여 방법의 전환

주민에서 사용자로

현행 마을규모재생에서는 주민참여는 단순히 참여 자체에 그치는 것이 아니라, 지역에 대한 애착을 가지고 주체적으로 실천해 지역을 발전시키는 행위이며 과정이다. 이를 위해 도시재생은 재생지역 주민들에게 배타적인 권리와 의무를 부여하고 있는 것인데, 이는 도시재생이 새마을운동에서 농촌마을개발사업으로 이어진 내발적 지역개발이론을 바탕에 깔고 있음을 보여준다.

그러나 농촌지역과는 달리 도시재생지역은 40%의 토지자본가와 60%의 단기 체류 주민들로 구성되기 때문에, 이질적일 뿐만 아니라 이해 상충하는 곳이다. 도시마을에서 '경제하는 공동체'는 사실상 불가능하고, 공유할 가치나 거리도 거의 없다는 점에서, 이렇게 주민들을 경제적·사회적으로 하나의 이해와 관심을 가진 공동체적 집단으로 가정하고 그들의 집단적이며 내발적인 실천을 기대하는 것은 좋은 기획이 될 수 없다. 더구나 도시재생은 자본가와 세입자로 상반된 입장에 있는 주민들에게 사회적 실천이라는 막중한 역할을 요청하면서도 응분의 분배를 보장하지 못한다.

주거지재생과 같이 경제적 측면이 미약한 경우에 그러한 기획은 사회적 측면만이 남게 되고, 이는 사회적 실천을 위해 공동체적 활동을 하는 것이 되기 때문에 자기 순환적 오류가 된다. 실제로 도시재생사업의 활성화 계획 가이드라인 등에서 공동체 활성화 방법은 사실상 아무것도 없다. 현행 도시재생은 주민들에게 공통의 '필요'를 제기할 수 있는 기제가 되지 못하고 있다. 또한 상업지재생에서는 상업 활성화라는 공동의 목표가 존재할 수 있다는 점에서 유리하지만, 토지자본과 상업자본이 한 몸이거나 협력적 관계가 구축되어 있지 않다면, 도시재생의 추진 기간에 계속적인 손바뀜이 일어나기 때문에 공동체적 활동이 어려워진다.

새로운 도시재생에서는 오직 **실천함으로써만 권리가 부여되고 행복을 분배받는 사용자 집단에 주목해야** 한다. 이를 위해 계획의 공간적 범위는 재생지역 바깥의 잠재적 공간 소비자들이 거주하는 아파트 단지나 지역과 도시 전체로 확장되어야 한다.

도시재생이 마을주민들에게 '내발적 발전의 주체로서의 주민'이라는 과도하게 무거운 임무를 요청하지 않더라도, 앞서 말한 바와 같이 '후기산업도시의 도시 전략은 문화'라는 것을 이해한다면, 도시재생이 시민들의 사회적 실천을 통해 생산하고 분배해야 할 것이 '문화'의 형태가 될 수 있어야 한다는 데 쉽게 동의할 수 있을 것이다. **문화야말로 도시의 가장 중요한 생산품이되는 시대**이고, '문화와 문화적 소비'가 도시경제를 책임지는 시대이며, **문화와 취향이 도시인들의 삶과 사회적 관계와 시간적 잉여를 채워줄 자양분이 되는 시대**이기 때문이다.

새로운 도시재생에서는 기득권적이며 정체 불명한 '주민'이 아니라, 생활권 지역이나 전 도시의 시민들이 시설의 사용자로서 참여하고 운영하게 해야 한다. 도시재생이 가치를 생산할 수 있는 정책이라면, 그 생산과정은 참여자들에 의해 결정되고 실천되어야 하며, 생산되는 가치는 가치 생산에 참여하는 이들에게 분배되어야 하기 때문이다. 마케팅을 위한 공간이 소비자가 주인이 되어야 하듯이, 새롭게 생산될 (문화적) 공간은 공간 사용자들이 주인이 되어야 한다.

주민에서 사용자로의 전환은 마을과 지역사회를 가족이 아닌, 클럽으로 만드는 것에 비유할 수 있다. **현행 도시재생의 주민과 공동체 개념은 언제 이사**

오고 떠나가도 그만인 이웃에 대해 혈연으로 묶여 벗어날 수도 없고, 사랑할수록 희생하고 책임져야 하는 가장 불평등한 관계인 가족이 될 것을 강요한다. 클럽에서 회원의 입회는 승인이 필요하지만 탈퇴는 자유다. 그리고 성원권의 유지는 문화적 실천으로 결정되며, 분배는 문화자본의 형태로 개인적·집합적으로 이루어진다. 문화적 실천은 공간적 범위의 내부와 외부를 넘나든다.[9]

도시재생사업을 인정사업 중심으로 전환하는 것은 사용자 다중이 주체가 되어 실천하고 사용하는, 도시나 지역 단위의, '클럽' 성격의 '점적' 시설들의 네트워크를 지향하는 것이다. 따라서 현행 도시재생이 지향했던 지역 주민들의 공동체 활성화와 같은 목표는 전 지역사회 차원의 또 다른 프로그램으로 이관해야 한다.

공동체에서 다중으로

한국에서 우리는 누구나 공동체에 소속되어야 하고 '공동선'이나 '공동체 정신'을 가져야 한다는 데는 별로 이의가 없다. 그리고 우리는 인간이 사회적·정치적 존재라는 공동체주의의 전제에 동의하지만 그러한 이유로 마을공동체의 구성원이 되어야 한다는 데, 마을에서의 집단주의적 실천과 관계에 충실해야 한다는 데 동의하기는 어렵다.

여기서의 '우리'는 공유된 이해와 역경을 통해 응고되고 공고해진 어떤

---

9 이와 관련하여 우리는 왈저가 공동체의 확장에 따른 문제를 논의하기 위해 이웃, 클럽, 가족의 개념을 비교하는 것에 대해 살펴볼 필요가 있다. 여기서 가장 느슨한 개념인 '이웃'은 "조직된 혹은 법적 강제를 가진 입장 정책이 없는 결사"로서, "이방인은 환영받거나 환영받지 못할 수는 있으나, 받아들여지거나 배제될 수 없다"(Walzer, 1983: 36). 다음으로, 클럽과의 유비(analogy)는 전입과 탈퇴의 비대칭성 때문에 유용하다. 대부분의 공동체는 탈퇴에 대해서는 제한이 없지만 입장에 대해서는 제한을 둔다. "입장의 제한은 서로에게, 그리고 그들의 공동의 삶에 헌신하는 일단의 사람들의 자유·복지·정치·문화를 방어하기 위한 것이다"(Walzer, 1983: 39). 재생마을에서 입장의 권리는 아파트 단지에서처럼, 재산권의 매입을 통해 획득된다. 오래 살았더라도 재산권을 가지지 못하면, 회원권을 가지지 못한 사람처럼 (사실상) 클럽에 입장할 수 없다. **도시재생 마을공동체는 가족을 지향하는 것처럼 보인다.** 왈저는 (지리적 공동체로서) **"국가(공동체)는 클럽이라기보다 가족이다"**라고 주장한다. **"어려운 일이 있을 때 가족은 피난처가 되기"**(Walzer, 1983: 41) 때문이다.

것을 가지고 있지는 않더라도, 적어도 공동의 이해는 공유하는 존재다. 그러나 듣는 것만으로도 가슴이 따뜻해지는 이 우리의식은 타자, 이방인, 이주민을 거부한다. 이 우리의식은 내적 연대를 통해 단단해지며, 동질적 집단과의 외적 연대를 통해 확장된다. '연대'와 '호혜'라는 단어는 공동체주의와 사회적경제의 핵심 가치다. '우리'와 '연대'라는 개념은 그 자체로도 폐합된 개념이며, 그 속에는 상당한 윤리의식이 내재되어 있기 때문에, 자칫하면 윤리적 우월감을 통해 자신들만을 좋은 집단으로 간주하고, 그들과 다른 가치를 가진 사람들이나 집단들을 얕잡아 보거나 억압하거나 무관심할 수 있다.

도시재생과 마을공동체가 주민들 개개인에게 놓인 그러한 상황을 얼마간이라도 개선해 줄 수 있는 것도 아니면서, 그들은 왜 공동체적 실천을 요청하는가? 공동체주의는 단지 물리적으로 매우 가깝게 살아가는 것뿐인 우리에게, 집합적으로 살아가는 우리에게, 공동체적 집단으로 살아가야 한다고 말하는가? 우리는 왜 선한 이웃의 집합적 일원으로서, 서로의 자유와 권리를 존중하면서 느슨한 관계로 살아가면 안 되는가?

그것이 마을공동체주의자들에게 남아 있는 마르크스주의의 흔적이든, 공무원들의 행정편의주의이든, 마치즈쿠리를 추종하는 이들의 로망이든, 이미 자본주의에 몸이 젖은 이들의 노년 행복이든 간에 그들이 왜 도시재생을 공동체주의적으로 접근하는지, 왜 아직도 그러한 집단주의적 환상에 사로잡혀 있는지는 중요하지 않을 수 있다.

중요한 사실은 현대 도시인 대부분이 공동체적 인간도 아니지만, 적어도 자신들만의 행복과 연고에 치우쳐 불공정을 일삼는 마을 내의 공동체적 인간들에 비해, 더 높은 시민의식과 타인에 대한 배려를 보여준다는 것이다. 그들은 공동체 친화적이지는 않고 마을에서 필요를 구하지 않으며 마을에서의 실천에는 익숙지 않지만, 정의로운 시민으로서 촛불집회장을 묵묵히 채우며, 세계시민으로서 난민들을 응원하고 그들을 돕는 일에 적은 수입의 일부를 할당할 줄 아는 시민들이다. 비판적 소비주의(운동)에서[10] 보는 것과 같이, 아무런 조직이 없어도 건강한 시민들은 불매운동을 통해 일본의 부당함을 응징하며, 구매운동(돈쭐)을 통해 아프가니스탄 난민들을 받아들인 진천 군민들을 응원한다.

따라서 어쩌면, 마을공동체주의에 동의하지 않더라도, **집합적이며 다중적인 실천 방식을 가진 그들이야말로 후기산업도시를 혁신할 수 있는 자질을 더 많이 가진 사람들**이며, 그들의 방식이 더 적합한 것일 수 있다. 그리고 우리에게 필요한 힘은 폐쇄적 공동체 구성원들 간의 강한 내적 연대와 응집력이 아니라 타자를 설득하고 포섭해 대안적 가치와 그 실천을 확장하고 그 결과를 함께 나누려는 연대, 좁고 깊어서 실천하기 어려운 것이 아니라 얕더라도 넓은 실천과 연대일지 모른다는 것이다. 자기들만의 공고한 연대는 그들의 가치가 선한 것이고 그들의 실천이 탁월하더라도, 그 선함은 확산되기 어렵기 때문이다.

그곳은, 다양성과 배려와 민주적 토론의 규칙이야말로 가장 중요한 공동의 가치가 되며, 시민의식에 기초한 규범이 '타자에 대한 존중'과 상충하는 이해를 조정할 수 있는 장치가 되는 사회다. 그리고 그곳은 자유와 평등, 공동선의 문제에 대한 명확한 일치 여부와 무관하게, 갈등으로 소란스럽더라도 누구나 그 공동체의 일원이라는 사실을 인식할 수 있게 해주는 공동체, 서로 다른 주체 위치들 간에 '등가성'이 보장되는 공간이다. 그곳에서 우리는 서로 다르기 때문에 서로를 인정하고 존중해야 하며, 모두가 소수자이기에 연대해야 한다. 따라서 그러한 우리에게 요구되는 것은 공동체가 아니라, 공동체적 '관용'과 타자에 대한 '환대'인 것이다.

좋은 사회란 나란히 한곳을 바라보는 사회가 아니라, 함께 어울려 사는 사회다.

---

10 비판적 소비자운동(critical consumerism)은 윤리적·정치적 신념에 따라 특정 제품을 구입하거나 구입하지 않는 의식적인 선택으로, 소비자는 특정 사회운동 목표에 공감해 소비행동에 나섬으로써 운동에 기여할 수 있다. 여기에는 불매운동(boycott)과 구매운동(buycott)이 모두 포함된다.

참고문헌

강대기. 2001. 『현대사회에서 공동체는 가능한가』. 아카넷.

강동진. 2010. 「산업유산 재활용을 통한 지역재생 방법론 연구」. ≪한국도시설계학회지≫, 11(1), 157~178쪽.

강동진·남지현·권영상. 2009. 「산업유산 재활용을 통한 도시재생」. ≪도시정보≫, 331, 3~13쪽.

강동진·오세경. 2003. 「산업유산의 유형별 재활용 특성 탐색」. ≪한국도시설계학회지≫, 4(3), 59~71쪽.

강정운. 2006. 「지속가능한 도시발전을 위한 도시이미지 마케팅」. ≪지역발전연구≫, 6(1), 187~207쪽.

계기석. 2010. 「도시재생을 위한 문화전략모형의 적용방향연구, 부천시를 중심으로」. ≪도시행정학보≫, 23(4), 175~194쪽.

고은정 외. 2006. 「담장허물기 사업으로 인한 보행환경의 변화가 커뮤니티 의식에 미치는 영향」. ≪한국도시설계학회지≫, 7(4), 77~86쪽.

국토교통부. 2013. 국가도시재생기본방침.

_____. 2014. 도시재생활성화계획수립가이드라인.

_____. 2020.12.31. 국토교통형 예비사회적 기업 우수사례 선정.

권영상·심경미. 2009.12.26. 「근대건축물 활용을 통한 지역활성화 방안 연구」. 건축도시공간연구소, AURI-기본-2009-5.

그레이버, 데이비드(David Graeber). 2009. 『가치이론에 대한 인류학적 접근』. 서정은 옮김. 그린비.

기든스, 앤서니(Anthony Giddens). 2008. 『자본주의와 현대사회이론』. 박소영·임영일 옮김. 한길그레이트북스.

김걸. 2007. 「서울 젠트리피케이션의 발생원인과 설명요인」. ≪한국도시지리학회지≫, 10(1), 37~49쪽.

김걸·남영우. 1998. 「젠트리피케이션의 쟁점과 연구동향」. ≪국토계획≫, 33(5), 83~97쪽.

김권수. 2014. 「서울시의 도시재생사업이 주민의 마을만족도와 공동체의식에 미치는 영향」. ≪공공사회연구≫, 4(1), 66~92쪽.

김경일. 1990. 『공동체 이론』. 문학과 지성사.

김남선·김만희. 2000. 「지역공동체와 사회자본과의 관계에 관한 연구」. ≪지역사회개발학술지≫, 10(2), 1~30쪽.

김덕영. 2004. 『짐멜이야 베버냐』. 한울엠플러스(주).

_____. 2012. 『막스 베버』. 도서출판 길.

김동수. 1993. 「현대 공동체주의의 사상적 기초: 자유주의적 개인주의 비판을 중심으로」. ≪한국정치학회보≫, 26(3), 7~21쪽.

_____. 1994. 「민주주의와 공동체주의: 자유주의·공동체주의 논쟁을 넘어서」. ≪한국정치학회보≫, 28(1), 275~296쪽.

_____. 1995. 「민주주의론의 재조명: 민주주의와 상이성」. ≪한국정치학회보≫, 29(2), 125~144쪽.

김미영. 2006. 『현대공동체주의: 매킨타이어, 왈저, 바버』. 한국학술정보(주).

_____. 2015. 「현대사회에 존재하는 공동체의 여러 형식」. ≪사회와 이론≫, 27, 181~218쪽.

김새미. 2012. 「영국의 문화주도 재생정책: 뉴캐슬게이츠헤드 사례연구」. ≪유럽연구≫, 30(3), 183~215쪽.

김소희. 2008. 「작은 도서관 운동의 마을 만들기적 성격에 관한 연구」. 성공회대학교 석사학위논문.

김수아. 2015. 「신개발주의와 젠트리피케이션」. 『황해문화』, 43~59쪽.

김수영·장수지·문경주. 2013. 「신공동체 구축을 위한 시론」. ≪한국지방정부학회 2013 춘계학술대회 발표논문집≫, 333~358쪽.

김영정. 2008. 「지역거버넌스와 공동체 운동 전주시 '전통문화중심도시만들기' 운동의 사례분석」. ≪지역사회학≫, 9(2), 5~33쪽.

김은경·변병설. 2006. 「문화도시의 충족조건: 인천남구의 문화 환경정책을 중심으로」. ≪한국경제지리학회지≫, 9(3), 443~448쪽.

김의수. 2001. 「한국사회와 공동체」. ≪사회와 철학≫, 1, 206~232쪽.

김재훈. 2013. 『사민주의 복지국가와 사회적경제』. 한울엠플러스(주).

김정은 외. 2003. 「주민참여 마을만들기의 활동과 참여주체에 관한 연구」. ≪한국도시설계학회 2003 춘계학술논문집≫.

김지현·손철성. 2009. 「세계시민주의, 공동체주의, 자유주의」. ≪시대와 철학≫, 20(2), 93~126쪽.

김진아. 2013. 「공동체주의 정의론의 에서 본 마을만들기 사례 비교·분석」. 서울시립대학교 대학원 도시행정학과 박사학위논문.

김찬호. 2000. 「도시계획의 패러다임과 의사소통이론」. ≪사회발전연구≫, 167~196쪽.

김항집. 2011. 「역사·문화자원과 연계한 지방중소도시의 도시재생 방안」. ≪한국지역개발학회지≫, 23(4), 123~148쪽.

김현대·하종란·차형석. 2012. 『협동조합, 참 좋다』. 푸른지식.

김현주. 2012. 「독일 도시재생프로그램 'Soziale Stadt'의 특성 연구」. ≪대한건축학회 논문집-
계획계≫, 28(10), 93~104쪽.

김형호. 2014. 「지역의 도서관과 공동체 형성: 은행나무어린이도서관을 중심으로」. ≪기억과
전망≫, 30, 92~130쪽.

네그리, 안토니오(Antonio Negri)·마이클 하트(Michael Hardt). 2014. 『공동체』. 정남영·윤
영광 옮김, 사월의 책.

라도삼. 2006. 「문화도시: 문화도시의 요건과 의미, 필요조건」. ≪도시문제≫, 446쪽.

라클라우, 에르네스토(Ernesto Laclau)·샹탈 무페(Chantal Mouffe). 2012. 『헤게모니와 사회
주의 전략: 급진민주주의 정치를 향하여』. 이승원 옮김. 후마니타스.

룩셈부르크, 로자(Rosa Luxemburg). 2002. 『사회개혁이냐 혁명이냐』. 김경미·송병헌 옮김.
책세상.

롤스, 존(John Rawls). 2003. 『정의론』. 황경식 옮김. 이학사

_____. 2016. 『정치적 자유주의』. 장동진 옮김. 동명사.

류석춘·장미혜. 1998. 「한국 비영리·비정부 부문과 사회발전: 연고집단을 중심으로」, ≪동서
연구≫, 10(2), 121~144쪽.

_____. 2003. 「사회적 자본과 한국사회」, 류석춘·장미혜·정병은·배영 옮김, 『사회자본: 이론
과 쟁점』. 그린.

르페브르, 앙리(Henry Lefebvre). 2005. 『현대 세계의 일상성』, 박정자 옮김, 기파랑.

_____. 2011. 『공간의 생산』. 양영란 옮김. 에코리브르.

마르크스, 카를(Karl Marx). 2004. 『자본론 I, III』. 김수행 옮김. 비봉출판사.

마페졸리, 미셸(Michel Maffesoli)·앙리 르페브르(Henry Lefebvre). 1994. 『일상생활의 사회
학』. 박재환·일상생활연구회 엮음. 한울엠플러스(주).

멀홀·스위프트(Stephen Mulhall)·애덤 스위프트(Adam Swift). 2001. 『자유주의와 공동체주
의(Liberals and Communitarians)』. 김해성·조영달 옮김. 한울엠플러스(주).

몰렌코프, 존(John Mollenkopf). 1989. 「공동체와 자본축적」. 『자본주의 도시화와 도시계획』.
최병두·한지연 편역. 한울엠플러스(주).

무페, 샹탈(Chantal Mouffe). 2007. 『정치적인 것의 귀환』. 이보경 옮김. 후마니타스.

문미성. 2014. 「창조경제와 지역: 창조도시의 세 가지 원천」. ≪한국경제지리학회지≫, 17 (4),
646~659쪽.

문화체육관광부. 2016. 「문화도시지정 및 지원방안 연구」.

박근철 외. 2011. 「영국의 도시재생 전략체계와 실행전략에 관한 연구: 영국 도시재생회사
(Urban Regeneration Company)들의 사업전략 분석을 중심으로」. ≪국토지리학회
지≫, 45(1), 11~26쪽.

박길성. 2002. 「사회적 자본과 삶의 질」. ≪아세아연구≫, 45(1), 1~22쪽.

박신의·원혜원. 2015. 「문화를 통한 지역재생 vs. 젠트리피케이션의 그림자: 문화의 역할에
대한 비판적 성찰 ― 이화동 사례를 중심으로」. ≪2015 한국문화예술경영학회 가을 정

기학술대회 논문집≫, 43~61쪽.

박영국. 2013. 「지역선교를 통한 교회 활성화 방안 연구: 해방교회를 중심으로」. 장로회신학대학교 박사학위논문.

박영도. 2011. 「동과 서의 실천적 지식인: 사회인문학의 자원과 갈래 — 아렌트, 하버마스, 성찰적 공공성: 사회인문학적 고찰」. ≪동방학지≫, 155, 291~321쪽.

박은실. 2005. 「도시 재생과 문화정책의 전개와 방향」. ≪문화정책논총≫, 17, 11~39쪽.

박인권. 2012. 「지역재생을 위한 지역공동체 주도 지역발전전략의 규범적 모형」. ≪한국지역개발학회지≫, 24(4), 1~25쪽.

박종관. 2012. 「지역공동체 형성전략연구: 천안시를 중심으로」. ≪한국콘텐츠학회논문지≫, 12(7), 183~193쪽.

박주원. 2008. 「대안공동체론에 나타난 '대안'개념과 '공동체'개념의 정치사상적 성찰」. ≪역사비평≫, 82, 363~366쪽.

박주형. 2013. 「도구화되는 '공동체' 서울시 '마을공동체 만들기 사업'에 대한 비판적 고찰」. ≪공간과 사회≫, 23(1), 5~43쪽.

박희봉. 2009. 『사회자본: 불신에서 신뢰로, 갈등에서 협력으로』, 조명문화사.

베버, 막스(Max Weber). 1997. 『경제와 사회 I』. 박성환 옮김. 문학과지성사.

_____. 2009. 『경제와 사회: 공동체들』. 볼프강 J. 몸젠·미하엘 마이어 엮음. 박성환 옮김. 나남.

배웅규·이하영. 2014. 「저층주거지 재생을 위한 주민참여형 재생사업 시범사업의 시행효과 분석 연구: 서울시 마포구 연남동 주민참여형 재생사업(전 휴먼타운) 시범구역을 대상으로」. ≪한국도시설계학회지≫, 15(4), 223~238쪽.

변미리. 2011. 「사회통합을 위한 지역공동체 역량 강화」. ≪SDI정책리포트≫, 103.

부르디외, 피에르(Pierre Bourdieu). 2003. 「자본의 형태」. 유석춘 외 공편역. 『사회자본: 이론과 쟁점』, 61~88쪽. 그린.

_____. 2006. 『구별짓기: 문화와 취향의 사회학』. 최종철 옮김. 새물결.

비르노, 파올로(Paolo Virno). 2004. 『다중』. 김상운 옮김. 갈무리.

새비지, 마이크(Mike Savage)·앨런 와드(Alan Warde). 1996. 『자본주의 도시와 근대성』. 김왕배·박세진 옮김. 한울엠플러스.

샌델, 마이클(Michael J. Sandel). 2008. 『공동체주의와 공공성』. 김선욱 외 옮김. 철학과현실사.

서순복. 2006. 「문화수도 선정을 통한 도시장소마케팅전략 활동의 연구: 영국 글래스고우 문화수도 선정사례를 중심으로」. ≪한국사회와 행정연구≫, 17(2), 131~157쪽.

서울시. 2013. 마을공동체사업 활용설명서.

_____. 2015. 젠트리피케이션 종합대책.

_____. 2015a. 「청량리588 역사생활문화 흔적남기기 조사보고서」.

서울시교육청. 2020, 「(가칭)서울미래교육파크: 서울 미래 교육을 위한 도심형 이전적지의 전략적 활용 방안 연구 — 덕수고 사례를 중심으로」.

손더스, 피터(Peter Saunders). 1991. 『도시와 사회이론』. 김찬호 외 옮김. 풀빛.

서준교. 2005. 「도시의 경제·사회 혁신에 있어 문화도시건설의 중요성 연구」. ≪2005 한국거 버넌스학회학술대회자료집≫, 161~177쪽.

서천군. 2007. 「후적지 정비를 통한 서천읍 공간문화 재구성사업 기본계획 및 기본설계 학술연 구보고서: [봄의마을]만들기」.

설한. 2003. 「마이클 왈쩌(M. Walzer)의 정치철학: 정의의 영역과 사회비판」. ≪한국정치학회 보≫, 37(3), 27~48쪽.

손동욱. 2008. 「도시재생사업과 주민참여」. ≪건축≫, 52(7), 22~24쪽.

송인하. 2010. 「마을공동체운동의 성공조건과 과제」. ≪지방자치연구≫, 14, 33~64쪽.

송재룡. 2010. 「탈근대 시대와 대안 공동체의 진화」. ≪현상과 인식≫, 34(1/2), 71~100쪽.

신명호. 2003. 「도시공동체운동의 현황과 전망」. 한국도시연구소 엮음. 『도시공동체론』. 한 울엠플러스(주). 116~154쪽.

신명호 외. 2000. 「도시 공동체운동의 현황과 전망」. ≪도시연구≫, 8, 51~81쪽.

신예철. 2012. 「지역만들기에 있어서 지역공동체 역량이 지속적 참여와 참여확대에 미치는 영향 연구」. 한양대학교 도시대학원 박사학위논문.

신정엽·김감영, 2014. 「도시 공간 구조에서 젠트리피케이션의 비판적 재고찰과 향후 연구 방향 모색」. ≪한국지리학회지≫, 3(1), 67~87쪽.

신중진. 2016. 「마을만들기로 꿈꾸는 도시 지역공동체」. 황익주 외. 『한국의 도시공동체는 어 떻게 형성되는가』. 서울대학교출판문화원. 187~259쪽.

신중진·배기택·김일영. 2013. 「지역공동체 역량강화를 위한 마을만들기 추진방안 연구」. ≪국토계획≫, 48(6), 43~56쪽.

신중진·신효진. 2008. 「주민참여 마을만들기 계획과정에 관한 사례 연구」. ≪대한건축학회 논문집 계획계≫, 24, 209~120.

＿＿＿. 2010. 「마을만들기 사업에서 주민의 역할변화에 따른 지원방안 연구」. ≪대한건축학회 논문집 － 계획계≫, 26(10), 233~244쪽.

신중진·정지혜. 2013. 「지역공동체 회복을 위한 마을만들기의 역할과 과제: 수원화성과 행궁 동 사람들의 도전을 중심으로」. ≪정신문화연구≫, 36(4), 59~96쪽.

신현준. 2015. 「오래된 서울에서 진정한 도시 동네(authentic village) 만들기의 곤란」. ≪도시 연구≫, 14, 7~41쪽.

신현준·김지윤. 2015. 「서울의 젠트리피케이션과 도시 재생 혹은 개발주의 이후 도시 공간의 모순과 경합」. ≪사이≫, 19, 221~246쪽.

신현준·이기웅. 2016. 『서울, 젠트리피케이션을 말하다』. 푸른숲.

스탠딩, 가이(Guy Standing). 2021. 『공유지의 약탈』. 안효상 옮김. 창비.

아렌트, 한나(Hannah Arendt). 1996. 『인간의 조건』. 이진우·태정호 옮김, 한길사.

양영균. 2012. 「도시 지역공동체 형성과 작은 도서관」. ≪정신문화연구≫, 35(2), 35~67쪽.

여관현. 2013. 「마을 만들기를 통한 공동체 성장과정 연구」. ≪도시행정학보≫, 26(1), 53~87쪽.

영주시. 2016. 「도시재생선도지역 중앙시장권역 세부사업 실행계획수립 학술용역보고서」.

오동훈. 2010. 「문화공간 조성을 활용한 선진 도시재생 성공사례 비교연구」. ≪도시행정학보≫, 23(1), 175~197쪽.

오마이뉴스 특별취재팀. 2013. 『마을의 귀환: 대안적 삶을 꿈꾸는 도시공동체 현장을 가다』. 오마이북.

왈쩌, 마이클(Michael Walzer). 1999. 『정의와 다원적 평등: 정의의 영역들』. 정원섭 외 옮김. 철학과현실사.

요아스, 한스(Hans Joas). 2002. 『행위의 창조성』. 신진욱 옮김, 한울엠플러스(주).

원준혁·김흥순. 2012. 「주민참여 마을 만들기 사업의 평가에 영향을 미치는 요인에 관한 연구」. ≪한국도시설계학회지≫, 13(6), 55~68쪽.

유예림·박성신. 2015. 「도시재생사업 과정에 나타난 군산 원도심의 변화」. ≪대한건축학회연합회 논문집≫, 17(6), 1~11쪽.

유재원. 2003. 「시민참여의 확대방안」. ≪한국정책과학학회보≫, 7(2), 105~125쪽.

유창복. 2013. 「서울시 마을공동체 지원 사업의 배경과 과제: 서울시 마을공동체 종합지원센터의 개설에 즈음하여」. ≪환경철학≫, 15,173~226쪽.

윤인진. 1999. 「한국의 도시와 지역공동체의 변화와 전망」. ≪한국사회≫, 2, 199~238쪽.

이광국·임정민. 2013. 「선진국의 도시재생 흐름 고찰과 시사점」. ≪국토계획≫, 48(6), 521~547쪽.

이기웅. 2015. 「젠트리피케이션 효과: 홍대지역 문화유민의 흐름과 대안적 장소의 형성」. ≪도시연구≫, 14, 43~85쪽.

이나영·안재섭. 2014. 「서울 서촌지역의 문화적 도시재생 활동에 관한 연구」. ≪한국도시지리학회지≫, 17(1), 15~27쪽.

이동일. 2011. 「대안 공동체의 유지와 한계: 변산공동체와 야마기시 실현지를 중심으로」. 부산대학교대학원 박사학위논문.

이라영. 2009. 「공동주택 단지의 공동체의식과 외부 공간구성」. 전남대학교 대학원 박사학위논문.

이명석. 2006. 「거버넌스 이론의 모색: 민주행정이론의 재조명」. ≪국정관리연구≫, 1(1), 36~63.

이명호. 2016. 「공동체의 위기와 복원에 관한 탐색적 연구」. ≪사회사상과문화≫, 19(1), 87~115쪽.

이상진. 2011. 「학교 이전적지의 장소성 회복에 관한 연구: 이전적지의 공공성 확보와 기존 학교 건물의 보존활용을 중심으로」. 홍익대학교 석사학위논문.

이상훈 외. 2013. 「마을만들기 추진과정의 성과 및 한계에 관한 연구」. ≪한국도시설계학회지≫, 14(1), 137~149쪽.

이선미. 2004. 「자원결사체, 신뢰, 시민사회의 분절」. ≪2004년 한국NGO학회 /한국비영리학회 춘계학술대회 발표논문집≫.

_____. 2004a. 「자원결사체가 개인 간 신뢰의 상징적 제도인가?」 ≪한국사회학≫, 38(5), 81~108쪽.

_____. 2006. 「'능동적 시민'과 차이의 정치」. ≪한국여성학≫, 22(1), 147~183쪽.

_____. 2008. 「근대사회이론에서 공동체 의미에 대한 비판적 연구」. ≪한국사회학≫, 42(5), 101~139쪽.

이선영. 2014. 「Urban Redevelopment, Displacement and Anti-Gentrification Movements」. ≪대한지리학회지≫, 49(2), 299~309쪽.

이선영·주경식. 2008. 「젠트리피케이션 과정으로서 용산 재개발 지구의 근린 변화」. ≪한국도시지리학회지≫, 11(3), 113~123쪽.

이승훈. 2013. 「한국사회의 '시민됨' 형성 과정: 자발 결사체 참여 경험을 중심으로」. 연세대학교대학원 박사학위논문.

이왕건. 2005. 「지역공동체 조성과 민관협력」. ≪국토≫, 288, 19~26쪽.

이왕건 외. 2011. 「지역자산 활용형 도시재생 전략에 관한 연구」. 국토연구원.

이재민·김진희. 2016. 「젠트리피케이션에 관한 국내 연구동향 분석」. ≪2016 한국엔터테인먼트산업학회 학술대회 논문집≫, 163~167쪽.

이재열. 1998. 「민주주의, 사회적 신뢰, 그리고 연결망」. ≪한국사회학≫, 30, 65~93쪽.

이재열·남은영. 2008. 「한국인의 사회적 자본: 인맥의 특징과 중간집단 참여 효과를 중심으로」. ≪한국사회학≫, 42(7), 178~214쪽.

이재완. 2014. 「서울시 마을공동체사업의 주민참여 결정요인에 관한 연구: 정책인지도를 중심으로」. ≪지방정부연구≫, 17(4), 407~437쪽.

이태희. 2015. 「공동체 참여형 도시재생의 의미와 정책 내 반영실태에 관한 고찰: 영국의 New Deal for Communities 프로그램을 중심으로」. ≪국토연구≫, 86, 139~159쪽.

이희연·심재헌. 2009. 「서울시 젠트리파이어 주거이동 패턴과 이주 결정요인」. ≪한국도시지리학회지≫, 12(3), 15~26쪽.

임문영. 2006. 「유럽연합(EU)의 문화수도와 그 시사점」. ≪한국프랑스학논집≫, 55, 459~460쪽.

임하경·최열. 2009. 「도시재생에 따른 주거재정착 비용 결정요인에 관한 분석」. ≪국토계획≫, 44(5), 135~147쪽.

장원봉. 2006. 『사회적경제의 이론과 실제』. 나눔의집.

_____. 2007. 「사회적경제(Social Economy)의 대안적 개념화: 쟁점과 과제」. ≪시민사회와 NGO≫, 5(2), 5~34쪽.

장준호. 1993. 「개선형 마을만들기 사업에 의한 지구환경정비계획론」. 동경대학교 박사학위논문.

전경구. 1998. 「주민참여형 근린개발과 도시근린공동체」. ≪지역사회개발연구≫, 23(2), 103~128쪽.

전상인. 2007. 「계획이론의 탈근대적 전환에 대한 비판적 성찰」. ≪국토계획≫, 42(6), 7~24쪽.

전원식·김남두·황희연. 2008. 「주민참여 마을만들기 사업의 사업주제 및 추진주체 분석」.

≪도시설계≫, 9(4), 131~148쪽.

전지훈. 2014. 「지역기반 사회적경제를 위한 공동체주의 사상의 정책적 함의」. ≪한국정책학회 동계학술대회논문집≫. 909~938쪽.

전지훈·강현철. 2015. 「지역기반 사회적경제를 위한 이론적 기반의 탐색적 연구: 공동체주의(Communitarianism) 사상을 중심으로」. ≪사회과학연구≫, 39(1), 201~238쪽.

정관영. 2013. 『이제는 사회적경제다: 지역과 사람을 살리는 희망의 경제론』. 공동체

정규호. 2012. 「한국 도시공동체운동의 전개과정과 협력형 모델의 의미」. ≪정신문화연구≫, 35(2), 7~34쪽.

정석. 1999. 「마을단위 도시계획 실현 기본방향(I: 주민참여형 마을만들기 사례연구」. 시정연 99-R-02. 서울시정개발연구원.

정성훈. 2013. 「도시공동체의 친밀성과 공공성」. ≪철학사상≫, 49, 311~340.

정원오. 2016. 『도시의 역설, 젠트리피케이션』. 후마니타스.

정철모. 2009. 「선진국의 도시재생을 위한 파트너십 제도에 관한 연구」. ≪도시행정학보≫, 22(1), 69~91쪽.

정현주. 2005. 「젠트리피케이션의 이론과 쟁점: 비교 연구를 통한 맥락적 분석」. ≪지리교육논집≫, 49, 321~335쪽.

제이콥스, 제인(Jane Jacobs). 2010. 『미국 대도시의 죽음과 삶』. 유강은 옮김. 그린비.

조명래. 2013. 「'주택개발'에서 '사람 중심 주거재생'으로: 서울시 신주거정책을 중심으로」. ≪공간과사회≫, 23(4), 5~57쪽.

주대관. 2015.12.22. 「경의선에서 도시와 국가의 공공성을 묻다」. 경의선폐선부지 전시자료.

_____. 2018. 「사회적 재생에서 공동체 참여와 배제: 해방촌 신흥시장 상생협약을 사례로」. ≪공간과사회≫, 28(2), 115~157쪽.

_____. 2019. 「공간가치의 사회적 생산과 다원적 공동체: 해방촌을 사례로」. 서울시립대학교 대학원 박사학위논문.

천현숙. 2004. 「대도시 아파트 주거단지의 사회자본」. ≪한국사회학≫, 38(4), 215~247쪽.

철암지역건축도시작업팀. 2002. 『철암세상』. 포월.

최근열·장영두. 2002. 「주민자치를 위한 지역공동체로서 아파트공동체형성의 가능성과 강화방안」. ≪한국지방자치학회보≫, 14(2), 159~180쪽.

최병두. 2000. 「공동체 이론의 전개과정과 도시공동체운동」. ≪도시연구≫, 6, 32~50쪽.

_____. 2006. 「살기 좋은 도시를 위한 지역공동체 복원 방안」. ≪지리학연구≫, 4(4), 513~528쪽.

최병두·한지연 편역. 1989. 『자본주의 도시화와 도시계획』. 한울엠플러스(주).

최병헌. 2012. 「서울시 도심부 재개발 공동주택의 젠트리피케이션 효과에 관한 실증분석」. 광운대학교대학원 박사학위논문.

최수철. 1998. 『즐거운 지옥의 나날』. 열음사.

최조순·강병준·강현철. 2015. 「한국 공동체 정책의 비판적 논의: 통치성 이론을 중심으

로」. ≪한국자치행정학보≫, 29(1), 45~64쪽.

최종렬. 2008. 「신뢰와 호혜성의 통합의 관점에서 바라본 사회자본」. 유석춘 외 공저. 『한국의 사회적 자본: 역사와 현실』. 백산출판사.

최종렬·황보명화·정병은. 2008. 「'일반화된 너무나 일반화된' 호혜성: 울산 주전동 어촌계의 사회자본」. 유석춘 외 공저. 『한국의 사회적 자본: 역사와 현실』. 백산출판사.

최협 외. 2001. 『공동체의 현실과 전망』. 선인.

최호근·김현수. 2013. 「도시정비사업에 있어서 상가세입자의 손실보상에 관한 연구」. ≪국토계획≫, 48(6), 427~440쪽.

최효승. 1984. 「주민참여에 의한 농촌 소도읍 개발계획과정: 충북 제원군 금성면 소재 사례」. ≪국토계획≫, 19(2), 145~151쪽.

콜만, 제임스(James S. Coleman). 2006. 「인적자본 형성에 있어서의 사회적 자본」. 유석춘 외 공편역. 『사회자본: 이론과 쟁점』. 그린.

클락(Gordon Clark)·디어(Michael Dear). 1989. 「자본주의에서의 국가와 자본주의 국가」. 『자본주의 도시화와 도시계획』. 최병두·한지연 편역. 한울엠플러스(주).

태윤재·박소현. 2010. 「마을만들기 조례에 나타난 마을만들기의 특성 — 2000년대에 제정된 마을만들기 관련 조례의 내용분석을 중심으로」. ≪대한건축학회 논문집 계획계≫, 26(7), 175~182쪽.

토크빌, 알렉시스(Alexis De Tocqueville). 1997. 『미국의 민주주의 I, II』. 임효선·박지동 옮김. 한길사.

터너, 스티븐(Stephen P. Turner) 엮음. 2013. 『베버』. 옹진환 옮김. 씨아이알.

퍼트넘, 로버트(Robert D. Putnam). 2006. 『사회적 자본과 민주주의』. 안청시 외 옮김. 박영사.

_____. 2009. 『나홀로 볼링』. 정승현 옮김. 페이퍼로드.

폴라니, 칼(Karl Paul Polanyi). 2009. 『거대한 전환: 우리 시대의 정치 경제적 기원』. 홍기빈 옮김. 길.

플로리다, 리처드(Richard Florida). 2008. 『도시와 창조 계급』. 이원호·이종호·서민철 옮김. 푸른길.

하버마스, 위르겐(Jürgen Habermas). 2006. 『의사소통행위이론 2』. 장춘익 옮김. 나남출판

하비, 데이비드(David Harvey). 1983. 『사회정의와 도시』. 최병두 옮김. 종로서적.

_____. 2001. 『희망의 공간』. 최병두 외 옮김. 한울엠플러스(주).

_____. 2014. 『반란의 도시』. 한상연 옮김. 에이도스.

하성규. 2006. 「커뮤니티 주도적 재개발의 새로운 접근」. ≪도시행정학보≫, 19(2), 25~47쪽.

한국사회적기업진흥원. 2021.6. 「마을관리 사회적협동조합 설립지원 가이드북」.

한상일. 2003. 「지역공동체 참여에 대한 자산 중심적 사례분석: 로스엔젤레스시로부터의 교훈」. ≪한국행정논집≫, 15(4), 999~1021쪽.

한자경. 1996. 「하버마스의 의사소통적 합리성」. 이진우 엮음. 『하버마스의 비판적 사회이론』, 55~82쪽. 문예출판사.

허트, 미카엘(Michael Hurt). 2016. ≪남산골해방촌≫, 11, 42~43쪽.

황익주. 2016. 「서론: 왜 한국 도시에서의 지역공동체 형성에 주목하는가」. 황익주 외. 『한국의 도시공동체는 어떻게 형성되는가』. 서울대학교 출판문화원.

≪경향신문≫. 2018.2.7. "도심 집창촌을 예술촌으로 변신시켜 봅시다". https://www. khan.co.kr/local/Jeonbuk/article/201802071613001.

≪매일경제≫. 2020.9.16. "부산 집창촌 '완월동' … '예술의 마을'로 대변신한다". https:// www.mk.co.kr/news/society/9524157.

≪머니투데이≫. 2016.12.16. "'건물주 잘 만나야 산다.' 불황에 뛰는 상가 임대료, 상생은 빈 말?". https://news.mt.co.kr/mtview.php?no=2016121513310657497.

≪이뉴스투데이≫. 2016.3.2. "통인 '도시락 카페' 절반의 성공 … 상인들에겐 '짐'". http:// www.enewstoday.co.kr/news/articleView.html?idxno=493351.

JTBC. 2017.10.16. "13조 쓴 농어촌사업 … 시설 700곳 절반엔 '먼지뿐'". https://news. jtbc.co.kr/article/article.aspx?news_id=NB11535322.

Amin, A. 2005. "Local Community on trial." *Economy and Society*, 34(4), pp.612~633.

Arnstein, Sherry R. 1969. "A Ladder of Citizen Participation." *JAIP*, 35, pp.216~224.

Atkinson, Rowland. 2000. "Measuring Gentrification and Displacement in Greater London," *Urban Studies*, 37(1), pp.149~165.

_____. 2000a. "The Hidden Costs of Gentrification: Displacement in Central London." *Journal of Housing and the Built Environment*, 15, pp.307~326.

Barber, Benjamin. 1984. *Strong Democracy*. Univ. of California Press.

Bromley, Rosemary D. F., Andrew R. Tallon and Colin J. Thomas. 2005. "City Centre Regeneration through Residential Development: Contributing to Sustainability." *Urban Studies*, 42(13), pp.2407~2429.

Butler, Tim. 2007. "For gentrification," *Environment and Planning A*, 39(1), pp.162~181.

Butler, Tim and Loretta Lees. 2006. "Super-gentrification in Barnsbury, London: Globalization and Gentrifying Global Elites at the Neighbourhood Level." *Urban Studies*, 40, pp.2487~2509.

Cameron, Stuart. 2003. "Gentrification, Housing Redifferentiation and Urban Regeneration: 'Going for Growth' in Newcastle upon Tyne." *Urban Studies*, 40(12), pp. 2367~2382.

Cameron, Stuart and Jon Coaffee. 2005. "Art, Gentrification and Regeneration – from artist as Pioneer to Public Arts." *European Journal of Housing Policy*, 5(1), pp.39~58.

Castells, Manuel. 1977. *The Urban Question*. London: Edward Arnold.

Centner, Ryan. 2008. "Places of Privileged Consumption Practices: Spatial Capital, the Dot-Com Habitus, and San Francisco's Internet Boom." *City & Community*, 7(3), pp.193~223.

Clark, Eric, 1988. "The Rent Gap and Transformation of the Built Environment: Case Studies in Malmö 1860-1985." *Geografiska Annaler B*, 70(2), pp.241~254.

Cohen, Anthony Paul. 1985. *The Symbolic Construction of Community*. Routledge.

Criekingen, M. 2008. "Towards a Geography of Displacement Moving Out of Brussels' Gentrifying Neighborhoods." *Journal of Housing and the Built Environment*, 23(3), pp.199~213.

Davidson, Mark. 2008, "Spoiled Mixture: Where Does State-Led 'Positive' Gentrification End?" *Urban Studies*, 45(12), 2385~2406.

Doucet, Brian. 2009. "Living Through Gentrification: Subjective Experiences of Local, Non-Gentrifying Residents in Leith, Edinburgh." *Journal Of Housing And The Built Environment*, 24(3), pp.299~315.

Ellmeier, Andrea 2003. "Cultural Entrepreneurialism: On the Changing Relationship Between the Arts, Culture And Employment." *The International Journal of Cultural Policy*, 9(1), pp.3~16.

Etzioni, Amitai. 1996. "The Responsive Community: A Communitarian Perspective." *American Sociological Review*, 61(1), pp.1~11.

_____ Ed. 1998. *The Essential Communitarian Reader*. Rowman & Littlefield.

Fainstein, Susan S. 2000. "New Directions in Planning Theory." *Urban Affairs Review*, 35(4), pp.451~478.

Gans, H. 1968. "Urbanism and Suburbanism as Ways of Life." in R. Phal(ed.). *Reading in Urban Sociology*. London: Pergamon.

Glass, Ruth. 1964. "Aspects of change." *The Gentrification Debates*. London: Macgibbon and Kee.

Gornostaeva and Campbell. 2012. "The Creative Underclass in the Production of Place: Example of Camden Town in London." *Journal of Urban Affairs*, 34(2), pp.169~188.

Granovetter, Mark. 1973. "The Strength of Weak Ties." *American Journal of Sociology* 78(6), pp.1360~1380.

Hackworth, J. 2000. "The Third Wave." Ph.D dissertation. Rutgers University.

Hackworth, J. and N. Smith. 2001. "The State of Gentrification." *Tijdschrift Voor Economische en Sociale Geografie*, 92(4), pp.464~477.

Hardin, Garrett. 1977. "The Tragedy of the Commons." Reprinted in Garrett Hardin and John Baden(eds.). *Managing the Commons*, pp.16~30. San Francisco: Freeman.

Harloe, Michael. 2001. "Social Justice and the City: the New 'Liberal Formulation'." *International Journal of Urban and Regional Research*, 25(4), pp.889~897.

Hillery, C. A. 1955. "Definitions of Community: Areas of Agreement." *Rural Sociology*, 20, pp.111~120.

Lees, Loretta. 2008. "Gentrification and Social Mixing: Towards an Inclusive Urban Renaissance?" *Urban Studies*, 45(12), pp.2449~2470.

Lees, Loretta and David Ley. 2008. "Introduction to Special Issue on Gentrification and Public Policy." *Urban Studies*, 45(12), pp.2379~2384.

Ley, David. 1986. "Alternative Explanations for Inner-City Gentrification: a Canadian Assessment." *Annals of the Association of American Geographers*, 76, pp.521~535.

_____. 1996. *The New Middle Class and the Remaking of the Central City*. Oxford: Oxford University Press.

_____. 2003. "Artists, Aestheticisation and the Field of Gentrification. *Urban Studies*, 40(12), pp.2527~2544.

Lloyd, Richard. 2002. "Neo-Bohemia: Art and Neighborhood Redevelopment in Chicago." *Journal of Urban Affairs*, 24(5), pp.517~532.

Lutz, Mark A. 1999. Economics for the Common Good: *Two Centuries of Social Economic Thought in the Humanistic Tradition*. Routledge.

Miles, Steven. 2005. "'Our Tyne': Iconic Regeneration and the Revitalisation of Identity in NewcastleGateshead." *Urban Studies*, 42(5/6), pp.913~926.

Morato, Arturo Rodriguez. 2003. "The Culture Society: A New Place for the Arts in the Twenty-First Century." *Journal of Arts Management, Law, and Society*, 32(4), pp.245~256.

Nisbet, Robert A. 1966. *The Sociological Tradition*. New York: Basic Books.

Plotkin, S. 1991. "Community and Alienation: Enclave Consciousness and Urban Movement." in M. P. Smith(ed.). *Breaking Chains: Social Movements and Collective Action*, pp.5~25. NJ: Transaction Publishers.

Pratt, Andy C. 2008. "Creative Cities, the Cultural Industries and the Creative Class." *Geografiska Annaler, Series B - Human Geography*, 90(2), pp.107~117.

Rex, J. and R. Moore. 1967. *Race, Community and Conflict*. London: Oxford Univ. Press

Rose, Damaris. 2004. "'Discourses and Experiences of Social Mix in Gentrifying Neighbourhoods, a Montréal Case Study." *Canadian Journal of Urban Research*, 13(2), pp.278~316.

Rose, Damaris et al. 2013. "'Social Mix' and Neighbourhood Revitalization in a Transatlantic Perspective, Comparing Local Policy Discourses and Expectations in Paris (France), Bristol (UK) and Montréal(Canada)." *International Journal of Urban and Regional Research*, 37(2), pp.430~450.

Sandel, Michael J.(ed.). 1984. *Liberalism and Its Critics*. Oxford: Basil Blackwell

Slater, Tom. 2006. "The Eviction of Critical Perspectives from Gentrification Research."

International Journal of Urban and Regional Research, 30(4), pp.737~757.

Smith, Neil. 1979. "Toward a Theory of Gentrification: A Back to the City Movement by Capital, not People." *Journal of The American Planning Association*, 45(4), pp.538~548.

_____. 1987. "Gentrification and the Rent Gap." *Annals of the Association of American Geographers*, 77(3), pp.462~465.

_____. 2002. "New Globalism, New Urbanism: Gentrification as Global Urban Strategy." *Antipode*, 34(3), pp.427~448.

_____. 2010. "The Revolutionary Imperative." *Antipode*, 41, pp.50~65.

Smith, N. and P. Williams(ed.). 1986. *Gentrification of the City*. Boston, MA: Allen & Unwin.

Toffler, A. 1964. *The Culture Consumers*. St. Martin's Press.

Van Weesep. Jan. 1994. "Gentrification as a Research Frontier." *Progress in Human Geography*, 18(1), pp.74~83.

Walzer, Michael. 1983. *Spheres of Justice: A Defense of Pluralism and Equality*. Basic Book.

_____. 2003. "Artists, Aestheticisation and the Field of Gentrification." *Urban Studies*, 40(12), pp.2527~2544.

Wirth, Louis. 1938. "Urbanism as a Way of Life." *American Journal of Sociology*, 44, pp.1~24.

Zukin, Sharon. 1988. *Loft Living: Culture and Capital in Urban Change*. London: Radius.

_____. 1998. "Urban Lifestyles: Diversity and Standardisation in Spaces of Consumption." *Urban Studies*, 35(5/6), pp.825~839.

_____. 2008. "Consuming Authenticity: from Outposts of Difference to Means of Exclusion." *Cultural Studies*, 22(5), pp.724~748.

_____. 2011. "Reconstructing the Authenticity of Place." *Theory & Society*, 40, pp.161~165.

Zukin, Sharon and Jennifer Smith Maguire. 2004. "Consumers and Consumption." *Annual Revew of Sociology*, 30, pp.173~197.

지은이

주 대 관 JOO Daekhan

건축가, 사회학 박사
서울시립대학교 건축공학과 및 동 대학원 졸업
서울시립대학교 도시사회학과 박사과정 졸업

• (주)디자인그룹 오즈 대표(2018~2022)
• (사)문화도시연구소 대표(NPO, 2006~2022)
• (사)에너지전환랩 대표(NPO, 2021~2022)
• 전 (주)엑토종합건축사사무소 대표(1993~2017)

• 원주시 총괄계획가(2019~2022)
• 서울 서대문구 총괄계획가(2015~2019)
• 전북 완주군 총괄건축가(2013~2015)
• 서울시 도시재생 에너지 총괄계획가(2017~2018)
• 서울 도봉2동 도시재생총괄코디네이터(2019~2020)
• 성균관대학교, 경기대학교, 서울과학기술대학교, 서울시립대학교 건축학과 강사/겸임교수(1993~2018)
• 실험적 자원봉사집짓기프로그램 운영(2002~2021)

수상
• 한국목조건축대전 본상(동두천 아차노리주거단지, 2014.12)
• 국제 공공디자인 어워드 건축 부문 대상(공주한옥마을, 2012.12)
• 대한민국 건축문화대상(서천봄의마을, 기획총괄 및 기본설계, 2012.11)
• 한국농촌건축대전 대상(서천 어린이도서관, 2011.7)
• 한국목조건축대전 특선(인제 대면헌, 2011.11)

• 나주 잠사공장리모델링설계경기 당선(기본 및 실시설계)(문화시설조성, 2015.12)
• 홍성오누이권역 종합정비사업 설계경기 당선(기본 및 실시설계, 2014)
• 영양휴양림 신축설계경기 당선(휴양림관리사업소, 2012)

전시
• '실험 18,25,61 – 강정에서 도문까지' 전시회(이건갤러리, 2020.7.1~24)
• 한국 현대건축가전 '메가시티네트워크' 전시(공동, 국립현대미술관, 2009.12~2010.3)

e-mail: jdkahnn@gmail.com

한울아카데미 2418

도시재생의 사회학

마을에서 지역으로

ⓒ 주대관, 2023

지은이 ǀ 주대관
펴낸이 ǀ 김종수
펴낸곳 ǀ 한울엠플러스(주)
편집책임 ǀ 최진희

초판 1쇄 인쇄 ǀ 2022년 12월 30일
초판 1쇄 발행 ǀ 2023년 1월 16일

주소 ǀ 10881 경기도 파주시 광인사길 153 한울시소빌딩 3층
전화 ǀ 031-955-0655
팩스 ǀ 031-955-0656
홈페이지 ǀ www.hanulmplus.kr
등록번호 ǀ 제406-2015-000143호

Printed in Korea.
ISBN 978-89-460-7419-4 93330 (양장)
        978-89-460-8234-2 93330 (무선)

※ 책값은 겉표지에 표시되어 있습니다.
※ 무선 제본 책을 교재로 사용하시려면 본사로 연락해 주시기 바랍니다.